파이썬 기반의 AI를 위한 기초수학, 확률 및 통계

강봉주 지음

자유아카데미

머리말

Preface

이 책은 필자가 통계분석, 머신러닝 그리고 딥러닝을 강의하면서 느꼈던 기초수학, 확률과 통계에 관한 책이다.

강의를 진행하면서 많은 학생들이 구현 언어, 알고리즘 이해 그리고 적용 방법 등을 이해하는 데 어려움을 겪고 있다는 것을 경험하였다. 특히 기초수학이 탄탄하게 잡혀 있지 않은 학생들은 알고리즘 부분을 어려워하였다.

이러한 부분이 하나의 동기가 되어서 가장 최소한의 기본지식은 무엇일지 많이 고민하였다. 이후 학생들이 이해할 수 있는 내용을 정리하고, 기초수학과 통계에 대한 알고리즘과 구현 언어를 한 권에 모아 이 책을 출간하게 되었다.

알고리즘 내용을 구체적으로 적용하고 또 그 결과를 눈으로 확인하기 위해서는 자신이 잘 알고 있는 구현 언어로 이를 확인하는 작업이 반드시 필요하다. 이 책에서는 확률과 통계를 떠나서 머신러닝과 딥러닝 언어라고 하면 이제는 누구나 파이썬을 떠올리기 때문에 이를 기본으로 하여 구현하였다. 구현된 언어의 편집기로는 잘 알려진 주피터 노트북을 사용하였다. 이로써 가급적 최소한의 사전 작업을 줄이고자 하였다.

일반적으로 학생들을 위한 전문 과정에서는 많은 연습문제와 예제를 통해 이를 확인하는 과정이 필요하지만, 이 책에서는 이를 최소화하는 대신 책을 보고 따라 하면서 자연스럽게 이해할 수 있도록 구성하였다.

기초수학으로는 벡터, 행렬, 미분, 적분을 다루었으며, 확률은 확률의 정의, 확률변수 그리고 잘 알려진 확률분포와 함께 확률에 기반한 정보 이론을 다루었다. 통계에서는 확률변수와 분포에 기반한 통계적 추론 과정을 살펴보았다. 특히 머신러닝과 딥러닝에서 가장 기본이 되는 선형회귀에 대하여 다루었다. 또한 책 뒷부분에는 교차검증 방법과 이 방법에 의한 변수 선택, 즉 모형 선택 방법에 대하여 간략히 다루었다.

머리말

이 책은 AI를 위한 기초수학과 확률 그리고 통계에 대하여 기초 중의 기초를 쌓고 싶은 통계 비전공자와 이미 알고 있는 사실을 구현 언어인 파이썬으로 확인해 보고 싶은 통계 전공자들을 대상으로 한다.

좋은 책을 위해 최선을 다하였지만 오류나 부족한 부분이 있을 수 있다. 이에 대한 독자 여러분의 많은 조언을 구하며, 출간 후에라도 수정사항이 있을 경우에는 자유아카데미 홈페이지(http://www.freeaca.com) 자료실에 제공할 예정이니 참조하길 바란다.

아무쪼록 이 책을 보는 독자들이 큰 어려움 없이 잘 이해하고 실습하기를 희망하며, 끝으로 나의 가족, 진영, 한솔 그리고 두솔에게 고마움을 전한다.

차례

Contents

차례

차례

1장

파이썬(Python) 설치

1.1 개요

오픈 소스 파이썬을 이용하기 위해서는 설치를 해야 한다. 설치하는 다양한 방법 중에 가장 쉽고 간단한 설치 방법을 소개한다. 특히 윈도우 운영체제에 국한하여 설치하는 방법을 소개한다.

1.2 아나콘다(Anaconda)를 이용한 파이썬 설치

아나콘다 배포판을 설치하면 파이썬 언어 외에도 머신러닝을 위한 필수 패키지(일종의 라이브러리)인 NumPy, Matplotlib, Pandas, SciPy, Scikit-Learn 등도 자동 설치된다.

1.2.1 아나콘다 내려받기

1) https://www.anaconda.com/distribution/에 접속한다.

2) 그림 1.1과 같이 Windows와 Download를 클릭한다.

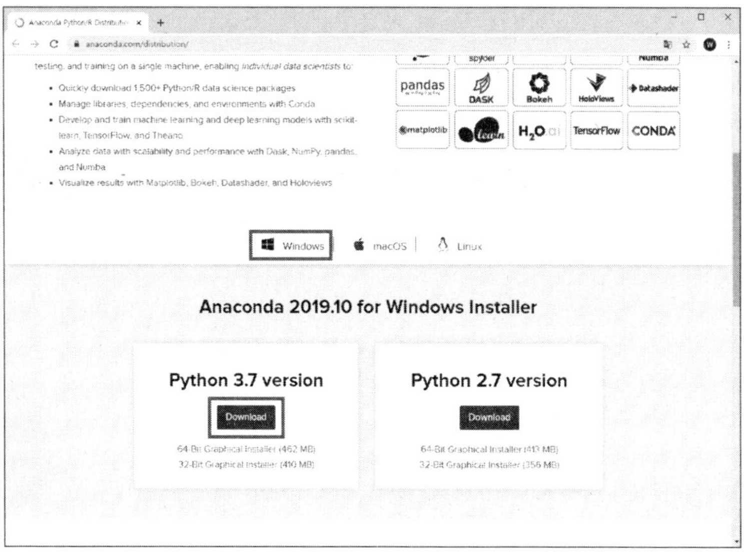

그림 1.1 아나콘다 내려받기 초기 화면

1.2.2 아나콘다 설치

1) Anaconda2-2019.10-Windows-x86_64.exe 파일이 PC에 생성되며 이를 실행하여 설치한다. 생성되는 자세한 절차는 아래와 같이 순차적으로 진행한다.

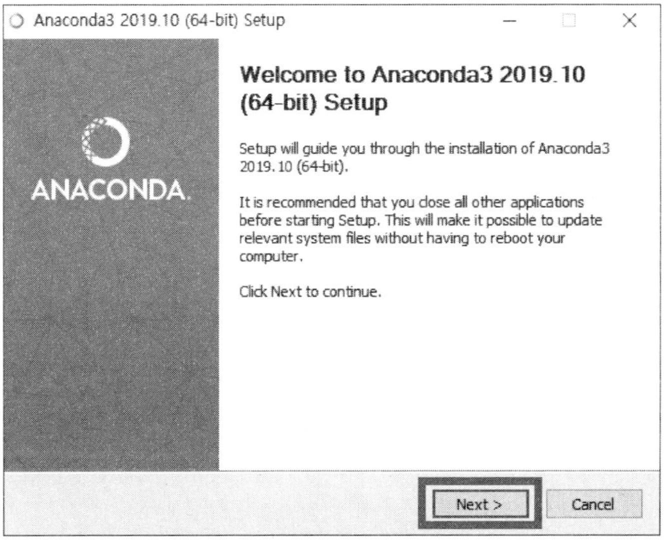

그림 1.2 아나콘다 설치 과정 1

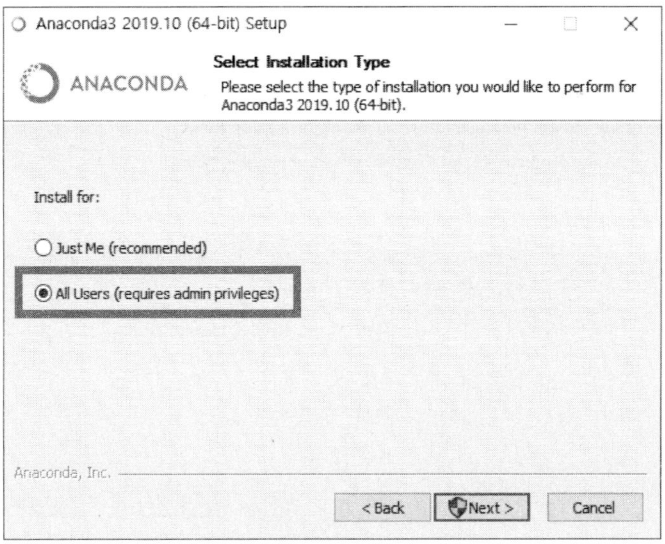

그림 1.3 아나콘다 설치 과정 2

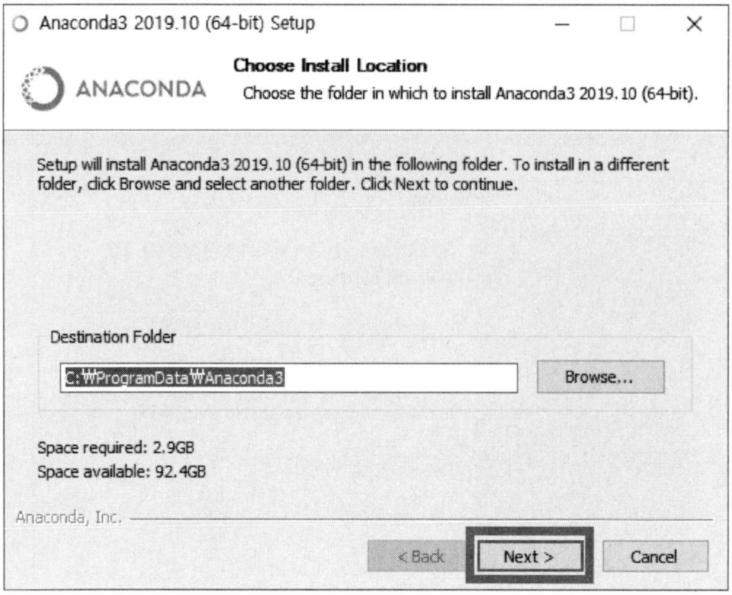

그림 1.4 아나콘다 설치 과정 3

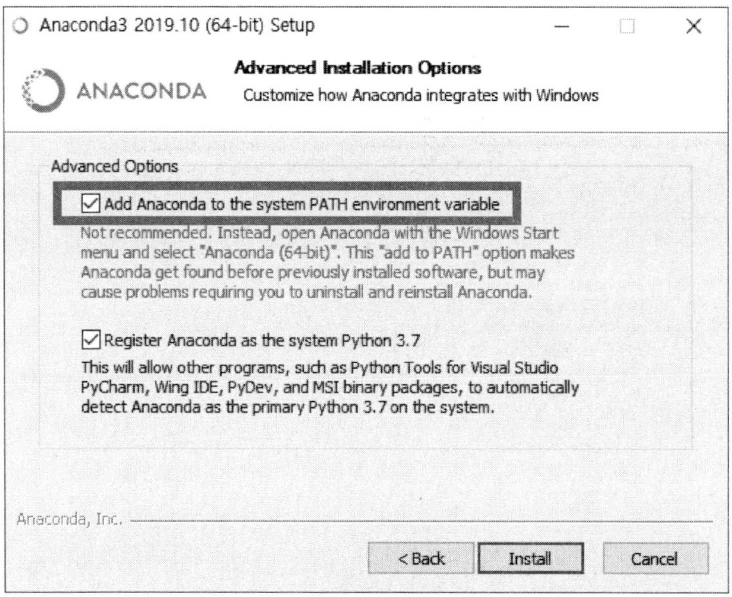

그림 1.5 아나콘다 설치 과정 4

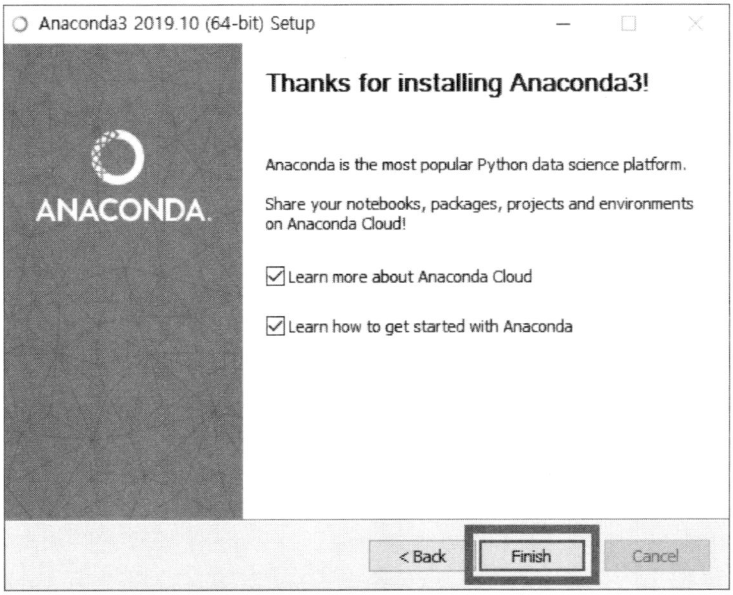

그림 1.6 아나콘다 설치 완료 확인

2) 그림과 같이 도스 창을 실행한 후 파이썬 버전을 확인한다.

그림 1.7 도스창 실행

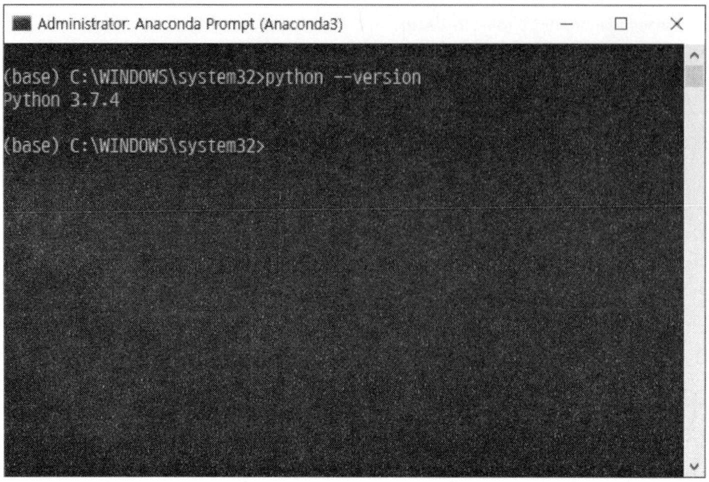

그림 1.8 파이썬 버전 확인

1.3 pgmpy 설치

pgmpy는 확률적 그래픽 모델 작업을 위한 파이썬 라이브러리이다.

1) 윈도우 시작메뉴에서 Anaconda3(64-bit) 메뉴를 클릭하고 Anaconda Prompt(Anaconda3)에서 오른쪽 마우스 버튼을 눌러서 팝업메뉴를 띄운다.
2) 그림과 같이 관리자 권한으로 명령 프롬프트를 실행한다.

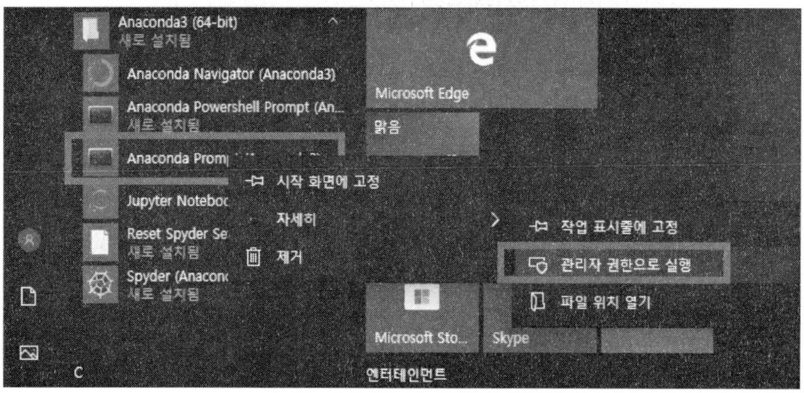

그림 1.9 pgmpy 설치를 위한 명령 프롬프트 실행

3) conda install -c ankurankan pgmpy를 입력 후 실행한다.

4) Proceed 확인에 y를 입력한다.

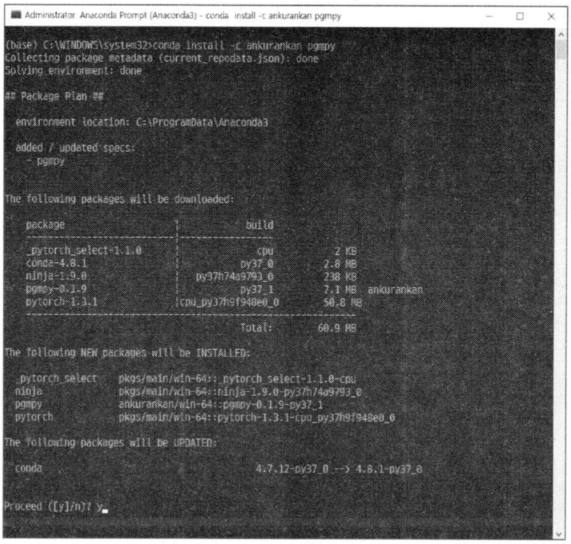

그림 1.10 pgmpy 설치

5) 설치된 결과를 확인한다.

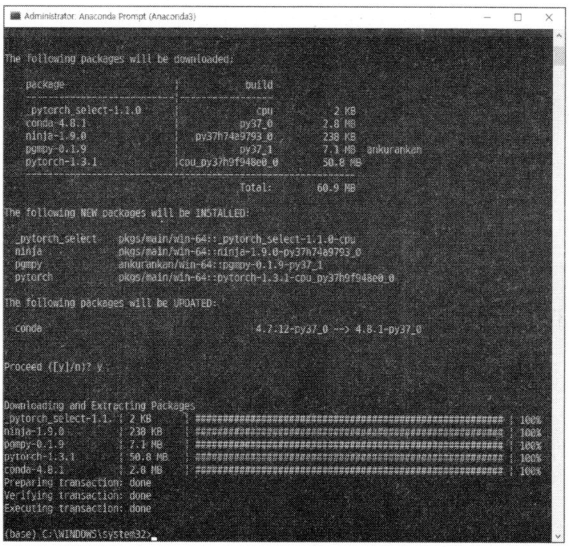

그림 1.11 pgmpy 설치 결과 확인

1.4 pandas-datareader 설치

pandas-datareader는 주가데이터를 가져오기 위한 파이썬 라이브러리이다.

1) 윈도우 시작메뉴에서 Anaconda3(64-bit) 메뉴를 클릭하고 Anaconda Prompt (Anaconda3)에서 오른쪽 마우스 버튼을 눌러서 팝업메뉴를 띄운다.
2) conda install pandas-datareader를 입력 후 실행한다.
3) Proceed 확인에 y를 입력한다.

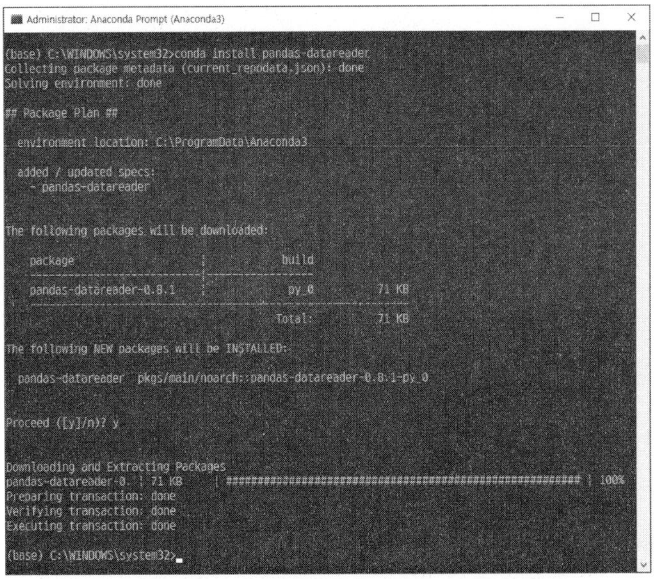

그림 1.12 pandas-datareader 설치

1.5 mlxtend 설치

mlxtend는 데이터 과학 작업에 유용한 도구로 구성된 파이썬 라이브러리이다.

1) 윈도우 시작메뉴에서 Anaconda3(64-bit) 메뉴를 클릭하고 Anaconda Prompt (Anaconda3)에서 오른쪽 마우스 버튼을 눌러서 팝업메뉴를 띄운다.
2) conda install -c conda-forge mlxtend을 입력 후 실행한다.

3) Proceed 확인에 y를 입력한다.

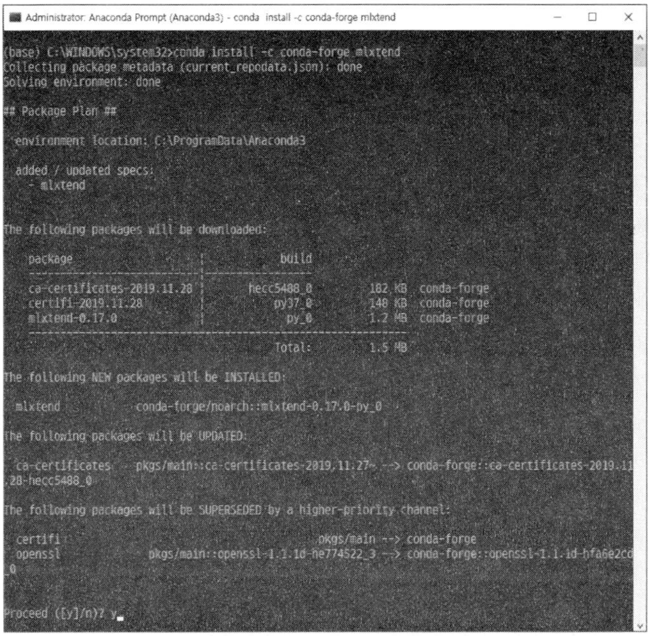

그림 1.13 mlxtend 설치

4) 설치된 결과를 확인한다.

그림 1.14 mlxtend 설치 결과 확인

1.6 전체 패키지 최신버전으로 업데이트하는 방법

윈도우 시작메뉴에서 Anaconda3(64-bit) 메뉴를 클릭하고 Anaconda Prompt(Anaconda3)를 관리자 모드로 실행하여 도스창을 띄운다.

1) conda update --all을 입력 후 실행한다.

2) Proceed 확인에 y를 입력한다.

그림 1.15 패키지 업데이트

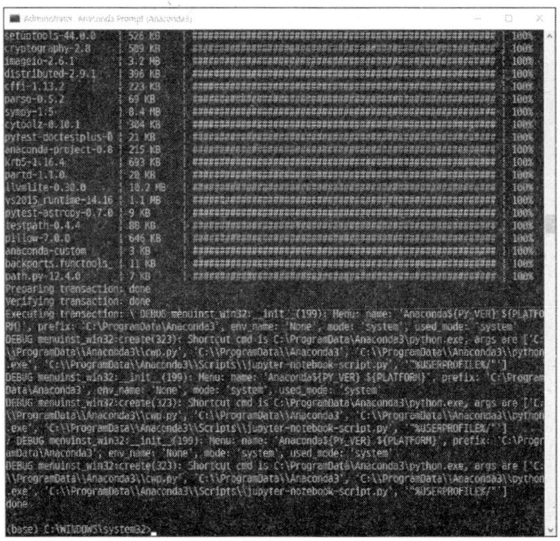

그림 1.16 패키지 업데이트 확인

2장

주피터 노트북 (Jupyter Notebook)

2.1 개요

주피터 노트북은 대화형 파이썬 인터프리터(Interpreter)로서 웹 브라우저 환경에서 파이썬 코드를 작성 및 실행할 수 있는 툴이다. Anaconda를 설치할 때 주피터 노트북도 같이 설치된다.

2.2 주피터 노트북 실행

윈도우 시작메뉴에서 Anaconda3(64-bit) 메뉴를 클릭하고 Jupyter Notebook(Anaconda3)을 클릭하여 실행한다.

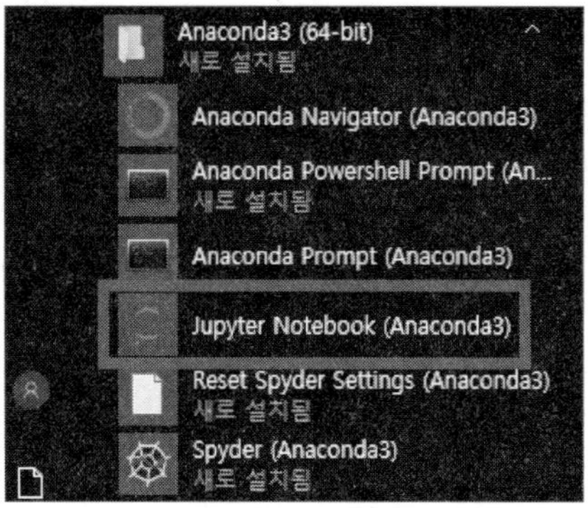

그림 2.1 주피터 노트북 실행

실행된 결과를 확인한다.

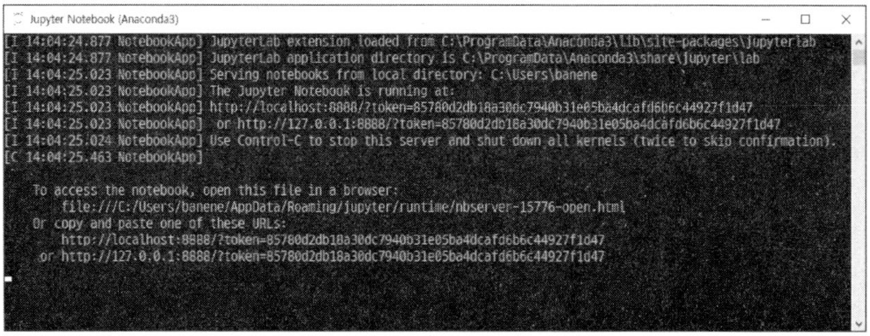

그림 2.2 주피터 노트북 도스창

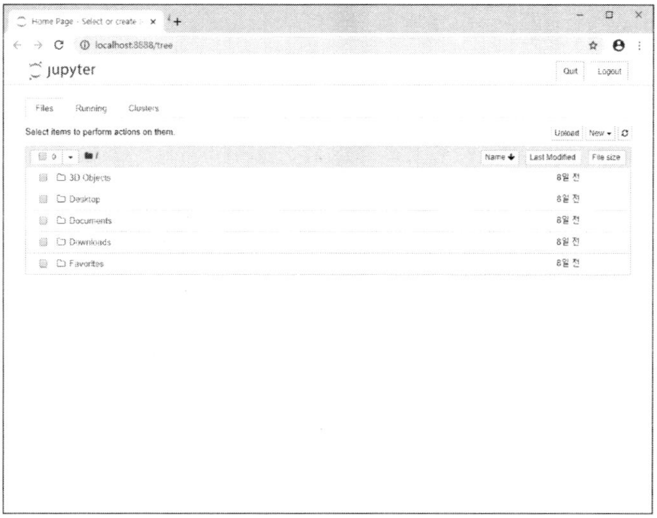

그림 2.3 주피터 노트북 초기 화면

2.3 노트북 생성

파이썬 노트북을 만들기 위해서 오른쪽 New 버튼을 클릭한 뒤 Python3를 클릭한다.

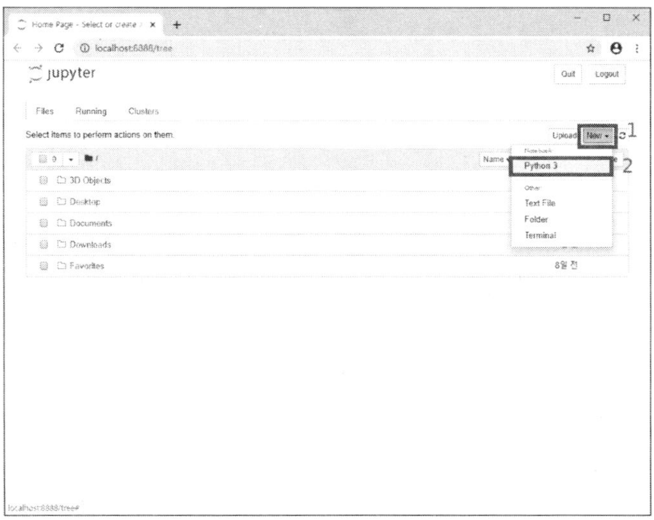

그림 2.4 주피터 노트북 생성

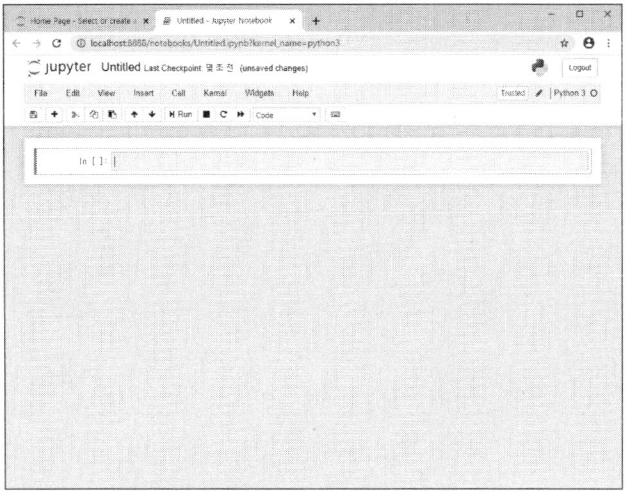

그림 2.5 주피터 노트북 생성 후 초기화면

2.4 설명 추가

우선 코드를 작성하기 전에 설명부터 추가한다. 메뉴의 드롭다운 목록에서 Markdown을 선택하고 "## Hello, world 출력"을 입력한다. 입력 후 메뉴에서 ▶| 버튼을 클릭하면 설명이 적용되고 새로운 셀(Cell)이 생성된다.

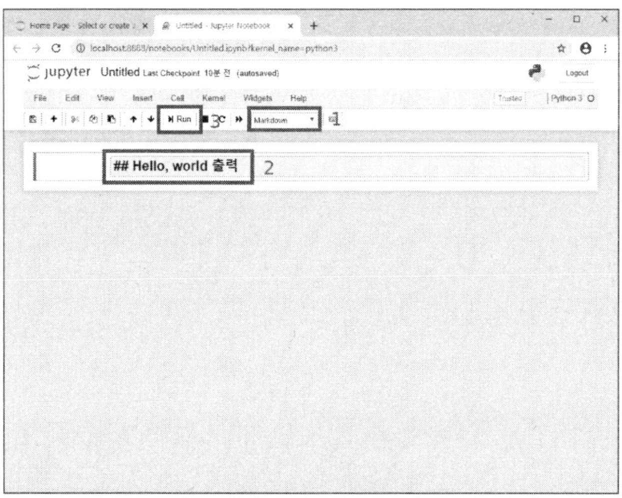

그림 2.6 설명 추가

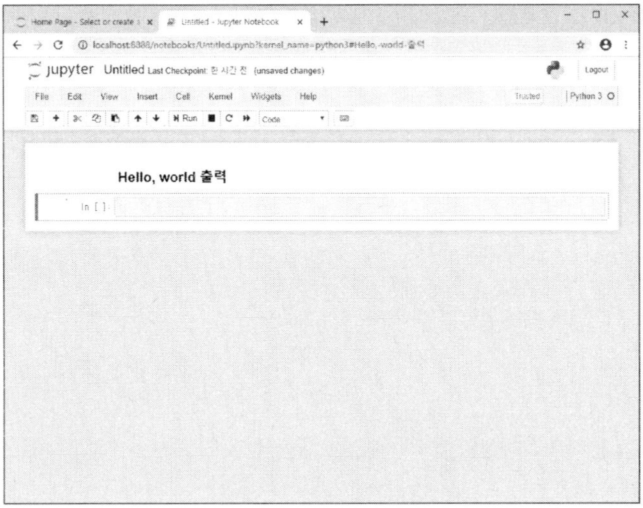

그림 2.7 설명 추가 후 화면

2.5 파이썬 코드 입력

이제 파이썬 코드를 입력한다. In [ ]: 오른쪽에 print('Hello, world')를 입력한다. 입력 후 메뉴에서 ▶| 버튼을 클릭하거나 단축키 Shift + Enter를 누르면 코드가 실행된다.

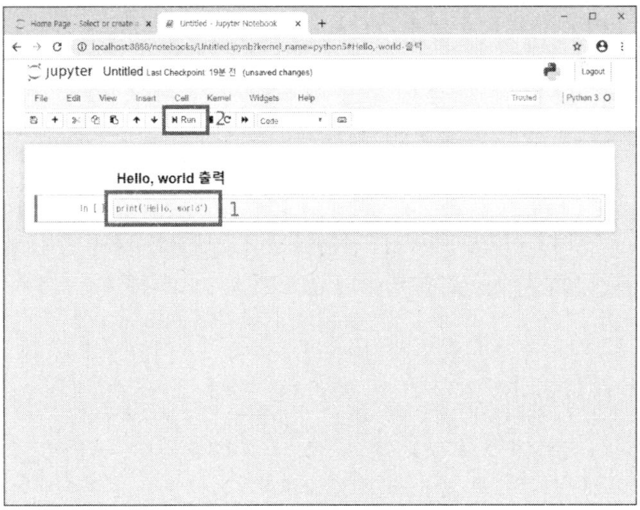

그림 2.8 파이썬 코드 입력

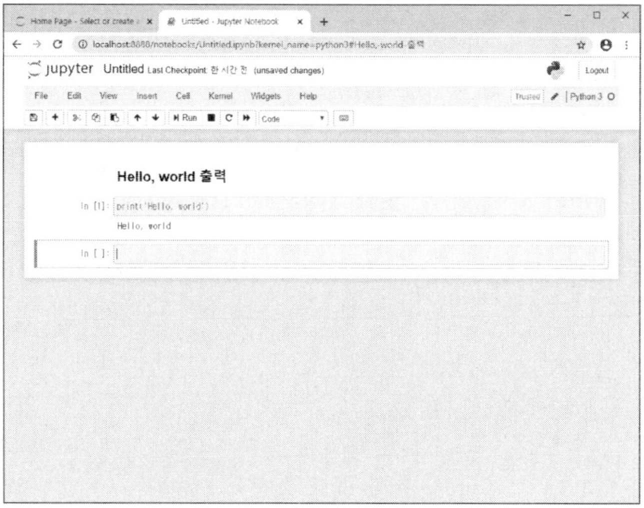

그림 2.9 코드 실행 후 결과 화면

2.6 셀 앞쪽에 추가

특정 셀 앞쪽에 추가하려면 먼저 마우스로 특정 셀을 선택 후 메뉴의 Insert Cell Above를 클릭하거나 단축키 a를 입력합니다.

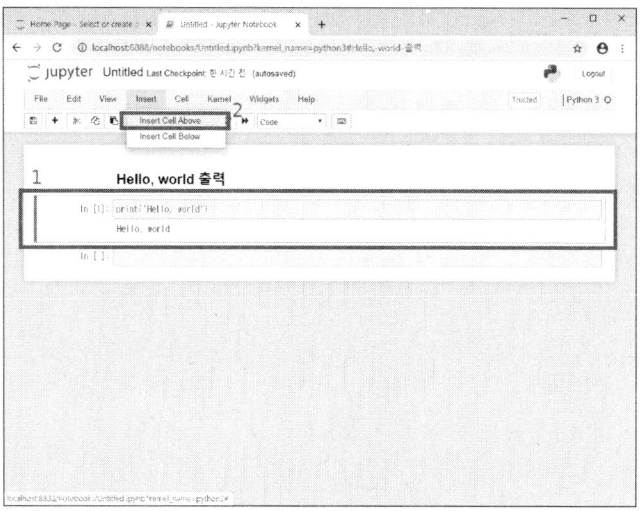

그림 2.10 특정 셀 선택

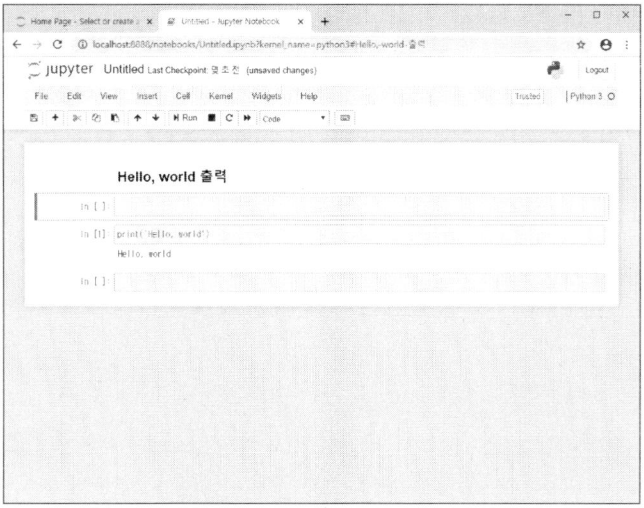

그림 2.11 앞쪽에 셀 추가 후 화면

2.7 셀 뒤쪽에 추가

특정 셀 뒤쪽에 추가하려면 먼저 마우스로 특정 셀을 선택 후 메뉴의 Insert Cell Below를 클릭하거나 단축키 b를 입력합니다.

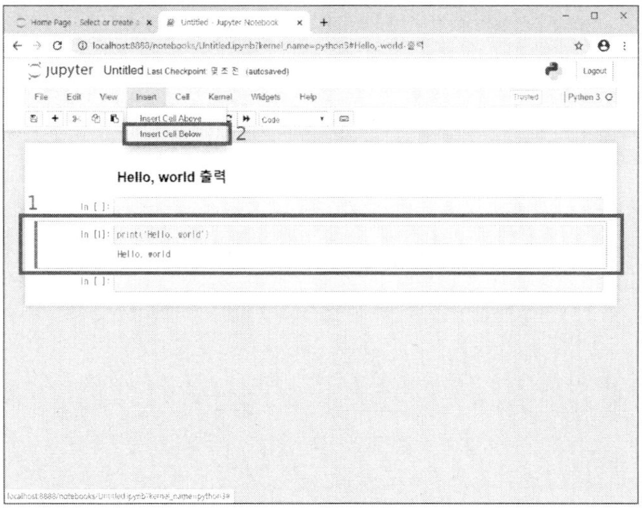

그림 2.12 특정 셀 선택

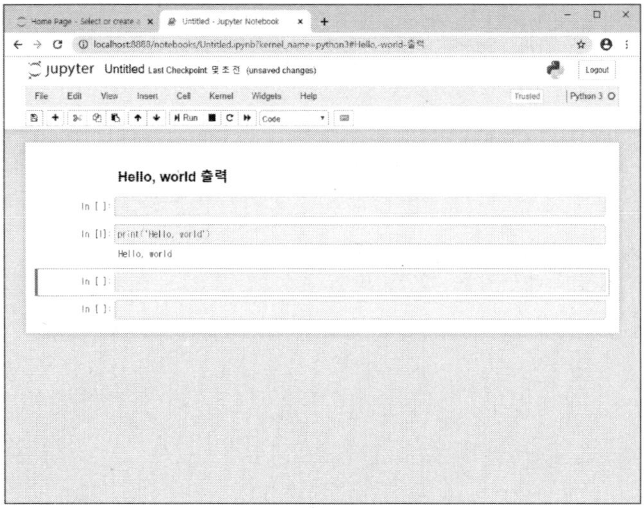

그림 2.13 뒤쪽에 셀 추가 후 화면

2.8 노트북 제목 바꾸기

노트북의 제목을 바꾸려면 맨 위 Jupyter 로고 옆의 Untitled를 클릭하면 된다. 그리고 메뉴의 File > Save and Checkpoint를 클릭하면 노트북이 파일로 저장된다.

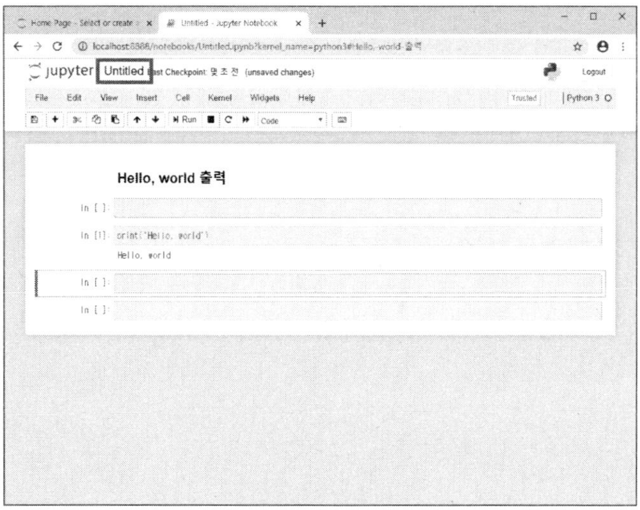

그림 2.14 제목 클릭

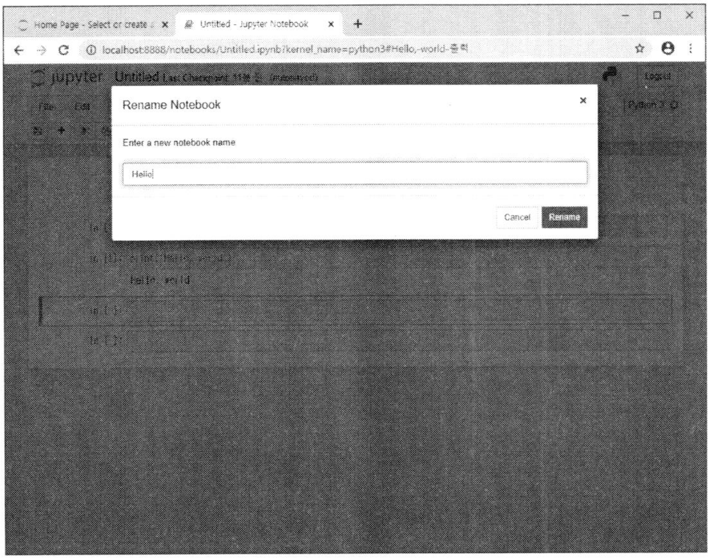

그림 2.15 제목 입력

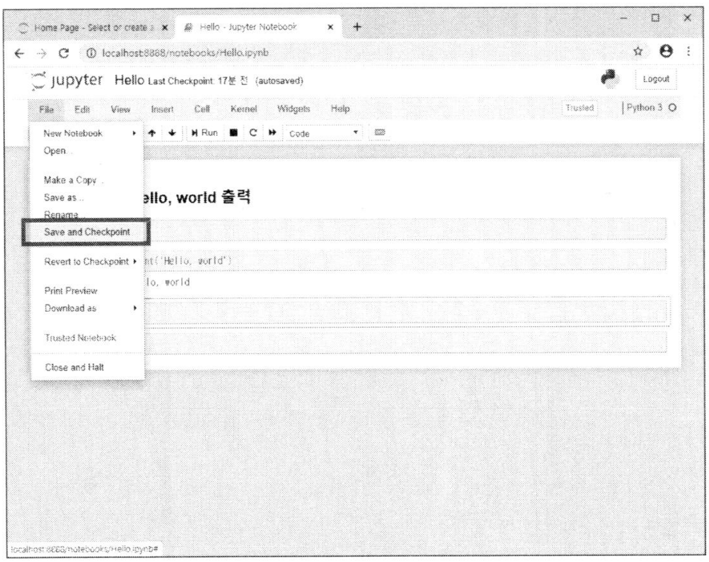

그림 2.16 파일 저장

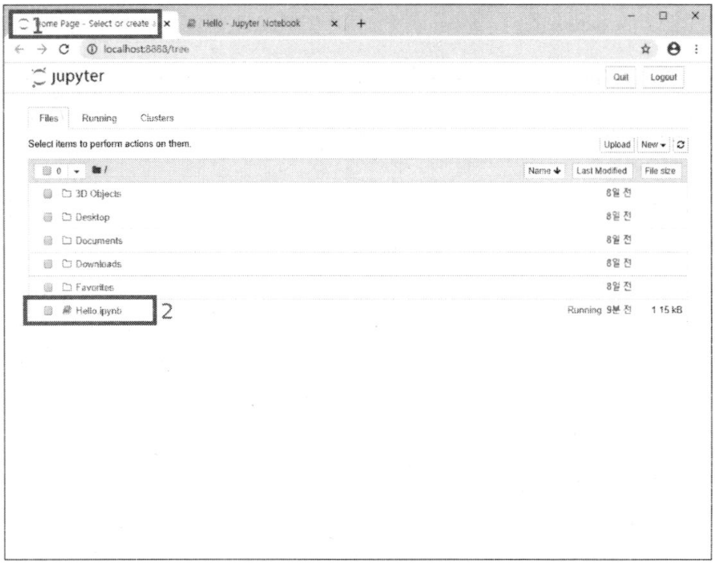

그림 2.17 파일이름 확인

3장

파이썬

3.1 개요

파이썬 언어의 기본은 데이터 형(type), 컨테이너, 형 변환, 변수값 할당, 인덱싱, 문, 조건문, 반복문, 조건 반복문, 함수 정의 등을 이해하는 것이다.

3.2 데이터 형

파이썬 언어의 기본적인 데이터 형은 int, float, bool, str, bytes이다.

각각의 예를 살펴보자.

In
```
# int
x = 100
type(x)
```
Out
```
int
```

In
```
# float
x = 0.0
type(x)
```
Out
```
float
```

In
```
# bool
x = True
type(x)
```
Out
```
bool
```

In
```
# str
x = 'hello!\nWelcome to ML world'
type(x)
```
Out
```
str
```

In	# bytes
	x = b'bong'
	type(x)

Out	bytes

위의 코드를 각각 입력하여 그 결과를 확인해 보면 어떤 데이터 형인지를 확인할 수 있다. 기본 데이터 형은 값을 변경할 수 없다. 즉, immutable이다. 여기서 \n은 인용 부호 내에서의 줄 바꿈을 나타내는 특수 문자를 표시한 것이다.

기본 데이터 형을 하나의 요소로 하여 만들어지는 데이터 형을 컨테이너 형이라고 한다. 컨테이너 형은 list, tuple, dict, set이 있다.

In	# list
	x = [1,2,3]
	type(x)

Out	list

In	# 리스트와 각 원소의 데이터 형
	x = ["a",2.3,3, b"bong"]
	print(type(x))
	print(type(x[0]))
	print(type(x[1]))
	print(type(x[2]))
	print(type(x[3])

Out	<class 'list'> <class 'str'> <class 'float'> <class 'int'> <class 'bytes'>

In	# tuple
	x = (1,2,3)
	type(x)

Out	tuple

In
```
# dict
x = {"key1": 100, "key2": 200}
type(x)
```
Out
```
dict
```

In
```
x = dict(key1=100, key2=200)
type(x)
```
Out
```
dict
```

In
```
# set
x = {"key1", "key2"}
type(x)
```
Out
```
set
```

In
```
x = {1, 2, 3, 3}
x
```
Out
```
{1, 2, 3}
```

str, bytes 데이터 형은 기본 데이터 형도 되지만, 컨테이너 데이터 형도 된다. 즉 각 구성요소를 각각 가져올 수 있기 때문이다. 컨테이너 형 중 tuple, str, bytes는 값을 변경할 수 없다.

3.3 식별자의 표기

변수명, 함수명, 모듈명, 클래스명 등의 이름은 영문자로 시작하고 이후 숫자나 영문자를 사용하여 조합한다. 단, 엑센트와 같은 부호는 안 되며 예약된 키워드도 안 된다. 대/소문자는 구별한다. 한글도 사용 가능하나 가급적 사용하지 않는다.

3.4 값의 할당

변수에 값을 할당한다는 것은 변수명과 값을 하나로 묶는 것을 의미한다. 할당의 규칙은 변수명 = 값으로 정의한다. 우변의 표현식을 유효한지를 평가한 후 유효하면 값을 할당한다.

In
```
# 기본 할당
x = 1 + 1.2
x
```
Out
```
2.2
```

In
```
# 같은 값 할당
x = y = 0
[x, y]
```
Out
```
[0, 0]
```

In
```
# 각각 해당 값 할당
x, y = 1, 0.9
[x, y]
```
Out
```
[1, 0.9]
```

In
```
# 값 바꾸기
x, y = y, x
[x, y]
```
Out
```
[0.9, 1]
```

In
```
# 값 증가
x = 0
x += 2
x
```
Out
```
2
```

```
In      # 값 감소
        x = 0
        x -= 3
        x
Out     -3
```

```
In      # 정의는 되었지만 값 없음
        x = None
        [x, type(x)]
Out     [None, NoneType]
```

```
In      # 변수 제거
        del x
        x
Out     ---------------------------------------------------------------------------
        NameError                                 Traceback (most recent call last)
        <ipython-input-38-f0848a01eebe> in <module>
              1 # 변수 제거
        ----> 2 del x
              3 x

        NameError: name 'x' is not defined
```

3.5 형 변환

데이터 형, 즉 데이터 클래스의 형을 보기 위한 함수는 type()이다. 이때 하나의 데이터 형에서 다른 데이터 형으로 변환하는 것을 형 변환이라고 한다. 이때 사용하는 함수들은 int(), float(), bool(), str(), chr(), bytes(), list(), dict(), set() 등이 있다.

In	# 문자열에서 정수로 [int("100"), ord('\n')]
Out	[100, 10]

In	# 16진법으로 표시된 문자열을 정수로 int("ff", base=16)
Out	255

In	# 실수를 정수로 [int(2.1), round(13.2)]
Out	[2, 13]

In	# 정수를 실수로
	float(0)

Out	0.0

In	# 정수, 실수를 문자로 [str(100), str(100.0)]
Out	['100', '100.0']

In	# 정수를 문자로
	chr(97)

Out	'a'

In	# 리스트를 바이트로
	bytes([97,98,99,100])

Out	b'abcd'

In	# 문자열을 리스트로
	list("abc")

Out	['a', 'b', 'c']

In	# 리스트를 사전으로
	dict([(1, "abc"), (2, "cde")])

Out	{1: 'abc', 2: 'cde'}

In	# 문자열을 집합으로
	set("abcde")

Out	{'a', 'b', 'c', 'd', 'e'}

In	# 리스트를 문자열로
	x = "-".join(['bong', 'ju', 'kang'])
	x

Out	'bong-ju-kang'

In	# 문자열을 리스트로
	x.split("-")

Out	['bong', 'ju', 'kang']

In	# NoneType을 bool로
	bool(None)

Out	False

In	# 0 논리값 bool(0)
Out	False

In	# 1 논리값 bool(1)
Out	True

In	# False 논리값
	bool(False)

Out	False

In	# True 논리값
	bool(True)

Out	True

In	# 널 문자열 논리값
	bool("")

Out	False

이러한 형 변환의 예는 이미지 데이터가 바이트로 저장된 경우에 이를 숫자로 환원하여 머신러닝 알고리즘을 실행하는 경우이다. 사용된 ord() 함수는 바이트로 저장된 하나의 문자를 int 숫자로 변환하는 함수이다.

3.6 열 컨테이너 인덱싱(indexing)

컨테이너 형에서 내부에 하나의 열(sequence)을 포함하는 경우는 str, list, tuple이다. 즉, 인덱스를 이용하여 요소의 값에 접근할 수 있다.

$x = [2, 4, 6, 8, 10]$

양수 인덱스: $x[0] = 2$, $x[1] = 4$, $\cdots$, $x[4] = 10$

음수 인덱스: $x[-5] = 2$, $x[-4] = 4$, $\cdots$, $x[-1] = 10$

인덱스는 0부터 시작하며, 음수 인덱스는 −1부터 시작한다. 슬라이싱(slicing)은 주어진 열을 조각내는 것을 말한다. 조각내기 위하여 시작과 끝 그리고 스텝이 정의되어야 한다. 슬라이싱 부호로는 ":"을 사용한다. [시작 슬라이스: 끝 슬라이스: 스텝]으로 정의한다. 스텝은 명시하지 않으면 1이고, 시작 슬라이스를 명시하지 않으면 처음부터 시작하며 끝 슬라이스를 명시하지 않으면 마지막까지를 의미한다. 끝 슬라이스의 명시된 값은 해당 값을 포함하지 않은 작은 값으로 정의한다. 슬라이싱은 원래의 열을 조각내는 것이므로 결과도 또한 원래의 데이터 열의 형과 같게 된다.

In
```
# 순서열(sequence)을 갖는 컨테이너 정의
x = [2, 4, 6, 8, 10]
len(x)
```
Out
```
5
```

In
```
# 해당 위치 값 가져오기
[x[0], x[4]]
```
Out
```
[2, 10]
```

In
```
# 인덱스 오류: 해당 위치가 인덱스의 범위에 벗어남
x[5]
```
Out
```
---------------------------------------------------------------------------
IndexError                                Traceback (most recent call last)
<ipython-input-83-df3e65441209> in <module>
----> 1 x[5]

IndexError: list index out of range
```

In
```
# 음수 인덱스
[x[-1], x[-len(x)]]
```
Out
```
[10, 2]
```

In
```
# 조각내기
x[1:2]
```
Out
```
[4]
```

In
```
x[::]
```
Out
```
[2, 4, 6, 8, 10]
```

In
```
x[:]
```
Out
```
[2, 4, 6, 8, 10]
```

In	# 3 보다 작은 인덱스 값까지 x[:3]
Out	[2, 4, 6]

In	# 처음부터 마지막 직전까지 x[:-1]
Out	[2, 4, 6, 8]

In	# 인덱스가 2씩 증가하며 처음부터 끝까지 x[::2]
Out	[2, 4, 6]

In	# 인덱스가 -2씩 증가하며 끝에서 처음까지 x[::-2]
Out	[10, 6, 2]

In	# 순서열 원소 제거: 처음부터 인덱스가 2보다 작은 값까지
	x = [2, 4, 6, 8, 10]
	del x[:2]
	x

Out	[6, 8, 10]

3.7 논리 연산자

논리 연산자는 두 개의 값을 비교하여 참과 거짓으로 그 결과를 나타낸다. and, or, not은 각각의 bool 값을 파악하여 bool 값으로 결과를 나타낸다. 비교 연산자는 <, >, <=, >=, ==, !=이 있다.

In	# > 연산자 0 > 1
Out	False

In	# == 연산자 0 == 1
Out	False

In	# != 연산자 0 != 1
Out	True

In	# and, & 연산자 (0 > 1) & (1 > 0)
Out	False

In	# or, ¦ 연산자 (0 > 1) ¦ (1 > 0)
Out	True

In	# not 연산자 not (0 > 1)
Out	True

3.8 문(statement) 구성

파이썬 문은 한 줄에 하나의 문을 구성하며, 끝을 의미하는 어떠한 표식도 하지 않는다. 여러 개의 문을 구성하고자 한다면 종속 관계가 있는 경우에는 띄어쓰기로 그 관계를 표현한다.

```
부모 문:
    문장1
    …
    문장n
        문장1
        …
        문장k
```

띄어쓰기는 한 칸만 해도 되지만, 일반적으로 4개의 공백을 비운다.

In
```python
if (0 == 0):
    print((0 == 0))
    if not (0 > 1):
        print (not (0 > 1))
print((0 > 1) and (0 > 1))
```

Out
```
True
True
False
```

3.9 모듈 가져오기(import)

파이썬에는 모듈들의 집합이라고 할 수 있는 패키지와 모듈이 있다. 각 모듈은 하나의 파일 또는 모듈 이름의 디렉토리의 __init__.py와 동일하다. 이러한 모듈 내부에는 클래스와 함수가 정의되어 있고, 이러한 클래스와 함수를 이용하여 파이썬 프로그래밍을 한다. 모듈을 가져오기 위해서는 import라는 키워드를 사용한다. 모듈 내의 특별한 클래스만을 가져오기 위해서는 from 키워드를 사용한다. 이때 해당 파일들은 파이썬 경로(path)에 모두 존재해야 한다. 이를 확인하기 위해서는 sys.path로 확인한다.

import numpy as np 문은 sys.path에 나타나는 모든 경로에서 numpy.py가 존재하거나, numpy라는 디렉토리가 존재하는 것을 의미한다. 만약 디렉토리인 경우에는 해당 디렉토리의 __init__.py가 그 역할을 대신한다. 이 문은 numpy 모듈을 가져오는 것이다.

In	`# 모듈 탐색을 위한 경로 확인`
	`import sys`
	`sys.path`

Out	`['C:\\Users\\banene02\\OneDrive\\KMU\\project\\winter2020\\source',`
	` 'C:\\ProgramData\\Anaconda3\\python37.zip',`
	` 'C:\\ProgramData\\Anaconda3\\DLLs',`
	` 'C:\\ProgramData\\Anaconda3\\lib',`
	` 'C:\\ProgramData\\Anaconda3',`
	` '',`
	` 'C:\\ProgramData\\Anaconda3\\lib\\site-packages',`
	` 'C:\\ProgramData\\Anaconda3\\lib\\site-packages\\win32',`
	` 'C:\\ProgramData\\Anaconda3\\lib\\site-packages\\win32\\lib',`
	` 'C:\\ProgramData\\Anaconda3\\lib\\site-packages\\Pythonwin',`
	` 'C:\\ProgramData\\Anaconda3\\lib\\site-packages\\IPython\\extensions',`
	` 'C:\\Users\\banene02\\.ipython']`

In	`# numpy 패키지의 가져오기, 그리고 별명으로 np를 사용`
	`import numpy as np`
	`np.__version__`

Out	`'1.17.4'`

In	`# 파이썬 경로의 matplotlib 디렉토리 밑의 pyplot 파일을 지칭`
	`import matplotlib.pyplot as plt`
	`plt`

Out	`<module 'matplotlib.pyplot' from 'C:\\ProgramData\\Anaconda3\\lib\\site-packages\\matplotlib\\pyplot.py'>`

3.10 조건문(conditional statement)

파이썬의 조건문은 다음과 같은 형식이다.

if 논리 조건:
  문장 블록

조건이 만족하지 않은 경우에 계속 분기하기 위해서는 elif, elif, ..., else를 사용한다.

if 논리 조건:
  문장 블록
elif 논리조건:
  문장 블록
else:
  문장 블록

In
```
# 조건문 구조
income = 100
if income < 100:
    grade = "low"
elif income < 200:
    grade = "middle"
else:
    grade = "high"

grade
```
Out
```
'middle'
```

3.11 수학 연산과 함수

수학 연산자는 +, −, *, /, //, %, **, @가 있다. 여기서 //는 나눈 결과가 그 숫자를 넘지 않는 정수이며, @는 행렬 곱을 의미한다.

In
```
# // 연산자
[3 // 2, -3 // -2, 3 // -2]
```
Out
```
[1, 1, -2]
```

```
In      # 필요한 패키지 가져오기
        import numpy as np

        # 행렬 곱: @
        x = np.array([[1,2], [3,4]])
        y = np.array([[0,1], [1,0]])
        x @ y
```

```
Out     array([[2, 1],
               [4, 3]])
```

```
In      # 원소별 곱
        x * y
```

```
Out     array([[0, 2],
               [3, 0]])
```

```
In      # 수학 함수
        # 싸인 함수
        np.sin(np.pi/2)
```

```
Out     1.0
```

```
In      # 자연 로그
        np.log([1, np.e, np.e**2, 0])
```

```
Out     array([  0.,   1.,   2., -inf])
```

```
In      # 천장 함수
        np.ceil(9.9)
```

```
Out     10.0
```

3.12 조건 반복문(conditional loop statement)

조건 반복문은 특정 조건을 만족하는 경우에만 반복을 허용하는 문이다. 키워드는

while, for가 있다. 형식은 다음과 같다.

while 논리 조건:
    문 블록
for 변수 in 열:
    문 블록

In

```
# while 반복문

# index 값이 11이면 while 반복 문을 탈출 따라서 합은 index=10 까지만의 합임
value = 0
index = 1
while index <= 10:
    value += index**2
    index += 1

[value, index]
```

Out

```
[385, 11]
```

In

```
# for 반복문

name = "bong ju kang"
for index, value in enumerate(name):
    if value == 'g':
        print("index number=", index)
```

Out

```
index number= 3
index number= 11
```

In

```
# range 함수를 이용한 for 반복문

name = "bong ju kang"
[name[index] for index in range(len(name))]
```

Out

```
['b', 'o', 'n', 'g', ' ', 'j', 'u', ' ', 'k', 'a', 'n', 'g']
```

3.13 컨테이너 형 일반 연산(generic operation)

컨테이너 데이터 형은 내부에 기본 데이터 형을 포함하는 경우를 말한다. 즉, 내부에 순서열을 갖고 있는 데이터 형을 의미한다. 이런 경우에는 일반적으로 적용되는 연산이 있다. 대표적인 연산은 len, min, max, sum, sorted, enumerate, zip, all, any 등이 있다. 특수한 경우로서 값 in 등이 있다.

In
```
# 일반 연산: len, min, max, sorted
name = "bong ju kang"
value = "123456789"

[len(name), len(value), min(value),max(name), sorted(name) ]
```

Out
```
[12, 9, '1', 'u', [' ', ' ', 'a', 'b', 'g', 'g', 'j', 'k', 'n', 'n', 'o', 'u']]
```

In
```
# 일반 연산: enumerate
[{a:b} for a, b in enumerate(name)]
```

Out
```
[{0: 'b'},
 {1: 'o'},
 {2: 'n'},
 {3: 'g'},
 {4: ' '},
 {5: 'j'},
 {6: 'u'},
 {7: ' '},
 {8: 'k'},
 {9: 'a'},
 {10: 'n'},
 {11: 'g'}]
```

In
```
# 일반 연산: zip
# 같은 위치에 있는 값을 반환하는 반복자
[val for val in zip(('a', 'b', 'c'), ('c', 'b', 'd', 'e'))]
```

Out
```
[('a', 'c'), ('b', 'b'), ('c', 'd')]
```

In
```
[val for val in zip(str, value)]
```

Out
```
[('b', '1'),
 ('o', '2'),
 ('n', '3'),
 ('g', '4'),
 (' ', '5'),
 ('j', '6'),
 ('u', '7'),
 (' ', '8'),
 ('k', '9')]
```

In
```
# 일반 연산자: index(위치), count(건수)
[name.index('k'), name.count('g')]
```

Out
```
[8, 2]
```

In
```
# 일반 연산자: 값 in
x ='b'
x in name
```

Out
```
True
```

3.14 리스트 연산

리스트는 컨테이너 형의 데이터이며, 다른 데이터 형의 값을 가질 수 있다. 이러한 리스트에 대하여 내부 값을 수정, 추가, 제거 등을 연산, 즉 함수로 처리할 수 있다. 관련 함수들은 append, extend, insert, remove, pop, sort, reverse 등이 있다.

In
```
# 리스트 생성
value =[]
value
```

Out
```
[]
```

In
```
# 리스트 원소 추가:
value.append('b')
value.append('a')
value.append('n')
value.append('e')
value.append('n')
value.append('e')
value
```
Out
```
['b', 'a', 'n', 'e', 'n', 'e']
```

In
```
# 리스트 원소 제거: remove
value.remove('b')
value
```
Out
```
['a', 'n', 'e', 'n', 'e']
```

In
```
# 리스트에 순서열(sequence) 추가: extend
value.extend('bnn')
value
```
Out
```
['a', 'n', 'e', 'n', 'e', 'b', 'n', 'n']
```

In
```
# 리스트 마지막 값 제거: pop
value.pop()
value
```
Out
```
['a', 'n', 'e', 'n', 'e', 'b', 'n']
```

In
```
# 리스트 원소 위치 값 제거: pop
value.pop(-1)
value
```
Out
```
['a', 'n', 'e', 'n', 'e', 'b']
```

In
```
# 리스트 정렬: sort, reverse
value.sort()
value
```
Out
```
['a', 'b', 'e', 'e', 'n', 'n']
```

3.15 딕셔너리 연산

딕셔너리도 리스트와 마찬가지로 값의 조회, 수정, 제거 등을 할 수 있는 메소드(method)가 있다. 이와 같은 메소드 또는 함수 중에는 get, update, del, pop, popitem 등이 있다.

In
```
# 딕셔너리 생성
score = {'lang':80, 'math':90, 'his':75}
score
```
Out
```
{'lang': 80, 'math': 90, 'his': 75}
```

In
```
# 딕셔너리 키 조회
score.keys()
```
Out
```
dict_keys(['lang', 'math', 'his'])
```

In
```
# 딕셔너리 값 조회: 키 순서대로
score.values()
```
Out
```
dict_values([80, 100, 75])
```

In
```
# 딕셔너리 값 조회: 키와 get
[score['lang'], score.get('lang')]
```
Out
```
[80, 80]
```

In
```
# 딕셔너리 값 수정: 키와 update
score['math']=100
score.update({'math':100})
score
```
Out
```
{'lang': 80, 'math': 100, 'his': 75}
```

In
```
# 딕셔너리 특정 키 제거
del score['lang']
score
```
Out
```
{'math': 100, 'his': 75}
```

```
In      # 딕셔너리 초기화
        score.clear()
        score
Out     {}
```

3.16 집합(set) 연산

집합 연산은 합집합(|), 교집합(&), 차집합(−) 등의 연산자를 이용하며, 집합 간의 포함 관계는 <, <=, ==, >, >=을 이용하여 확인할 수 있다. 또한 메소드(method)를 통해 집합의 값을 추가, 수정, 복제, 삭제 등을 할 수 있다.

```
In      # 집합 정의
        A = {'a', 'b', 'c'}
        B = {'b', 'c', 'd', 'e'}
        [A, B]
Out     [{'a', 'b', 'c'}, {'b', 'c', 'd', 'e'}]
```

```
In      # 합집합
        A | B
Out     {'a', 'b', 'c', 'd', 'e'}
```

```
In      # 교집합
        A & B
Out     {'b', 'c'}
```

```
In      # 차집합
        A - B
Out     {'a'}
```

In	# 집합 비교: <, >, ==
	C = A ¦ B
	[A < C, A < B, B < C, A == B]

Out	[True, False, True, False]

In	# 원소 추가
	A.add('d')
	A

Out	{'a', 'b', 'c', 'd'}

In	# 집합 추가
	A.update({1, 2, 3})
	A

Out	{1, 2, 3, 'a', 'b', 'c', 'd'}

In	# 원소 제거
	A.remove('d')
	A

Out	{1, 2, 3, 'a', 'b', 'c'}

In	# 집합 복사
	D = A.copy()
	D

Out	{1, 2, 3, 'a', 'b', 'c'}

3.17 함수 정의

함수는 다음과 같은 형식으로 정의한다.

```
def 함수명(매개변수1, ..., 매개변수n):
    """함수에 대한 설명"""
    문 블록
    return 반환값
```

함수가 정의되고 난 후 함수를 호출하는 방법은 '변수 = 함수명()' 형식으로 처리한다.

In

```python
# 함수 정의 예

def bnn_add(x,y):
    """
    이 함수는 피 연산자를 받아서 덧셈을 처리해준다.
    :param x: 덧셈이 가능한 값
    :param y: 덧셈이 가능한 값
    :return: 덧셈 후 결과 값을 반환
    """
    return x + y
```

Out

In

```python
# 함수 활용
import numpy as np
bnn_add(np.array([1,9]), np.array([2.0, 3]))
```

Out

```
array([ 3., 12.])
```

3.18 문자열(string) 연산

문자열에 대한 연산은 공백 제거, 지정 문자의 출현 횟수 구하기, 조회, 대소문자 변환, 분리 및 결합 등이며, 이를 메소드(method)로 제공한다. 대표적으로 strip, count, index, is..., upper, lower, split, join 등이 있다.

In	# 문자열 생성
	name='\n bong ju kang'
	name

Out	'\n bong ju kang'

```
In      # 문자열 앞뒤 화이트 스페이스(white space) 제거: strip

        # 화이트스페이스의 종류
        # chr(9) # 수평 탭(tab), '\t'
        # chr(10) # 라인피드(line feed), '\n'
        # chr(11) # 수직 탭, '\x0b'
        # chr(12) # 폼피드(form feed), '\x0c'
        # chr(13) # 캐리지리턴(carriage return), '\r'
        # chr(32) # 공백(space), ' '

        name.strip()
Out     'bong ju kang'
```

```
In      # 문자열의 시작하는 인덱스: index
        name.index('k')
Out     13
```

```
In      # 대소문자 변환: lower, upper
        ['KANG'.lower(), 'banene'.upper()]
Out     ['kang', 'BANENE']
```

```
In      # 대소문자 서로 변환: swapcase
        'Kang, Bong Ju'.swapcase()
Out     'kANG, bONG jU'
```

```
In      # 숫자, 문자로만 구성된 문자열인지 확인; isalnum()
        'Bonjour Kang 2020!'.isalnum()
Out     False
```

In	# 문자열 분리: split 'Kang, Bonjour'.split(',')
Out	['Kang', ' Bonjour']

In	# 문자열 결합 ','.join(['Kang', 'Bong Ju'])
Out	'Kang,Bong Ju'

3.19 포맷 구성하기

포맷을 구성한다는 것은 아무 데이터 형이나 지정된 특별한 형식으로 문자열을 만들어 주는 것을 말한다. 형식은 다음과 같다.

포맷지시문.format(포맷할 값)

여기서 포맷지시문(format directives)은 다음과 같은 형식이다.

"{selection: formatting!conversion}"

이며, formatting은 채울 문자, 정렬 방식(<, >, ^, =), 부호(+, −, 공백), 최소 길이, 소수점 이하 길이, 포맷형식(b, c, d, o, x, X, e, E, f, F, g, G, s 등)과 같은 형식을 갖추고 있다. conversion은 s(읽을 수 있는 문자 형식), r(문자 그대로 형식)이 있다.

In	# 소수점 이하 2째 자리까지 "${:.2f}".format(12345.12345)
Out	'$12345.12'

In	# 콤마 포맷 "{:,}원".format(1234567890)
Out	'1,234,567,890원'

```
In    # 콤마 포맷과 소수점 이하 1째 자리까지
      "{:,.1f}원".format(12345.77)
Out   '12,345.8원'
```

```
In    # 포맷할 값의 2번째 인자에 대한 포맷 지정: 오른쪽 정렬까지 지정(>)
      "{1:>20s}".format(12345, 'bong ju kang')
Out   '        bong ju kang'
```

```
In    # 포맷할 값의 2번째 인자에 대한 포맷 지정: 가운데 정렬까지 지정(^)
      "{1:^20s}".format(12345, 'bong ju kang')
Out   '    bong ju kang    '
```

4장

벡터와 행렬

이 장에서 사용되는 파이썬 패키지는 다음과 같다.

In
```
# 필요한 패키지
import numpy as np
import scipy
from scipy import linalg as la
import matplotlib.pyplot as plt

# 버전 확인
print(np.__version__)
# 1.17.4
print(scipy.__version__)
# 1.3.2
```

Out
```
1.17.4
1.3.2
```

4.1 벡터 표현

벡터(vector)는 순서가 있는 숫자들의 목록이다. 즉 일종의 배열이다. 표현은 대괄호나 괄호를 통하여 표현한다.

$$\begin{bmatrix} 0.61 \\ 0.93 \\ 0.24 \\ 0.27 \end{bmatrix}, \quad \begin{pmatrix} 0.61 \\ 0.93 \\ 0.24 \\ 0.27 \end{pmatrix}$$

또는 하나의 행으로 표현하기도 한다.

$$\begin{pmatrix} 0.74 & 0.75 & 0.93 & 0.46 \end{pmatrix}$$

벡터의 원소(element, entry, coefficient, component)는 배열의 값들을 의미한다.

In
```
# 벡터의 생성
v = np.array([0.61, 0.93, 0.24, 0.27])
v
```

Out
```
array([0.61, 0.93, 0.24, 0.27])
```

In	`# 벡터의 원소`
	`v = np.array([0.61, 0.93, 0.24, 0.27])`
	`v[0]`

Out	`0.61`

4.1.1 벡터의 크기

벡터의 크기(size, dimension, length) 또는 벡터의 차원은 벡터의 원소의 개수를 의미한다. 2개의 벡터가 동일하다는 것은 크기가 같고 대응하는 위치의 각 값이 동일한 것을 의미한다.

$$a = b \Rightarrow a_i = b_i, \forall i = 1, \ldots, p$$

In	`# 벡터의 크기`
	`v = np.array([0.61, 0.93, 0.24, 0.27])`
	`v.shape`

Out	`(4,)`

4.1.2 부분 벡터

하나의 벡터의 부분 벡터(sub vector)는 쌍점(colon) 기호를 사용하여 표현한다.

$$a_{r:s} = \begin{pmatrix} a_r \\ a_{r+1} \\ \cdots \\ a_s \end{pmatrix}$$

In	`# 부분 벡터의 생성`
	`v = np.array([0.61, 0.93, 0.24, 0.27])`
	`v_sub = v[0:2]`
	`v_sub`

Out	`array([0.61, 0.93])`

4.1.3 특별한 벡터

모든 원소가 0인 벡터를 0벡터라고 한다.

$$\begin{pmatrix} 0 \\ 0 \\ 0 \end{pmatrix}$$

In
```
# 0벡터
size = 3
zeros = np.zeros(shape=(size,))
zeros
```
Out
```
array([0., 0., 0.])
```

하나의 원소만 1이고 나머지는 모두 0인 벡터를 단위(unit)벡터라고 한다.

$$e_1 = \begin{pmatrix} 1 \\ 0 \\ 0 \end{pmatrix}, e_2 = \begin{pmatrix} 0 \\ 1 \\ 0 \end{pmatrix}, e_3 = \begin{pmatrix} 0 \\ 0 \\ 1 \end{pmatrix}$$

단위벡터는 특별히 e 표기법을 사용한다.

$$(e_i)_j = \begin{cases} 1, j = i \\ 0, j \neq i \end{cases}$$

In
```
# 단위 벡터
size = 3
e = np.zeros(shape=(3,))

# 단위 벡터의 위치
i = 1

# 단위 벡터 생성
e[i]=1
e
```
Out
```
array([0., 1., 0.])
```

모든 원소의 값이 1인 벡터를 1벡터라고 한다.

$$1_3 = \begin{pmatrix} 1 \\ 1 \\ 1 \end{pmatrix}$$

여기서 특별히 크기를 표현하기도 한다.

In
```
# 1벡터
size = 3
one = np.ones(shape=(size, ))
one
```

Out
```
array([1., 1., 1.])
```

4.1.4 벡터의 기하학적 의미

벡터는 기하학적으로 다음과 같은 의미를 담고 있다.

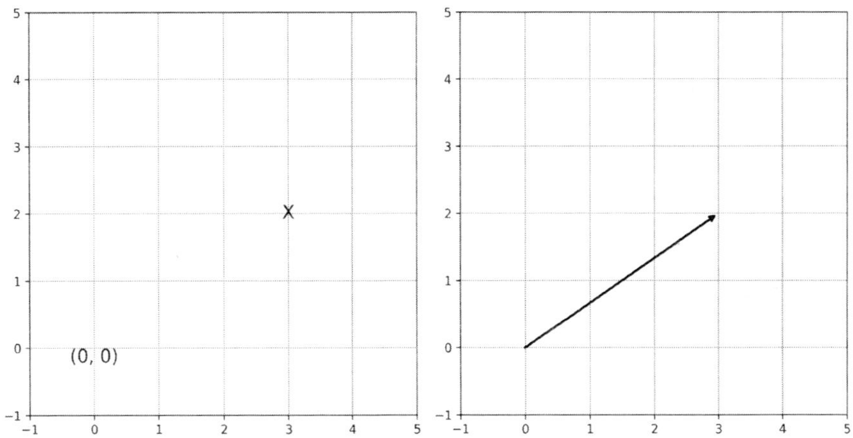

그림 4.1 벡터의 기하학적 의미

$\begin{pmatrix} 3 \\ 2 \end{pmatrix}$ 벡터는 좌표상의 1개의 점으로 표현되거나, 오른쪽 그림과 같이 $\begin{pmatrix} 0 \\ 0 \end{pmatrix}$ 점을 $\begin{pmatrix} 3 \\ 2 \end{pmatrix}$로 옮기는 위치이동(displacement)을 표현하기도 한다. 따라서 하나의 벡터는 그 벡터가 어떤 좌표계(coordinate)를 사용한 표현인지가 명시되어야 한다. 특별한 의미가 없는 한 직각좌표계(rectangular coordinate, Cartesian coordinate)를 사용한다.

4.1.5 벡터 연산

4.1.5.1 벡터 덧셈

크기가 같은 2개의 벡터의 덧셈은 대응 원소의 합으로 정의한다.

$$\begin{bmatrix}1\\3\end{bmatrix}+\begin{bmatrix}3\\1\end{bmatrix}=\begin{bmatrix}4\\4\end{bmatrix}$$

덧셈 연산자는 교환법칙, 결합법칙이 성립한다.

In
```
# 벡터의 덧셈
a = np.array([1, 3])
b = np.array([3, 1])
a + b
```
Out
```
array([4, 4])
```

In
```
# 교환법칙
a + b == b + a
```
Out
```
array([ True,  True])
```

In
```
# 결합법칙
d = np.array([1, 2])
(a + b) + d == a + (b + d)
```
Out
```
array([ True,  True])
```

기하학적으로 다음과 같은 의미를 담고 있다.

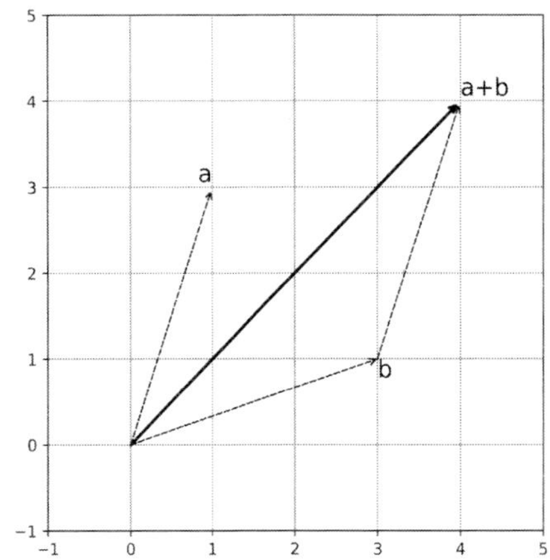

그림 4.2 벡터의 덧셈

그림 4.2를 보면 벡터 $a+b$는 a, b로 구성된 평행사변형의 대각선 벡터가 된다. 즉, b의 끝에서 다시 a만큼 위치이동(평행이동)하는 것이다.

4.1.5.2 벡터 뺄셈

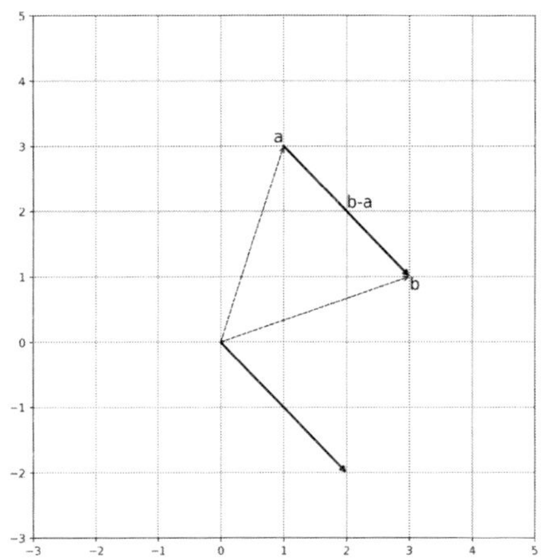

그림 4.3 벡터의 뺄셈

그림 4.3은 2개의 벡터의 뺄셈이다. 기하학적으로는 실선으로 표현된 부분이지만, $b-a$ 벡터를 원점에서 보면 $\begin{bmatrix} 2 \\ 2 \end{bmatrix}$가 되어 원점과 연결된 실선과 같은 벡터이다.

$$\begin{bmatrix} 3 \\ 1 \end{bmatrix} - \begin{bmatrix} 1 \\ 3 \end{bmatrix} = \begin{bmatrix} 2 \\ -2 \end{bmatrix}$$

In	# 벡터의 뺄셈
	a = np.array([1, 3])
	b = np.array([3, 1])
	b-a

Out	array([2, - 2])

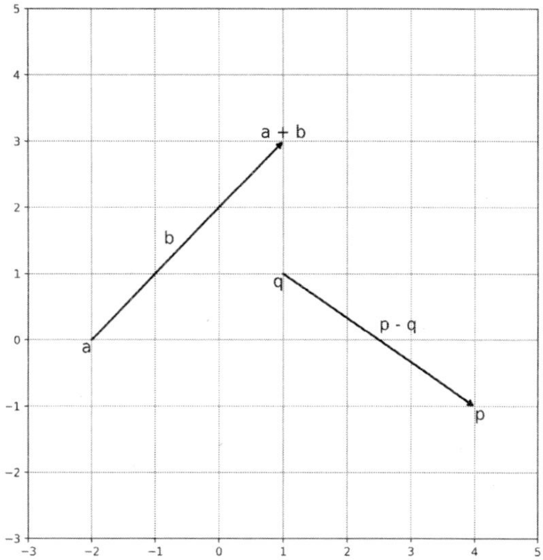

그림 4.4 벡터의 덧셈, 뺄셈의 의미

즉, 그림 4.4와 같이 덧셈은 a를 시작점으로 하여 b를 더하여 만드는 것이고 뺄셈은 q 벡터를 시작점으로 하여 $p-q$ 만큼 더하여 p를 만드는 것이다.

4.1.5.3 스칼라-벡터 곱

벡터에 대한 스칼라 곱(scalar multiplication)은 그 벡터의 모든 원소를 스칼라만큼 곱한 것이다. 스칼라는 하나의 숫자이다.

$$\begin{bmatrix}\frac{1}{2}\end{bmatrix}\begin{bmatrix}2\\3\end{bmatrix} = \begin{bmatrix}1\\1.5\end{bmatrix}$$

$$\begin{bmatrix}2\\3\end{bmatrix}\begin{bmatrix}\frac{1}{2}\end{bmatrix} = \begin{bmatrix}1\\1.5\end{bmatrix}$$

이때 $a\left(\frac{1}{2}\right) = \frac{a}{2}$,$(-1)a = -a$,$0a = 0$ 등과 같이 표현한다.

In	# 스칼라-벡터 곱
	alpha = 1/2
	a = np.array([2, 3])
	alpha * a

Out	array([1. , 1.5])

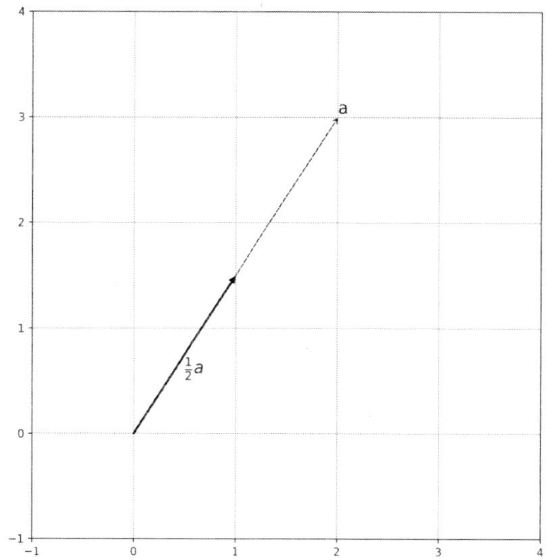

그림 4.5 스칼라 곱

그림 4.5와 같이 스칼라 곱은 같은 비율로 축소 또는 확대만 할 뿐이다. 마찬가지로 교환법칙이 성립한다. 또한 α, β가 스칼라일 때 다음이 성립한다.

$$(\alpha + \beta)a = \alpha a + \beta a$$

In	# 교환법칙 alpha * a == a * alpha
Out	array([True, True])

In	# 분배법칙
	beta = 0.7
	(alpha + beta) * a == alpha * a +beta * a

Out	array([True, True])

4.1.5.4 선형결합

다음과 같은 식이 있다고 하자.

$$\beta_1 a_1 + \cdots + \ \beta_k a_k$$

이때 이 식을 벡터 $a_1, \cdots, a_k$에 대한 선형결합(linear combination)이라고 한다.

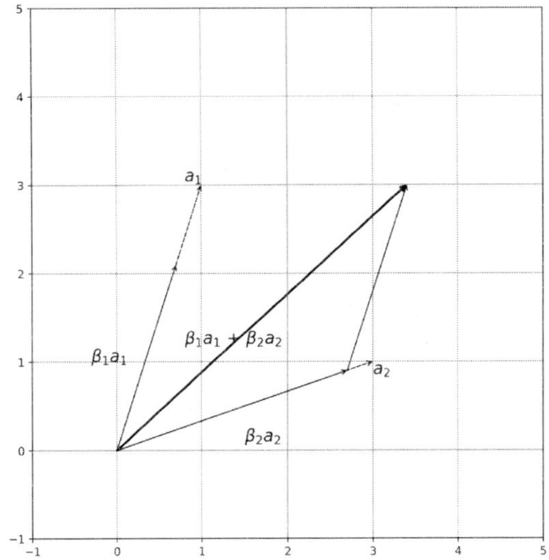

그림 4.6 선형결합 예시

그림 4.6을 보면 평면상의 임의의 한 점은 겹치지 않는, 즉 하나의 직선 위에 있지 않은 2개의 벡터 a_1, a_2에 스칼라 곱과 벡터 합을 통하여 전부 표현할 수 있다. 그림의 점은 가령 $0.7a_1 + 0.9a_2$로 표현이 된다.

4.1.6 내적

2개의 벡터에 대한 내적(inner product) 또는 점적(dot product)은 다음과 같이 정의된다.

$$a^{\mathrm{T}} b = \sum_i a_i b_i$$

여기서 T는 전치를 나타내는 기호이다. 이에 대한 설명은 행렬의 연산에서 정의할 것이다. 내적의 기호로는 이외에도 $a \cdot b$, $< a,\ b >$ 등으로 표기하기도 한다.

$$\begin{bmatrix}-1\\2\\3\end{bmatrix}^{\mathrm{T}}\begin{bmatrix}1\\-2\\4\end{bmatrix} = sum\begin{bmatrix}-1\\-4\\12\end{bmatrix} = 7$$

```
In      # 내적 계산
        a = np.array([-1, 2, 3])
        b = np.array([1, -2, 4])

        # 원소별 곱 벡터
        a * b
Out     array([-1, -4, 12])
```

```
In      # 원소별 곱 벡터 합
        np.sum(a*b)
Out     7
```

```
In      # 함수 이용
        np.inner(a, b)
Out     7
```

```
In      np.dot(a, b)
Out     7
```

내적에 대하여 다음이 성립한다.

1) $a^{\mathrm{T}}b = b^{\mathrm{T}}a$

2) $(\alpha a)^{\mathrm{T}}b = \alpha(a^{\mathrm{T}}b)$

3) $(a+b)^{\mathrm{T}}c = a^{\mathrm{T}}c+b^{\mathrm{T}}c$

예제

$a = \begin{bmatrix}-1\\2\\3\end{bmatrix}, b = \begin{bmatrix}1\\-2\\4\end{bmatrix}, c = \begin{bmatrix}1\\2\\3\end{bmatrix}, \alpha = 0.5$에 대하여 내적의 성질의 성립함을 확인해보자.

```
In   # 내적의 성질
     a = np.array([-1, 2, 3])
     b = np.array([1, -2, 4])

     # 교환 법칙
     np.dot(a, b) == np.dot(b, a)
```

```
Out  True
```

```
In   # 결합 법칙
     alpha= 0.5
     np.dot(alpha * a, b) == alpha * np.dot(a, b)
```

```
Out  True
```

```
In   # 분배 법칙
     c = np.array([1, 2, 3])
     np.dot(a+b, c) == np.dot(a,c) + np.dot(b, c)
```

```
Out  True
```

내적을 이용한 몇 가지 활용 예를 살펴보자.

1) $1^{\mathrm{T}}a = a_1 + \cdots + a_n = \sum_{i=1}^{n} a_i$

2) $\frac{1}{n}1^{\mathrm{T}}a = \frac{1}{n}(a_1 + \cdots + a_n) = \bar{a}$

3) $a^{\mathrm{T}}a = a_1^2 + \cdots + a_n^2$

위와 같이 내적을 이용하여 식을 간단히 표현할 수 있다.

```
In   # 내적의 활용
     a = np.array([1, 2, 3])
     size = len(a)
     ones = np.ones(shape=(size,))

     # 합의 표현
     np.dot(ones, a)
```

```
Out  6.0
```

In	# 평균의 표현
	np.dot(ones, a) / len(a)

Out	2.0

In	# 제곱합의 표현
	np.dot(a, a)

Out	14

4.1.7 벡터 노름

벡터의 유클리디안 노름(Euclidean norm)은 다음과 정의한다.

$$\|a\| = \sqrt{a^{T}a} = \sqrt{a_1^2 + \cdots + a_n^2}$$

유클리디안 노름은 $\|a\|_2$와 같이 표현하기도 한다. 즉, 제곱근 안에 값이 제곱이라는 의미이다.

노름은 벡터의 길이(length) 또는 크기(magnitude)라고 한다. 이때 앞에서 정의한 벡터의 크기와 길이, 즉 차원과 혼동하지 않도록 한다.

$$\left\|\begin{bmatrix}2\\3\end{bmatrix}\right\| = \sqrt{\begin{bmatrix}2\\3\end{bmatrix}^{T}\begin{bmatrix}2\\3\end{bmatrix}} = \sqrt{sum\begin{bmatrix}4\\9\end{bmatrix}} = \sqrt{13} = 3.606$$

In
```
# 필요한 패키지
from scipy import linalg as la

# 벡터 노름의 계산
a = np.array([2, 3])
la.norm(a)
```
Out
```
3.606
```

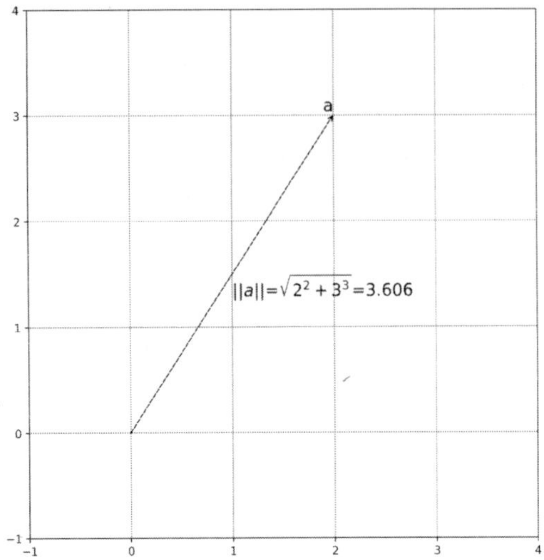

그림 4.7 노름의 기하학적 의미

그림 4.7과 같이 노름은 하나의 벡터의 실제 길이의 의미를 갖고 있다. 노름은 다음과 같은 성질을 만족한다.

1) $\|\beta a\| = |\beta|\|a\|$

2) $\|a + b\| \leq \|a\| + \|b\|$

3) $\|a\| \geq 0$

4) $\|a\| = 0 \Rightarrow a = 0$

예제

$a = \begin{bmatrix} -1 \\ 2 \\ 3 \end{bmatrix}, b = \begin{bmatrix} 1 \\ -2 \\ 4 \end{bmatrix}, c = \begin{bmatrix} 1 \\ 2 \\ 3 \end{bmatrix}, \alpha = 0.5$ 에 대하여 노름의 성질의 성립함을 확인해보자.

In
```
# 벡터 노름의 성질
a = np.array([-1, 2, 3])
b = np.array([1, -2, 4])

# 스칼라 곱
beta = 0.5
```

```
la.norm(beta * a) == np.abs(beta) * la.norm(a)
```

Out
```
True
```

In
```
# 삼각형의 한 변의 길이는 다른 두 변의 길이의 합보다 작다
la.norm(a + b) <= la.norm(a) + la.norm(b)
```

Out
```
True
```

In
```
# 길이는 0보다 크거나 작다
la.norm(a) >= 0
```

Out
```
True
```

노름을 이용하면 $\sum_i (x_i - \bar{x})^2 = \left\| x - \frac{1^T x}{n} \right\|^2$와 같이 표현할 수 있다.

4.1.8 내적과 노름

내적은 노름을 이용하여 기하학적으로 그림 4.8과 같이 정의된다. 여기서 θ는 2개의 벡터가 이루는 가장 최소의 각도이다. 내적은 각도가 90° 이하인 경우에는 양수이지만 90° < θ < 180°인 경우에는 음수이다.

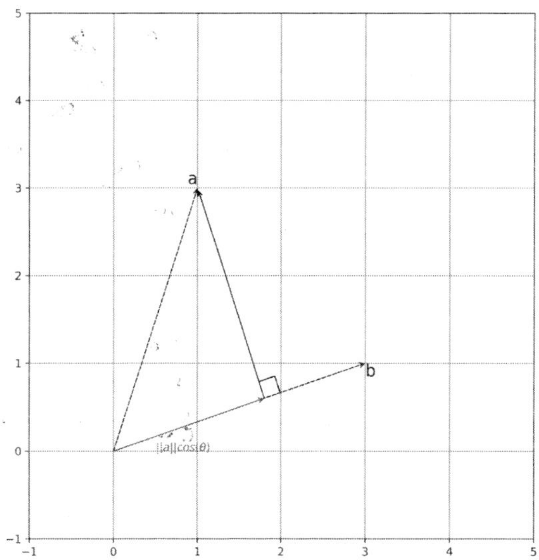

그림 4.8 사잇각과 내적의 의미

4.1.9 벡터 선형종속

n차원 벡터 $a_1,\cdots,a_p$가 다음과 같은 조건을 만족할 때 벡터 간에는 선형종속(linear dependence)이라고 한다. 조건은 만약 $\beta_1 a_1 + \cdots, \beta_p a_p = 0$이 0벡터가 아닌 어떤 β들에 의하여 충족되는 경우이다. 선형종속의 의미는 벡터들 중 어떤 벡터는 다른 벡터의 선형결합으로 표현된다는 것을 의미한다. 즉, 만약 0이 아닌 계수가 β_k라고 한다면 $a_k = \left(-\frac{\beta_1}{\beta_k}\right)a_1 + \cdots + \left(-\frac{\beta_{k-1}}{\beta_k}\right)a_{k-1} + \left(-\frac{\beta_{k+1}}{\beta_k}\right)a_{k+1} + \cdots + \left(-\frac{\beta_p}{\beta_k}\right)a_p$ 이다. 반대로 어떤 벡터가 다른 벡터들의 선형결합으로 표현된다고 하면 그 벡터들은 선형종속이라고 이야기할 수 있다. 즉, 역도 성립한다.

n차원 벡터 $a_1, \ldots, a_p$ $(n \geq p)$가 서로 선형독립(linearly independent)이라는 것은 해당 벡터들이 서로 선형종속이 아닌 것으로 정의한다. 즉, $\beta_1 a_1 + \cdots, \beta_p a_p = 0$이면 이를 만족하는 유일한 β들은 전부 0이다. 만약 다음과 같은 벡터가 있다고 가정하자.

$$a_1 = \begin{pmatrix}1\\0\\0\end{pmatrix}, a_2 = \begin{pmatrix}0\\1\\0\end{pmatrix}, a_3 = \begin{pmatrix}1\\1\\0\end{pmatrix}$$

명백하게 $a_3 = a_1 + a_2$이므로 위의 벡터들은 선형종속이다.

$$a_1 = \begin{pmatrix}1\\0\\0\end{pmatrix}, a_2 = \begin{pmatrix}0\\-1\\0\end{pmatrix}, a_3 = \begin{pmatrix}-1\\0\\1\end{pmatrix}$$

인 경우에는 $\beta_1 a_1 + \beta_2 a_2 + \beta_3 a_3 = 0$에서 $\beta_1 - \beta_3 = 0, -\beta_2 = 0, \beta_3 = 0$이므로 모든 β는 0이다. 따라서 위의 벡터는 서로 선형독립이라고 한다.

선형독립인 벡터들의 선형결합으로 구성된 벡터를 u라고 하자.

$$u = \beta_1 a_1 + \cdots, \beta_p a_p$$

이때 u 벡터를 특징 짓는 β들은 유일(unique)하다. 즉, $u = 0.3a_1 + 0.7a_2$이라고 한다면 a_1, a_2 벡터로 표현할 수 있는 u의 $\beta = (0.3, 0.7)^T$는 유일하다는 것을 의미한다.

4.1.9.1 기저

n차원에서 n개의 선형독립인 벡터들을 기저(basis)라고 한다. 즉, 2차원 벡터에서 2개의

서로 선형독립인 벡터들은 기저가 되는 것이다. 또한 2차원 벡터에서 선형독립인 벡터의 수는 최대 2개이다. 즉 또 다른 벡터가 있다면 그 벡터는 다른 2개의 선형독립인 벡터의 선형결합 식으로 표현 가능하다.

n차원 벡터 $a_1, \cdots, a_n$가 기저라고 한다면 임의의 n차원 벡터 x는 기저들의 선형결합으로 표현할 수 있다. 즉, $x = \beta_1 a_1 + \cdots + \beta_n a_n$이다. 이때 $a_1, \cdots, a_n$ 기저로 x를 전개(expansion)한다고 한다.

예제

$a1 = \begin{bmatrix} 2 \\ 0 \end{bmatrix}, a2 = \begin{bmatrix} 0 \\ 3 \end{bmatrix}$에 대하여 $x = \begin{bmatrix} 0.3 \\ 0.7 \end{bmatrix}$을 기저의 선형결합으로 표현해보자.

$\beta_1 a_1 + \beta_2 a_2 = \beta_1 \begin{bmatrix} 2 \\ 0 \end{bmatrix} + \beta_2 \begin{bmatrix} 0 \\ 3 \end{bmatrix} = \begin{bmatrix} 0.3 \\ 0.7 \end{bmatrix}$이므로 $2\beta_1 = 0.3, 3\beta_2 = 0.7$ 따라서 $\begin{bmatrix} \beta_1 \\ \beta_2 \end{bmatrix} = \begin{bmatrix} \frac{0.3}{2} \\ \frac{0.7}{3} \end{bmatrix}$이다.

4.1.9.2 직교정규 벡터

$a_1, \cdots, a_n$가 직교(orthogonal) 또는 상호직교(mutually orthogonal)한다는 것은 다음의 식이 성립하는 것으로 정의한다.

$$a_i \perp a_j \ \ \forall \ \ i \neq j$$

여기서 $a_i \perp a_j$는 $a_i^{\mathrm{T}} a_j = 0$임을 의미한다.

$a_1, \cdots, a_n$가 직교정규(orthonormal) 벡터라는 것은 직교이면서 동시에 각각의 벡터의 크기가 1인 벡터 집합을 의미한다. 즉, $\|a_i\| = 1, \forall i$ 이다. 예를 들어, $a_1 = \begin{bmatrix} 0 \\ 0 \\ 1 \end{bmatrix}, a_2 = \frac{1}{\sqrt{2}} \begin{bmatrix} 1 \\ 1 \\ 0 \end{bmatrix}, a_3 = \frac{1}{\sqrt{2}} \begin{bmatrix} 1 \\ -1 \\ 0 \end{bmatrix}$은 서로 직교정규 벡터이다.

예제

$a_1 = \begin{bmatrix} 0 \\ 0 \\ 1 \end{bmatrix}, a_2 = \frac{1}{\sqrt{2}} \begin{bmatrix} 1 \\ 1 \\ 0 \end{bmatrix}, a_3 = \frac{1}{\sqrt{2}} \begin{bmatrix} 1 \\ -1 \\ 0 \end{bmatrix}$은 서로 직교정규 벡터임을 알아보자.

In

```
# 직교정규 벡터 확인
a1 = np.array([0, 0, 1]).reshape(-1, 1)
a2 = 1/np.sqrt(2) * np.array([1, 1, 0]).reshape(-1, 1)
a3 = 1/np.sqrt(2) * np.array([1, -1, 0]).reshape(-1, 1)

# 노름=1, 열들의 곱=0
A = np.concatenate((a1, a2, a3), axis=1)
np.round(A.T @ A, 3)
```

Out

```
array([[ 1.,  0.,  0.],
       [ 0.,  1., -0.],
       [ 0., -0.,  1.]])
```

직교정규 벡터의 기하학적인 의미를 살펴보자. $a_1 = \frac{1}{\sqrt{2}}\begin{bmatrix}-1\\1\end{bmatrix}, a_2 = \frac{1}{\sqrt{2}}\begin{bmatrix}1\\1\end{bmatrix}$이라고 하자.

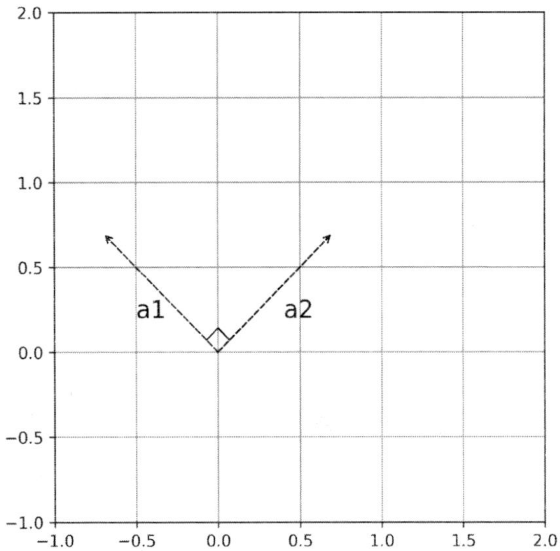

그림 4.9 직교정규의 의미

4.2 행렬 표현

행렬(matrix)은 행(row)과 열(column)로 구분된 직사각형 배열이다.

$$A = \begin{bmatrix} -1.09 & 1 & 0.28 & -1.51 \\ -0.58 & 1.65 & -2.43 & -0.43 \\ 1.27 & -0.87 & -0.68 & -0.09 \\ 1.49 & -0.64 & -0.44 & -0.43 \end{bmatrix}$$

$$B = \begin{bmatrix} a & c \\ b & d \end{bmatrix}$$

행렬의 원소(element)는 숫자, 문자 등으로 정의할 수 있다.

In

```
# 정의: 2차원 배열
A = np.array(np.random.RandomState(123).normal(size=16)).reshape(4, 4)
A.round(3)
```

Out

```
array([[-1.086,  0.997,  0.283, -1.506],
       [-0.579,  1.651, -2.427, -0.429],
       [ 1.266, -0.867, -0.679, -0.095],
       [ 1.491, -0.639, -0.444, -0.434]])
```

4.2.1 행렬의 크기

행렬의 크기(size)는 행과 열의 개수로 정의한다. A 행렬은 행이 4개, 열이 4개인 행렬이므로 4곱하기4(4 by 4) 행렬이라고 한다. B는 2곱하기2 행렬이다.

$$A_{n \times p}$$

위 식처럼 그 크기를 표현하는 경우도 있다. 특히 행의 개수와 열의 개수가 같은 행렬은 정방행렬(square matrix)이라고 한다.

In

```
# 행렬의 크기
A = np.random.RandomState(123).randint(1, 12, size=12).reshape(3, 4)
A.shape
```

Out

```
(3, 4)
```

4.2.2 행벡터와 열벡터

하나의 행으로만 구성된 행렬은 행벡터(row vector), 하나의 열로만 구성된 행렬은 열벡터(column vector)라고 한다.

$$A = \begin{bmatrix} 3 & 3 & 7 & 2 \\ 4 & 11 & 10 & 7 \\ 2 & 1 & 2 & 10 \end{bmatrix}$$

이때 $\begin{bmatrix} 3 \\ 4 \\ 2 \end{bmatrix}$은 하나의 열벡터이며, [3 3 7 2]은 행벡터이다. 여기서 벡터는 열벡터 방식으로 표기한다.

In
```
# 행벡터와 열벡터
A = np.random.RandomState(123).randint(1, 12, size=12).reshape(3, 4)
A
```

Out
```
array([[ 3,  3,  7,  2],
       [ 4, 11, 10,  7],
       [ 2,  1,  2, 10]])
```

In
```
# 열벡터
A[:,0]
```

Out
```
array([3, 4, 2])
```

In
```
# 행벡터
A[0,:]
```

Out
```
array([3, 3, 7, 2])
```

4.2.3 행렬의 표기법

행렬은 다음과 같이 상자 괄호(box brackets)나 괄호(parentheses)를 사용한다.

$$A = \begin{bmatrix} a_{11} & a_{12} & \dots & a_{1p} \\ a_{21} & a_{22} & \dots & a_{2p} \\ . & . & \cdots & . \\ a_{n1} & a_{n2} & \dots & a_{np} \end{bmatrix} = \begin{pmatrix} a_{11} & a_{12} & \dots & a_{1p} \\ a_{21} & a_{22} & \dots & a_{2p} \\ . & . & \cdots & . \\ a_{n1} & a_{n2} & \dots & a_{np} \end{pmatrix} = (a_{ij}) \in \mathbb{R}^{n \times p}$$

행렬은 대문자로 표시하며 원소(element, entry, coefficient)는 $a_{ij}, a_{i,j}, A[i,j], A_{i,j}, A_{ij}$ 등으로 표시한다. 이 책에서는 특별히 구분하지 않는 한 a_{ij}, A_{ij} 표기법을 사용한다.

$$A = \begin{bmatrix} 3 & 3 & 7 & 2 \\ 4 & 11 & 10 & 7 \\ 2 & 1 & 2 & 10 \end{bmatrix}$$

이 행렬에서 $a_{11} = 3, a_{24} = 7$이다.

In	# 행렬의 표기법 A[0, 0]
Out	3

In	A[1, 3]
Out	7

4.2.4 행렬 연산

행렬의 연산(operation)에 대하여 알아보자.

4.2.4.1 행렬 덧셈

크기가 같은 2개의 행렬에 대한 덧셈을 다음과 같이 정의한다.

$A = (a_{ij}), B = (b_{ij})$이라고 하자.

$$A + B = (a_{ij} + b_{ij})$$

즉, 대응하는 위치의 원소의 값을 더한 것이다.

예제

$A = \begin{bmatrix} 1 & 2 & 3 \\ 4 & 5 & 6 \end{bmatrix}, B = \begin{bmatrix} 3 & 4 & 5 \\ 6 & 7 & 8 \end{bmatrix}$일 때 $A + B$를 구해보자.

In
```
# 행렬 덧셈
A = np.arange(1, 7).reshape(2, 3)
B = np.arange(3, 9).reshape(2, 3)
A
```
Out
```
array([[1, 2, 3],
       [4, 5, 6]])
```

In
```
B
```
Out
```
array([[3, 4, 5],
       [6, 7, 8]])
```

In
```
A + B
```
Out
```
array([[ 4,  6,  8],
       [10, 12, 14]])
```

덧셈에 대하여 교환법칙, 결합법칙이 성립한다. 즉, $A+B=B+A$, $(A+B)+C=A+(B+C)$ 이다.

예제

$A=\begin{bmatrix}1 & 2 & 3\\4 & 5 & 6\end{bmatrix}, B=\begin{bmatrix}3 & 4 & 5\\6 & 7 & 8\end{bmatrix}, C=\begin{bmatrix}5 & 6 & 7\\8 & 9 & 10\end{bmatrix}$일 때 교환법칙과 결합법칙 성립여부를 확인해보자.

In
```
# 행렬 덧셈의 성질
# 교환법칙
A + B == B + A
```
Out
```
array([[ True,  True,  True],
       [ True,  True,  True]])
```

In
```
# 결합법칙
C = np.arange(5, 11).reshape(2, 3)
(A+B)+C == A+(B+C)
```

```
Out    array([[ True,  True,  True],
              [ True,  True,  True]])
```

4.2.4.2 스칼라와 행렬 곱

$\mathrm{A} = (a_{ij}), c \in \mathbb{R}$이라고 하자.

$$c\mathrm{A} = (ca_{ij})$$

즉, 각 원소에 스칼라 c만큼 곱한 것이다.

$$0.1 \times \begin{bmatrix} 1 & 2 & 3 \\ 4 & 5 & 6 \end{bmatrix} = \begin{bmatrix} 0.1 & 0.2 & 0.3 \\ 0.4 & 0.5 & 0.6 \end{bmatrix}$$

```
In     # 스칼라와 행렬 곱: *
       c = 0.1
       c*A
Out    array([[0.1, 0.2, 0.3],
              [0.4, 0.5, 0.6]])
```

```
In     # 스칼라와 행렬 곱 성질
       c*A == A*c
Out    array([[ True,  True,  True],
              [ True,  True,  True]])
```

4.2.4.3 행렬의 전치

임의 행렬 A에 대하여 전치(transpose)행렬은 다음과 같이 정의한다.

$$\mathrm{A} = (a_{ij}), i = 1, .., n, j = 1, ..., p$$

$$\mathrm{A}^{\mathrm{T}} = (a_{ji}), j = 1, ..., p, i = 1, ..., n$$

즉, 행과 열의 위치를 서로 바꾼 것이다.

$$\begin{bmatrix}1 & 2 & 3\\4 & 5 & 6\end{bmatrix}^T = \begin{bmatrix}1 & 4\\2 & 5\\3 & 6\end{bmatrix}$$

예에서 2곱하기3 행렬은 3곱하기2 행렬로 변환되었다.

```
In      # 행렬의 전치
        A.T
```

```
Out     array([[1, 4],
               [2, 5],
               [3, 6]])
```

전치 연산은 다음과 같은 성질을 갖고 있다.

1) $(A + B)^T = A^T + B^T$

2) $(cA)^T = cA^T$ s

예제

$A = \begin{bmatrix}1 & 2 & 3\\4 & 5 & 6\end{bmatrix}, B = \begin{bmatrix}3 & 4 & 5\\6 & 7 & 8\end{bmatrix}, c = 0.1$ 일 때 위의 성질의 성립함을 확인해보자.

```
In      # 행렬 전치의 성질
        A = np.arange(1, 7).reshape(2, 3)
        B = np.arange(3, 9).reshape(2, 3)

        A.T + B.T == (A + B).T
```

```
Out     array([[ True,  True],
               [ True,  True],
               [ True,  True]])
```

```
In      c = 0.1
        (c*A).T == c*A.T
```

```
Out     array([[ True,  True],
               [ True,  True],
               [ True,  True]])
```

4.2.4.4 행렬 곱

2개의 행렬 $A = (a_{ij}),\ i = 1, \ldots, n,\ j = 1, \ldots, p,\ B = (b_{kl}),\ k = 1, \ldots, p,\ l = 1, \ldots, m$에 대하여 행렬의 곱은 다음과 같이 정의한다. 즉, $A_{n\times p}, B_{p\times m}$에 대하여 다음과 같이 정의한다.

$$AB = (c_{il}) = \left(\sum_{r=1}^{p} a_{ir} b_{rl}\right),\ i = 1, \ldots, n,\ l = 1, \ldots, m$$

식의 정의에서 보듯이 A의 행렬의 열의 개수와 B 행렬의 행의 개수는 일치하여야 한다. 결과로 생성되는 행렬은 크기는 A 행렬의 행의 개수와 B 행렬의 열의 개수이다. 즉, 결과 행렬은 $AB_{n\times m}$이다.

$$\begin{bmatrix}1 & 2 & 3\\4 & 5 & 6\end{bmatrix}_{2\times 3}\begin{bmatrix}1 & 2\\3 & 4\\5 & 6\end{bmatrix}_{3\times 2} = \begin{bmatrix}22 & 28\\\mathbf{49} & 64\end{bmatrix}_{2\times 2}$$

결과 행렬의 $49 = 4\times 1 + 5\times 3 + 6\times 5$이다. 즉, (2,1)번째 결과 값은 첫 번째 행렬의 2번째 행과 두 번째 행렬의 1번째 열의 곱이다.

In
```
A = np.arange(1, 7).reshape(2, 3)
A
```

Out
```
array([[1, 2, 3],
       [4, 5, 6]])
```

In
```
B = np.arange(1, 7).reshape(3, 2)
B
```

Out
```
array([[1, 2],
       [3, 4],
       [5, 6]])
```

In
```
# 행렬 곱 연산자: @
A @ B
```

Out
```
array([[22, 28],
       [49, 64]])
```

```
In    # 행렬 곱 함수
      np.matmul(A, B)
```

```
Out   array([[22, 28],
             [49, 64]])
```

행렬의 곱은 교환법칙이 성립하지 않는다. 즉, $AB \neq BA$이다.

예제

$A = \begin{bmatrix} 1 & 2 \\ 3 & 4 \end{bmatrix}, B = \begin{bmatrix} 5 & 6 \\ 7 & 8 \end{bmatrix}$일 때 교환법칙이 성립하지 않음을 확인해보자.

```
In    # 행렬 곱의 성질
      # AB !=  BA
      A = np.arange(1, 5).reshape(2, 2)
      A
```

```
Out   array([[1, 2],
             [3, 4]])
```

```
In    B = np.arange(5, 9).reshape(2, 2)
      B
```

```
Out   array([[5, 6],
             [7, 8]])
```

```
In    A @ B
```

```
Out   array([[19, 22],
             [43, 50]])
```

```
In    B @ A
```

```
Out   array([[23, 34],
             [31, 46]])
```

행렬의 곱에 대하여 전치 연산자는 다음이 성립한다.

$$(AB)^T = B^T A^T$$

왜냐하면, $((AB)^T)_{ij} = \sum_r a_{jr} b_{ri}$이고, $(B^T A^T)_{ij} = \sum_r b_{ri} a_{rj}$이기 때문이다.

예제

$A = \begin{bmatrix} 1 & 2 \\ 3 & 4 \end{bmatrix}, B = \begin{bmatrix} 5 & 6 \\ 7 & 8 \end{bmatrix}$일 때 $(AB)^T = B^T A^T$ 임을 확인해보자.

In
```
# 행렬 곱의 전치
(A @ B).T
```
Out
```
array([[19, 43],
       [22, 50]])
```

In
```
B.T @ A.T
```
Out
```
array([[19, 43],
       [22, 50]])
```

4.2.4.5 부분행렬

임의 행렬 A에 대하여 부분행렬(submatrix)은 임의의 행과 열의 집합을 삭제하여 얻을 수 있는 행렬이다.

$$A_{p:q,r:s} = \begin{pmatrix} A_{p,r} & \cdots & A_{p,s} \\ \cdot & \cdots & \cdot \\ A_{q,r} & \cdot & A_{q,s} \end{pmatrix}$$

몇 가지 예를 들어 살펴보기로 하자.

$$A = \begin{bmatrix} 1 & 2 & 3 \\ 4 & 5 & 6 \\ 7 & 8 & 9 \\ 10 & 11 & 12 \end{bmatrix}$$

$$A_{1:2,2:3} = \begin{bmatrix} 2 & 3 \\ 5 & 6 \end{bmatrix}, \qquad A_{:,2:3} = \begin{bmatrix} 2 & 3 \\ 5 & 6 \\ 8 & 9 \\ 11 & 12 \end{bmatrix}, \qquad A_{(1,3),(2,3)} = \begin{bmatrix} 2 & 3 \\ 8 & 9 \end{bmatrix}$$

In
```
# 부분행렬
A = np.arange(1, 13).reshape(4, 3)
A
```

Out
```
array([[ 1,  2,  3],
       [ 4,  5,  6],
       [ 7,  8,  9],
       [10, 11, 12]])
```

In
```
# 유형 1
A[0:2, 1:3]
```

Out
```
array([[2, 3],
       [5, 6]])
```

In
```
# 유형 2
A[:, 1:3]
```

Out
```
array([[ 2,  3],
       [ 5,  6],
       [ 8,  9],
       [11, 12]])
```

In
```
# 유형 3
A[[0, 2], :][:, [1, 2]]
```

Out
```
array([[2, 3],
       [8, 9]])
```

4.2.5 특별한 행렬

행렬 중에 몇 가지 특별한 행렬을 알아보자. 모든 원소의 값이 0인 행렬을 영행렬이라고 한다.

$$\begin{bmatrix} 0 & 0 & 0 \\ 0 & 0 & 0 \\ 0 & 0 & 0 \end{bmatrix}$$

In

```
# 영행렬
size = 3
np.zeros(shape=(size, size))
```

Out

```
array([[0., 0., 0.],
       [0., 0., 0.],
       [0., 0., 0.]])
```

대각선 원소 값만 1이고 나머지는 모든 0인 행렬은 항등행렬(identity matrix)이라고 하며 특별히 I 기호를 사용한다.

$$I_3 = \begin{bmatrix} 1 & 0 & 0 \\ 0 & 1 & 0 \\ 0 & 0 & 1 \end{bmatrix}$$

In

```
# 항등행렬
np.identity(n=size)
```

Out

```
array([[1., 0., 0.],
       [0., 1., 0.],
       [0., 0., 1.]])
```

대각선 값을 제외한 모든 원소의 값이 0인 행렬을 대각행렬(diagonal matrix)이라고 한다.

$$D_3 = \begin{bmatrix} 1 & 0 & 0 \\ 0 & 2 & 0 \\ 0 & 0 & 3 \end{bmatrix}$$

In

```
# 대각행렬
np.diag([1, 2, 3])
```

```
Out    array([[1, 0, 0],
              [0, 2, 0],
              [0, 0, 3]])
```

대각선을 기준으로 하여 한 쪽이 모든 0인 행렬을 삼각행렬(triangular matrix)이라고 한다. 아래쪽(lower)이 모두 0이면 상삼각행렬(upper triangular matrix)이라고 하며 그 반대는 하삼각행렬(lower triangular matrix)이라고 한다.

$$T^{upper} = \begin{bmatrix} 1 & 2 & 3 \\ 0 & 2 & 7 \\ 0 & 0 & 5 \end{bmatrix}$$

```
In     # 상삼각행렬
       np.triu([[1,2,3],[1, 2, 7],[7,8,5]], k=0)
```

```
Out    array([[1, 2, 3],
              [0, 2, 7],
              [0, 0, 5]])
```

행렬이 다음의 조건을 만족하면 직교행렬(orthogonal matrix)이라고 한다. 즉, 각 열 또는 행이 직교정규 벡터(orthonormal vector)인 경우를 의미한다.

$$A^{T}A = AA^{T} = I$$

예제

$A = \begin{bmatrix} 1 & 0 \\ 0 & -1 \end{bmatrix}$가 직교정규 행렬임을 확인해보자.

```
In     # 직교행렬(orthogonal matrix)
       A = np.array([[1,0], [0, -1]])
       A
```

```
Out    array([[ 1,  0],
              [ 0, -1]])
```

In	A.T @ A
Out	array([[1, 0], [0, 1]])

In	A @ A.T
Out	array([[1, 0], [0, 1]])

4.3 선형방정식

선형방정식은 다음과 같은 형식의 방정식을 말한다.

$$a_{11}x_1 + \cdots + a_{1p}x_p = b_1$$
$$\cdots$$
$$a_{p1}x_1 + \cdots + a_{pp}x_p = b_p$$

여기서 $x_1, \ldots, x_p$는 변수, b_i는 상수(constant), a_{ij} 등은 계수(coefficient)라고 하며 실수값이다. 선형방정식은 예를 들어

$$x_1 + x_2 = 5$$
$$\frac{1}{2}x_1 - x_2 = 2$$

이다. 위와 같은 선형방정식은 다음과 같이 행렬로 표현할 수 있다.

$$\begin{bmatrix} 1 & 1 \\ \frac{1}{2} & -1 \end{bmatrix} \begin{bmatrix} x_1 \\ x_2 \end{bmatrix} = \begin{bmatrix} 5 \\ 2 \end{bmatrix}$$

즉, $Ax = b$의 형태로 표현할 수가 있다.

이러한 선형방정식을 만족하는 $\begin{bmatrix} x_1 \\ x_2 \end{bmatrix}$을 구하는 것을 '주어진 선형방정식의 해를 구한다'고 표현한다. 선형방정식의 해를 구하는 과정을 간단히 살펴보자. 첫 번째 방정식의 $\frac{1}{2}$을 곱해서 빼 주면 다음과 같은 식이 된다.

$$x_1 + x_2 = 5$$
$$0x_1 - \frac{3}{2}x_2 = \frac{1}{2}$$

따라서 $x_2 = \frac{1}{3}$이 되고 이를 첫 번째 식에 대입하면 $x_1 = \frac{14}{3}$가 된다. 이러한 과정은 계수행렬을 $\begin{bmatrix} 1 & 1 \\ \frac{1}{2} & -1 \end{bmatrix}$에서 $\begin{bmatrix} 1 & 1 \\ 0 & -\frac{3}{2} \end{bmatrix}$로 변환하는 과정, 즉 대각선 아래를 0으로 만드는 과정을 통해서 진행된다. 이러한 과정을 행 사다리꼴(row echelon form) 변환이라고 한다. 이를 보다 일반적으로 푸는 방법에 대하여 알아보기로 하자.

4.3.1 QR 분해

행렬 A의 QR 분해(QR decomposition, QR factorization)는 다음과 같이 정의된다.

$$\mathrm{A}_{\mathrm{n\times p}} = \mathrm{Q}_{\mathrm{n\times p}}\mathrm{R}_{\mathrm{p\times p}}$$

여기서 Q는 직교행렬, R은 상삼각행렬이다. Q, R 행렬은 하우스홀더 변환(Householder transformation, Householder matrix)에 의하여 생성된다. 하우스홀더 변환에 대하여 간단히 알아보자.

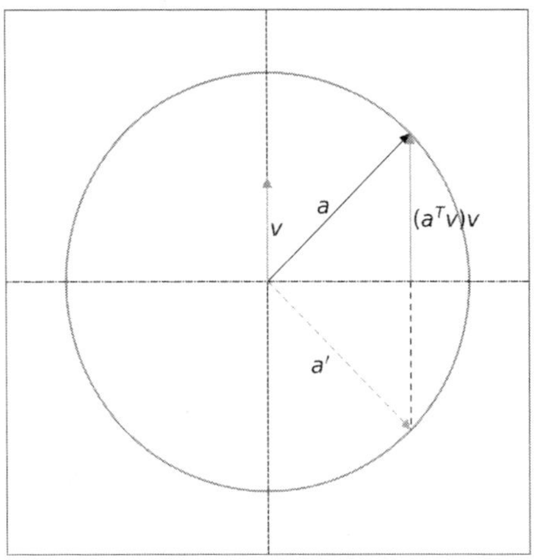

그림 4.10 하우스홀더 변환 예시 1

하우스홀더 변환은 주어진 벡터 a가 있을 때 이 벡터가 특정한 초평면(hyperplane)에 반사되는 반사벡터 a'을 구하는 것이다. v을 초평면의 법선 벡터(normal vector)라고 하면 $a' + 2(a^T v)v = a \Rightarrow a' = a - 2(a^T v)v = a - 2(v^T a)v = a - 2v(v^T a) = a - 2(vv^T)a = (\mathrm{I} - 2vv^T)a$이다. 이때 $\mathrm{Q} = \mathrm{I} - 2vv^T$는 a 벡터를 반사벡터로 보내는 변환이며 이 행렬을 하우스홀더 행렬이라고 한다.

행렬 A에 대하여 첫 번째 열벡터를 a라고 하자. 이때 $u = a - \|a\|e_1$이라고 정의하자. 여기서 e_1은 단위벡터이다. u의 크기를 1로 만들기 위하여 $v = \frac{u}{\|u\|}$로 정의하자.

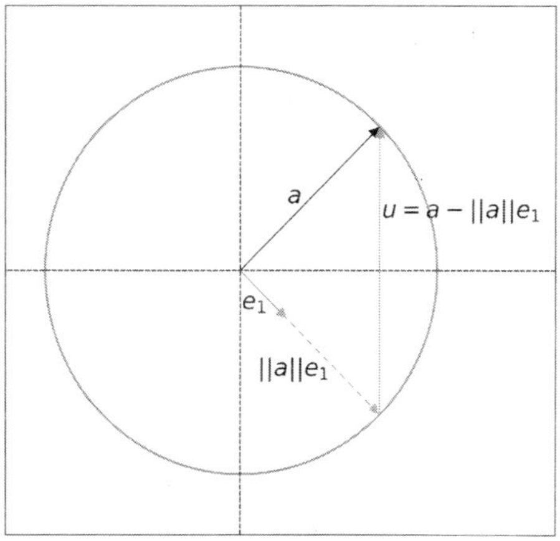

그림 4.11 하우스홀더 변환 예시 2

이때 $\mathrm{Q}_1 = \mathrm{I} - 2vv^{\mathrm{T}}$이라고 정의하면 이 행렬을 하우스홀더 행렬이라 부른다. $\mathrm{Q}_1\mathrm{A}$의 첫 번째 열이 어떻게 변하는지를 살펴보자.

$$(\mathrm{I} - 2vv^{\mathrm{T}})a = Ia - 2(a^T v)v = a - u = a - (a - \|a\|e_1) = \|a\|e_1 = (\|a\|, 0, \ldots, 0)^{\mathrm{T}}$$

즉, 첫 번째 원소값을 제외한 모든 원소를 0으로 만들어 준다. 즉 하우스홀더 변환의 핵심은 특정 축으로 반사를 하기 위한 변환이다. 변환을 함으로써 다른 값 축의 값은 모두가 0이 되는 것이다. 이는 직교정사영(orthogonal projection)과는 다른 의미의 사영이다.

다음은 A 행렬의 1번째 행과 열을 제외하고 $\mathrm{A}_{2:n,2:p}$ 행렬에 대하여 또 한 번 하우스홀더 변환(Q_2')을 한다. 이때 $\mathrm{Q}_2 = \begin{pmatrix} 1 & \cdots \\ 0 & \\ 0 & Q_2' \\ 0 & \end{pmatrix}$로 정의한다. 이런 과정을 반복하게 되면 $\mathrm{R} = \mathrm{Q}_k \ldots \mathrm{Q}_1\mathrm{A}$가 된다. 따라서 $\mathrm{A} = (\mathrm{Q}_k \ldots \mathrm{Q}_1)^{-1}\mathrm{R} = \mathrm{Q}_1^{-1} \ldots \mathrm{Q}_k^{-1}\mathrm{R} = \mathrm{QR}$이 된다.

회귀 문제에서의 정규방정식은 $(X^TX)\beta = X^Ty$ 이다. 이때 $A = X^TX$ 라고 정의하면, $Q_k \dots Q_1X^TX\ \beta = Q_k \dots Q_1X^Ty$ 이다. 여기서 $Q_k \dots Q_1X^TX$ 는 상삼각행렬이므로 후방대입(back substitution)에 의하여 해를 구할 수 있다.

$$X^TX = \begin{bmatrix} 1.25 & 0.5 \\ 0.5 & 2 \end{bmatrix}, X^Ty = \begin{bmatrix} 4 \\ 2 \end{bmatrix}$$

이라고 하자. 즉, $\begin{bmatrix} 1.25 & 0.5 \\ 0.5 & 2 \end{bmatrix}\begin{bmatrix} \beta_1 \\ \beta_2 \end{bmatrix} = \begin{bmatrix} 4 \\ 2 \end{bmatrix}$을 만족하는 $\begin{bmatrix} \beta_1 \\ \beta_2 \end{bmatrix}$을 구하는 것이다. QR 분해에 의하여

$$\begin{bmatrix} -1.35 & -1.21 \\ 0 & 1.67 \end{bmatrix}\begin{bmatrix} \beta_1 \\ \beta_2 \end{bmatrix} = \begin{bmatrix} -4.46 \\ 0.37 \end{bmatrix}$$
$$\Rightarrow \begin{bmatrix} -\ 1.35\beta_1 - 1.21\beta_2 \\ 0\beta_1 + \ \ 1.67\beta_2 \end{bmatrix} = \begin{bmatrix} -4.46 \\ 0.37 \end{bmatrix}$$

이라고 하면 마지막 행에서 $\beta_2 = \frac{0.37}{1.67}$이고 이를 앞 행에 대입하여 β_1을 구한다. 이런 방법을 후방대입이라고 한다.

In
```
# 선형방정식과 후방대입법
A = np.array([[1, 1], [1/2, -1]])
XTX = A.T@A
XTX
```

Out
```
array([[1.25, 0.5 ],
       [0.5 , 2.  ]])
```

In
```
# QR 분해
Q, R = la.qr(XTX)
R.round(2)
```

Out
```
array([[-1.35, -1.21],
       [ 0.  ,  1.67]])
```

In
```
b = np.array([4, 2])
np.round(Q.T @ b, 2)
```

Out
```
array([-4.46,  0.37])
```

주어진 행렬 A에 대하여 제일 처음 실행하는 하우스홀더 변환과 그 결과를 프로그램을 통하여 살펴보기로 하자.

In
```
# 하우스홀더 변환 이해
A = np.array([[5, 1, 5],
              [3, 9 , 8],
              [2, 1, 4]])
A
```

Out
```
array([[5, 1, 5],
       [3, 9, 8],
       [2, 1, 4]])
```

In
```
# 첫 번째 열벡터 추출
a = A[:,0].reshape(-1, 1)
a
```

Out
```
array([[5],
       [3],
       [2]])
```

In
```
# 하우스홀더 행렬 Q1 구성
size = A.shape[0]
e1 = np.identity(n=size)[:,0].reshape(-1, 1)
# u, v 벡터 구성
u = a - la.norm(a)*e1
u
```

Out
```
array([[-1.164414],
       [ 3.       ],
       [ 2.       ]])
```

In
```
v = u / la.norm(u)
v
```

Out
```
array([[-0.30732141],
       [ 0.79178387],
       [ 0.52785591]])
```

```
In      Q1 = np.identity(n=size) - 2 * v @ v.T
        np.round(Q1, 2)
```

```
Out     array([[ 0.81,  0.49,  0.32],
               [ 0.49, -0.25, -0.84],
               [ 0.32, -0.84,  0.44]])
```

```
In      # 하우스-홀더 변환과 변환 후의 결과
        np.round(Q1 @ A, 2)
```

```
Out     array([[ 6.16,  5.52,  9.25],
               [-0.  , -2.63, -2.94],
               [-0.  , -6.76, -3.29]])
```

실제 QR 분해 결과를 확인해보자.

```
In      Q, R = la.qr(A)
        np.round(Q, 3)
```

```
Out     array([[-0.811,  0.479, -0.336],
               [-0.487, -0.871, -0.067],
               [-0.324,  0.109,  0.94 ]])
```

```
In      np.round(R, 3)
```

```
Out     array([[-6.164, -5.516, -9.247],
               [ 0.   , -7.251, -4.137],
               [ 0.   ,  0.   ,  1.544]])
```

결과를 보면 R 행렬이 상삼각행렬임을 알 수 있다.

예제

$A = \begin{bmatrix} 1 & -1 & -1 & 1 \\ 2 & -1 & 1 & -1 \\ 4 & 1 & -1 & 1 \\ 2 & 1 & -1 & -1 \end{bmatrix}$의 QR 분해된 결과를 구해보자.

In
```
# 행렬 정의
A = np.array([[1, -1, -1, 1],
              [2, -1, 1, -1],
              [4, 1, -1, 1],
              [2, 1, -1, -1]
             ])
A
```

Out
```
array([[ 1, -1, -1,  1],
       [ 2, -1,  1, -1],
       [ 4,  1, -1,  1],
       [ 2,  1, -1, -1]])
```

In
```
# Q, R 행렬 구하기
Q, R = la.qr(A)
Q.round(3)
```

Out
```
array([[-0.2  , -0.587,  0.784,  0.   ],
       [-0.4  , -0.65 , -0.588,  0.267],
       [-0.8  ,  0.273,  0.   , -0.535],
       [-0.4  ,  0.398,  0.196,  0.802]])
```

In
```
R.round(3)
```

Out
```
array([[-5.   , -0.6  ,  1.   , -0.2  ],
       [ 0.   ,  1.908, -0.734, -0.063],
       [ 0.   ,  0.   , -1.569,  1.177],
       [ 0.   ,  0.   ,  0.   , -1.604]])
```

4.3.2 선형방정식 풀기

QR 분해를 이용하여 선형방정식의 해를 구해보자.

$$\begin{aligned} \mathrm{A}x &= b \\ \Rightarrow \mathrm{QR}x &= b \\ \Rightarrow \mathrm{Q^TQR}x &= \mathrm{Q^T}b \\ \Rightarrow \mathrm{R}x &= \mathrm{Q^T}b \end{aligned}$$

이므로 $\mathrm{Q^T}b$ 값을 계산한 후 후방대입법에 의하여 x 값을 구한다.

4.3.3 역행렬

하나의 숫자 a에 대하여 a가 0이 아니라면 $ax = 1$이라는 방정식의 해는 $x = \frac{1}{a} = a^{-1}$과 같이 표현한다. 이때 a가 0이 아니기만 하면 역(inverse)이 존재하게 된다. 만약 a가 행렬인 경우에는 이러한 역의 개념이 스칼라보다는 훨씬 더 복잡하다.

4.3.3.1 좌 역행렬

행렬 A에 대하여 XA = I을 만족하게 되면 X을 A 행렬의 좌 역행렬(left inverse)이라고 하며 A는 좌 가역(left-invertible)이라고 한다. 예를 들어 $\mathrm{A} = \begin{bmatrix} -3 & -4 \\ 4 & 6 \\ 1 & 1 \end{bmatrix}$에 대하여 $\mathrm{B} = \frac{1}{9}\begin{bmatrix} -1.22 & -1.11 & 1.78 \\ 0.78 & 0.89 & -1.22 \end{bmatrix}$, $\mathrm{C} = \frac{1}{2}\begin{bmatrix} 0 & -0.5 & 3 \\ 0 & 0.5 & -2 \end{bmatrix}$는 행렬 A의 좌 역행렬이 된다.

In
```
# 좌 역행렬(left inverse)
A = np.array([[-3, -4],
              [4, 6],
              [1, 1]])
A
```

Out
```
array([[-3, -4],
       [ 4,  6],
       [ 1,  1]])
```

```
In      B = 1/9 * np.array([[-11, -10, 16],
                            [7, 8, -11]])
        np.round(B@A, 3)
```

```
Out     array([[ 1., -0.],
               [ 0.,  1.]])
```

```
In      C = 1/2 * np.array([[0, -1, 6],
                            [0, 1, -4]])
        np.round(C@A, 3)
```

```
Out     array([[ 1., -0.],
               [ 0.,  1.]])
```

즉, 좌 역행렬은 무한히 많을 수 있다. 또한 만약 A 행렬이 직교행렬이면 $A^T A = I$이므로 A^T가 좌 역행렬이 된다. 좌 역행렬의 중요한 속성 중의 하나는 만약 A 행렬의 좌 역행렬 C가 존재한다면 A 행렬의 열들은 서로 독립이다. 왜냐하면 $A\beta = 0 \Rightarrow 0 = CA\beta = I\beta = \beta$이기 때문이다. 이의 역도 성립한다. 즉, A 행렬의 열들이 서로 독립이면 좌 역행렬이 존재한다.

A 행렬의 크기가 $m \times n$이고 $m < n$이면, 즉 열 개수가 많은 행렬이면 열들이 서로 독립이 아니기 때문에 좌 역행렬이 존재하기 위해서는 정방행렬이거나 행 개수가 많은 행렬이어야 한다. 좌 역행렬을 이용하여 선형방정식을 풀어보자.

$$Ax = b \Rightarrow CAx = Cb \Rightarrow x = Cb$$

이 방정식에서의 가정은 $Ax = b$을 만족하는 x가 있다는 가정이다. 만약 이를 만족하는 x가 없다고 한다면 $A(Cb) = b$을 만족하지 않을 것이다. 따라서 이 식을 확인한 후 하나의 해로써 Cb를 확정하게 된다. 이 식이 성립하지 않으면 선형방정식을 만족하는 해는 존재하지 않게 된다.

앞의 예의 A 행렬에 대한 좌 역행렬 B, C 행렬에 대하여 $b = \begin{bmatrix} 1 \\ -2 \\ 0 \end{bmatrix}$에 대한 해를 구해보자.

```
In    # 선형방정식의 해: 과다 결정
      b = np.array([1, -2, 0])
      np.round(A@(B@b))

Out   array([ 1., -2.,  0.])
```

```
In    np.round(A@(C@b))

Out   array([ 1., -2.,  0.])
```

Bb, Cb 둘 다 선형방정식의 해가 된다. 즉, 방정식의 개수가 구하고자 하는 변수의 개수보다 많기 때문에 발생하는 문제인 것이다.

4.3.3.2 우 역행렬

행렬 A에 대하여 AX = I을 만족하게 되면 X를 A 행렬의 우 역행렬(right inverse)이라고 하며 A를 우 가역(right-invertible)이라고 한다. 좌 역행렬과 마찬가지로 A 행렬이 우 역행렬 B를 가지게 되면 B^T는 A^T의 좌 역행렬이 된다. 즉, $B^T A^T = (AB)^T = I^T = I$이다. 마찬가지로 A 행렬에 대한 우 역행렬이 존재하기 위해서는 행 벡터들이 서로 독립이어야 하므로 정방행렬이거나 열 개수가 많은 행렬이어야 한다. 우 역행렬을 이용하여 선형방정식을 풀어보자.

$$x = \mathrm{B}b \Rightarrow \ \mathrm{A}x = \ \mathrm{AB}b \ = \ \mathrm{I}b = b$$

즉, 만약 Ax = b를 만족하는 x가 존재한다고 하면 Bb는 하나의 해가 될 수가 있다.

4.3.3.3 역행렬

행렬 A가 좌, 우 역행렬을 갖는다면 좌, 우 역행렬은 유일하며 같다. 왜냐하면, XA = I, AY = I이므로 X = X(AY) = (XA)Y = IY = Y이기 때문이다. 행렬 A가 좌 역행렬과 우 역행렬을 갖는 경우를 그 역행렬을 A^{-1}으로 표기하며, A 행렬은 가역행렬(invertible) 또는 비특이(nonsingular)행렬이라고 한다.

가역행렬은 $A^{-1}A = AA^{-1} = I$가 성립해야 하므로 정방행렬이어야 한다. 또한 $(A^{-1})^{-1} =$

A이다. 역행렬을 이용하게 되면 선형방정식의 해는 $x = A^{-1}b$로 그 해를 구할 수 있다. 이때 중요한 것은 A 행렬의 역행렬을 갖는, 즉 가역행렬임을 확인하는 것이다. A 행렬이 가역임을 입증할 때 아래 중 하나의 조건만 만족하면 된다.

- A 행렬이 가역이다.
- A의 열들은 서로 독립이다.
- A의 행들은 서로 독립이다.
- A는 좌 역행렬을 갖는다.
- A는 우 역행렬을 갖는다.

위의 조건 중 열 또는 행들이 서로 독립에 대한 조건을 확인하는 방법이 행렬에 대한 계수(rank)값을 구하는 것이다. A 행렬의 계수는 행렬 A의 서로 독립인 열 또는 행의 최대 개수를 의미하며 rank(A)로 표기한다. 역행렬에 대한 몇 가지 주요한 성질은 다음과 같다.

1) 행렬 A가 항등행렬이면, 즉 A = I이면 $I^{-1} = I$이다.
2) 대각행렬 A의 대각원소가 A_{ii}이라면 A^{-1}의 대각 원소는 $\frac{1}{A_{ii}}$이고 나머지 원소는 모두 0이다.
3) 행렬 A가 직교행렬이면 $A^{-1} = A^T$이다.
4) $(cA)^{-1} = c^{-1}A^{-1}$
5) $(A^T)^{-1} = (A^{-1})^T$
6) $(AB)^{-1} = B^{-1}A^{-1}$

예제

행렬 $A = \begin{bmatrix} 7 & 6 & 7 \\ 3 & 5 & 3 \\ 7 & 2 & 4 \end{bmatrix}, B = \begin{bmatrix} 8 & 4 & 7 \\ 6 & 5 & 5 \\ 1 & 2 & 8 \end{bmatrix}, c = 0.1$에 대하여 위의 성질을 실제 확인해보자.

In
```
# 역행렬의 몇 가지 성질 확인
A = np.array([[7, 6, 7],
        [3, 5, 3],
        [7, 2, 4]])
A
```

Out
```
array([[7, 6, 7],
       [3, 5, 3],
       [7, 2, 4]])
```

In
```
# 행렬 계수 구하기
np.linalg.matrix_rank(A)
```

Out
```
3
```

In
```
# 역행렬 구하기
A_inverse = la.inv(A)
np.round(A_inverse, 2)
```

Out
```
array([[-0.27,  0.2 ,  0.33],
       [-0.18,  0.41,  0.  ],
       [ 0.57, -0.55, -0.33]])
```

In
```
# 역행렬의 역행렬
la.inv(A_inverse)
```

Out
```
array([[7., 6., 7.],
       [3., 5., 3.],
       [7., 2., 4.]])
```

In
```
# 스칼라 곱 역행렬
c = 0.1
np.round(la.inv(c*A), 2)
```

Out
```
array([[-2.75,  1.96,  3.33],
       [-1.76,  4.12, -0.  ],
       [ 5.69, -5.49, -3.33]])
```

In
```
np.round(1/c * la.inv(A), 2)
```

Out
```
array([[-2.75,  1.96,  3.33],
       [-1.76,  4.12, -0.  ],
       [ 5.69, -5.49, -3.33]])
```

In
```
# 전치와 역행렬
np.round(la.inv(A.T), 2)
```

Out
```
array([[-0.27, -0.18,  0.57],
       [ 0.2 ,  0.41, -0.55],
       [ 0.33,  0.  , -0.33]])
```

In
```
np.round(la.inv(A).T, 2)
```

Out
```
array([[-0.27, -0.18,  0.57],
       [ 0.2 ,  0.41, -0.55],
       [ 0.33,  0.  , -0.33]])
```

In
```
# 곱의 역행렬
B = np.array([[8, 4, 7],
       [6, 5, 5],
       [1, 2, 8]])
B
```

Out
```
array([[8, 4, 7],
       [6, 5, 5],
       [1, 2, 8]])
```

In
```
np.round(la.inv(A @ B), 2)
```

Out
```
array([[-0.12,  0.06,  0.13],
       [ 0.02,  0.12, -0.13],
       [ 0.08, -0.11, -0.03]])
```

In
```
np.round(la.inv(B) @ la.inv(A), 2)
```

Out
```
array([[-0.12,  0.06,  0.13],
       [ 0.02,  0.12, -0.13],
       [ 0.08, -0.11, -0.03]])
```

In
```
# 직교행렬의 역행렬
Q, _ = la.qr(A)
np.round(Q.T, 2)
```
Out
```
array([[-0.68, -0.29, -0.68],
       [-0.32, -0.71,  0.63],
       [-0.66,  0.64,  0.39]])
```

In
```
np.round(la.inv(Q), 2)
```
Out
```
array([[-0.68, -0.29, -0.68],
       [-0.32, -0.71,  0.63],
       [-0.66,  0.64,  0.39]])
```

역행렬을 구할 수 있다면 선형방정식의 해는 QR 분해의 결과를 이용하여 $x = R^{-1}Q^{T}b$으로 구할 수 있다.

예제

$A = \begin{bmatrix} 1 & -1 & -1 & 1 \\ 2 & -1 & 1 & -1 \\ 4 & 1 & -1 & 1 \\ 2 & 1 & -1 & -1 \end{bmatrix}$, $b = \begin{bmatrix} -1 \\ 6 \\ 0 \\ 2 \end{bmatrix}$에 대하여 $Ax = b$를 만족하는 x 값을 QR 분해를 통하여 구해보자.

In
```
# 행렬 정의
A = np.array([[1, -1, -1, 1],
              [2, -1, 1, -1],
              [4, 1, -1, 1],
              [2, 1, -1, -1]
             ])
b = np.array([-1, 6, 0, 2]).reshape(-1, 1)
```
Out

In	`# Q, R 행렬 구하기`
	`Q, R = la.qr(A)`
	
	`# 해 구하기`
	`x = la.inv(R) @ Q.T @ b`
	`x.round(3)`

Out	`array([[ 1.],`
	`       [-1.],`
	`       [ 1.],`
	`       [-2.]])`

4.3.3.4 의사 역행렬

행렬 $A_{m\times n}$가 서로 독립인 열을 가지고 있다면 A^TA는 가역이며 그 역도 성립한다. 따라서 $((A^TA)^{-1}A^T)A = (A^TA)^{-1}A^TA = I$이므로 $(A^TA)^{-1}A^T$는 A행렬의 좌 역행렬이다. 즉, 서로 독립인 열을 가지고 있는 정방행렬이거나 행의 개수가 열의 개수보다 많은 행렬(tall matrix)인 경우에 $(A^TA)^{-1}A^T$는 좌 역행렬이며 이를 의사 역행렬(pseudo inverse)이라고 한다. 의사 역행렬은 특별히 기호 A^+을 사용한다.

이와 유사하게 서로 독립인 열을 가지고 있는 정방행렬이거나 행의 개수가 열의 개수보다 적은 행렬(wide matrix)인 경우에는 $A^T(A^TA)^{-1}$는 우 역행렬이 되며 이 또한 의사 역행렬이라고 한다.

예제

행렬 $A = \begin{bmatrix} -3 & 4 \\ 4 & 6 \\ 1 & 1 \end{bmatrix}$ 에 대하여 의사 역행렬을 구하는 과정을 살펴보자.

In
```
# 의사 역행렬
A = np.array([[-3, 4],
              [4, 6],
              [1,1]])
A
```
Out
```
array([[-3,  4],
       [ 4,  6],
       [ 1,  1]])
```

In
```
# 열 독립여부 확인
np.linalg.matrix_rank(A)
```
Out
```
2
```

In
```
# 의사 역행렬 계산
pinv = la.inv(A.T@A)@A.T
pinv.round(3)
```
Out
```
array([[-0.175,  0.111,  0.033],
       [ 0.118,  0.086,  0.011]])
```

In
```
# 함수 값으로 확인
la.pinv(A).round(3)
```
Out
```
array([[-0.175,  0.111,  0.033],
       [ 0.118,  0.086,  0.011]])
```

In
```
# 좌 역행렬 확인
np.round(pinv@A, 3)
```
Out
```
array([[ 1., -0.],
       [-0.,  1.]])
```

행렬 A의 열 또는 행들의 서로 독립인 조건이 없더라도 의사 역행렬은 정의되며 이를 구할 수 있다.

4.4 행렬식

행렬식은 정방행렬 A의 모든 원소로부터 계산된 실수 값이며, 행렬로 표현되는 선형 변환의 어떤 특성을 표현하는 값이다. $Ax = \begin{bmatrix} 0 & -1 \\ 1 & 0 \end{bmatrix}\begin{bmatrix} x_1 \\ x_2 \end{bmatrix}$는 $\begin{bmatrix} x_1 \\ x_2 \end{bmatrix}$벡터를 $\begin{bmatrix} -x_2 \\ x_1 \end{bmatrix}$로 보내는 변환이므로 일종의 회전 변환이며, $Ax = \begin{bmatrix} 1 & 0 \\ 0 & -1 \end{bmatrix}\begin{bmatrix} x_1 \\ x_2 \end{bmatrix} = \begin{bmatrix} x_1 \\ -x_2 \end{bmatrix}$이므로 x_1축에 대하여 대칭 변환의 의미이고, $Ax = \begin{bmatrix} 2 & 0 \\ 0 & 2 \end{bmatrix}\begin{bmatrix} x_1 \\ x_2 \end{bmatrix} = \begin{bmatrix} 2x_1 \\ 2x_2 \end{bmatrix}$는 각각의 값을 2배로 늘려주는 변환인 것이다. 이런 의미에서 행렬은 어떠한 선형 변환을 나타낸다고 볼 수 있다. 행렬식은 선형방정식을 풀 때 유일한 해의 존재 여부를 파악하는 과정에서 정의된 값이다. 가령 행렬식의 값이 0이 아니면 행렬로 표현된 선형방정식은 유일한 해가 존재한다고 알려져 있다. 행렬식은 det A 또는 |A|와 같이 표시한다. 정방행렬에 대한 행렬식의 정의는 다양하지만 라이프니츠(Leibniz) 공식으로 설명하기로 한다. $A_{n\times n}$ 행렬에 대하여

$$|A| = \sum_{\sigma \in S_n} \left(\operatorname{sgn}(\sigma) \prod_{i=1}^{n} a_{i,\sigma_i} \right)$$

이다. 여기서 S_n은 $\{1, \ldots, n\}$의 모든 순열을 의미하며 그중 하나의 원소가 σ이고 σ_i는 i번째 순열 값을 의미한다. 또한 sgn(σ)는 주어진 순열을 연속적으로 짝수만큼 움직여서 재정렬이 되면 1, 아니면 −1를 표시하는 순열의 부호이다. 예를 들어 $n=3$인 경우에 순열의 부호를 살펴보자. 즉, {1, 2, 3}의 순열은 [1, 2, 3], [1, 3, 2], [2, 1, 3], [2, 3, 1], [3, 1, 2], [3, 2, 1] 총 6가지가 있다. 각각의 부호는 1, −1, −1, 1, 1, −1이 된다. 만약 $n=2$인 경우에는 순열이 [1, 2], [2, 1]이므로 부호는 1, −1이 된다.

$A = \begin{bmatrix} a_{11} & a_{12} \\ a_{21} & a_{22} \end{bmatrix}$인 경우에

$$|A| = \operatorname{sgn}([1,2])a_{11}a_{22} + \operatorname{sgn}([2,1])a_{12}a_{21} = a_{11}a_{22} - a_{12}a_{21}$$

이다.

$A = \begin{bmatrix} a_{11} & a_{12} & a_{13} \\ a_{21} & a_{22} & a_{23} \\ a_{31} & a_{32} & a_{33} \end{bmatrix}$인 경우에

$$|A| = a_{11}a_{22}a_{33} - a_{11}a_{23}a_{32} - a_{12}a_{21}a_{33} + a_{12}a_{23}a_{31} + a_{13}a_{21}a_{32} - a_{13}a_{22}a_{31}$$

이다.

In
```
import sympy
a11, a12, a13, a21, a22, a23, a31, a32, a33 = sympy.symbols('a11, a12,
a13, a21, a22, a23, a31, a32, a33')
A = sympy.Matrix([[a11, a12, a13],
                  [a21, a22, a23],
                  [a31, a32, a33]])
A
```

Out

$$\begin{bmatrix} a_{11} & a_{12} & a_{13} \\ a_{21} & a_{22} & a_{23} \\ a_{31} & a_{32} & a_{33} \end{bmatrix}$$

In
```
sympy.det(A)
```

Out

$$a_{11}a_{22}a_{33} - a_{11}a_{23}a_{32} - a_{12}a_{21}a_{33} + a_{12}a_{23}a_{31} + a_{13}a_{21}a_{32} - a_{13}a_{22}a_{31}$$

예제

$A = \begin{bmatrix} -2 & 2 & -3 \\ -1 & 1 & 3 \\ 2 & 0 & -1 \end{bmatrix}$에 대한 행렬식을 구해보자.

In
```
la.det(A)
```

Out
```
18.0
```

4.4.1 행렬식의 계산

일반적으로 $A_{n\times n}$ 행렬에 대하여 행렬식은 순차적으로 다음과 같은 식에 의하여 계산한다. 이러한 계산 방법은 라플라스(Laplace) 공식에 의한 계산법이다.

고정된 i에 대해서는

$$|A| = \sum_{j=1}^{n} (-1)^{i+j} a_{ij} M_{ij}$$

이며, 고정된 j에 대해서는

$$|A| = \sum_{i=1}^{n} (-1)^{i+j} a_{ij} M_{ij}$$

이다. 여기서 M_{ij}는 A 행렬에서 i행과 j열을 제거한 행렬의 행렬식으로 소행렬식(minor)이라고 하며 $(-1)^{i+j}M_{ij}$을 여인수(cofactor)라고 한다. 일종의 보조인수이다.

$A = \begin{bmatrix} -2 & 2 & -3 \\ -1 & 1 & 3 \\ 2 & 0 & -1 \end{bmatrix}$에 대하여 계산식을 적용해보자. 하나의 행 [−2,2,−3]에 대하여

$$|A| = (-1)^{1+1}(-2)\begin{vmatrix} 1 & 3 \\ 0 & -1 \end{vmatrix} + (-1)^{1+2}(2)\begin{vmatrix} -1 & 3 \\ 2 & -1 \end{vmatrix} + (-1)^{1+3}(-3)\begin{vmatrix} -1 & 1 \\ 2 & -0 \end{vmatrix}$$

$$= (-2)(-1) - (2)(-5) + (-3)(-2) = 18$$

이다.

4.4.2 행렬식의 성질

행렬식은 다음과 같은 성질이 있다. 이의 증명은 생략하기로 한다.

$A_{n\times n}$,c는 실수값, I는 항등행렬이라고 하면

1) $|I_n| = 1$
2) $|A^T| = |A|$
3) $|A^{-1}| = \frac{1}{|A|} = |A|^{-1}$
4) $|AB| = |A||B|$
5) $|cA| = c^n|A|$

이다. 만약 A가 삼각행렬이면

6) $|A| = a_{11} \cdots a_{nn}$

이다.

4.4.3 행렬식의 기하학적 의미

하나의 행렬 $A_{2\times2}$를 열벡터로 표현하여 $[a_1, a_2]$이라고 하자.

$$A\begin{bmatrix} 1 \\ 0 \end{bmatrix} = a_1, A\begin{bmatrix} 0 \\ 1 \end{bmatrix} = a_2$$

이므로 A는 $\begin{bmatrix} 1 \\ 0 \end{bmatrix}$ 벡터를 a_1, $\begin{bmatrix} 0 \\ 1 \end{bmatrix}$ 벡터를 a_2로 보내는 변환이다. 예를 들어 $A = \begin{bmatrix} 3 & 2 \\ 1 & 2 \end{bmatrix}$이라고 하면 그림 4.12와 같은 변환인 것이다.

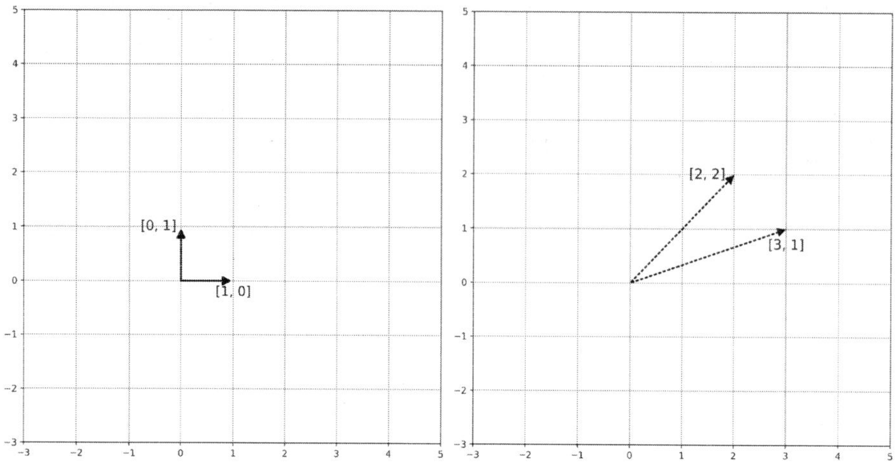

그림 4.12 행렬에 의한 변환

여기서 $|A| = 4$이며 이 행렬식은 그림 4.13과 같이 2개의 벡터 $\begin{bmatrix}3\\1\end{bmatrix}, \begin{bmatrix}2\\2\end{bmatrix}$로 구성된 평행사변형의 면적과 동일하다.

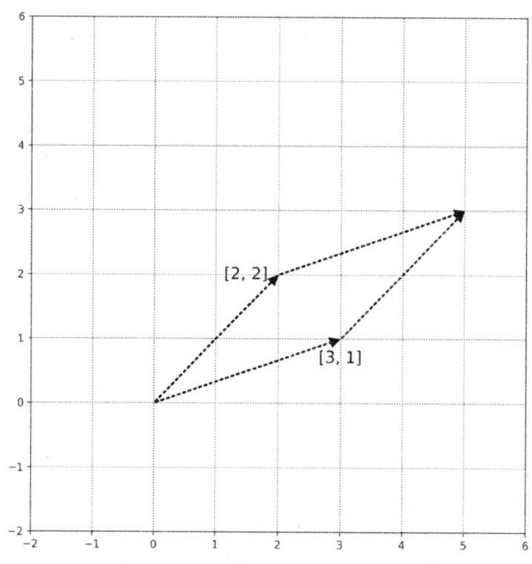

그림 4.13 행렬식의 기하학적 의미

평행사변형의 면적은 2개의 벡터 사이의 사잇각을 θ이라고 하면 $\left\|\begin{bmatrix}3\\1\end{bmatrix}\right\| \left\|\begin{bmatrix}2\\2\end{bmatrix}\right\| \sin(\theta)$이다. 그런데 그림 4.14에서 $\left\|\begin{bmatrix}3\\1\end{bmatrix}\right\| \sin(\theta)$는 $\left\|\begin{bmatrix}-1\\3\end{bmatrix}\right\| \cos(90-\theta)$와 동일하다.

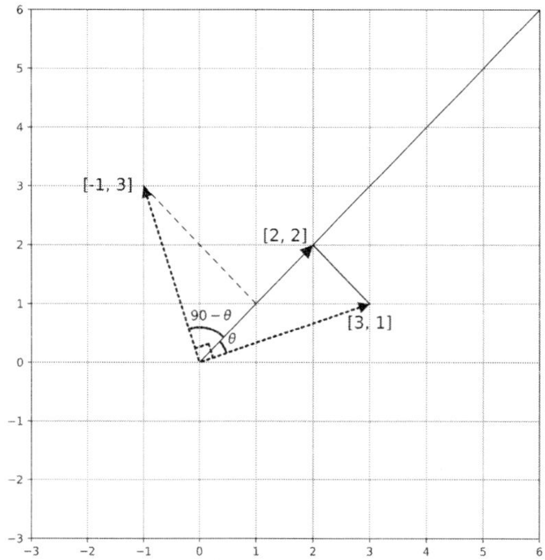

그림 4.14 평행사변형의 면적 계산

따라서 $\left\|\begin{bmatrix}3\\1\end{bmatrix}\right\|\left\|\begin{bmatrix}2\\2\end{bmatrix}\right\|\sin(\theta)=\left\|\begin{bmatrix}-1\\3\end{bmatrix}\right\|\left\|\begin{bmatrix}2\\2\end{bmatrix}\right\|\cos(90-\theta)=\begin{bmatrix}-1\\3\end{bmatrix}^{\mathrm{T}}\begin{bmatrix}2\\2\end{bmatrix}=4$ 이다. 정사각형을 평행사변형으로 보내는 변환이 행렬 A이라면 행렬식은 변환된 벡터로 구성된 평행사변형의 면적이 된다. 따라서 행렬식이 0이라는 것은 면적이 0이라는 것이고, 이는 다시 가역적(invertible)으로 되돌릴 수 없다는 뜻이 되며, 결국 역행렬이 존재하지 않는다는 것을 의미한다.

4.5 고윳값과 고유벡터

행렬이 하나의 선형변환을 의미한다고 했을 때, $Av=\lambda v$를 만족하는 λ와 0이 아닌 벡터 v를 각각 고윳값(eigenvalue, characteristic value)과 고유벡터(eigenvector)라고 하며 이 방정식을 고유방정식(eigenequation)이라고 한다. 즉, 어떤 벡터에 대한 선형변환(A)을 한 경우에 그 벡터는 방향이 변하지 않고 단지 크기만 변하는 경우를 의미한다.

4.5.1 고윳값과 고유벡터의 계산

$A_{n\times n}$ 행렬에 대하여 고유방정식은 $(A-\lambda I)v=0$와 동일하며 이 방정식과의 필요충분조건은 $|A-\lambda I|=0$이다. $A-\lambda I$의 행렬식은 정의에 의하여 λ에 대한 n차 방정식이므로 이에 대한 해는 n개 존재할 수 있다. 즉, 다음과 같이 인수분해가 될 수 있다.

$$|A-\lambda I|=(\lambda-\lambda_1)\cdots(\lambda-\lambda_n)$$

예를 들어 $A=\begin{bmatrix}3 & 8\\ 1 & 1\end{bmatrix}$인 경우에 $|A-\lambda I|=\lambda^2-4\lambda-5=(\lambda-5)(\lambda+1)$과 같이 인수분해되어 고유방정식의 해는 5,−1이 된다. 구한 고윳값을 고유방정식에 대입하여 다음과 같이 0이 아닌 고유벡터를 구할 수 있다.

$$v_{\lambda=5}=\begin{bmatrix}4\\ 1\end{bmatrix}, v_{\lambda=-1}=\begin{bmatrix}2\\ -1\end{bmatrix}$$

고윳값에 해당하는 고유벡터는 무한히 많다. 즉, $Av=\lambda v \Rightarrow A(kv)=\lambda(kv)$이기 때문이다. 즉 하나의 고유벡터의 스칼라 곱에 해당하는 모든 고유벡터가 전부 조건을 만족할 수 있다. 이런 경우에 고유벡터를 구한 후 길이가 1이 되도록 조정할 수 있다. 즉, $\frac{v_{\lambda=5}}{\|v_{\lambda=5}\|}$와 같이 변환(정규화변환)해도 역시 고유벡터가 되기 때문이다.

예제

$A=\begin{bmatrix}2 & 1\\ 1 & 2\end{bmatrix}$에 대한 고윳값과 고유벡터를 구해보자.

In
```
# 고윳값과 고유벡터의 계산
A = np.array([[2, 1],
              [1, 2]])
w, v = la.eig(A)
```
Out

In
```
# 고윳값: 복소수 표현식
w
```
Out
```
array([3.+0.j, 1.+0.j])
```

```
In   # 각 열이 해당 고윳값에 대응되는 고유벡터
     # 값은 정규화(normalized)되어 있음
     v.round(3)
```

```
Out  array([[ 0.707, -0.707],
            [ 0.707,  0.707]])
```

4.5.2 고윳값의 성질

$A_{n \times n}$ 행렬에 대하여 다음과 같은 성질이 있음이 알려져 있다.

1) $tr(A) = \sum_{i=1}^{n} a_{ii} = \sum_{i=1}^{n} \lambda_i$

2) $|A| = \prod_{i=1}^{n} \lambda_i$

예제

$A = \begin{bmatrix} 9 & -5 & 1 \\ -5 & 5 & -3 \\ 1 & -3 & 19 \end{bmatrix}$에 대하여 위의 성질이 성립함을 확인해보자.

```
In   # 행렬 정의
     A = np.array([[ 9, -5,  1],
                   [-5,  5, -3],
                   [ 1, -3, 19]])
     A
```

```
Out  array([[ 9, -5,  1],
            [-5,  5, -3],
            [ 1, -3, 19]])
```

```
In   # 고윳값 벡터
     w, _ = la.eig(A)
     w.round(3)
```

```
Out  array([ 1.398+0.j, 11.577+0.j, 20.026+0.j])
```

In
```
# 대각합(trace)
np.diag(A).sum()
```
Out
```
33
```

In
```
# 고윳값 합
np.sum(w).round(3).real
```
Out
```
33
```

In
```
# 행렬식
la.det(A)
```
Out
```
324.0
```

In
```
# 고윳값 곱
np.prod(w).round(3).real
```
Out
```
324.0
```

5장

미분

5.1 개요
5.2 표기법
5.3 정의
5.4 도함수
5.5 고차 도함수
5.6 도함수의 계산
5.7 다변수 함수의 미분
5.8 행렬 미분

이 장에서 사용되는 파이썬 패키지는 다음과 같다.

In
```
import numpy as np
import matplotlib.pyplot as plt
import sympy

# 한글출력
plt.rcParams['font.family'] = 'Malgun Gothic'
plt.rcParams['axes.unicode_minus'] = False

sympy.__version__
```

Out
```
'1.5.1'
```

5.1 개요

미분(differentiation)은 도함수(derivative function)를 얻는 행위를 말한다. 도함수는 입력변수의 특정한 값에서 출력변수 값의 변화율(rate of change)을 정의한 함수이다. 즉, 입력변수의 값 x에 대한 함수 f의 도함수라고 표현한다. 변화율의 의미를 이해하기 위해서 먼저 기울기(slope)의 의미를 알아보자.

평면 위에서 하나의 직선은 $y = f(x) = ax + b$이라고 표현할 수 있다. 여기서 a는 기울기(slope)이다. 기울기의 의미는 다음과 같이 정의된다.

$$a = \frac{y\text{의 변화}}{x\text{의 변화}} = \frac{\Delta y}{\Delta x}$$

여기서 $\Delta y = f(x + \Delta x) - f(x)$이다. 즉, $\Delta y = a(x + \Delta x) + b - (ax + b) = a\Delta x$이므로 $a = \frac{\Delta y}{\Delta x}$이다.

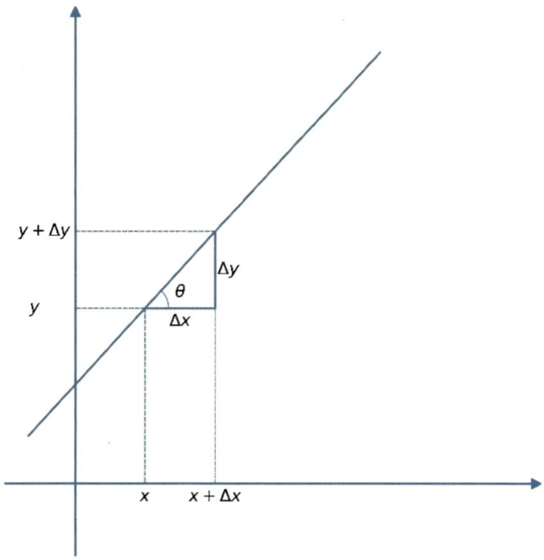

그림 5.1 직선에 대한 기울기

원래 함수가 직선인 경우에는 그림 5.1과 같이 어떤 점 (x, y)를 선택하든 그리고 Δx의 값에 관계없이 기울기가 일정함을 알 수 있다. 그런데 직선이 아닌 함수 f에 대해서는 기울기가 일정한 값을 가질 수 없다.

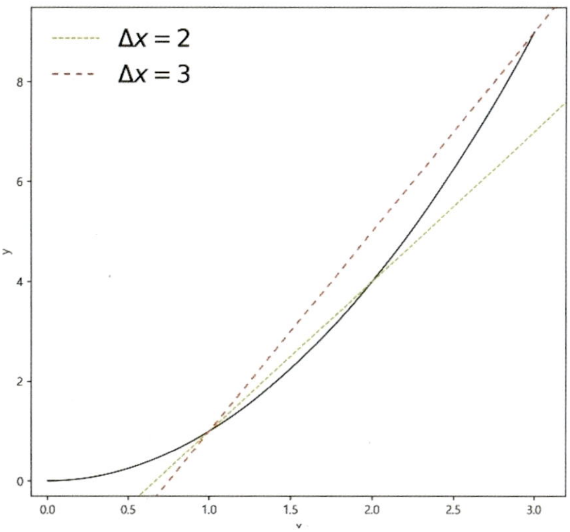

그림 5.2 Δx 변화에 따른 기울기의 변화

그림 5.2는 $x=1$이고 $\Delta x=3, 2$일 때 각각에 대한 기울기를 표시한 것이다. 즉, 함수가 직선이 아닌 경우에는 선택된 점과 x의 증분(increment)에 따라 기울기가 다름을 알 수 있다.

미분(differentiation)은 기울기, 즉 변화율에 대한 유일한 값을 찾는 방법이다. 특히 특정 범위(Δx)에서 찾는 것이 아니라 특정 값(x)에서의 변화율을 찾는 것이다.

5.2 표기법

미분은 라이브니츠(Leibniz) 표기법을 따른다. 이 표기법에 따르면 x의 무한소(infinitesimal) 변화를 dx이라고 표현하며 x에 따른 y의 도함수를 $\frac{dy}{dx}$이라고 표기한다.

5.3 정의

미분에 대한 보다 엄격하게 정의하면, 한 점 $x=a$에서의 미분값은 다음과 같은 극한값이 존재하는 경우를 말한다.

$$\left.\frac{df}{dx}\right|_{x=a} = \lim_{h\to 0}\frac{f(a+h)-f(a)}{h}$$

이 극한값이 존재하면 함수 f는 $x=a$에서 미분가능(differentiable)이라고 말한다. 여기서 $\frac{f(a+h)-f(a)}{h}$의 의미가 무엇인지를 살펴보도록 하자. 이 값을 차분 몫(difference quotient)이라고도 한다.

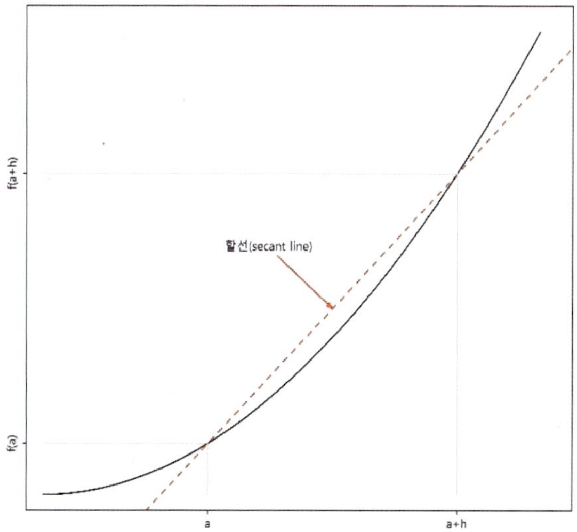

그림 5.3 $(a, a+h)$에서의 할선

그림 5.3은 구간 $(a, a+h)$에서의 함수의 변화를 표시한 것이며 이때 $(a, f(a))$, $((a+h), f(a+h))$ 2점을 잇는 할선(secant line)을 표시한 것이다. 할선은 하나의 곡선을 최소한 2개의 점 이상에서 만나는 선을 말한다. 이때, h의 값에 따라 아주 많은 할선들이 존재하며 이러한 할선들의 극한으로 미분이 정의되어 있음을 알 수 있다.

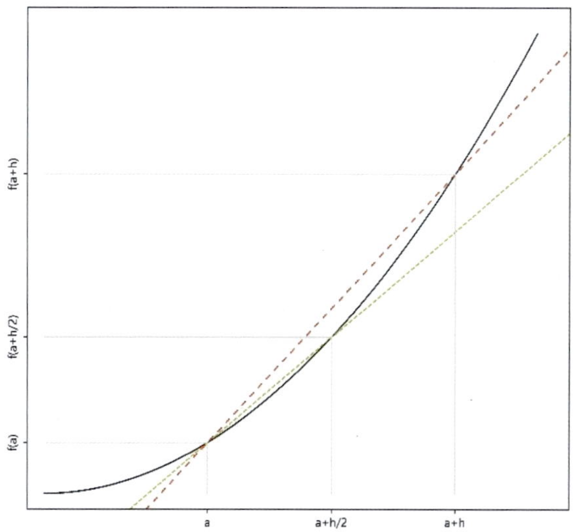

그림 5.4 h값에 따른 할선의 변화

그림 5.4는 h, $\frac{h}{2}$일 때의 할선의 기울기를 표시한 것이다. 이때 h값이 점점 a로 접근하게 되면 그림 5.5와 같이 할선들의 극한은 그 점에서의 접선으로 수렴함을 알 수 있다.

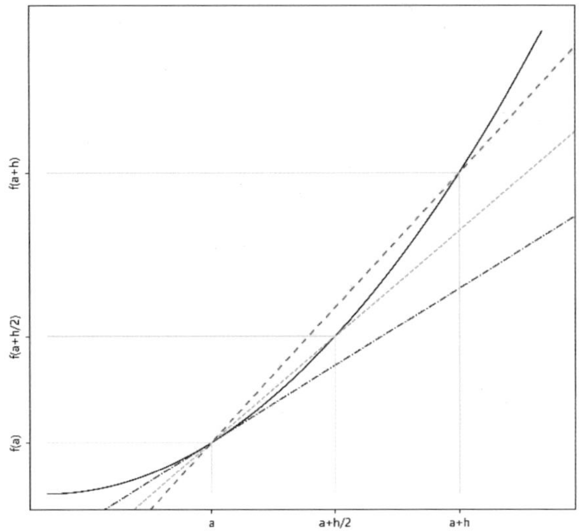

그림 5.5 할선의 수렴

즉, 차분 몫의 극한으로 미분을 정의한 것이다. 즉,

$$f'(a) = \lim_{h \to 0} \frac{f(a+h) - f(a)}{h}$$

이다. 이때 $f'(a)$는 미분에 대한 라그랑지 표기법이다.

5.4 도함수

x가 정의된 모든 정의역(domain)에서 일일이 미분의 정의로부터 미분 값을 구하는 것은 비효율적이다. 따라서 모든 x에 대하여 미분 값과 대응되는 함수를 만들어 낼 수 있는데 이를 도함수(derivative function)라고 한다. 이때 도함수가 정의되는 영역은 원래 함수의 정의된 영역보다 작거나 같다. 도함수는 일종의 함수의 함수를 만들어 내는 연산자(operator)이다. 즉, 연산자 기호를 D라고 한다면 $D(f)(a) = f'(a)$이다.

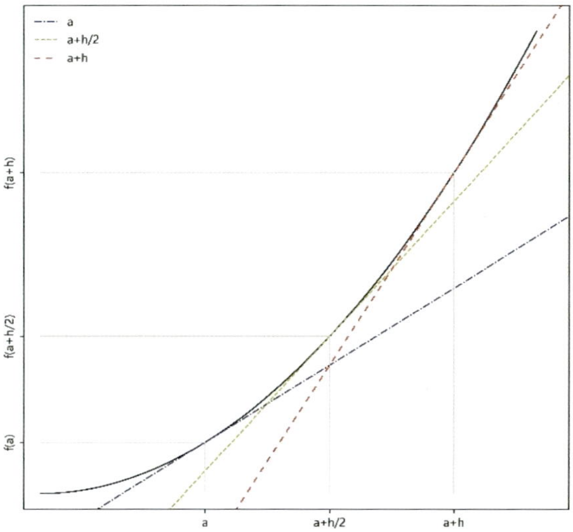

그림 5.6 각 점에서의 접선

5.5 고차 도함수

f가 미분가능한 함수이고 f'이 도함수라고 한다면, f''은 2차 도함수라고 한다. 마찬가지로, f'''은 3차 도함수가 된다. 즉, 2차 이상의 도함수를 고차 도함수라고 한다. 이때 1차 도함수가 존재한다고 해서 반드시 2차 도함수가 존재하지는 않는다. 예를 들어 다음과 같은 함수가 정의되어 있다고 하자.

$$f(x) = \begin{cases} x^2, if \;\; x \geq 0 \\ -x^2, if \;\; x \leq 0 \end{cases}$$

각각의 영역에서 도함수는 다음과 같이 존재한다.

$$f'(x) = \begin{cases} 2x, if \;\; x \geq 0 \\ -2x, if \;\; x \leq 0 \end{cases}$$

그러나 2차 도함수는 그림 5.7과 같이 $x = 0$에서 존재하지 않는다.

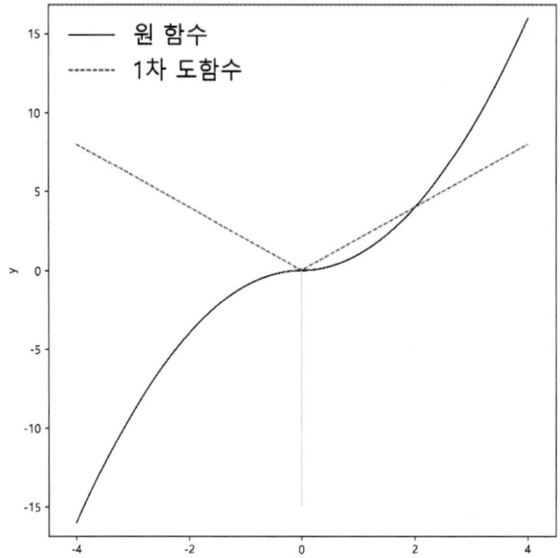

그림 5.7 2차 도함수의 존재여부 확인

이때 어떤 함수가 무한히 미분가능한 경우, 즉 모든 차수의 미분이 존재하는 경우에 해당 함수를 무한 미분가능(infinitely differentiable, smooth)이라고 한다. 다항함수는 미분을 하다 보면 언젠가는 상수함수가 되므로 무한 미분가능하다.

5.6 도함수의 계산

5.6.1 다항함수의 미분

다항함수의 각각의 항은 ax^n 형식이다. 이때 도함수는 다음과 같이 계산된다.

$$\frac{d}{dx}(ax^n) = anx^{n-1}$$

당연한 결과로써 $\frac{d}{dx}a = 0$이다. 즉, 상수함수의 미분은 0이다.

In	`# 다항함수의 미분`
	`n = sympy.Symbol('n')`
	`a = sympy.Symbol('a')`
	`x = sympy.Symbol('x', real=True)`
	`expr = a*x**n`
	`expr`

Out	ax^n

In	`expr.diff(x).simplify()`
Out	$an\,x^{n-1}$

$f(x) = 7x^3$이라면 미분의 결과는 $7 \cdot 3 \cdot x^{3-1} = 21x^2$이다.

In	`# 다항함수의 미분 예`
	`x = sympy.Symbol('x', real=True)`
	`expr = 7*x**3`
	`expr`

Out	$7x^3$

In	`expr.diff(x)`
Out	$21x^2$

5.6.2 지수함수와 로그함수의 미분

지수함수의 미분의 결과는 다음과 같다.

$$\frac{d}{dx}(e^x) = e^x$$
$$\frac{d}{dx}(a^x) = a^x \ln(a)$$

In	`# 지수함수의 미분`
	`x = sympy.Symbol('x', real=True)`
	`expr = sympy.exp(x)`
	`expr`

Out	e^x

In	`expr.diff(x)`
Out	e^x

In	```x = sympy.Symbol('x', real=True)```
	```a = sympy.Symbol('a')```
	```expr = a ** x```
	```expr```

Out	a^x

In	`expr.diff(x)`
Out	$a^x\log(a)$

로그함수의 미분의 결과는 다음과 같다.

$$\frac{d}{dx}\ln(x) = \frac{1}{x}, x > 0$$
$$\frac{d}{dx}\log_{\text{a}} x = \frac{1}{x\ln(a)}$$

In	```# 로그함수의 미분```
	```x = sympy.Symbol('x', real=True)```
	```expr = sympy.ln(x)```
	```expr```

Out	$\log(x)$

In	`expr.diff(x)`
Out	$\frac{1}{x}$

In	```x = sympy.Symbol('x', real=True)```
	```a = sympy.Symbol('a')```
	```expr = sympy.log(x,a)```
	```expr```

Out	$\frac{\log(x)}{\log(a)}$

In	`expr.diff(x)`
Out	$\frac{1}{x\log(a)}$

5.6.3 삼각함수의 미분

삼각함수의 미분의 결과는 다음과 같다.

$$
\begin{aligned}
&\frac{d}{dx}\sin(x) = \cos(x) \\
&\frac{d}{dx}\cos(x) = -\sin(x) \\
&\frac{d}{dx}\tan(x) = \sec^2(x) = \frac{1}{\cos^2(x)} = 1 + \tan^2(x)
\end{aligned}
$$

In

```
# 삼각함수의 미분
x = sympy.Symbol('x', real=True)
expr = sympy.sin(x)
expr.diff(x)
```

Out $\cos(x)$

In

```
expr = sympy.cos(x)
expr.diff(x)
```

Out $-\sin(x)$

In

```
expr = sympy.tan(x)
expr.diff(x)
```

Out $\tan^2(x)+1$

삼각함수의 역함수에 대한 미분의 결과는 다음과 같다.

$$
\begin{aligned}
&\frac{d}{dx}\arcsin(x) = \frac{1}{\sqrt{1-x^2}}, -1 < x < 1 \\
&\frac{d}{dx}\arccos(x) = -\frac{1}{\sqrt{1-x^2}}, -1 < x < 1 \\
&\frac{d}{dx}\arctan(x) = \frac{1}{1+x^2}
\end{aligned}
$$

In
```
# 삼각함수의 역함수의 미분
expr = sympy.asin(x)
expr.diff(x)
```
Out

$$\frac{1}{\sqrt{1-x^2}}$$

In
```
expr = sympy.acos(x)
expr.diff(x)
```
Out

$$-\frac{1}{\sqrt{1-x^2}}$$

In
```
expr = sympy.atan(x)
expr.diff(x)
```
Out

$$\frac{1}{x^2+1}$$

5.6.4 결합함수의 미분

다양한 결합함수(combined function)에 대한 미분의 규칙은 다음과 같다.

- 합 규칙:

$$\frac{d}{dx}(\alpha f + \beta g) = \alpha \frac{d}{dx} f + \beta \frac{d}{dx} g$$

In
```
# 합 규칙
x = sympy.Symbol('x', real=True)
f = sympy.Function('f')(x)
g = sympy.Function('g')(x)
a ,b = sympy.symbols("a, b", real=True)
expr = a*f + b*g
expr.diff(x)
```
Out

$$a\frac{d}{dx}f(x) + b\frac{d}{dx}g(x)$$

- 곱 규칙:

$$\frac{d}{dx}(fg) = \left(\frac{d}{dx}f\right)g + f\left(\frac{d}{dx}g\right)$$

In
```
# 곱 규칙
expr = f*g
expr.diff(x)
```
Out

$$f(x)\frac{d}{dx}g(x) + g(x)\frac{d}{dx}f(x)$$

- 몫 규칙:

$$\frac{d}{dx}\left(\frac{f}{g}\right) = \frac{\left(\frac{d}{dx}f\right)g - f\left(\frac{d}{dx}g\right)}{g^2}$$

In
```
# 몫 규칙
expr = f/g
expr.diff(x)
```
Out

$$-\frac{f(x)\frac{d}{dx}g(x)}{g^2(x)} + \frac{\frac{d}{dx}f(x)}{g(x)}$$

- 연쇄 규칙:

$$\frac{d}{dx}\Big(f\big(g(x)\big)\Big) = \frac{d}{dg(x)}f\big(g(x)\big)\frac{d}{dx}g(x)$$

In
```
# 연쇄 규칙
x = sympy.Symbol('x', real=True)
g = sympy.Function('g')
f = sympy.Function('f')
expr = f(g(x))
expr.diff(x)
```
Out

$$\frac{d}{dg(x)}f(g(x))\frac{d}{dx}g(x)$$

예제

다음의 미분을 구해보자.

1) $\frac{d}{dx}(\boldsymbol{x})$
2) $\frac{d}{dx}\left(\frac{1}{1+e^{-x}}\right)$
3) $\frac{d}{dx}(\mathbf{tanh}(\boldsymbol{x})) = \frac{d}{dx}\left(\frac{e^{x}-e^{-x}}{e^{x}+e^{-x}}\right)$
4) $\frac{d}{dx}(\mathbf{ln}(\mathbf{1}+\boldsymbol{e}^{\boldsymbol{x}}))$
5) $\frac{d}{dx}\left(\boldsymbol{e}^{-x^{2}}\right)$
6) $\frac{d}{dx}(\mathbf{max}(\mathbf{0},\boldsymbol{x}))$
7) $\frac{d}{dx}(-\boldsymbol{x}\,\mathbf{ln}\,\boldsymbol{x})$

In
```
# 1)
x = sympy.Symbol('x', real=True)
expr = x
expr.diff(x)

# 다른 해답
# x.diff(x)
# sympy.Derivative(x, x).doit()
```
Out

1

In
```
# 2)
x = sympy.Symbol('x', real=True)
expr = 1 / (1 + sympy.exp(-x))
expr.diff(x)
```
Out

$$\frac{e^{-x}}{(1+e^{-x})^2}$$

In
```
# 3)
x = sympy.Symbol('x', real=True)
expr = sympy.tanh(x)
expr.diff(x)
```
Out

$1-\tanh^2(x)$

In
```
# 4)
x = sympy.Symbol('x', real=True)
expr = sympy.ln(1+sympy.exp(x))
expr.diff(x)
```
Out $\frac{e^x}{e^x + 1}$

In
```
# 5)
x = sympy.Symbol('x', real=True)
expr = sympy.exp(-x**2)
expr.diff(x)
```
Out $-2xe^{-x^2}$

In
```
# 6)
x = sympy.Symbol('x', real=True)
expr = sympy.Max(0, x)
expr.diff(x)
```
Out $\theta(x)$

In
```
# 7)
x = sympy.Symbol('x', real=True)
expr = -x * sympy.ln(x)
expr.diff(x)
```
Out $-\log(x) - 1$

5.7 다변수 함수의 미분

앞에서 실수 값을 갖는 하나의 변수에 대한 미분을 정의하였다. 만약 함수가 2개 이상의 변수에서 정의된 경우에 미분이 어떻게 정의되는지를 살펴보기로 하자.

5.7.1 편미분

다음과 같은 함수가 정의되어 있다고 하자.

$$f(x,y) = x^2 + xy + y^2$$

In
```
# 다변수 함수
x, y = sympy.symbols('x, y', real=True)
sympy.Lambda((x, y), x**2 + x*y + y**2)
```

Out $\left((x, y) \mapsto x^2 + xy + y^2\right)$

위 함수는 x, y의 2개의 변수에 대한 다변수 함수이다. 그런데 x의 값이 고정되어 있다고 가정하면, 즉 $f_x(y) = x^2 + xy + y^2$는 y만의 함수라고 할 수 있다.

In
```
# x가 고정된 경우: y만의 함수
x = sympy.Float(2)
sympy.Lambda(y, x**2 + x*y + y**2)
```

Out $\left(y \mapsto y^2 + 2.0y + 4.0\right)$

이런 경우 x는 변수가 되는 것이 아니라 하나의 상수 역할을 한다고 할 수 있다. 이때 이 함수를 y에 대하여 미분하면 다음과 같은 식이 된다.

$$\frac{\partial f}{\partial y} = x + 2y$$

In
```
# 편미분
x, y = sympy.symbols('x, y', real=True)
f = sympy.Function('f')(x, y)
f.diff(y)
```

Out $\frac{\partial}{\partial y} f(x, y)$

In
```
f = x**2 + x*y + y**2
f.diff(y)
```

Out $x + 2y$

이 식을 y에 대한 f의 편미분(partial derivative)이라고 한다. 여기서 기호 ∂는 "der", "del", "partial", "round" 등으로 발음된다.

일반적으로 x_i에 대한 함수 $f(x_1,\cdots,x_n)$의 점 $(a_1,\cdots,a_n)$에 한 편미분은 다음과 같이 정의된다.

$$\frac{\partial f}{\partial y}(a_1, \dots, a_n) = \lim_{h \to 0} \frac{f(a_1, \dots, a_i + h, \dots, a_n) - (a_1, \dots, a_i, \dots, a_n)}{h}$$

즉, x_i를 제외한 모든 변수의 변화는 없고 x_i만의 변화율로 정의한 것이다.

5.7.2 그래디언트

편미분은 다변수 함수에 대하여 하나의 변수에 대한 미분으로 정의하였다. 이때 다음과 같이 모든 변수에 대한 편미분 벡터를 생각할 수 있다.

$$\nabla f(a_1, \dots, a_n) = \left(\frac{\partial f}{\partial x_1}(a_1, \dots, a_n), \dots, \frac{\partial f}{\partial x_n}(a_1, \dots, a_n)\right)$$

이 벡터를 함수 f의 a점에서의 기울기, 경사도 또는 그래디언트(gradient)라고 한다. 여기서 ∇는 "nabla"라고 읽는다.

In
```
# 그래디언트(기울기, 경사도)
x, y = sympy.symbols('x, y', real=True)
f = sympy.Function('f')(x, y)
G = sympy.Matrix([f.diff(x), f.diff(y)])
G
```

Out

$$\begin{bmatrix} \frac{\partial}{\partial x} f(x, y) \\ \frac{\partial}{\partial y} f(x, y) \end{bmatrix}$$

5.7.2.1 그래디언트의 기하학적 의미

그래디언트가 어떤 의미를 갖는지를 알아보기로 하자. 앞서 정의된 함수 $f(x, y) = x^2 + xy + y^2$에 대하여 알아보자. 이 함수에 대한 그래디언트는 $\nabla f = (2x + y, x + 2y)$이다.

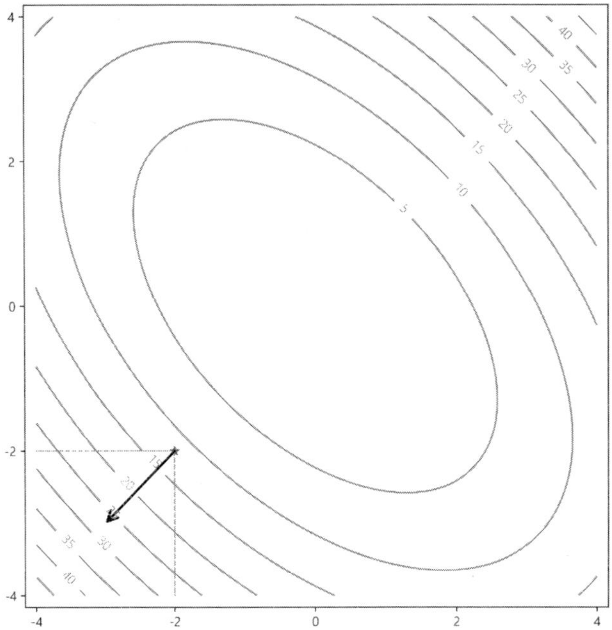

그림 5.8 등고선 그림과 그래디언트 벡터

그림 5.8은 (−2,−2)점에 대한 그래디언트 벡터 값을 화살표로 표시한 것이다. 출발점은 (−2,−2)로 한 것이다. 등고선 그림을 보면 타원의 밖으로 갈수록 함수의 값은 증가하고 있음을 알 수 있다. 또한 그래디언트 벡터는 타원의 접선과 수직이며 최댓값 방향을 표시하고 있다.

5.8 행렬 미분

행렬 미분은 하나의 변수에 대하여 스칼라, 벡터, 행렬을 미분하는 경우, 벡터 변수 즉 다변수에 대하여 스칼라, 벡터를 미분하는 경우, 그리고 행렬 변수에 대하여 스칼라를 미분하는 경우 등에 대해 특별한 기호를 사용하는 것으로 정의된다. 즉 행렬 미분은 다변수에 대한 미분을 특별한 기호로 정의하는 것을 의미한다. 예를 들어 $y = (y_1, \dots, y_n)^T$, $x = (x_1, \dots, x_p)^T$일 때 $\frac{\partial y}{\partial x}$을 다음과 같이 정의한다.

$$\frac{\partial y}{\partial x} = \begin{pmatrix} \frac{\partial y_1}{\partial x_1} & \cdots & \frac{\partial y_1}{\partial x_p} \\ \cdots & \cdots & \cdots \\ \frac{\partial y_n}{\partial x_1} & \cdots & \frac{\partial y_n}{\partial x_p} \end{pmatrix}_{n \times p}$$

이 식을 보면 $\left(\frac{\partial y}{\partial x}\right)_{ij} = \frac{\partial y_i}{\partial x_j}$임을 알 수 있다. 위와 같은 행렬을 특별히 야코비 행렬(Jacobian matrix)이라고 한다. 이때 다음과 같은 성질이 성립한다. 단, $z = (z_1, \ldots, z_l)^T$, $\mathrm{A} = \mathrm{A}_{\mathrm{n \times n}}, \alpha = \alpha_{1 \times 1}$이다.

아래 식의 증명은 (i, j) 원소를 일반화하여 증명한다. 예를 들어 A)번 식의 $y_i = \sum_k \mathrm{A}_{ik} x_k$이므로 $\frac{\partial y_i}{\partial x_j} = \mathrm{A}_{ij}, \forall i, j$이고 따라서 $\frac{\partial \mathrm{y}}{\partial \mathrm{x}} = \mathrm{A}$이다.

(A) $\mathrm{y} = \mathrm{Ax} \Rightarrow \frac{\partial \mathrm{y}}{\partial \mathrm{x}} = \mathrm{A}$

In

```
# 행렬 및 벡터 정의
a = sympy.IndexedBase('a')
x = sympy.IndexedBase('x')
i = sympy.symbols('i', cls=sympy.Idx)

A = sympy.Matrix([[a[1, 1], a[1, 2]],
                  [a[2, 1], a[2, 2]]])
X = sympy.Matrix([x[1], x[2]])


A, X
```

Out

$\begin{bmatrix} a_{1,1} & a_{1,2} \\ a_{2,1} & a_{2,2} \end{bmatrix}, \begin{bmatrix} x_1 \\ x_2 \end{bmatrix}$

In

```
x = sympy.Matrix(sympy.symbols("x_1, x_2"))
x
```

Out

$\begin{bmatrix} a_{1,1} & a_{1,2} \\ a_{2,1} & a_{2,2} \end{bmatrix}, \begin{bmatrix} x_1 \\ x_2 \end{bmatrix}$

```
In    # 표현식 정의
      expr = A*x
      expr
```

Out $\begin{bmatrix} a_{1,1}x_1 + a_{1,2}x_2 \\ a_{2,1}x_1 + a_{2,2}x_2 \end{bmatrix}$

```
In    # 야코비 행렬
      expr.jacobian(X)
```

Out $\begin{bmatrix} a_{1,1} & a_{1,2} \\ a_{2,1} & a_{2,2} \end{bmatrix}$

(B) $\mathrm{y} = \mathrm{Ax} \quad \& \quad \mathrm{x} = \mathrm{g(z)} \Rightarrow \dfrac{\partial \mathrm{y}}{\partial \mathrm{z}} = \mathrm{A}\dfrac{\partial \mathrm{x}}{\partial \mathrm{z}}$

$y_i = \sum_k \mathrm{A}_{ik} x_k$이므로 $\frac{\partial y_i}{\partial z_j} = \sum_k \mathrm{A}_{ik} \frac{\partial x_k}{\partial z_j}$이다. 즉, $(\mathrm{A}_{i,:})^{\mathrm{T}} \left(\frac{\partial \mathrm{x}}{\partial \mathrm{z}}\right)_{:,j}$ 이므로 $\frac{\partial \mathrm{y}}{\partial \mathrm{z}} = \mathrm{A}\frac{\partial \mathrm{x}}{\partial \mathrm{z}}$이다.

(C) $\boldsymbol{\alpha} = \mathbf{y}^{\mathbf{T}}\mathbf{A}\mathbf{x} \Rightarrow \dfrac{\boldsymbol{\partial \alpha}}{\boldsymbol{\partial} \mathbf{x}} = \mathbf{y}^{\mathbf{T}}\mathbf{A}, \dfrac{\boldsymbol{\partial \alpha}}{\boldsymbol{\partial} \mathbf{y}} = \mathbf{x}^{\mathbf{T}}\mathbf{A}^{\mathbf{T}}$

(A) 식의 특수한 경우이므로 $\frac{\partial \alpha}{\partial \mathrm{x}} = \mathrm{y}^{\mathrm{T}}\mathrm{A}$ 이고, $\mathrm{y}^{\mathrm{T}}\mathrm{Ax} = \mathrm{x}^{\mathrm{T}}\mathrm{A}^{\mathrm{T}}\mathrm{y}$이므로 $\frac{\partial \alpha}{\partial \mathrm{y}} = \mathrm{x}^{\mathrm{T}}\mathrm{A}^{\mathrm{T}}$ 이다.

(D) $\boldsymbol{\alpha} = \mathbf{x}^{\mathbf{T}}\mathbf{A}\mathbf{x} \Rightarrow \dfrac{\boldsymbol{\partial \alpha}}{\boldsymbol{\partial} \mathbf{x}} = \mathbf{x}^{\mathbf{T}}(\mathbf{A} + \mathbf{A}^{\mathbf{T}}), \mathbf{A} = \mathbf{A}_{\mathbf{p} \times \mathbf{p}}$

$\mathrm{x}^{\mathrm{T}}\mathrm{Ax} = \sum_i \sum_j \mathrm{A}_{ij} x_i x_j$ 이므로 $\frac{\partial \alpha}{\partial \mathrm{x}_k} = \sum_j \mathrm{A}_{kj}\mathrm{x}_j + \sum_i \mathrm{A}_{ik}\mathrm{x}_i = \mathrm{x}^{\mathrm{T}}(\mathrm{A}_{k,:})^{\mathrm{T}} + \mathrm{x}^{\mathrm{T}}A_{:,k}$이다. 따라서 $\frac{\partial \alpha}{\partial \mathrm{x}} = \mathrm{x}^{\mathrm{T}}(\mathrm{A} + \mathrm{A}^{\mathrm{T}})$이다.

```
In    # y=x^TAx
      expr = X.transpose() * A * X
      expr
```

Out $[(a_{1,1}x_1 + a_{2,1}x_2)x_1 + (a_{1,2}x_1 + a_{2,2}x_2)x_2]$

```
In    expr.jacobian(X)
```

Out $[2a_{1,1}x_1 + a_{1,2}x_2 + a_{2,1}x_2 \quad a_{1,2}x_1 + a_{2,1}x_1 + 2a_{2,2}x_2]$

```
In    # 결과 값 확인
      # * : sympy 패키지에서 행렬 곱
```

```
expr2 = X.transpose()*(A+A.transpose())
expr2
```

Out $[(a_{1,2}+a_{2,1})x_2+2a_{1,1}x_1 \quad (a_{1,2}+a_{2,1})x_1+2a_{2,2}x_2]$

2개의 결과값이 일치함을 알 수 있다.

(E) $\boldsymbol{\alpha} = \mathbf{y}^{\mathrm{T}}\mathbf{x} \quad \& \quad \mathbf{y} = \mathbf{f}(\mathbf{z}), \mathbf{x} = \mathbf{g}(\mathbf{z}) \Rightarrow \frac{\partial \boldsymbol{\alpha}}{\partial \mathbf{z}} = \mathbf{x}^{\mathrm{T}}\frac{\partial \mathbf{y}}{\partial \mathbf{z}} + \mathbf{y}^{\mathrm{T}}\frac{\partial \mathbf{x}}{\partial \mathbf{z}}$

$\alpha = \sum_i y_i x_i$ 이므로 $\frac{\partial \alpha}{\partial z_j} = \sum_i y_i \frac{\partial x_i}{\partial z_j} + \sum_i x_i \frac{\partial y_i}{\partial z_j} = y^{\mathrm{T}}\left(\frac{\partial x}{\partial z}\right)_{:,j} + x^{\mathrm{T}}\left(\frac{\partial y}{\partial z}\right)_{:,j}$ 이다. 따라서 $\frac{\partial \alpha}{\partial z} = x^{\mathrm{T}}\frac{\partial y}{\partial z} + y^{\mathrm{T}}\frac{\partial x}{\partial z}$이다.

(F) $\boldsymbol{\alpha} = \mathbf{x}^{\mathrm{T}}\mathbf{x} \quad \& \quad \mathbf{x} = \mathbf{g}(\mathbf{z}) \Rightarrow \frac{\partial \boldsymbol{\alpha}}{\partial \mathbf{z}} = 2\mathbf{x}^{\mathrm{T}}\frac{\partial \mathbf{x}}{\partial \mathbf{z}}$

(E) 식에서 y를 x로 치환한다.

(G) $\boldsymbol{\alpha} = \mathbf{y}^{\mathrm{T}}\mathbf{A}\mathbf{x} \quad \& \quad \mathbf{y} = \mathbf{f}(\mathbf{z}), \mathbf{x} = \mathbf{g}(\mathbf{z}) \Rightarrow \frac{\partial \boldsymbol{\alpha}}{\partial \mathbf{z}} = \mathbf{x}^{\mathrm{T}}\mathbf{A}\frac{\partial \mathbf{y}}{\partial \mathbf{z}} + \mathbf{y}^{\mathrm{T}}\mathbf{A}\frac{\partial \mathbf{x}}{\partial \mathbf{z}}$

(E) 식에서 $y^{\mathrm{T}}A = w^{\mathrm{T}}$로 치환 후 적용한다.

예제

다음의 미분을 구해보자.

$$\frac{\partial}{\partial \beta}\{(y - X\beta)^{\mathrm{T}}(y - X\beta)\}$$

$\frac{\partial}{\partial \beta}\{(y - X\beta)^{\mathrm{T}}(y - X\beta)\} = \frac{\partial}{\partial \beta}\{y^{\mathrm{T}}y - 2y^{\mathrm{T}}X\beta + \beta^{\mathrm{T}}X^{\mathrm{T}}X\beta\}$ 이므로 (A)와 (D)를 이용하여 다음과 같이 정리할 수 있다.

$$\frac{\partial}{\partial \beta}\{y^{\mathrm{T}}y - 2y^{\mathrm{T}}X\beta + \beta^{\mathrm{T}}X^{\mathrm{T}}X\beta\} = -2y^{\mathrm{T}}X + \beta^{\mathrm{T}}(X^{\mathrm{T}}X + X^{\mathrm{T}}X) = -2y^{\mathrm{T}}X + 2\beta^{\mathrm{T}}X^{\mathrm{T}}X$$

이다.

6장

적분

이 장에서 사용되는 파이썬 패키지는 다음과 같다.

```
In      import numpy as np
        import matplotlib.pyplot as plt
        from scipy import integrate
        import sympy

        # 한글출력
        plt.rcParams['font.family'] = 'Malgun Gothic'
        plt.rcParams['axes.unicode_minus'] = False

        sympy.__version__
```

```
Out     '1.5.1'
```

6.1 개요

이 장에서는 함수 $f(x)$에 대하여 다음과 같은 조건을 만족하는 함수 $F(x)$를 찾고자 한다.

$$F'(x) = f(x)$$

이것은 일종의 미분의 반대(antiderivative)이며 부정적분(indefinite integral)이라고 한다. 또한 0보다 크거나 같은 함수 $f(x)$에 대하여 함수 밑 면적을 정적분(definite integral)으로 정의할 것이다.

6.2 부정적분

함수 $f(x)$가 적절한 구간에서 정의된 함수라고 가정하고 $F(x)$도 같은 구간에서 정의된 함수라고 하면 $F'(x) = f(x)$와 같은 조건을 만족하는 함수 F를 f의 부정적분이라고 한다. 만약 G가 f의 부정적분이라고 한다면 $F-G$의 미분은 0이므로 적절한 상수 C에 대하여 $F(x) = G(x) + C$가 된다. 즉, $\frac{1}{x}$의 부정적분은 $\log x$, $\log x + 100$, $\log x +$

200,⋯ 등 다양하게 많음을 알 수 있다. 따라서 하나의 부정적분과 무수히 많은 다른 부정적분과는 상수만큼만 다름을 알 수 있다.

6.2.1 부정적분 기호

부정적분은 다음과 같은 기호를 사용한다.

$$F(x) = \int f \text{ 또는 } F(x) = \int f(x)dx$$

6.2.2 부정적분 계산

6.2.2.1 다항함수 부정적분

부정적분은 미분의 역이므로 앞의 미분 장에서 정의된 계산 규칙이 그대로 적용된다.

$$\frac{d}{dx}(ax^n) = anx^{n-1}$$

이므로 $n \neq -1$인 정수에 대하여

$$\int x^n dx = \frac{x^{n+1}}{n+1}$$

이다. 이때 $n = -1$이면 $\int \frac{1}{x} dx$이다. 여기서 $x < 0$이면 $\log(-x)$이고 $x > 0$이면 $\log(x)$이므로 $\int \frac{1}{x} dx = \log|x|$이다.

위 식은 일반적인 실수 $c \neq -1$에 대해서도 성립한다. 즉,

$$\int x^c dx = \frac{x^{c+1}}{c+1}$$

이다.

In
```
# 다항함수의 부정적분
n = sympy.Symbol('n')
a = sympy.Symbol('a')
x = sympy.Symbol('x', real=True)
expr = a*x**n
expr
```

Out ax^n

In
```
# 적분 결과
sympy.integrate(expr, x)
```

Out

$$a\left(\begin{cases}\frac{x^{n+1}}{n+1} & \text{for } n \neq -1 \\ \log(x) & \text{otherwise}\end{cases}\right)$$

6.2.2.2 지수함수 부정적분

지수함수의 부정적분은 다음과 같이 계산한다.

$$\int a^x dx = \frac{a^x}{\log a}$$

In
```
# 지수함수의 부정적분
expr = a**x
sympy.integrate(expr, x)
```

Out

$$\begin{cases}\frac{a^x}{\log(a)} & \text{for} \log(a) \neq 0 \\ x & \text{otherwise}\end{cases}$$

6.2.2.3 삼각함수 부정적분

삼각함수의 부정적분은 다음과 같이 계산한다.

$$\int \cos(x)\, dx = \sin x$$

$$\int \sin x\, dx = -\cos x$$

$$\int \frac{1}{1+x^2} dx = \arctan x$$

$$\int \frac{1}{\sqrt{1-x^2}} dx = \arcsin x$$

In
```
# 삼각함수의 부정적분
expr = 1 / sympy.sqrt(1-x**2)
expr
sympy.integrate(expr, x)
```

Out

$$\operatorname{asin}(x)$$

6.3 정적분

6.3.1 연속 함수

함수 f가 다음의 조건을 정의된 구간의 모든 값에서 만족하면 연속(continuous)이라고 정의한다.

$$\lim_{h\to 0} f(x+h) = f(x)$$

기하적으로 보면 끊김이 없이 모든 연결된 선을 말한다.

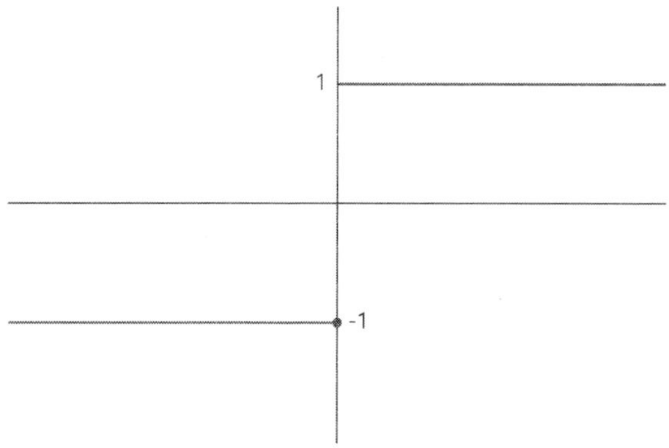

그림 6.1 연속이 아닌 그래프

그림 6.1을 보면 $\lim_{h\to 0-} f(0+h) = -1$이고 $\lim_{h\to 0+} f(0+h) = 1$이므로 연속이 아니다.

6.3.2 면적

어떤 구간 $[a,b]$에서 정의된 함수 $f(x) \geq 0$에 대하여 기하학적으로 정의된 함수 $F(x)$를 그림 6.2와 같이 정의한다.

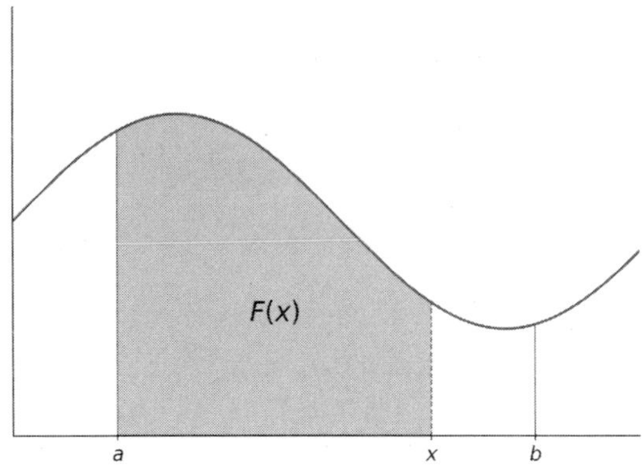

그림 6.2 기하학적으로 정의된 $F(x)$

면적으로 정의된 함수에 대하여 다음과 같은 차분 몫(difference quotient)을 만들어보자.

$$\frac{F(x+h)-F(x)}{h}$$

여기서 $F(x+h)-F(x)$는 그림 6.3과 같이 하나의 면적이 된다.

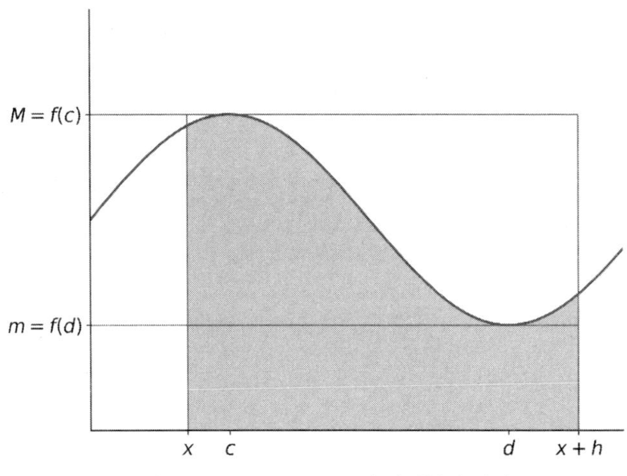

그림 6.3 $F(x+h)-F(x)$의 기하학적 의미

여기서 $[x, x+h]$의 함수 f의 최솟값, 최댓값을 각각 m, M이라고 하면 그 구간 내의 모든 t는 다음의 식을 만족한다.

$$f(d) = m \le f(t) \le M = f(c)$$

따라서 $mh \le F(x+h) - F(x) \le Mh$가 된다. 즉, $m \le \frac{F(x+h)-F(x)}{h} \le M$이다. 이때 $h \to 0$가 되면 $m = M = f(x)$이므로

$$\lim_{h\to 0}\frac{F(x+h)-F(x)}{h} = f(x)$$

이다. 즉, 함수 $F(x)$는 미분가능하며 그 도함수는 $f(x)$가 된다. 이를 미적분학(calculus)의 기본정리 1이라고 한다.

곡선 밑 면적을 구하기 위해서는 해당 함수의 부정적분 값을 알면 된다고 볼 수 있다. 만약 부정적분 중의 하나가 $G(x)$라고 하면 $F(x) = G(x) + C$이고 $F(a) = 0$이므로 $C = G(a) - F(a) = G(a)$이다. 따라서 $F(b) = G(b) + C = G(b) - G(a)$이다. 즉, 부정적분 중의 하나를 선택하여 $G(b) - G(a)$을 계산하게 되면 구간 $[a, b]$에서의 함수 f의 양의 면적을 구할 수 있게 된다. 예를 들어, $f(x) = x^2$에 대하여 구간 $[0, 1]$에서의 면적을 구해보자. 부정적분 중의 하나가 $G(x) = \frac{1}{3}x^3$이므로 $G(1) = \frac{1}{3}$, $G(0) = 0$이므로 면적은 $\frac{1}{3}$이 된다.

6.3.3 정적분 정의

아래의 내용은 리만 적분(Riemann integral)의 정의이다. 리만 적분 이외에도 르베그 적분(Lebesque integral) 등이 있다.

$[a, b]$는 폐구간(closed interval), $a \le x_0 \le t_1 \le x_1 \le t_2 \le x_2 \le \cdots \le x_{n-1} \le t_n \le x_n = b$는 $[a, b]$의 분할(partition), 즉 $[a, b]$ 구간을 n개의 부-구간(sub-interval) $[x_{i-1}, x_i]$으로 나누는 분할이며 $[x_{i-1}, x_i]$는 i 색인번호로 인식가능한 꼬리표가 붙은 분할이다. 이때 $\Delta_i = x_i - x_{i-1}$이라고 하면 리만 합(Riemann sum)은 다음과 같이 정의된다.

$$\sum_{i=1}^{n} f(t_i)\Delta_i$$

여기서 합을 이루고 있는 요소인 $f(t_1)\Delta_i$는 구간 $[x_{i-1}, x_i]$에서 구성된 사각형의 면적이다.

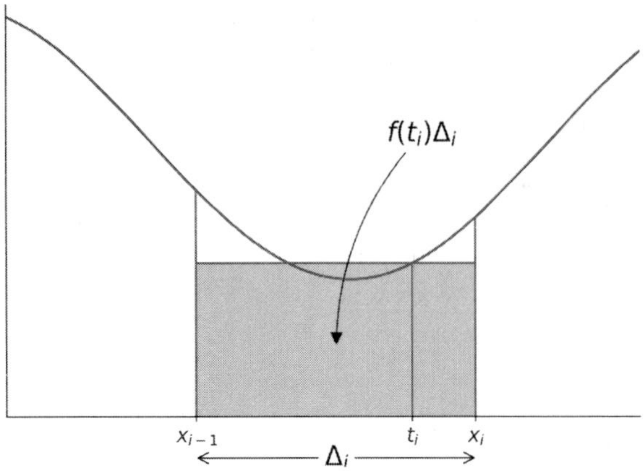

그림 6.4 리만 합의 구성 요소의 의미

이 합을 구할 때 그물코(mesh) $\delta = \max_{\{i=1,..,n\}} \Delta_i$라고 정의한다. 즉, 구간 중에서 가장 넓은 구간으로 정의한다. 만약 다음의 식에서 모든 ϵ에 대하여 적절한 그물코 δ가 존재하면 S를 리만 적분이라고 하고 $\int_a^b f(x)dx$로 표기한다.

$$\left| S - \sum_{i=1}^{n} f(t_i)\Delta_i \right| < \epsilon$$

정의를 보면 곡선 밑 면적을 아주 작은 직사각형으로 쪼개고 난 후 이의 극한으로 적분을 정의하고 있다.

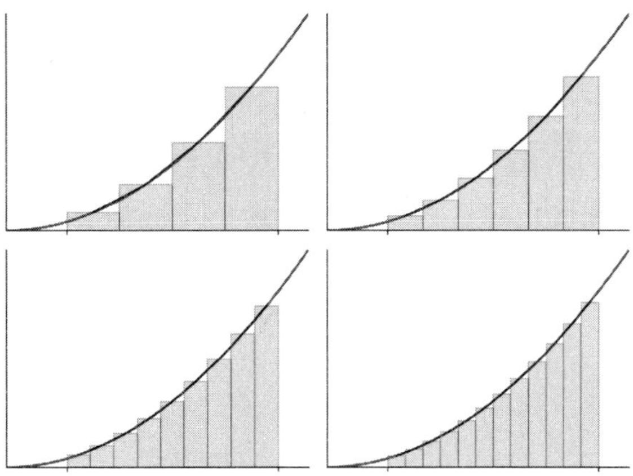

그림 6.5 리만 적분의 의미

리만 적분, 즉 정적분에 대한 정의를 보면 구간에서의 곡선과 이루는 면적으로 정의하고 있다. 앞서 보았듯이 이에 대한 극한 값이 존재한다. 이때 정적분과 부정적분과는 어떠한 관계가 있을까? f가 폐구간 $[a, b]$에서 정의된 실수값 함수이며 연속이고, F가 f의 부정적분이면, 즉 $f(x) = F'(x)$이면

$$\int_a^b f(x)dx = F(b) - F(a)$$

이다. 이를 미적분학의 기본정리 2라고 한다.

6.3.4 정적분의 기하학적 의미

정적분은 함수 f가 연속이지만 음수인 경우도 가능하므로 그림 6.6과 같이 부호가 있는 면적(signed area)으로 정의될 수 있다.

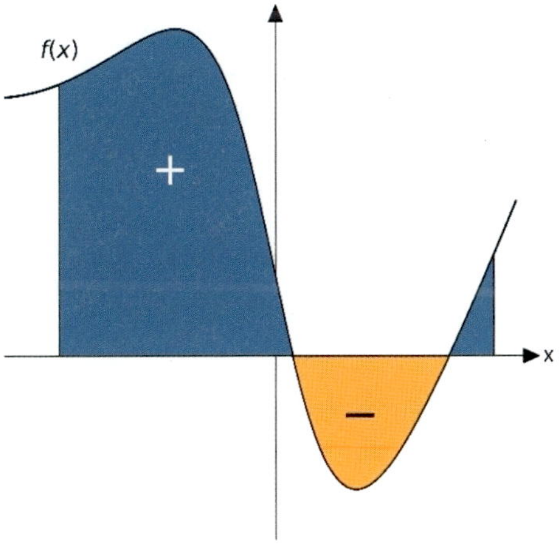

그림 6.6 정적분의 기하학적 의미

6.3.5 적분 구분자 dx

정적분에서 dx는 무한소(infinitesimal)의 의미를 담고 있다. 즉, $f(x)dx$는 아주 작은 사각형의 면적이라고 할 수 있다. 즉 정적분을 무한소의 사각형의 합($\int$)이라고 표현할 수 있다. 또 한 가지 의미는 적분에서 적분의 대상이 되는 변수와 해당 구분자의 왼쪽을 적분해야 하는 구분자의 의미도 담고 있다.

6.3.6 정적분 성질

정적분은 다음의 성질을 만족한다. 단, 여기서 f, g는 $[a, b]$에서 정의된 연속 함수, α, β는 실수, m, M은 구간 $[a, b]$에서 함수 f의 최솟값과 최댓값이다.

선형성(linearity):

1) $\int_a^b (\alpha f + \beta g)(x)dx = \alpha \int_a^b f(x)dx + \beta \int_a^b g(x)dx$

부등식(inequalities):

1) $m(b-a) \leq \int_a^b f(x)dx \leq M(b-a)$

2) $\int_a^b f(x)dx \leq \int_a^b g(x)dx, if \ f(x) \leq g(x) \ \forall x \in [a, b]$

3) $\int_a^b f(x)dx < \int_a^b g(x)dx, if \ f(x) < g(x) \ \forall x \in [a, b]$

4) $\int_c^d f(x)dx \leq \int_a^b f(x)dx \ , if \ [c, d] \subseteq [a, b]$

5) $\left|\int_a^b f(x)dx\right| \leq \int_a^b |f(x)|dx$

6) $\left(\int_a^b f(x)g(x)dx\right)^2 \leq \left(\int_a^b f^2(x)dx\right)\left(\int_a^b g^2(x)dx\right)$: 코쉬-슈바르츠 부등식

기타 성질:

1) $\int_a^b f(x)dx = -\int_b^a f(x)dx, if \ a > b$

2) $\int_a^a f(x)dx = 0$

3) $\int_a^b f(x)dx = \int_a^c f(x)dx + \int_c^b f(x)dx, if \ c \in [a, b]$

6.3.7 이상 적분

예를 들어 다음과 같은 정적분을 계산하는 문제가 있다고 하자.

$$\int_0^1 \frac{1}{x} dx$$

이때 주어진 함수는 0에서 정의되어 있지 않다. 이런 경우를 이상 적분(improper integral)이라고 한다. 이러한 이상 적분은 다음과 같이 정상 적분(proper integral)으로 환원하여 계산한다.

$$\int_a^b f(x)dx = \lim_{\epsilon\to 0}\int_{a+\epsilon}^b f(x)dx = \lim_{\epsilon\to 0}\{F(b) - F(a+\epsilon)\}$$

따라서

$$\int_0^1 \frac{1}{x}dx = \lim_{\epsilon\to 0}\{\log 1 - \log(0+\epsilon)\} = \infty$$

이다.

In
```
expr = 1/ x
sympy.integrate(expr, (x, 0, 1))
```

Out ∞

6.3.8 적분 기법

6.3.8.1 치환

$F'(x) = f(x)$일 때

$$\int f\big(g(x)\big)\frac{dg(x)}{dx}dx$$

의 계산을 해보자.

$u = g(x)$로 치환하면 $\frac{dF}{dx} = \frac{dF}{du}\frac{du}{dx} = f(u)\frac{du}{dx} = f\big(g(x)\big)\frac{dg(x)}{dx}$이므로

$$\int f\big(g(x)\big)\frac{dg(x)}{dx}dx = F\big(g(x)\big)$$

예제

치환 기법을 이용하여 $\int(2x^3+1)x^2dx$값을 구해보자.

$$\int(2x^3+1)^2x^2dx = \frac{1}{6}\int(2x^3+1)^2(6x^2)dx = \frac{1}{6}\int u^2du = \frac{1}{6}\cdot\frac{1}{3}\cdot u^3 = \frac{1}{18}(2x^3+1)^3$$

In
```
# 예제
x = sympy.Symbol('x')
expr = (2*x**3 + 1)**2 * x**2
sympy.integrate(expr, x, manual = True).factor()
```

Out $\frac{1}{18}(2x^3+1)^3$

6.3.8.2 부분적분

만약 f, g가 x에 대하여 미분가능 함수이면 다음이 성립한다.

$$\frac{d(fg)}{dx} = f(x)\frac{dg}{dx} + g(x)\frac{df}{dx}$$

따라서

$$f(x)\frac{dg}{dx} = \frac{d(fg)}{dx} - \ g(x)\frac{df}{dx}$$

이다. 그러므로

$$\int f(x)\frac{dg}{dx} = fg - \int g(x)\frac{df}{dx}$$

이다. 이 식을 부분적분(integration by parts)을 위한 공식이라고 한다. $u = f(x), v = g(x)$이라고 하면 공식은 다음과 같다.

$$\int u\ \ dv = uv - \int v\ \ du$$

예제

부분적분 기법을 이용하여 $\int log\,x\,dx$값을 구해보자.

$u = \log x\,, v = x$이라고 하면 $\int u\ \ dv = \log x \cdot x - \ \int x\frac{1}{x}\ \ dx = x\log x - x$

In
```
# 예제
expr = sympy.log(x)
sympy.integrate(expr, x)
```

Out
$x\log(x) - x$

7장

확률과 확률변수

이 장에서 사용되는 파이썬 패키지는 다음과 같다.

In
```
# 필요한 패키지
import numpy as np
import scipy
from scipy import linalg as la
import matplotlib.pyplot as plt

import scipy.stats as ss
import sympy

# 한글출력
plt.rcParams['font.family'] = 'Malgun Gothic'
plt.rcParams['axes.unicode_minus'] = False

scipy.__version__
```

Out
```
'1.3.2'
```

7.1 확률 시행과 표본공간

확률이론에서 하나의 실험(experiment)이나 시행(trial)은 가능한 모든 결과(outcome)가 정의되어 있고 무한히 반복 가능한 절차(procedure)를 의미한다. 무작위(random) 시행은 가능한 결과가 2개 이상인 시행이다. 무작위 시행을 확률 시행이라고 명명하자. 여기서 가능한 모든 결과의 집합을 표본공간(sample space)이라고 한다. 예를 들어 동전을 1번 던지는 시행을 한다고 할 때, 무한 반복 가능하며 가능한 모든 결과는 {앞면(H), 뒷면(T)} 중 하나이며 결과는 2개 이상이다. 마찬가지로 동전을 2번 던지는 시행인 경우에는 {(H, H), (H, T), (T, H), (T, T)}의 결과 중의 하나가 나올 것이며 이 또한 확률 시행이라고 할 수 있다. 주사위를 1번 던져서 나오는 눈의 수를 관측하는 시행인 경우에는 {1, 2, 3, 4, 5, 6}이 표본공간이 된다. 주사위를 2번 던지는 경우에는 {(1,1),…,(6, 6)}이 표본공간이 된다.

7.2 사건과 상대도수

Ω를 표본공간이라고 정의하고 $\omega \subset \Omega$라고 하자. 이때 하나의 시행의 결과가 ω에 속하면 사건(event) ω가 일어났다고 한다. 만약 이러한 시행을 N번 반복했고 그중 f번만큼 ω가 일어났다고 한다면 $\frac{f}{N}$을 계산할 수 있다. 이 값을 상대도수(relative frequency)라고 한다. 시행한 횟수가 많지 않을 경우에는 상대도수가 불규칙하게 나올 수 있지만, 횟수가 많을 경우에는 상대도수 값이 특정 값으로 안정화되는 경향이 있다. 그 값을 p라고 한다면 미래의 시행에서 해당 사건은 그 값만큼 일어날 것이라고 생각할 수 있다. 이 값을 사건 ω에 대한 확률(probability) 또는 확률측도(probability measure)라고 한다. 이러한 방식으로 확률을 정의하는 것이 상대도수 접근 방법에 의한 확률이며 통계적 확률이다.

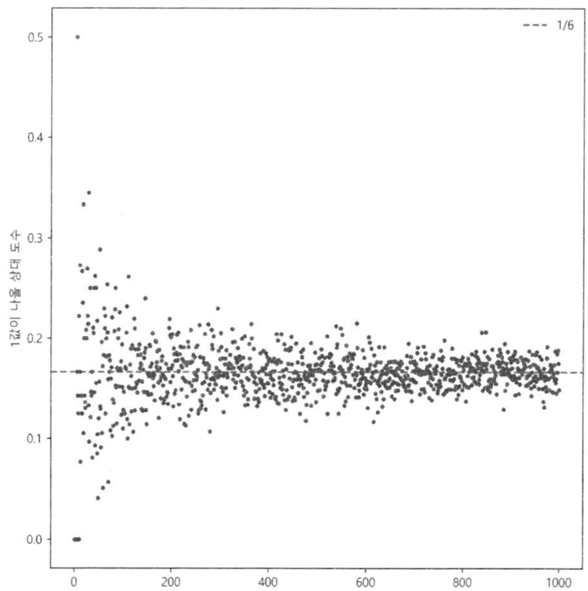

그림 7.1 표본의 크기에 따른 상대도수

그림 7.1은 주사위를 던져서 1이 나올 상대도수를 측정한 것이다. 시행 횟수가 많으면 많을수록 $\frac{1}{6} = 0.167$에 근접함을 알 수 있다.

확률의 정의는 집합론(set theory)과 집합함수(set function)에 기반을 두어 보다 엄격하게 접근할 수 있다. 동전을 1번 던지는 시행인 경우에 표본공간은 $\Omega = \{H, T\}$의 집합으로 표현할 수 있고 이의 부분집합은 $\mathcal{F} = \{\emptyset, \{H\}, \{T\}, \{H, T\}\}$이다. 따라서 하나의 사건 ω는 표본공간의 부분집합이면서 이의 모든 가능한 부분집합인 $\mathcal{F}$의 원소이다. 따라서 확률은 $\Pr(\omega) = P(\omega)$인 적절한 집합함수인 P를 찾는 것이다. 집합에 대한 정의를 정확히 명시하지 않더라도 $A=\{1, 2, 3, \ldots, 10\}$인 집합이 있을 때 여기에 속하는 숫자는 원소(element)라고 하고 13은 여기에 속하지 않는다는 것($13 \notin A$)을 이해할 수 있다. 이제 최소한의 수학적인 지식으로 이후를 전개하기로 한다.

7.3 확률변수

확률변수는 다음과 같이 정의된다. 표본공간(Ω)이 주어져 있을 때, 하나의 함수 X가 모든 $c \in \Omega$에 대하여 딱 한 개의 숫자만을 할당하는 경우, 즉 $X(c) = x$, 이 함수를 확률변수라고 한다. 여기서 X 공간을 $\mathcal{X} = \{x : x = X(c), c \in \Omega\}$라고 정의하자. 따라서 확률변수는 표본공간에서 정의된 함수이며 결과는 항상 실수값이다. 물론 아닌 경우도 있지만 실수값으로 정의하자.

동전을 2번 던지는 경우를 살펴보자. 표본공간은 $\{(H, H), (H, T), (T, H), (T, T)\}$이며 각각의 원소에 대하여 유일한 숫자 값을 할당하기면 하면 확률변수가 되는 것이다. 가령 하나의 확률변수를 앞면이 나오는 개수라고 정의한다면 $\mathcal{X} = \{0, 1, 2\}$가 된다. 이때 $X=1$의 의미는 $\{c : X(c) = 1\} = \{(H, T), (T, H)\}$가 되는 것이다.

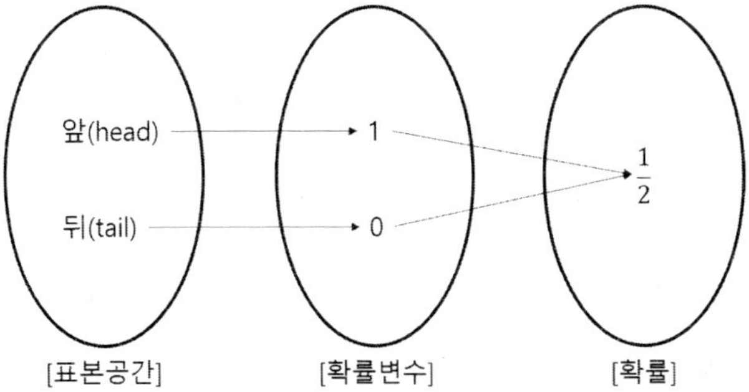

그림 7.2 표본공간, 확률변수, 그리고 확률의 예시

따라서 확률을 정의할 때 원래의 표본공간에서 정의하는 것과 확률변수로 변환 후 정의하는 것과 동일하다고 볼 수 있다.

$$\Pr(X=1)=\Pr(\{(\mathrm{H,T}),(\mathrm{T,H})\})$$

이렇게 함으로써 숫자 집합을 정의역으로 하는 확률로 단순하게 표현이 가능하다.

x	0	1	2
$\Pr(X=x)$	$\frac{1}{4}$	$\frac{1}{2}$	$\frac{1}{4}$

만약 표본공간이 유한(finite)하지 않고 무한한 경우(infinite)는 어떻게 되는지 살펴보자. 표본공간이 $\Omega=\{c:0<c<1\}$이라고 한다면, 표본공간은 무한하다. 이때 사건을 $\omega=\left\{c:\frac{1}{4}<c<\frac{1}{2}\right\}$라고 정의한다면 확률은 어떻게 정의할 수 있을까? 가장 단순하게는 전체 면적(여기서는 길이)에서 해당 사건이 차지하는 면적의 비로 정의할 수 있다.

$$P(\omega)=\frac{\int_{\omega}dx}{\int_{\Omega}dx}=\int_{\omega}dx=\int_{\frac{1}{4}}^{\frac{1}{2}}dx=\frac{1}{4}$$

여기서 확률변수는 $X(c)=c$와 같이 정의된 함수이다. 즉, 항등함수이다.

7.4 확률밀도함수

확률변수 X가 공간 $\mathcal{X}$를 갖고, $\mathrm{A}\subset\mathcal{X}$라고 하자. 이때 $\Pr(\omega),\omega\subset\Omega$를 계산하는 방법을 안다면 당연히 $P(A)=\Pr(X\in A)$을 계산할 수 있으며, 모든 A에 대하여 확률이 어떻게 분포되어 있는지를 파악할 수 있다. 즉, 확률분포를 파악할 수 있다. 확률분포를 파악할 때 모든 A를 생성하고 실제 값을 일일이 계산하는 것이 아니라 어떤 함수를 이용하여 간단히 표현하는 방법이 있다. 이때 이 어떤 함수를 확률밀도함수(probability density function)라고 한다.

확률변수는 변수 공간의 성격에 따라 이산형(discrete type) 또는 연속형(continuous type)이라고 한다. 공간이 가산(countable)인 경우는 이산형, 불가산(uncountable)인 경우는 연속형이라고 한다.

7.4.1 이산형 확률밀도함수

이산형 확률밀도함수는 다음과 같이 정의한다. 하나의 함수 $f(x) > 0, \forall x \in \mathcal{X}$가 존재해서 다음을 만족시킨다.

$$\sum_{\mathcal{X}} f(x) = 1$$
$$P(A) = \Pr(X \in A) = \sum_{A} f(x)$$

여기서 A는 $\mathcal{X}$의 부분집합이다.

예를 들어보자.

$$\mathcal{X} = \{0, 1, 2, 3, 4\}, \qquad A = \{0, 1\}, \qquad f(x) = \frac{4!}{x!\,(4-x)!}\left(\frac{1}{2}\right)^4$$

위와 같이 정의된 경우에 $\sum_{\{0,1,2,3,4\}} f(x) = 1$이며, $P(A) = \sum_{\{0,1\}} f(x) = \frac{4!}{0!4!}\left(\frac{1}{2}\right)^4 + \frac{4!}{1!3!}\left(\frac{1}{2}\right)^4 = \frac{5}{16}$이다. 참고로 위와 같은 확률밀도함수를 갖는 분포를 이항분포(binomial distribution)라고 한다.

예제

성공확률이 $\frac{1}{2}$인 시행에서 4번 시행했을 때, A={0, 1, 2}의 확률을 계산해보자.

In
```
import scipy.special
A = [0, 1, 2]
trials = 4
event_prob = 1/2
np.sum(scipy.special.comb(trials, A) * event_prob ** trials)
```

Out
```
0.6875
```

7.4.2 연속형 확률밀도함수

연속형 확률밀도함수는 다음과 같이 정의한다.

하나의 함수 $f(x) > 0, \forall x \in \mathcal{X}$가 존재해서 다음을 만족시킨다.

$$\int_{\mathcal{X}} f(x)dx = 1$$

$$P(A) = \Pr(\mathrm{X} \in \mathrm{A}) = \int_A f(x)dx$$

여기서 A는 $\mathcal{X}$의 부분집합이다.

예제

$\mathcal{X} = \{0 < x < \infty\},\ A = \{0 < x < 1\},\ f(x) = e^{-x}$ 인 경우에 $\int_{\mathcal{X}} f(x)dx$와 $P(A)$을 구해 보자.

In

```
import sympy
x = sympy.Symbol('x')
PA = sympy.integrate(sympy.exp(-x), (x, 0, sympy.oo))
PA
```

Out

1

In

```
# 특정 이벤트의 확률 구하기
import sympy
x = sympy.Symbol('x')
PA = sympy.integrate(sympy.exp(-x), (x, 0, 1))
PA
```

Out

$1 - e^{-1}$

참고로 위와 같은 확률밀도함수를 갖는 분포를 지수분포(exponential distribution)라고 한다.

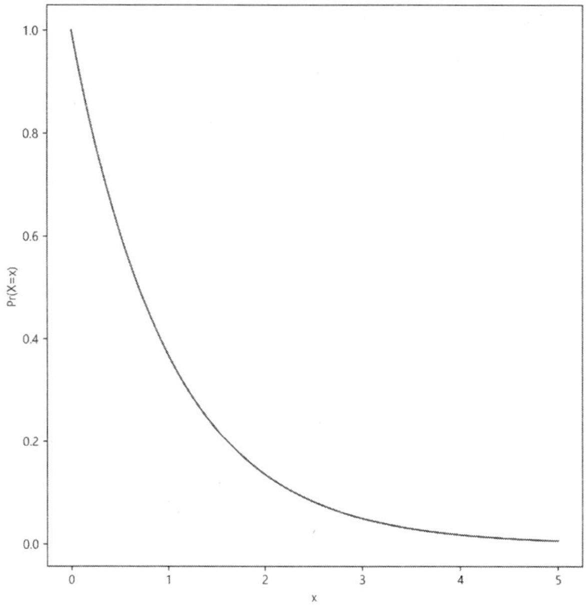

그림 7.3 지수분포

7.5 분포함수

확률변수 X가 확률집합함수 $P(A)$를 갖는다고 할 때 A의 특수한 경우인 $(-\infty, x]$를 정의할 수 있다. 이때 $P(A) = P((-\infty, x]) = P(X \leq x)$을 분포함수(distribution function) 또는 누적분포함수(cumulative distribution function)라고 하며 $P(X \leq x)$는 x값에만 의존하므로 기호로는 $F(x)$를 사용한다. 확률변수가 이산형인 경우는 다음과 같이 정의한다.

$$F(x) = \sum_{i \leq x} f(i)$$

연속형인 경우는 다음과 같이 정의한다.

$$F(x) = \int_{-\infty}^{x} f(z)dz$$

분포함수의 몇 가지 성질을 알아보자.

$$0 \le F(x) \le 1 \because 0 \le \Pr(X \le x) \le 1$$

$$x_1 \le x_2 \Rightarrow F(x_1) \le F(x_2)$$

$$F(\infty) = 1, F(-\infty) = 0$$

$$\Pr(a < x < b) = F(b) - F(a)$$

예를 통하여 살펴보기로 하자. 수직선의 폐구간 $[a, b]$에서 하나의 점(point)을 뽑는 시행을 생각해보자. 표본공간은 $[a, b]$이고 확률변수는 항등함수로 정의한다. 따라서 확률변수의 공간은 표본공간과 동일하다. 여기서의 하나의 이벤트, 예를 들어 $[a, x]$로 정의한다고 한다면 확률은 이 길이에 비례하여 정의할 수 있다.

$$P(A) = \Pr(\mathrm{X} \in \mathrm{A}) = \Pr(a \le X \le x) = c(x - a)$$

여기서 c는 비례상수이고, $x \le b$이다. 표본공간 전체의 확률은 1이므로 c는 다음과 같이 계산된다.

$$1 = \Pr(a \le X \le b) = c(b - a) \rightarrow c = \frac{1}{b - a}$$

따라서 $F(x) = \frac{x-a}{b-a}$ $, a \le x \le b$가 된다. 물론 $F(x) = 0, x < a$이고 $F(x) = 1, x > b$이다. 확률밀도함수는 $\frac{d}{dx}F(x) = \frac{1}{b-a}$이다. 이러한 확률변수의 분포를 구간 $[a, b]$에서 균등분포(uniform distribution)라고 한다.

예제

1) 구간 [0, 1]에서 정의된 균등분포의 분포함수를 정의해보자.

2) x값에 따른 분포함수 그래프를 그려보자.

In
```
# 1)
import sympy
a, b, x = sympy.symbols('a, b, x')
F = sympy.Lambda((x, a, b), (x-a)/(b-a))
F(x, 0, 1)
```

Out x

In

```
# 2)
import scipy.stats as ss
x = np.linspace(0, 1, 100)
cdf_x = x

fig, ax = plt.subplots(figsize=(7,7))
ax.plot(x, cdf_x)
ax.set_xlabel("균등확률변수값")
ax.set_ylabel("F(x)=Pr(X<=x)")

plt.tight_layout()
```

Out

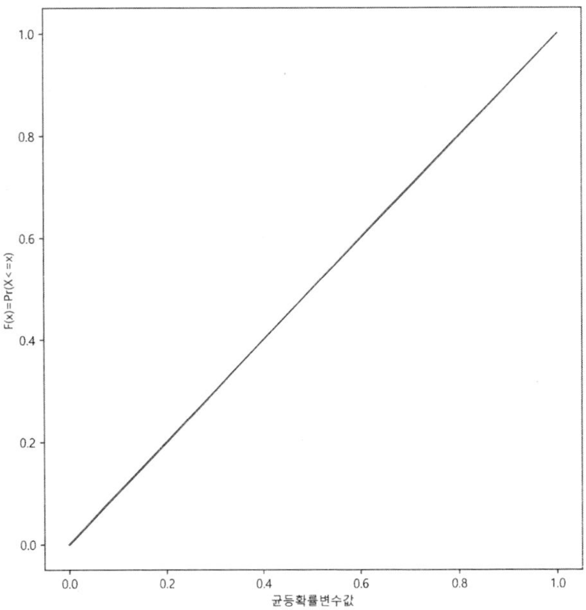

그림 7.4 균등분포의 분포함수

7.6 기댓값

X가 확률변수일 때의 기댓값(expectation)을 다음과 같이 정의한다.

$$E(X) = \sum_x xf(x)$$

물론 연속확률변수인 경우에는 적분으로 변경하면 된다. 기댓값은 X가 가질 수 있는 값이 $x_1, \cdots, x_n$일 때 이 값들의 가중평균(weight average)이라고 할 수 있다.

$$x_1 f(x_1) + \cdots + x_n f(x_n)$$

이런 의미에서 $E(X)$를 X의 평균값이라고 한다.

수학적 기댓값 중에서 또 다른 중요한 기댓값은 분산이다. $\mu = E(X)$이라고 하자.

$$E[(X-\mu)^2] = \sum_x (x-\mu)^2 f(x)$$

이 값은 평균과의 차이에 제곱, 즉 평균과의 편차 제곱에 대한 가중평균이라고 할 수 있다. 이 값을 확률변수 X의 분산(variance)이라고 하며 일반적으로 σ^2 기호를 사용한다.

$$\sigma^2 = E(X-\mu)^2 = E(X^2 - 2\mu X + \mu^2) = E(X^2) - 2\mu E(X) + \mu^2 = E(X^2) - \mu^2$$

실제 계산은 위의 식과 같이 한다. 여기서 특별히 σ, 즉 분산의 양의 제곱근(square root)을 표준편차(standard deviation)라고 한다. 표준편차의 의미를 살펴보자.

예제

X의 분포는 [-1, 1] 사이의 균등분포이고 Y의 분포는 [-2, 2] 사이의 균등분포라고 하자. 이때 각각의 표준편차를 구해보자.

$$E(X) = \int_{-1}^{1} x \times \frac{1}{2} dx = \left[\frac{1}{4}x^2\right]_{-1}^{1} = 0$$

$$E(X^2) = \int_{-1}^{1} x^2 \times \frac{1}{2} dx = \left[\frac{1}{6}x^3\right]_{-1}^{1} = \frac{1}{3}$$

$$\sigma_X^2 = \left(\frac{1}{3}\right) - (0)^2 = \frac{1}{3}$$

$$\sigma_X = \frac{1}{\sqrt{3}}$$

마찬가지 방법으로 하면, $\sigma_Y = \frac{2}{\sqrt{3}}$이다.

In	

```
# 균등분포의 기댓값 구하기
import sympy
x = sympy.Symbol('x')
mu = sympy.integrate(x*1/2, (x, -1, 1))
mu
```

Out 0

```
# 분산 구하기
EX2 = sympy.integrate(x**2*1/2, (x, -1, 1))
EX2
```

Out $\frac{1}{3}$

```
sigma2 = EX2 - mu**2
sigma2
```

Out $\frac{1}{3}$

```
sigma = sympy.sqrt(sigma2)
sigma
```

Out $\frac{\sqrt{3}}{3}$

마찬가지 방법으로 Y의 표준편차를 구하면 $2/\sqrt{3}$이 된다. 즉, 데이터가 많이 넓게 분포되어 있을수록 표준편차 값이 큰 값임을 확인할 수 있다.

예제

X의 분포는 $[a, b]$ 사이의 균등분포일 때 기댓값과 분산을 구해보자.

```
# 기댓값
import sympy

a, b, x = sympy.symbols('a, b, x')
mu = sympy.integrate(x/(b-a), (x, a, b))
```

```
# 원래 값, 통분하기, 인수분해하기
mu, mu.together(), mu.factor()
```

Out

$$\left(\frac{a^2}{2a-2b}-\frac{b^2}{2a-2b}, \frac{a^2-b^2}{2(a-b)}, \frac{a+b}{2}\right)$$

In

```
# 제곱 기댓값
EX2 = sympy.integrate(x**2/(b-a), (x, a, b))
EX2.factor()
```

Out

$$\frac{a^2+ab+b^2}{3}$$

In

```
# 분산 계산
sigma2 = EX2 - mu**2
sigma2.factor()
```

Out

$$\frac{(a-b)^2}{12}$$

기댓값 중에 또 하나의 수학적으로 의미 있는 값은 확률변수 X의 적률생성함수(moment generating function)이다.

$$E(e^{tX}) = \int_{-\infty}^{\infty} e^{tx} f(x) dx$$

여기서 $t \in (-h, h)$이다. 이산형 확률변수인 경우에는 적분을 합으로 표시하면 된다. 이때 기호로는 $M(t) = E(e^{tX})$을 사용한다. 적률 생성함수의 성질을 간단히 살펴보자.

$$\begin{aligned}
&M(0) = 1 \\
&\frac{d}{dt}M(t) = M'(t) = \int_{-\infty}^{\infty} x e^{tx} f(x) dx \\
&M'(0) = \int_{-\infty}^{\infty} x f(x) dx = E(X) \\
&M''(0) = E(X^2), M'''(0) = E(X^3) \ , \ldots
\end{aligned}$$

따라서 이 함수값만 계산이 되면 일반적으로 $M^{(n)}(0) = E(X^n)$ 값, 즉 적률을 구할 수 있다.

$$M(t) = (1-t)^{-2}$$

위와 같은 적률생성함수가 있다고 하자.

$$M'(t) = 2(1-t)^{-3}$$
$$M''(t) = 6(1-t)^{-4}$$

따라서 $\mu = M'(0) = 2,\ \sigma^2 = \ M''(0) - \mu^2 = 6 - 4 = 2$와 같이 구할 수 있다. 잘 알려진 확률변수에 대한 적률생성함수는 다음과 같다.

표기	$N(\mu, \sigma^2)$
모수	$\mu \in \mathbb{R}$ $\sigma^2 > 0$
값의 범위	$x \in \mathbb{R}$
확률밀도함수(pdf)	$\frac{1}{\sqrt{2\pi\sigma^2}} e^{-\frac{(x-\mu)^2}{\sigma^2}}$
누적분포함수(cdf)	$\frac{1}{2}\left[1 + \operatorname{erf}\left(\frac{x-\mu}{\sigma\sqrt{2}}\right)\right]$
분위수	$\mu + \ \sigma\sqrt{2}\operatorname{erf}^{-1}(2F-1)$
평균(mean)	μ
중간값(median)	μ
최빈값(mode)	μ
분산(variance)	σ^2
왜도, 비대칭도(skewness)	0
첨도(kurtosis)	0
엔트로피(entropy)	$\frac{1}{2}\log(2\pi e\sigma^2)$
적률생성함수(mgf)	$\mathbf{exp}\left(\boldsymbol{\mu t} + \frac{\boldsymbol{\sigma^2 t^2}}{\mathbf{2}}\right)$

여기서 erf는 오차함수(error function)를 의미하며 다음과 같이 정의된다.

$$\operatorname{erf}(z) = \frac{2}{\sqrt{\pi}}\int_0^z e^{-t^2}dt$$

예제

정규분포함수의 적률생성함수를 이용하여 평균과 분산을 구해보자.

In
```
# 적률 함수를 이용한 평균, 분산 구하기
mu, sigma, t = sympy.symbols('mu, sigma, t')
m_gen= sympy.exp(mu*t + (sigma**2 * t**2)/2)

# 1차 적률 구하기
m_gen.diff(t)
```

Out

$$(\mu + \sigma^2 t)e^{\mu t + \frac{\sigma^2 t^2}{2}}$$

In
```
# 1차 적률: t=0
EX = m_gen.diff(t).subs({'t':0})
EX
```

Out

$$\mu$$

In
```
# 2차 적률 구하기
m_gen.diff(t, 2)
```

Out

$$(\sigma^2 + (\mu + \sigma^2 t)^2)e^{t(\mu + \frac{\sigma^2 t}{2})}$$

In
```
# 2차 적률: t=0
EX2 = m_gen.diff(t, 2).subs({'t':0})
EX2
```

Out

$$\mu^2 + \sigma^2$$

In
```
# 분산
EX2 - EX**2
```

Out

$$\sigma^2$$

8장

조건부확률과 독립

이 장에서 사용되는 파이썬 패키지는 다음과 같다.

In
```
# 필요한 패키지
import numpy as np
import scipy
from scipy import linalg as la
import matplotlib.pyplot as plt

import scipy.stats as ss
import sympy

# 한글출력
plt.rcParams['font.family'] = 'Malgun Gothic'
plt.rcParams['axes.unicode_minus'] = False

# 필요한 패키지 2
from pgmpy.factors.discrete import JointProbabilityDistribution as JPD
import pgmpy
pgmpy.__version__
```

Out
```
'v0.1.9'
```

8.1 조건부확률

어떤 확률 시행에서 관심이 있는 결과는 특정한 표본공간의 부분집합에만 있다고 하자. 즉, $\omega_1 \subset \Omega$. 이때 $\omega_1(P(\omega_1)>0)$을 표본공간으로 하는 새로운 확률을 정의하고자 한다.

새로운 사건 $\omega_2 \subset \Omega$를 고려했을 때 상대적으로 ω_1을 표본공간으로 하는 확률은 어떻게 정의할 수 있을까? 만약 정의가 된다면 이 확률은 사건 ω_1이 주어져(given) 있을 때 사건 ω_2의 조건부확률(conditional probability)이라고 한다. 예를 들어, 주머니 속에 빨간 돌이 3개, 파란 돌이 5개 있을 때, 임의로 빼낸 돌은 다시 넣지 않고(비복원) 연속적으로 돌을 꺼낸다고 하자. 이때 첫 번째 꺼낸 돌이 빨간 돌(ω_1)일 때 두 번째 꺼낸 돌(ω_2)이 파란 돌일 확률을 구하는 것이다. 이 문제에서 관심이 있는 표본공간은 첫 번째 꺼낸 돌이 빨간 돌인 공간이다. 이런 의미에서 두 번째 꺼낸 돌이 파란 돌일 사건 중에 관심이 있는 사건은 $\omega_1 \cap \omega_2$이다. 따라서 조건부확률을 다음과 같이 정의할 수 있다.

$$P(\omega_1|\omega_1) = 1\text{이고 } P(\omega_2|\omega_1) = \frac{P(\omega_1 \cap \omega_2)}{P(\omega_1)}$$

이를 확률변수 관점으로 정의하게 되면 다음과 같다.

$$A_1, A_2 \subset \mathcal{X}, \quad P(A_1) > 0$$
$$P(A_2|A_1) = \frac{P(A_1 \cap A_2)}{P(A_1)}$$

8.2 주변분포와 조건부분포

2개의 확률변수 X_1, X_2에 대한 확률밀도함수를 $f(x_1, x_2)$라고 하자. 이때 이 확률밀도함수는 하나의 확률변수에 대한 확률밀도함수가 아니기 때문에 결합(joint)확률밀도함수라고 한다. 예를 들어 다음과 같은 결합확률밀도함수가 있다고 하자.

$$f(x_1, x_2) = \frac{x_1 + x_2}{21}, x_1 = 1, 2, 3, \quad x_2 = 1, 2$$

In

```
# 결합 확률 정의
prob = list()
for i in np.arange(1, 4):
    for j in np.arange(1,3):
        prob.append((i+j)/21)

fxy = JPD(['X1', 'X2'],[3, 2], prob)
print(fxy)
```

Out

```
+-------+-------+-----------+
| X1    | X2    |  P(X1,X2) |
+=======+=======+===========+
| X1(0) | X2(0) |    0.0952 |
+-------+-------+-----------+
| X1(0) | X2(1) |    0.1429 |
+-------+-------+-----------+
```

```
| X1(1) | X2(0) |     0.1429 |
+-------+-------+------------+
| X1(1) | X2(1) |     0.1905 |
+-------+-------+------------+
| X1(2) | X2(0) |     0.1905 |
+-------+-------+------------+
| X1(2) | X2(1) |     0.2381 |
+-------+-------+------------+
```

$\sum_{x_1}\sum_{x_2} f(x_1, x_2) = \frac{1+1}{21} + \cdots + \frac{3+2}{21} = 1$이고 $P(X_1 = 1) = f(1,1) + f(1,2) = \frac{2}{21} + \frac{3}{21} = \frac{5}{21}$과 같이 구할 수 있다.

```
In    # 확률밀도함수 확인
      np.sum(fxy.values)
```

```
Out   1.0
```

이때 $f_1(x_1) = \sum_{x_2} f(x_1, x_2)$와 같이 모든 x_2에 대하여 결합확률밀도함수를 합한 것, x_1에 대한 함수만 남은 결과를 X_1 확률변수의 주변(marginal)확률밀도함수라고 한다.

$$f_1(x_1) = \sum_{x_2} f(x_1, x_2) = f(x_1, 1) + f(x_1, 2) = \frac{x_1 + 1}{21} + \frac{x_1 + 2}{21} = \frac{2x_1 + 3}{21}$$

이 된다. 당연히 $\sum_{x_1} f_1(x_1) = \frac{5}{21} + \frac{7}{21} + \frac{9}{21} = 1$이 된다.

```
In    # 주변 확률 구하기
      fx = fxy.marginal_distribution(['X1'], inplace=False)
      print(fx)
```

```
Out   +-------+---------+
      | X1    |   P(X1) |
      +=======+=========+
      | X1(0) |  0.2381 |
      +-------+---------+
      | X1(1) |  0.3333 |
      +-------+---------+
      | X1(2) |  0.4286 |
      +-------+---------+
```

주변확률밀도함수가 정의되고 나면 다음과 같이 $X_1 = x_1$일 때 x_2의 조건부확률밀도함수를 정의할 수 있다.

$$f(x_2|x_1) = \frac{f(x_1, x_2)}{f_1(x_1)}$$

예제

$X_1 = 1$일 때 X_2의 조건부확률을 구해보자.

앞의 식에서 $f_1(x_1) = \frac{2x_1+3}{21}$이므로 $f_1(x_1 = 1) = \frac{5}{21}$이고 $f(x_1 = 1, x_2) = \frac{1+x_2}{21}$이다. 따라서 $f(x_2|x_1) = \frac{f(x_1,x_2)}{f_1(x_1)} = \frac{1+x_2}{5}$이다.

In

```
prob = fxy.conditional_distribution([('X1', 0)], inplace=False)
print(prob)
```

Out

```
+-------+---------+
| X2    |   P(X2) |
+=======+=========+
| X2(0) |  0.4000 |
+-------+---------+
| X2(1) |  0.6000 |
+-------+---------+
```

조건부확률밀도함수도 다음과 같이 확률밀도함수의 조건을 충족한다.

$$\sum_{x_2} f(x_2|x_1) = \sum_{x_2} \frac{f(x_1, x_2)}{f_1(x_1)} = \frac{1}{f_1(x_1)} \sum_{x_2} f(x_1, x_2) = \frac{f_1(x_1)}{f_1(x_1)} = 1$$

일반적으로 p개의 확률변수가 있다고 한다면, $X_1 = x_1$이 주어졌을 때 결합 조건부확률밀도함수 $X_2, \cdots, X_p$는 다음과 같이 정의한다.

$$f(x_2, \dots, x_p|x_1) = \frac{f(x_1, \dots, x_p)}{f_1(x_1)}$$

8.3 상관계수

X, Y의 2개의 확률변수의 결합확률밀도함수가 $f(x, y)$가 주어져 있을 때 다음과 같은 기댓값을 고려해보자. 각각의 주변 기댓값과 분산은 $\mu_X, \mu_Y, \sigma_X^2, \sigma_Y^2$이라고 하자.

$$E(X-\mu_X)(Y-\mu_Y) = E(XY-\mu_Y X-\mu_X Y+\mu_X\mu_Y) =$$
$$E(XY)-\mu_Y E(X)-\mu_X E(X)+\mu_X\mu_Y = E(XY)-\mu_X\mu_Y$$

이 기댓값을 X, Y의 공분산(covariance)이라고 정의하며 σ_{XY}로 표기한다. 여기서 $E(XY)=\mu_X\mu_Y+\sigma_{XY}$이므로 2개의 확률변수의 곱에 대한 기댓값은 각각의 기댓값을 곱하고 공분산을 더한 것과 같다. 공분산을 이용하여 상관계수(correlation coefficient)는 다음과 같이 정의한다.

$$\rho_{XY} = \frac{\sigma_{XY}}{\sigma_X\sigma_Y}$$

다음의 분포에서 상관계수를 구해보자.

(x, y)	(1, 1)	(1, 2)	(1, 3)	(2, 1)	(2, 2)	(2, 3)
$f(x, y)$	$\frac{2}{15}$	$\frac{4}{15}$	$\frac{3}{15}$	$\frac{1}{15}$	$\frac{1}{15}$	$\frac{4}{15}$

$$E(X) = \sum_x x\sum_y f(x,y) = 1\left(\frac{2}{15}+\frac{4}{15}+\frac{3}{15}\right)+2\left(\frac{1}{15}+\frac{1}{15}+\frac{4}{15}\right)=\frac{21}{15}$$
$$E(X^2) = \sum_x x^2\sum_y f(x,y) = 1\left(\frac{2}{15}+\frac{4}{15}+\frac{3}{15}\right)+2^2\left(\frac{1}{15}+\frac{1}{15}+\frac{4}{15}\right)=\frac{33}{15}$$
$$\sigma_X^2 = E(X^2)-\mu_X^2 = \frac{11}{5}-\left(\frac{7}{5}\right)^2=\frac{6}{25}, \qquad \sigma_X=\frac{\sqrt{6}}{5}$$
$$E(Y) = \sum_y y\sum_x f(x,y) = 1\left(\frac{2}{15}+\frac{1}{15}\right)+2\left(\frac{4}{15}+\frac{1}{15}\right)+3\left(\frac{3}{15}+\frac{4}{15}\right)=\frac{34}{15}$$
$$E(Y^2) = \sum_y y^2\sum_x f(x,y) = 1\left(\frac{2}{15}+\frac{1}{15}\right)+2^2\left(\frac{4}{15}+\frac{1}{15}\right)+3^2\left(\frac{3}{15}+\frac{4}{15}\right)=\frac{86}{15}$$
$$\sigma_Y^2 = E(Y^2)-\mu_Y^2 = \frac{86}{15}-\left(\frac{34}{15}\right)^2=\frac{134}{225}, \sigma_Y=\frac{\sqrt{134}}{15}$$
$$E(XY) = \sum_x\sum_y xyf(x,y) = 1\times1\times\frac{1}{15}+\cdots+2\times3\times\frac{4}{15}=\frac{49}{15}$$
$$\sigma_{XY} = \frac{49}{15}-\frac{21}{15}\times\frac{34}{15}=\frac{21}{225}$$

$$\rho_{XY} = \frac{\frac{21}{225}}{\frac{\sqrt{6}}{5} \times \frac{\sqrt{134}}{15}} = 0.247$$

이를 프로그램으로 확인해보자.

In
```
# 결합확률 정의
prob = np.array([2, 4, 3, 1, 1, 4])/15
fxy = JPD(['X', 'Y'],[2, 3], prob)
print(fxy)
```

Out
```
+------+------+----------+
| X    | Y    |   P(X,Y) |
+======+======+==========+
| X(0) | Y(0) |   0.1333 |
+------+------+----------+
| X(0) | Y(1) |   0.2667 |
+------+------+----------+
| X(0) | Y(2) |   0.2000 |
+------+------+----------+
| X(1) | Y(0) |   0.0667 |
+------+------+----------+
| X(1) | Y(1) |   0.0667 |
+------+------+----------+
| X(1) | Y(2) |   0.2667 |
+------+------+----------+
```

In
```
# 확률분포 확인
np.sum(fxy.values)
```

Out
```
1.0
```

In
```
# X 주변확률 구하기
fx = fxy.marginal_distribution(['X'], inplace=False)
print(fx)
```

Out
```
+------+--------+
| X    |   P(X) |
+======+========+
```

```
| X(0) | 0.6000 |
+------+--------+
| X(1) | 0.4000 |
+------+--------+
```

In
```
# X의 기댓값 구하기
x = np.array([1, 2])
EX = np.dot(x,fx.values )
EX.round(3)
```
Out
```
1.4
```

In
```
# X의 제곱 기댓값 구하기
EXX = np.dot(x*x, fx.values)
EXX.round(3)
```
Out
```
2.2
```

In
```
# X의 표준편차 구하기
SDX = np.sqrt(EXX-EX**2)
SDX.round(3)
```
Out
```
0.49
```

In
```
# Y의 주변분포, 기댓값, 제곱합, 표준편차

# Y의 주변분포
fy = fxy.marginal_distribution(['Y'], inplace=False)

# Y의 기댓값
y = np.array([1, 2, 3])
EY = np.dot(y,fy.values )

# Y의 제곱 기댓값
EYY = np.dot(y*y, fy.values)

# Y의 표준편차
SDY = np.sqrt(EYY-EY**2)
```
Out

In
```
# 공분산 구하기
# xy 값 구성
xy = np.outer(x, y).reshape(-1,)
xy
```
Out
```
array([1, 2, 3, 2, 4, 6])
```

In
```
# XY 기댓값
EXY = np.dot(xy, fxy.values.reshape(-1, ))
EXY.round(3)
```
Out
```
3.267
```

In
```
# 공분산 계산
CovXY = EXY - EX*EY
CovXY.round(3)
```
Out
```
0.093
```

In
```
# 상관계수 값
rho = CovXY / (SDX * SDY)
rho.round(3)
```
Out
```
0.247
```

8.4 독립

2개의 확률변수 X_1, X_2에 대한 결합확률밀도함수를 $f(x_1, x_2)$라고 하면, 조건부확률밀도함수를 이용하여 결합확률밀도함수는 다음과 같이 정의할 수 있다.

$$f(x_1, x_2) = f(x_2|x_1)f_1(x_1)$$

여기서 만약 조건부확률밀도함수 $f(x_2|x_1)$가 x_1에 의존하지 않을 때, 즉 x_1에 관한 함수가 아니라고 한다면 X_2에 대한 주변확률밀도함수는 다음과 같이 정의될 수 있다.

$$f_2(x_2) = \int_{-\infty}^{\infty} f(x_2|x_1)f_1(x_1)\,dx_1 = f(x_2|x_1)\int_{-\infty}^{\infty} f_1(x_1)\,dx_1 = f(x_2|x_1)$$

따라서 결합확률밀도함수는 다음과 같이 표현된다.

$$f_2(x_2) = f(x_2|x_1), \qquad f(x_1, x_2) = f_2(x_2)f_1(x_1)$$

즉, $X_1 = x_1$이 주어진 경우에 X_2의 주변확률밀도함수가 어떠한 x_1 값에도 불구하고 의존하지 않는 것을 의미한다.

일반적으로 2개의 확률변수가 확률적으로(stochastically) 독립(independent)이기 위한 필요충분 조건은 $f(x_1, x_2) = f_1(x_1)f_2(x_2)$이다. 예를 들어 다음과 같이 결합확률밀도함수가 정의되어 있다고 하자.

$$f(x_1, x_2) = x_1 + x_2, \qquad 0 < x_1, x_2, < 1$$

이때 $f_1(x_1) = \int_{-\infty}^{\infty} f(x_1, x_2)dx_2 = x_1 + \frac{1}{2}$, 이고 $f_2(x_2) = x_2 + \frac{1}{2}$이고 $f(x_1, x_2) \neq f_1(x_1)f_2(x_2)$이므로 2개의 확률변수 X_1, X_2는 독립이 아니다. 2개의 확률변수가 독립인 경우의 중요한 성질 중의 하나는 다음과 같다. $u(X_1)$은 X_1만의 함수이고, $v(X_2)$는 X_2만의 함수일 때, $E\big(u(X_1)v(X_2)\big) = E\big(u(X_1)\big)E\big(v(X_2)\big)$이다. 가령 2개의 확률변수가 독립이라면 공분산은 $E(X - \mu_X)(Y - \mu_Y) = E(X - \mu_X)E(Y - \mu_Y) = 0$이 된다.

앞 절에서의 X, Y 변수 간의 독립성 여부는 다음과 같은 프로그램으로 확인할 수 있다.

In
```
# 두 변수 간의 독립성 여부 확인
fxy.check_independence(['X'], ['Y'])
```

Out
```
False
```

9장

특별한 분포

9.1 베르누이 분포
9.2 이항분포
9.3 정규분포

이 장에서 사용되는 파이썬 패키지는 다음과 같다.

In
```
# 필요한 패키지
import numpy as np
import matplotlib.pyplot as plt

import scipy
from scipy import linalg as la
import scipy.stats as ss
import scipy.special

# 한글출력
plt.rcParams['font.family'] = 'Malgun Gothic'
plt.rcParams['axes.unicode_minus'] = False

# 필요한 패키지 2
from pgmpy.factors.discrete import JointProbabilityDistribution as JPD
import sympy

scipy.__version__
```

Out
```
'1.3.2'
```

9.1 베르누이 분포

보험사기 여부, 제조 공정에서의 합격/불합격 여부, 대장암인지 여부, 동전을 던지는 경우 앞면이 나오는 시행 등은 결과가 1 또는 0인 경우이다. 이러한 시행을 베르누이(Bernoulli) 시행이라고 한다. 베르누이 시행은 시행의 결과가 2가지뿐이며 확률변수로는 보통 1을 성공, 0을 실패로 정의한다. 이때 성공의 확률은 p로 실패의 확률은 $q = 1 - p$로 표기한다.

$$P(X = 1) = p, P(X = 0) = 1 - p$$

적률생성함수는 $M(t) = E(e^{tX}) = e^t \times p + e^0 \times (1 - p) = pe^t + 1 - p$이다. 따라서 $\mu = E(X) = p$, $\sigma^2 = p - p^2 = p(1 - p)$이다.

예제

베르누이 시행을 10번 했을 경우, 즉 표본의 개수가 10개이고 성공 확률이 1/6인 경우에 성공 건수가 몇 개인지를 확인해보자.

In
```
# 표본의 개수: 10
trials = 1
event_prob = 1/6
size = 10
np.random.seed(123)
result = np.random.binomial(n=trials,p=event_prob, size=size)
result
```
Out
```
array([0, 0, 0, 0, 0, 0, 1, 0, 0, 0])
```

In
```
# 성공 건수
np.sum(result)
```
Out
```
1
```

기댓값, 즉 평균값 p의 의미는 상대도수 관점에서 보면 베르누이 시행이 독립적으로 무한 반복된다고 하면 그 평균값은 p로 수렴한다는 의미이다.

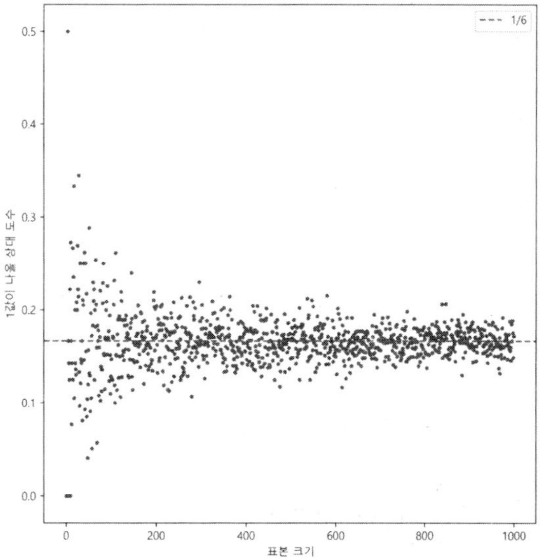

그림 9.1 독립시행횟수와 상대빈도

그림 9.1은 성공확률이 $\frac{1}{6}$인 베르누이 시행을 1~1000번을 하고 각각에 대한 성공건수의 비율을 나타낸 것이다. 독립 시행의 횟수가 늘어날수록 점점 $\frac{1}{6}$에 수렴하는 것을 알 수 있다.

9.2 이항분포

$X_1, \cdots, X_n$이 서로 독립이며 성공확률이 p인 베르누이 분포를 동일하게 따르는 확률변수라고 하자. 이때 그 합인 $Y = \sum_{i=1}^{n} X_i$, 즉 성공 건수는 이항분포(binomial distribution) $B(n, p)$을 따른다. 이항분포의 확률밀도함수는 다음과 같이 정의된다.

$$\Pr(Y = y) = f(y) = \binom{n}{y} p^y (1-p)^{n-y}, \qquad y = 0, \ldots, n$$

각 X_i들이 0 또는 1값을 가지기 때문에 Y는 0과 n 사이의 값을 가질 수 있다. $\binom{n}{y}$는 합이 y를 가질 수 있는 경우의 수, 즉 조합의 수이며 이항계수(binomial coefficient)라고 한다. 계산은 다음과 같이 한다.

$$\binom{n}{y} = \frac{n(n-1)\cdots(n-y+1)}{y(y-1)\cdots 1} = \frac{n!}{(n-y)!\,y!} = \binom{n}{n-y}$$

예제

이항계수 $\binom{5}{2}, \binom{5}{3}$의 값을 구해보자.

$\binom{5}{2} = \frac{5 \cdot 4}{2 \cdot 1} = 10, \binom{5}{3} = \frac{5 \cdot 4 \cdot 3}{3 \cdot 2 \cdot 1} = 10$

In
```
A = [2, 3]
trials = 5
scipy.special.comb(trials, A)
```

Out
```
array([10., 10.])
```

이항분포의 확률밀도함수가 확률밀도함수인지 여부를 알아보자.

$$\sum_{y=0}^{n} f(y) = \sum_{y=0}^{n} \binom{n}{y} p^y (1-p)^{n-y} = [(1-p) + p]^n = 1$$

왜냐하면 $(a+b)^n = \sum_{y=0}^{n} \binom{n}{y} b^y a^{n-y},\ n > 0$이기 때문이다.

예제

성공확률이 1/3이고 시행횟수가 5인 이항분포의 확률밀도함수의 합이 0임을 확인해보자.

In
```
# 확률밀도함수 확인
trials = 5
A = np.arange(0, 6)
event_prob = 1/3

ss.binom.pmf(A, n=trials, p=event_prob).sum().round(3)
```

Out
```
1.0
```

적률생성함수는 다음과 같이 계산된다.

$$M(t) = \sum_x e^{tx} f(x) = \sum_x \binom{n}{x} (pe^t)^x (1-p)^{n-x} = [(1-p) + pe^t]^n$$

이를 이용하여 $\mu = np, \sigma^2 = np(1-p)$이다. 베르누이 분포는 이항분포에서 $n = 1$인 경우를 의미한다.

예제

이항분포의 적률생성함수를 이용하여 평균과 분산을 구해보자.

In
```
# 적률생성함수를 이용한 이항분포의 평균과 분산
p, t, n = sympy.symbols('p, t, n')
expr = ((1-p)+p*sympy.exp(t))**n

# 1차 적률(기댓값)
EX = expr.diff(t, 1).subs({'t':0})
EX
```

Out

np

In
```
# 2차 적률
EXX = expr.diff(t, 2).subs({'t':0})
EXX
```

Out $np(np-p+1)$

In
```
# 분산
(EXX- EX**2).together()
```

Out $np(1-p)$

예제

$B(20,0.5)$, $B(20,0.7)$, $B(40,0.5)$을 따르는 확률변수 각각에 대하여 확률밀도함수 그래프를 그려보자.

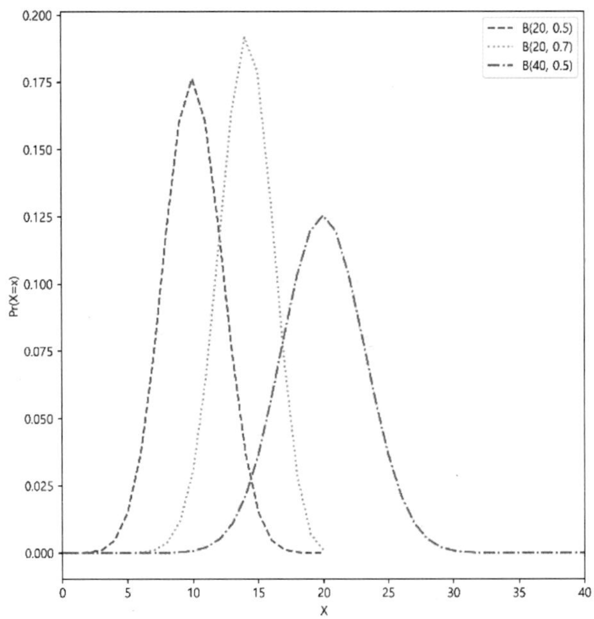

그림 9.2 n, p에 따른 이항분포 확률밀도함수

In	

```
fig, ax = plt.subplots(figsize=(7, 7))
ax.set_xlim(0, 40)
ax.plot(np.arange(21),ss.binom.pmf(np.arange(21), n=20, p=0.5), ls='--',
label='B(20, 0.5)')
ax.plot(np.arange(21),ss.binom.pmf(np.arange(21), n=20, p=0.7), ls=':',
label='B(20, 0.7)')
ax.plot(np.arange(41),ss.binom.pmf(np.arange(41), n=40, p=0.5), ls='-.',
label='B(40, 0.5)')
ax.set_xlabel("X")
ax.set_ylabel("Pr(X=x)")
ax.legend()

plt.tight_layout()
```

Out

```
1.0
```

9.3 정규분포

정규분포(normal distribution, Gaussian distribution)는 독일 수학자 겸 물리학자인 가우스(Gauss)에 의해 제시된 분포이며 가우스 분포라고도 한다. 천체의 거리 등에 대한 오차의 확률분포를 연구하는 과정에서 발견되었다. 정규(normal)라는 이름은 갈톤(Galton)에 의하여 처음으로 언급이 되었으며 "deviated normally", 그의 제자인 칼 피어슨(Karl Pearson)에 의하여 널리 보급되었다. 특히 피어슨은 "A frequency-curve, which for practical purposes, can be represented by the error curve, will for the remainder of this paper be termed a normal curve."이라고 구체적으로 명시하였다. 특히 최초의 통계학 저널이라고 할 수 있는 Biometrika를 만들어 이 분포를 널리 알리는 역할도 하였다. "Many years ago, I called the Laplace-Gaussian curve the normal curve ...". 특히 표본개수가 많아지면 표본평균은 원래 확률변수가 정규분포가 아니어도 근사적으로 정규분포를 따른다는 중심극한정리(central limit theorem)의 의하여 더욱더 정규분포에 대한 이해가 필요하게 되었다. 정규분포는 확률변수가 연속인 경우에 적용이 되며 확률밀도함수는 다음과 같다.

$$f(x) = \frac{1}{\sigma\sqrt{2\pi}} e^{-\frac{(x-\mu)^2}{2\sigma^2}}, -\infty < x < \infty$$

여기서 $\mu = 0, \sigma^2 = 1$인 경우는 표준정규분포의 확률밀도함수라고 한다.

$$\varphi(z) = \frac{1}{\sqrt{2\pi}} e^{-\frac{z^2}{2}}$$

표준정규분포를 따르는 Z 확률변수에 대하여 $X = \sigma Z + \mu$와 같은 변수변환(change of variable), 즉 $Z = \frac{X-\mu}{\sigma}$와 같은 변환을 하면 $dz = \frac{1}{\sigma}dx$이므로 일반 정규분포가 된다. 정규분포는 표준정규분포로부터 변수변환을 하여 생성되는 것이다. 반대로 일반 정규분포에 대하여 $Z = \frac{X-\mu}{\sigma}$와 같은 변환을 통해 표준정규분포를 만들 수 있다.

$$f(x) = \frac{1}{\sigma}\varphi\left(\frac{x-\mu}{\sigma}\right)$$

정규분포의 모습과 성질에 대하여 알아보도록 하자. 확률변수 X가 정규분포를 따른다라는 것을 다음과 같은 기호를 사용한다.

$$X \sim N(\mu, \sigma^2)$$

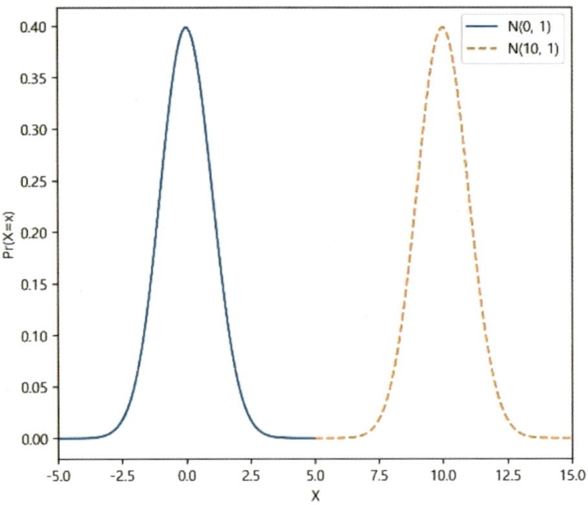

그림 9.3 표준편차가 같은 정규분포

그림 9.3은 평균이 다르고 분산이 같은 2개의 정규분포 그림이다. 그림과 같이 평균의

변화는 평균만큼 분포를 평행이동한 것과 같다.

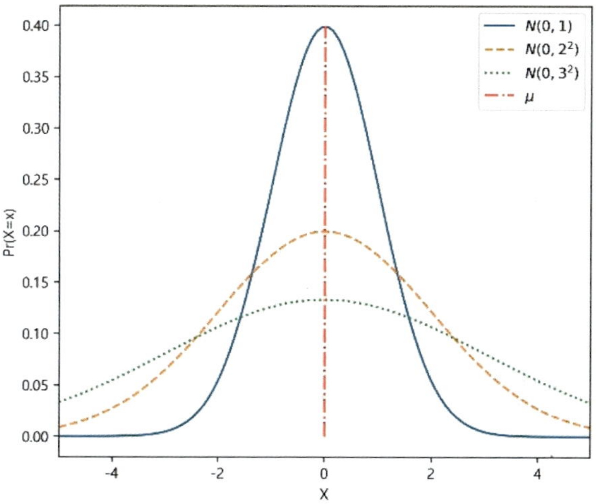

그림 9.4 평균이 같고 분산이 다른 정규분포

그림 9.4는 평균이 같지만 분산이 다른 경우이다. 똑같은 평균값을 주지만 분산, 즉 표준편차가 큰 경우에는 데이터의 산포가 넓게 흩어져 있음을 알 수 있다.

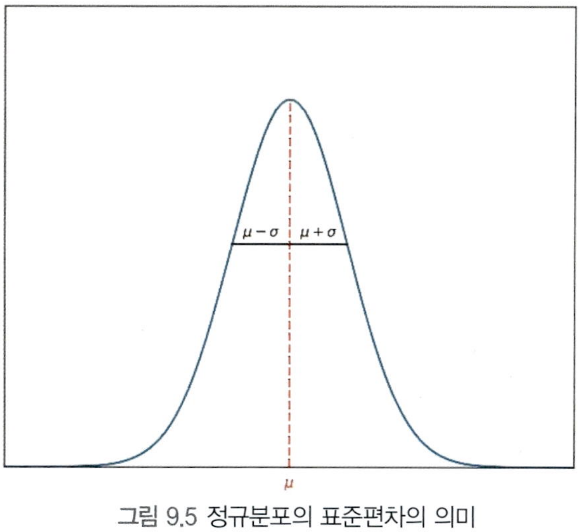

그림 9.5 정규분포의 표준편차의 의미

그림 9.5를 보면 정규분포의 표준편차는 평균에서의 일정한 거리를 나타낸다. 정규분포에서의 표준편차는 볼록함수(convex)에서 오목함수(concave)로 바뀌는 변곡점을 의미한다.

정규분포의 적률생성함수는 다음과 같다.

$$\mathrm{M(t)} = e^{\mu t + \frac{\sigma^2 t^2}{2}}$$

이를 이용하여 평균과 분산을 구해보면, 각각 μ, σ가 된다.

정규분포는 평균을 중심으로 하여 좌우 대칭이기 때문에 다음과 같은 성질이 있다. $X \sim N(\mu, \sigma^2)$이라고 가정하면 가장 중요한 성질 중의 하나는 임의의 상수 a, b에 대하여 $aX + b \sim N(a\mu + \mathrm{b},\ a^2\,\sigma^2)$이다. 따라서 $\frac{X-\mu}{\sigma} \sim N(0,1)$이 된다. 따라서 표준정규분포의 확률만 계산할 수 있다면 임의의 정규분포의 확률도 계산할 수 있다.

$$\Pr(a \le X \le b) = \Pr\left(\frac{a-\mu}{\sigma} \le Z \le \frac{b-\mu}{\sigma}\right) = \Pr\left(Z \le \frac{b-\mu}{\sigma}\right) - \Pr\left(Z \le \frac{a-\mu}{\sigma}\right)$$

표준정규분포의 누적분포함수는 일반적으로 $\Phi(\cdot)$를 사용하기 때문에 이를 이용하면 주어진 식은 $\Phi\left(\frac{b-\mu}{\sigma}\right) - \Phi\left(\frac{a-\mu}{\sigma}\right)$이다.

정규분포는 대칭이므로 다음과 같은 식이 성립한다.

$$\Phi(z) = 1 - \Phi(-z)$$

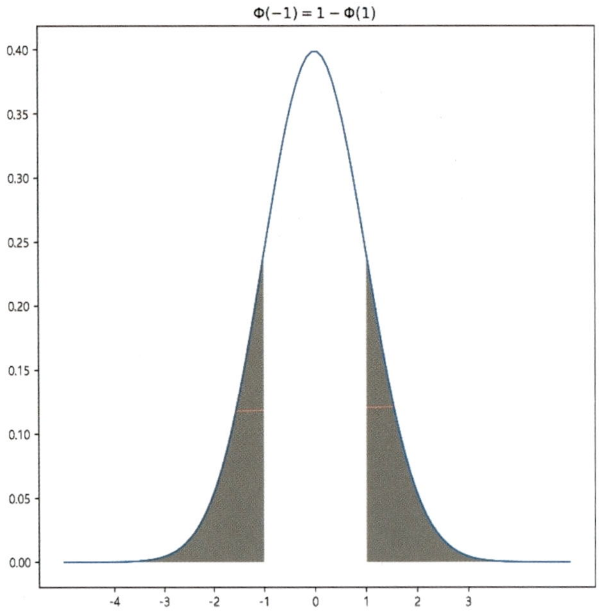

그림 9.6 표준정규분포에서의 확률계산 속성

이러한 성질들을 이용하여 다음의 확률을 계산해보자.

예제

표준 정규분포의 대칭성을 이용하여 다음의 확률을 계산해보자.

1) $\Pr(-1 \le Z \le 1)$

2) $\Pr(-2 \le Z \le 2)$

3) $\Pr(-3 \le Z \le 3)$

1) $\Pr(-1 \le Z \le 1) = \Phi(1) - \Phi(-1) = 1 - 2\Phi(-1) = 0.683$

2) $\Pr(-2 \le Z \le 2) = \Phi(2) - \Phi(-2) = 1 - 2\Phi(-2) = 0.954$

3) $\Pr(-3 \le Z \le 3) = \Phi(3) - \Phi(-3) = 1 - 2\Phi(-3) = 0.997$

In
```
# 확률값 구하기
np.round(stats.norm.cdf(1) - stats.norm.cdf(-1), 3)
```
Out
```
0.683
```

In
```
np.round(stats.norm.cdf(2) - stats.norm.cdf(-2), 3)
```
Out
```
0.954
```

In
```
np.round(stats.norm.cdf(3) - stats.norm.cdf(-3), 3)
```
Out
```
0.997
```

예를 들어, 기초통계 강좌를 듣는 학생의 점수 분포가 $N(60, 10^2)$이라고 한다면 95.4%의 학생은 $[60-2\times10, 60+2\times10]=[40, 80]$ 이에 분포한다는 의미이다. 특정 구간의 확률은 다음과 같이 계산할 수 있다.

$$\Pr(50 \le X \le 90) = \Pr\left(\frac{50-60}{10} \le \frac{X-\mu}{\sigma} \le \frac{90-60}{10}\right) = \Pr(-1 \le Z \le 3) =$$
$$\Phi(3) - \Phi(-1) = 0.8399948$$

In
```
# 특정 구간의 확률 계산
np.round(stats.norm.cdf(3) - stats.norm.cdf(-1), 3)
```
Out
```
0.84
```

즉, 약 84%가 된다.

10장

표본분포

이 장에서 사용되는 파이썬 패키지는 다음과 같다.

In
```
# 필요한 패키지
import numpy as np
import matplotlib.pyplot as plt

import scipy
from scipy import linalg as la
import scipy.stats as ss
import scipy.special

# 한글출력
plt.rcParams['font.family'] = 'Malgun Gothic'
plt.rcParams['axes.unicode_minus'] = False

# 필요한 패키지 2
from pgmpy.factors.discrete import JointProbabilityDistribution as JPD
import sympy

scipy.__version__
```

Out
```
'1.3.2'
```

10.1 임의표본

[HFWS] 데이터는 통계청 마이크로 데이터 서비스에서 제공하는 2018년 세대별 가계 금융복지 조사 결과이다.

In
```
#
# 데이터 구성
#

# [HFWS] 데이터: "가계금융복지조사( 2017년 이후) > 가구마스터(제공)
[2018가구금융복지조사]"
df = pd.read_csv('https://github.com/bong-ju-kang/kmu-mba-statistics/
raw/master/Data/MDIS_2018_HFWS.txt',
                 header=None)
df.head(2)
```

```
Out       0 1 2 3 4 5 6 7 8 9  ...  151  152  153  154  155  156  157
          158   159   160
     0  2018   10200261 P  1127.905175 NaN   2255.0G2 1  2  G1 ... NaN  NaN  1.0
          80.0   60  150   4.0 NaN   NaN   NaN
     1  2018   10200371P   2223.797699 NaN   4515.0G1 1  4  G2 ... NaN  NaN  1.0
          70.0   150   200   4.0 NaN  NaN  NaN
     2 rows × 161 columns
```

```
In   # 가구당 연간 소득액: 110번째
     income = df[109]
     np.round(np.mean(income), 1)
Out  5364.0
```

모집단 전체의 연간 가계소득의 분포는 다음과 같다. 물론 이 데이터도 전체 가계의 일부이지만 이를 전체 모집단이라고 가정하자.

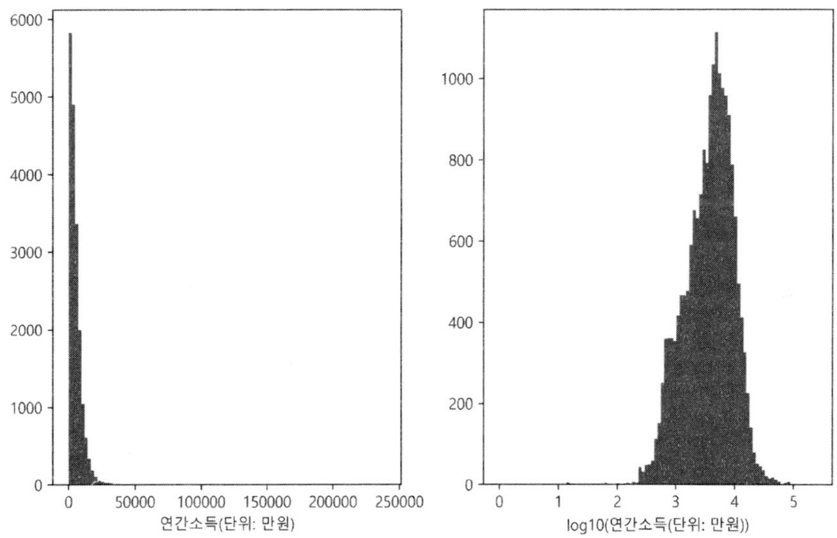

그림 10.1 연간소득과 로그변환 연간소득

그림 10.1에서 원래의 척도로 연간소득의 분포를 보면 왼쪽으로 치우쳐 있어서 분포의 모양을 온전히 볼 수가 없어 로그변환을 하였다. 로그변환을 한 결과 어느 정도 정규분포 모습이 나타난다.

예제

연간소득에 대한 평균값과 표준편차를 구해보자.

In
```
# 모집단으로 가정
# 모평균, 모표준편차
np.round([np.mean(income),np.std(income, ddof=0)], 1 )
```
Out
```
array([5364. , 5818.4])
```

확률변수 X를 가계소득이라고 하면 $(\mu, \sigma) = (5364, 0, 5818.4)$인 어떤 분포를 따른다고 할 수 있다. 이때 이 분포에서 크기가 100인 임의표본(random sample) $X_1, \cdots, X_{100}$을 추출하여 그 평균을 구해보자.

In
```
# 크기가 100인 임의 표본 1개의 표본 평균
size = 100
np.random.seed(1)

# 비복원 추출
index = np.random.choice(len(income), size, replace=False)

sample_mean = np.mean(income[index])
np.round(sample_mean, 1)
```
Out
```
5323.1
```

In
```
# 표본 비율
np.round(size / len(income), 4)
```
Out
```
0.0054
```

원래 모평균값은 5364이지만 임의표본 1개에 대한 평균값은 5323.1이 된다. 큰 차이는 아니지만 통계적으로 0.54%의 표본을 갖고서 나름대로 의미 있는 추정(estimation)이 된다. 그런데 얼마나 의미 있는지는 평균의 분포를 알아야만 판단할 수 있다. 즉, 원래 $X_i,\ i = 1, \cdots, n$가 어떤 분포인데 그들의 평균인 $\frac{\Sigma X_i}{n}$는 어떤 분포를 따르는지를 알고자 하는 것이다. 가령 X_i가 베르누이 분포를 따른다고 한다면 ΣX_i, 즉 합의 분포는 이항분포를 따른다고 앞에서 살펴보았다.

예제

위 데이터에서 100개의 임의표본을 1000번 반복적으로 추출한다고 가정했을 때 그 평균의 분포를 살펴보자.

In
```
# 표본평균의 평균
num_samples = 1000
size = 100
result = []

np.random.seed(123)
for i in np.arange(num_samples):
    index = np.random.choice(len(income), size, replace=False)
    result.append(np.mean(income[index]))
np.round(np.mean(result), 2)
```

Out
```
5343.76
```

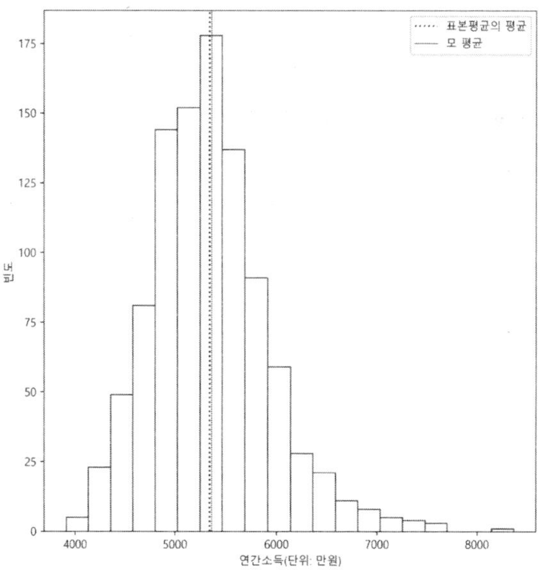

그림 10.2 가계소득 표본평균 분포

결과를 보면 모평균값(5364.0)과 표본평균의 평균값(5343.76)이 거의 일치함을 알 수 있다. 표본평균으로 모평균을 추정하고자 하는 경우에 표본평균은 하나의 통계량(statistic)이 되며 이 분포를 표본분포(sampling distribution)라고 정의할 수 있다. 즉 통계량은 미지의 모수(parameter)에 의존하지 않는 하나 이상의 확률변수의 함수이다. 예를 들어 $\sum X_i$ 는 통계량이지만, $\frac{X_1-\mu}{\sigma}$는 통계량이 아니다. 그러나 통계량을 만드는 목적이 모집단의 특성이라고 할 수 있는 모수를 추정하기 위한 것이므로 그 분포는 모수에 의존하게 된다. 예를 들어 베르누이 시행의 결과로 만들어진 $\sum X_i$ 는 이항분포 $B(n, p)$를 따르므로 모수에 의존한다.

표본분포를 알아야 하는 이유는 추정의 확률적 정확도를 제시할 수 있기 때문이다. 즉, 위의 예에서 다음과 같은 확률을 정의할 수 있다.

$$\Pr(|\bar{X} - \mu| \leq 100)$$

여기서, 표본평균으로 모평균을 예측할 때 그 차가 100, 즉 가계소득 단위가 만 원이므로 백만 원 이하일 확률을 구할 수 있는 것이다.

임의표본(random sample)의 의미에 대하여 알아보자. 정확한 정의는 다음과 같다. $X_1,\cdots,X_n$이 서로 독립이고 각각은 동일한 확률밀도함수 $f(x)$를 갖는다고 한다면 $X_1,\cdots,X_n$의 결합확률밀도함수는 $f(x_1)\cdots f(x_n)$이 되며 이때 $X_1,\cdots,X_n$을 크기(size)가 n인 임의표본(random sample)이라고 한다. 유한모집단(finite population)일 때에는 단순임의비복원추출(simple random sampling without replacement)인 경우, 무한모집단일 때에는 위의 정의와 같은 경우를 임의표본이라고 정의한다. 일반적으로 유한모집단의 통계량에 대한 분포를 정확히 유도하기가 어려울 때가 많고 모집단의 크기가 큰 경우에는 무한모집단으로 가정하여도 무방하므로 임의샘플은 무한모집단에서 추출된 것으로 가정한다.

10.2 표본평균의 분포

$X_1,\cdots,X_n \sim (\mu, \sigma^2)$인 임의표본이라고 할 때, $\bar{X} = \frac{1}{n}\sum_i X_i$의 평균과 분산을 알아보도록 하자.

$$E(\bar{X}) = \frac{1}{n}E(X_1 + \cdots + X_n) = \frac{1}{n}\sum_i E(X_i) = \mu$$

$$Var(\bar{X}) = \frac{1}{n^2}Var(X_1 + \cdots + X_n) = \frac{1}{n^2}\sum_i Var(X_i) = \frac{\sigma^2}{n}$$

즉, $\bar{X} \sim \left(\mu, \frac{\sigma^2}{n}\right)$이 된다. 즉 각 X_i의 분포를 모르더라도 평균값은 같고 분산은 모분산보다 더 작은 값이 된다. 특히 X_i가 정규분포인 경우는 $\bar{X} \sim N\left(\mu, \frac{\sigma^2}{n}\right)$임이 알려져 있다. 또한 모집단의 분포가 정규분포가 아니어도 표본의 크기가 충분히 크면 표본평균의 분포는 정규분포를 따른다고 알려져 있다. 이를 중심극한정리(central limit theorem)라고 한다.

예제

이항분포 $B(1000, \frac{1}{6})$에서 크기가 5인 표본 100개에 대하여 각각의 표본평균을 계산한 후의 분포를 히스토그램으로 살펴보자.

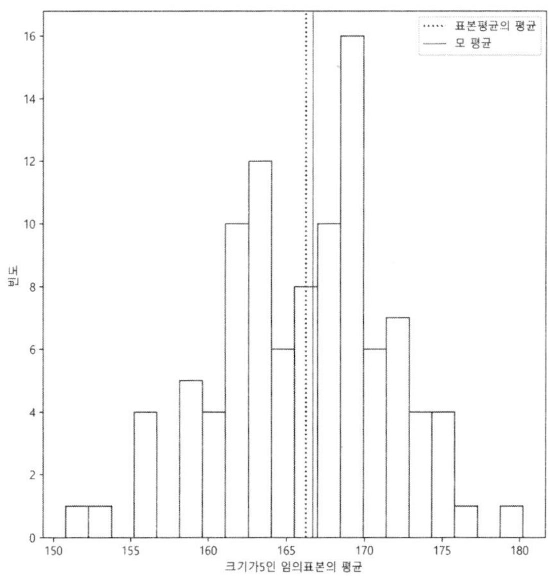

그림 10.3 표본평균의 분포 예시

그림 10.3에서 보듯이 크기가 작더라도 근사적으로 정규분포와 같은 모습을 보여주고 있다.

In

```
#
# 이항분포의 평균의 분포
#

# 이항분포 모수 정의
num_samples = 100
trials = 1000
event_prob = 1/6
size = 5

# 기댓값
expected_count = trials * event_prob
np.round(expected_count, 2)
```

Out

```
166.67
```

In

```
# 표본 성공건수의 평균
result = []

np.random.seed(1234)
for i in np.arange(num_samples):
    value = np.random.binomial(n=trials, p=event_prob, size=size)
    result.append(np.mean(value))

np.round(np.mean(result), 2)
```

Out

```
166.23
```

베르누이 분포에서 임의표본의 합의 분포는 $B(n, p)$이다. 이항분포이므로 임의표본의 표본평균은 중심극한정리에 의하여 근사적으로 다음의 식을 만족한다.

$$\frac{\sum_i X_i - np}{\sqrt{np(1-p)}} = \frac{(\hat{p} - p)}{\sqrt{\frac{p(1-p)}{n}}} \sim N(0,1)$$

여기서 $\hat{p}$은 표본비율, 즉 표본평균을 의미한다.

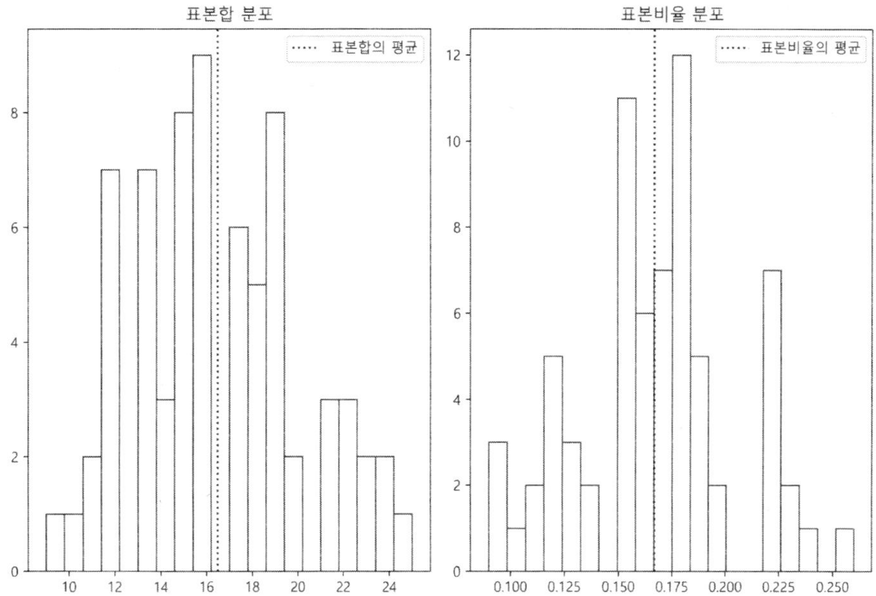

그림 10.4 표본합과 표본평균(표본비율)의 분포

그림 10.4는 $B(1, \frac{1}{6})$의 분포에서 크기가 100인 70개의 임의표본을 구성한 후 표본합과 표본비율 통계량에 대한 분포를 나타낸 것이다. 근사적으로 정규분포임을 알 수 있다.

예제

$B(1, \frac{1}{5})$에서 크기가 100인 임의표본을 생성한 경우에 $\Pr(\sum X_i > 30)$을 계산하여 보자.

$$\Pr(\sum X_i > 30) = \Pr\left(\frac{\sum X_i - 100 \times \frac{1}{5}}{\sqrt{100 \times \frac{1}{5} \times \frac{4}{5}}} > \frac{30 - 100 \times \frac{1}{5}}{\sqrt{100 \times \frac{1}{5} \times \frac{4}{5}}}\right) = \Pr(Z > 2.5) = 1 - \Phi(2.5) = 0.0062$$

In

```
# CLT를 이용한 확률 계산
z = (30-100*1/5)/np.sqrt(100*1/5*4/5)
prob = 1 - ss.norm.cdf(z)
prob.round(4)
```

Out

```
0.0062
```

10.3 카이제곱분포

특정 통계량의 표본분포를 구할 때 핵심이 되는 몇 가지 분포 중에 카이제곱(chi-square, chi-squared)분포에 대하여 알아보자.

$X_1, \cdots, X_n \sim N(\mu, \sigma^2)$인 임의표본이라고 하자. 이때 다음과 같은 표본분산 통계량을 계산할 수 있다.

$$S^2 = \frac{1}{n-1}\sum_i (X_i - \bar{X})^2$$

이때 표본분산은 모분산의 추론에 중요한 역할을 하는데 이의 분포를 정의할 때 카이제곱분포를 사용한다.

$Z_1, \cdots, Z_n \sim N(0, 1)$의 임의표본이라고 하자. 이때 다음과 같은 제곱합의 통계량을 정의하자.

$$V = Z_1^2 + \cdots + Z_k^2$$

이때 V의 분포를 자유도(degree of freedom)가 k인 카이제곱분포를 따른다고 한다. 이를 수식으로 표현하면 $V \sim \chi^2(k)$이다.

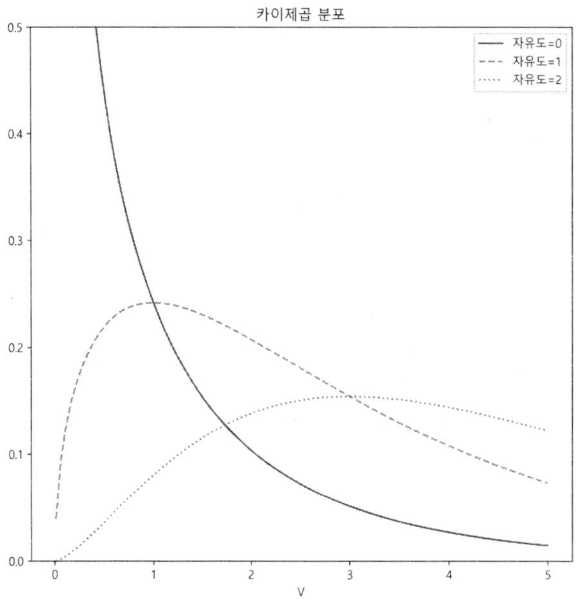

그림 10.5 자유도에 따른 카이제곱분포

그림 10.5를 보면 자유도가 클수록 카이제곱 확률밀도함수는 점점 평평해짐을 알 수 있고, 당연히 제곱합이므로 0보다 큰 구간에서만 정의되어 있다.

카이제곱 확률밀도함수는 생략한다. 다만, 적률생성함수는 다음과 같이 계산된다.

$$M(t) = (1-2t)^{-\frac{k}{2}}, \qquad t < \frac{1}{2}$$

이를 이용하여 계산하면 평균은 k이며 분산은 $2k$이다.

예제

카이제곱분포의 적률생성함수를 이용하여 평균과 분산을 구해보자.

In
```
# 적률생성함수를 이용한 평균과 분산 계산
k, t = sympy.symbols('k, t')
expr = (1-2*t)**(-k/2)

# 1차 적률(기댓값)
M1 = sympy.Lambda(t, expr.diff(t).simplify())
EX = M1(0)
EX
```
Out k

In
```
# 2차 적률
M2 = sympy.Lambda(t, expr.diff(t, t).simplify())
EXX = M2(0)
EXX
```
Out $k(k+2)$

In
```
# 분산
(EXX- EX**2).simplify()
```
Out $2k$

카이제곱분포의 중요한 성질 중의 하나는 가법성(additivity)이다. 즉, $V_1 \sim \chi^2(k_1)$, $V_2 \sim \chi^2(k_2)$이고 서로 독립이면 $V_1 + V_2 \sim \chi^2(k_1 + k_2)$이다.

표본분산의 분포를 카이제곱분포를 이용하여 알아보도록 하자. $X_1, \dots, X_n \sim N(\mu, \sigma^2)$인 임의표본이라고 하자.

$$\frac{S^2}{\sigma^2} = \frac{1}{n-1}\sum_i \left(\frac{X_i - \bar{X}}{\sigma}\right)^2 = \frac{1}{n-1}\left\{\sum_i \left(\frac{X_i - \mu}{\sigma}\right)^2 - n\left(\frac{\bar{X} - \mu}{\sigma}\right)^2\right\}$$

이므로 다음의 식이 성립한다.

$$\sum_i \left(\frac{X_i - \mu}{\sigma}\right)^2 = \frac{(n-1)S^2}{\sigma^2} + \left(\frac{\bar{X} - \mu}{\sigma/\sqrt{n}}\right)^2$$

여기서 $\sum_i \left(\frac{X_i - \mu}{\sigma}\right)^2 \sim \chi^2(n)$, $\left(\frac{\bar{X} - \mu}{\sigma/\sqrt{n}}\right)^2 \sim \chi^2(1)$이므로 카이제곱분포의 가법성으로부터 다음이 성립한다.

$$\frac{(n-1)S^2}{\sigma^2} \sim \chi^2(n-1)$$

$\frac{(n-1)S^2}{\sigma^2}$는 만약 σ^2이 주어지지 않는다면 통계량은 아니다. 그러나 $(n-1)S^2$은 통계량이며 이의 분포는 모수인 σ^2에 의존하기 때문에 추정량(estimator)으로 사용이 된다.

10.3.1 분산이 같은 두 정규모집단에서 표본분산의 분포

$X_1, \dots, X_{n_1} \sim N(\mu_1, \sigma^2)$이고 $Y_1, \dots, Y_{n_2} \sim N(\mu_2, \sigma^2)$이며 서로 독립인 임의표본이라고 하자. 이때 각각의 표본분산을 다음과 같이 정의하자.

$$S_1^2 = \frac{1}{n_1 - 1}\sum_i (X_i - \bar{X})^2, \qquad S_2^2 = \frac{1}{n_2 - 1}\sum_i (Y_i - \bar{Y})^2$$

이때 $\frac{(n_1-1)S_1^2}{\sigma^2} \sim \chi^2(n_1 - 1)$, $\frac{(n_2-1)S_2^2}{\sigma^2} \sim \chi^2(n_2 - 1)$ 이므로 카이제곱분포의 가법성으로부터 다음이 성립한다.

$$\frac{(n_1-1)S_1^2}{\sigma^2} + \frac{(n_2-1)S_2^2}{\sigma^2} \sim \chi^2(n_1 + n_2 - 2)$$

그런데, $(n_1 - 1)S_1^2 + (n_2 - 1)S_2^2 = (n_1 + n_2 - 2) \times \frac{(n_1-1)S_1^2 + (n_2-1)S_2^2}{(n_1+n_2-2)} = (n_1 + n_2 - 2)S_p^2$이다. 즉, 합동표본분산(pooled sample variance)인 S_p^2로 표현이 가능하다.

$$\frac{(n_1 + n_2 - 2)S_p^2}{\sigma^2} \sim \chi^2(n_1 + n_2 - 2)$$

여기서 $S_p^2 = \frac{\sum_i (X_i-\bar{X})^2+\sum_i (Y_i-\bar{Y})^2}{n_1+n_2-2}$가 된다. 이 합동표본분산을 이용하여 모수인 모분산의 추정량으로 사용하게 된다.

10.4 (스튜던트) *t* 분포

$Z \sim N(0,1)$인 확률변수이고 $V \sim \chi^2(r)$인 확률변수이며 서로 독립이라고 할 때 다음의 확률변수의 확률분포에 대하여 고려해보자.

$$T = \frac{Z}{\sqrt{V/r}}$$

예를 들어 $\frac{\bar{X}-\mu}{\sigma/\sqrt{n}} \sim N(0,1)$이지만 만약 모분산을 모르는 경우에는 이를 적절한 추정량으로 대체하여야 하는데 대표적인 것이 표본분산이다. 대체를 하게 되면 다음과 같이 정리될 수 있다.

$$\frac{\bar{X}-\mu}{S/\sqrt{n}} = \frac{\bar{X}-\mu}{\sqrt{S^2/n}} = \frac{\frac{\bar{X}-\mu}{\sigma/\sqrt{n}}}{\sqrt{\frac{\frac{(n-1)S^2}{\sigma^2}}{n-1}}} = \frac{Z}{\sqrt{V/(n-1)}} = T$$

이때 T 확률변수는 자유도가 $n-1$인 스튜던트 t 분포(Student t distribution)를 따른다고 한다.

$$T = \frac{\bar{X}-\mu}{S/\sqrt{n}} \sim t(n-1)$$

t 분포는 고셋(William Sealy Gosset)이 스튜던트(Student)라는 필명으로 논문을 게재하였기 때문에 스튜던트 분포라고 하며 처음으로 피셔(Ronald Fisher)가 스튜던트 분포와 t라는 문자를 사용하였다. t 분포는 모집단의 평균에 대한 추론(inference)에 많이 사용된다. 즉, T는 데이터와 모평균값(μ)에 의존하는 값이지만, 분포는 모수에 의존하지 않는다. 특히 모분산은 전혀 필요하지 않으므로 장애모수(nuisance parameter)라고 한다. 이런 함수, 즉 데이터와 모수의 함수를 피벗(pivot) 또는 피벗량(pivotal quantity)이라고 한다. 피벗의 분포를 이용하여 피벗과 관련된 모수의 추론에 사용한다. 따라서 T 피벗은 모평균의 추론에 사용된다. 평균은 0이며 분산은 자유도가 r인

경우에 $\frac{r}{r-2}$, $r > 2$이고 $\infty, 1 < \mathrm{r} \leq 2$ 이다.

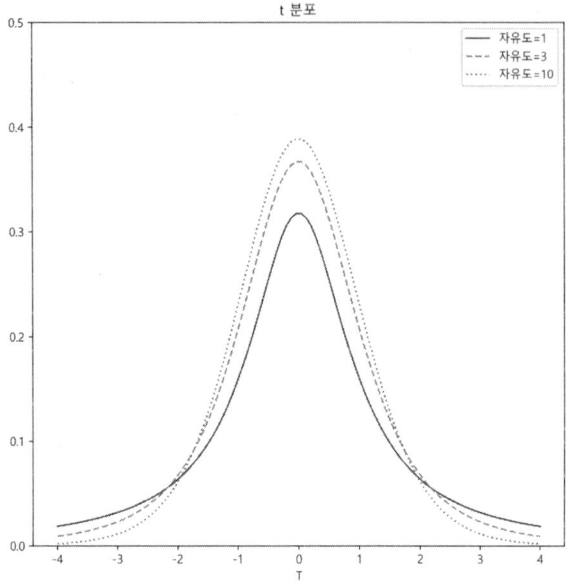

그림 10.6 자유도에 따른 t분포

그림 10.6은 자유도에 따른 t 분포의 모습이다. 자유도가 적을수록, 즉 데이터가 적을수록 꼬리부분이 두터운 것을 알 수 있다. 자유도가 10인 t 분포에서 확률계산을 해보자.

$$\Pr(T > 2) = 1 - \Pr(T \leq 2) = 0.037$$

In
```
# 확률 계산
dof = 10
prob = 1 - ss.t.cdf(2, df=dof)
prob.round(3)
```
Out
```
0.037
```

10.4.1 분산이 같은 두 정규모집단에서 표본평균의 차이에 대한 분포

$X_1, \dots, X_{n_1} \sim N(\mu_1, \sigma^2)$이고 $Y_1, \dots, Y_{n_2} \sim N(\mu_2, \sigma^2)$이이며 서로 독립인 임의표본이라고 하자. 이때 합동표본분산인 S_p^2은 $\frac{(n_1+n_2-2)S_p^2}{\sigma^2} \sim \chi^2(n_1+n_2-2)$이다. 따라서 다음이 성립한다.

$$\frac{(\bar{X}-\bar{Y})-(\mu_1-\mu_2)}{S_p\sqrt{\frac{1}{n_1}+\frac{1}{n_2}}} \sim t(n_1+n_2-2)$$

10.5 *F* 분포

$V_1 \sim \chi^2(r_1), V_2 \sim \chi^2(r_2)$이고 서로 독립일 때 다음의 확률변수를 고려하자.

$$F=\frac{V_1/r_1}{V_2/r_2}$$

이때 F 확률변수는 자유도가 r_1, r_2인 F 분포를 따른다고 한다.

$$F \sim F(r_1, r_2)$$

F 분포는 피셔-스네데코 분포(Fisher–Snedecor distribution)라고도 하며 분산분석(analysis of variance) 등에 널리 사용되는 분포이다. 이 분포가 사용되는 간단한 예를 살펴보자. $X_1, \ldots, X_{n_1} \sim N(\mu_1, \sigma_1^2)$이고 $Y_1, \ldots, Y_{n_2} \sim N(\mu_2, \sigma_2^2)$이며 서로 독립인 임의표본이라고 하자. 이때 $\frac{(n_1-1)S_1^2}{\sigma_1^2} \sim \chi^2(n_1-1)$, $\frac{(n_2-1)S_2^2}{\sigma_2^2} \sim \chi^2(n_2-1)$이므로 다음이 성립한다.

$$\frac{\frac{(n_1-1)S_1^2}{\sigma_1^2}\Big/ (n_1-1)}{\frac{(n_2-1)S_2^2}{\sigma_2^2}\Big/ (n_2-1)}=\frac{\frac{S_1^2}{\sigma_1^2}}{\frac{S_2^2}{\sigma_2^2}}=\frac{\sigma_2^2}{\sigma_1^2}\frac{S_1^2}{S_2^2} \sim F(n_1-1, n_2-1)$$

즉, 주어진 피벗을 이용하여 두 개의 모분산의 비에 대한 추론을 할 수 있게 된다. 주요한 몇 가지 성질을 알아보자.

$F \sim F(r_1, r_2)$이면 $\frac{1}{F} \sim F(r_2, r_1)$이다.

- $T=\frac{Z}{\sqrt{V/r}}$이면 $T^2=\frac{Z^2/1}{V/r} \sim F(1, n-1)$이다. 왜냐하면 $Z^2 \sim \chi^2(1)$이기 때문이다.

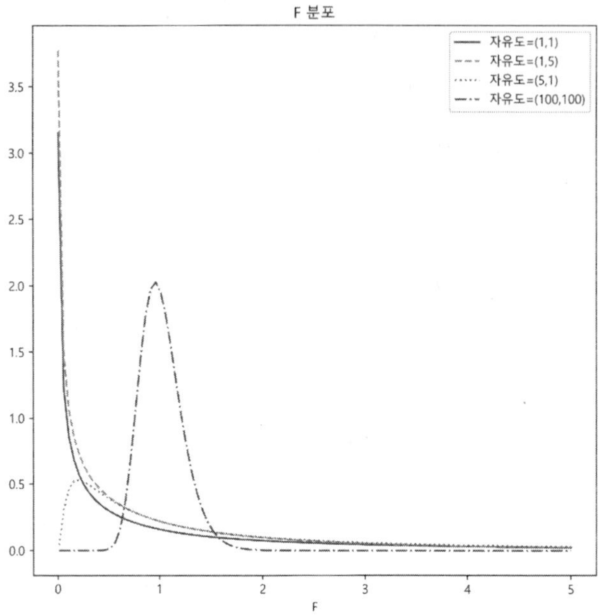

그림 10.7 자유도에 따른 F 분포

그림 10.7은 자유도에 따른 F 분포의 모습이다.

F 확률변수의 확률을 계산해보자. $F \sim F(90, 100)$인 경우에 확률은 다음과 같이 계산된다.

$$\Pr(F > 1.5) = 1 - \Pr(F \leq 1.5) = 0.024$$

In

```
# 확률 계산
dof = [90, 100]
prob = 1 - ss.f.cdf(1.5, dfn=dof[0], dfd=dof[1])
prob.round(3)
```

Out

```
0.024
```

만약 상위 5%가 되는, 즉 아래와 같은 식을 만족하는 F_α 분위수(quantile)는 어떻게 구할 수 있을까?

$$\Pr(F \geq F_\alpha) = \alpha$$

$\Pr(F \geq F_\alpha) = 1 - \Pr(F \leq F_\alpha)$이므로 $\Pr(F \leq F_\alpha) = 1 - \alpha$인 F_α를 찾는 것이다.

In
```
# 상위 % 지정 후 분위수 계산: ppf(percent point function) 함수
alpha = 0.05
dof = [90, 100]
qpoint = ss.f.ppf(1-alpha, dfn=dof[0], dfd=dof[1])
qpoint.round(3)
```

Out
```
1.402
```

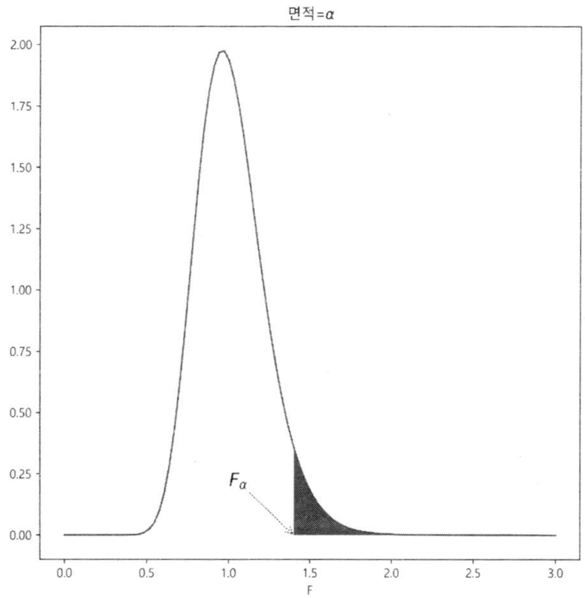

그림 10.8 상위 α%의 의미

그림 10.8은 상위 5%가 어떤 의미인지를 표현한 것이다.

11장

정보 이론

이 장에서 사용되는 파이썬 패키지는 다음과 같다.

In
```
import numpy as np
from scipy.stats import entropy
import matplotlib.pyplot as plt
from pgmpy.factors.discrete import JointProbabilityDistribution as JPD
import pgmpy

pgmpy.__version__
```

Out
```
'v0.1.9'
```

11.1 개요

정보 이론(information theory)은 정보에 대한 통신, 정량화 그리고 저장에 대하여 연구하는 학문이며 1948년에 신호처리에 대한 기본 한계를 찾기 위하여 샤논(Shannon)에 의하여 제안되었다. 정보 이론에서 가장 중요한 정보의 측도(measure)는 엔트로피(entropy)이며 이는 확률변수에 대한 불확실한 정보의 양을 측정하는 데 사용된다. 예를 들어 동전 던지기의 결과를 예측하는 것은 주사위를 던져서 결과를 예측하는 것보다 낮은 불확실성, 즉 낮은 엔트로피 값을 준다.

11.2 엔트로피

하나의 확률변수 X가 x 값을 갖기 위한 정보량은 다음과 같이 정의된다.

$$-\log_2 P(X = x)$$

예제

동전 던지기에서 앞면이 나올 정보량과 주사위를 던져서 1이 나올 정보량을 비교해보자.

동전 던지기에서 앞면이 나올 확률은 $\frac{1}{2}$이므로 $-\log_2 \frac{1}{2} = 1$, 주사위를 던져서 1이 나올 확률은 $\frac{1}{6}$이므로 $-\log_2 \frac{1}{6} = 2.5849$ 이다.

결과를 보면 주사위의 정보량, 즉 불확실성이 높다고 할 수 있다. 정보량의 식에서 로그는 밑을 2를 사용하였다. 이때 정보량의 단위를 샤논 또는 비트(bit)라고 한다. 만약에 자연로그를 이용하는 경우에는 정보량의 단위를 내트(nat)라고 한다. 이 책에서는 정보량의 단위로 오일러 상수(e)를 사용한다.

엔트로피는 확률변수 X의 정보량에 대한 기댓값으로 다음과 같이 정의된다.

$$H(X) = -\sum_i p_i \log p_i = E(-\log p(X))$$

예제

동전 던지기에서 나오는 면에 대한 확률변수와 주사위 던지기에서 나올 숫자에 대한 확률변수의 엔트로피를 구해보자.

In
```
# 예제
# 동전 던지기
pk = [1/2, 1/2]
np.round([entropy(pk, base=2), entropy(pk, base=np.e)], 3)
```

Out
```
array([1.   ,0.693])
```

In
```
# 주사위 던지기
pk = 1/6*np.ones(6)
np.round([entropy(pk, base=2), entropy(pk, base=np.e)], 3)
```

Out
```
array([2.585,1.792])
```

결과를 보면 서로 독립인 사건에 대한 엔트로피는 각각의 사건에 대한 정보량과 일치함을 알 수 있다.

동전 던지기에서 앞면이 나올 확률을 p라고 하면 엔트로피는 다음과 같다.

$$H(X) = -\ p\log p - (1-p)\log(1-p)$$

이를 p에 관한 함수로 하여 그래프를 그리면 그림 11.1과 같다.

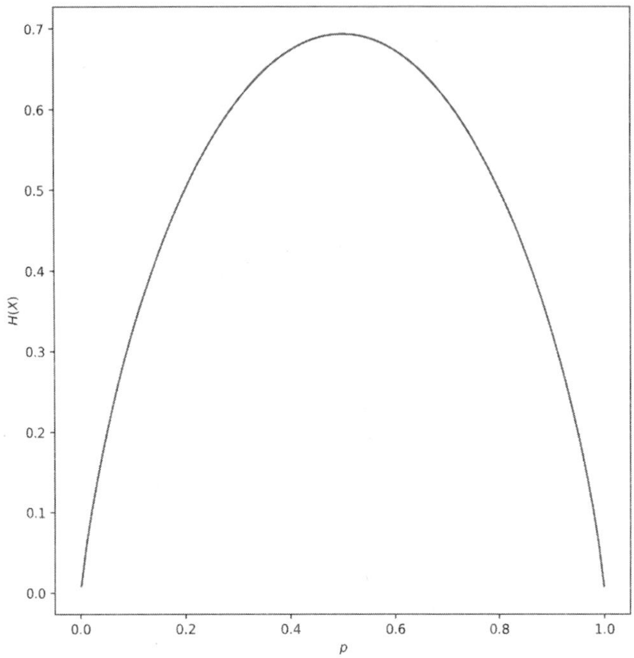

그림 11.1 확률 값과 엔트로피

그림 11.1을 보면 앞면 또는 뒷면이 나올 확률이 동등한 경우는 엔트로피 값이 제일 크고, 즉 불확실성이 가장 높고, 한쪽으로 치우친 확률인 경우, 즉 앞면이 나올 확률이 1이거나 0인 경우는 엔트로피 값이 0이다. 이 그림의 결과로 보면 확률이 동등할 때 동전 던지기 결과를 전송하는 경우에 오일러 상수 단위로 대략 0.7 정도가 필요함을 알 수 있다. 확률변수가 베르누이 시행의 결과 값을 갖는다고 하면 위의 식을 특별히 이진 엔트로피 함수(binary entropy function)라고 한다.

11.3 결합 엔트로피

2개의 이산 확률변수의 결합 엔트로피는 (X, Y) 짝에 대한 엔트로피이다.

$$H(X,Y) = -\sum_{x,y} p(x,y)\log p(x,y) = E_{X,Y}(-\log p(X,Y))$$

예제

다음의 분포를 갖는 확률변수 X, Y에 대하여 결합 엔트로피를 구해보자.

(x, y)	(1, 1)	(1, 2)	(1, 3)	(2, 1)	(2, 2)	(2, 3)
$f(x, y)$	$\frac{2}{15}$	$\frac{4}{15}$	$\frac{3}{15}$	$\frac{1}{15}$	$\frac{1}{15}$	$\frac{4}{15}$

In
```
# 예제
# 결합 엔트로피
pk = 1/15 * np.array([2, 4, 3, 1, 1, 4])
log_pk = -np.log(pk)
H_XY = np.dot(pk, log_pk)
H_XY.round(3)
```

Out
```
1.657
```

11.4 조건부 엔트로피

확률변수 Y에 대한 다른 확률변수 X의 불확실성 즉, 조건부 엔트로피(conditional entropy)는 다음과 같이 정의된다.

$$H(X|Y) = E_Y\big(H(X|Y=y)\big) = -\sum_y p(y) \sum_x p(x|y) \log p(x|y) = -\sum_{x,y} p(x,y) \log p(x|y)$$

따라서 $\log p(x|y) = \log p(x,y) - \log p(y)$이므로 $H(X|Y) = H(X,Y) - H(Y)$가 된다.

예제

다음의 분포를 갖는 확률변수 X, Y에 대하여 결합 $H(X \mid Y)$를 구해보자.

(x, y)	(1, 1)	(1, 2)	(1, 3)	(2, 1)	(2, 2)	(2, 3)
$f(x, y)$	$\frac{2}{15}$	$\frac{4}{15}$	$\frac{3}{15}$	$\frac{1}{15}$	$\frac{1}{15}$	$\frac{4}{15}$

In

```
# 예제
# 조건부 엔트로피

# 결합 확률 정의
prob = 1/15 * np.array([2, 4, 3, 1, 1, 4])
fxy = JPD(['X', 'Y'],[2, 3], prob)
print(fxy)
```

Out

```
+------+------+----------+
¦ X    ¦ Y    ¦   P(X,Y) ¦
+======+======+==========+
¦ X(0) ¦ Y(0) ¦   0.1333 ¦
+------+------+----------+
¦ X(0) ¦ Y(1) ¦   0.2667 ¦
+------+------+----------+
¦ X(0) ¦ Y(2) ¦   0.2000 ¦
+------+------+----------+
¦ X(1) ¦ Y(0) ¦   0.0667 ¦
+------+------+----------+
¦ X(1) ¦ Y(1) ¦   0.0667 ¦
+------+------+----------+
¦ X(1) ¦ Y(2) ¦   0.2667 ¦
+------+------+----------+
```

In

```
# 조건부 확률 예시
prob = fxy.conditional_distribution([('Y', 0)], inplace=False)
print(prob)
```

Out

```
+------+--------+
¦ X    ¦   P(X) ¦
+======+========+
¦ X(0) ¦ 0.6667 ¦
+------+--------+
¦ X(1) ¦ 0.3333 ¦
+------+--------+
```

In

```
# 조건부 엔트로피 계산
res_sum = []

# 모든 x에 대하여
for i in fxy.state_names['X']:
    # 모든 y에 대하여
    for j in fxy.state_names['Y']:
        cond_y = fxy.conditional_distribution([('Y', j)],
inplace=False).values[i]
        res = -fxy.values[i,j] * np.log(cond_y)
        res_sum.append(res)
# 결과
np.sum(res_sum).round(3)
```

Out

```
0.613
```

In

```
# H(X, Y) - H(Y) 이용
# H(X, Y) 계산
H_XY = np.dot(fxy.values.reshape(-1) ,-np.log(fxy.values.reshape(-1)))

# H_Y 계산
prob_y = fxy.marginal_distribution(['Y'], inplace=False).values
H_Y = np.dot(prob_y ,-np.log(prob_y))

# 결과 계산
np.round(H_XY-H_Y, 3)
```

Out

```
0.613
```

11.5 상호정보

상호정보(mutual information)는 다른 확률변수를 관찰함으로써 관심있는 확률변수에 대하여 얻을 수 있는 정보량에 대한 측도이다.

$$I(X;Y) = \sum_{x,y} p(x,y) \log \frac{p(x,y)}{p(x)p(y)} = E_{X,Y}\left(\log \frac{P(X,Y)}{P(X)P(Y)}\right)$$

만약 2개의 확률변수가 독립이라면 상호정보는 0이 된다. 그리고 일반적으로 $p(x,y) \geq p(x)p(y)$이므로 상호정보는 항상 0보다 크거나 같게 된다.

$$\log\frac{p(x,y)}{p(x)p(y)} = \log p(x,y) - \log p(x) - \log p(y)$$

따라서 $I(X;Y) = H(X) + H(Y) - H(X,Y) = H(X) - H(X|Y)$이다. 또한 $I(X;Y) = I(Y;X)$가 된다.

예제

다음의 분포를 갖는 확률변수 X, Y에 대하여 상호정보를 구해보자.

(x, y)	(1, 1)	(1, 2)	(1, 3)	(2, 1)	(2, 2)	(2, 3)
$f(x, y)$	$\frac{2}{15}$	$\frac{4}{15}$	$\frac{3}{15}$	$\frac{1}{15}$	$\frac{1}{15}$	$\frac{4}{15}$

In

```
# 예제
# 상호정보 계산

# 결합 확률 정의
pxy = 1/15 * np.array([2, 4, 3, 1, 1, 4])
fxy = JPD(['X', 'Y'],[2, 3], pxy)

# 주변확률 계산
px = fxy.marginal_distribution(['X'], inplace=False).values
py = fxy.marginal_distribution(['Y'], inplace=False).values

# 상호정보 계산
h_xy = np.dot(pxy, -np.log(pxy))
h_x = np.dot(px, -np.log(px))
h_y = np.dot(py, -np.log(py))

# 결과
i_xy = h_x + h_y - h_xy
i_xy.round(3)
```

Out

```
0.06
```

11.6 교차 엔트로피

확률변수 X에 대하여 X의 실제 분포를 $p(X)$이고 임의의 분포를 $q(X)$이라고 하면 교차 엔트로피(cross entropy)는 다음과 같이 정의된다.

$$H(p,q) = -E_p \log q = -\sum_x p(x) \log q(x)$$

예제

다음의 분포를 갖는 확률변수 X에 대하여 교차 엔트로피를 구해보자.

x	0	1	2
$p(x)$	$\frac{1}{4}$	$\frac{1}{2}$	$\frac{1}{4}$
$q(x)$	$\frac{1}{3}$	$\frac{1}{3}$	$\frac{1}{3}$

In
```
# 예제
# 교차 엔트로피 계산
px = [1/4, 1/2, 1/4]
qx = [1/3, 1/3, 1/3]

hpq = np.dot(px, -np.log(qx))
hpq.round(3)
```

Out
```
1.099
```

교차 엔트로피에 대한 간단한 응용 예를 살펴보자. 예를 들어 로지스틱 회귀분석인 경우에 $p(x) \in \{y, 1-y\}$이고 예측값을 $q(x) \in \{\hat{y}, 1-\hat{y}\}$ 이라고 하면 $-p(x)\log q(x) = -y\log\hat{y} - (1-y)\log(1-\hat{y})$가 된다. 즉, 하나의 x값에 대하여 로그-우도비의 음수가 된다. 따라서 모든 x값에 대하여 적용을 하면 교차 엔트로피는 로그-우도의 음수가 된다.

11.7 쿨백-라이블러 발산

쿨백-라이블러 발산(Kullback-Leibler divergence, information gain, relative entropy, information divergence)은 2개의 분포를 비교하는 방법이다. 예를 들어 확률변수 X의 실제 분포를 $p(X)$이고 임의의 분포를 $q(X)$이라고 하면 쿨백-라이블러 발산은 다음과 같이 정의된다.

$$D_{KL}(p(X)||q(X)) = \sum_{x} p(x)\log\frac{p(x)}{q(x)} = H(p,q) - H(p)$$

상호정보와 쿨백-라이블러 발산과의 관계를 살펴보면 다음과 같다.

$$I(X;Y) = D_{KL}\big(p(X,Y)||p(X)p(Y)\big)$$

12장

통계

이 장에서 사용되는 파이썬 패키지는 다음과 같다.

In
```
# 필요한 패키지
import numpy as np
import pandas as pd
import matplotlib.pyplot as plt
import matplotlib as mpl

# 필요한 패키지 2
from pandas_datareader import data as pdr
from pandas.plotting import scatter_matrix

# 한글출력
plt.rcParams['font.family'] = 'Malgun Gothic'
plt.rcParams['axes.unicode_minus'] = False

mpl.__version__
```

Out
```
'3.1.1'
```

12.1 통계학이란?

통계학이란 단어는 라틴어의 "statisticum collegium(국가평의회)" 그리고 이탈리아어인 "statista(정치가)"로부터 유래되었다고 한다. 18세기 중반에 독일의 갓프라이드 에이큰월(Gottfried Aschenwall)이 처음으로 "statistik"이라는 단어를 사용하였으며 이를 국가의 과학(science of state), 즉 국가에 대한 데이터를 분석하는 것이라고 정의하였다. 이후 19세기 초까지는 일반적으로 데이터의 수집과 분류의 의미로 사용되었으며 영어로는 18세기 후반에 존 싱클레어 경의 『Statistical Account of Scotland』 책에서 등장하였다. 통계학은 다음과 같이 정의할 수 있다.

"Statistics is a branch of mathematics working with data collection, organization, analysis, interpretation and presentation."

"통계학은 수학의 한 분야로서 데이터 수집, 정리, 분석, 해석 및 표현을 연구하는 분야이다."

통계학의 유명한 학자인 R.A. Fisher의 [FISHER] 문헌에서는 "통계학은 응용수학의 한 분야이며 관측 데이터에 적용하는 수학이다" 이라고 정의하고 있다. 더 나아가 통계학은 모집단(population), 변동(variation), 데이터 축소(reduction) 방법에 대한 연구로 정의하고 있다.

통계학의 여러 정의를 보면 공통적으로 관측된 데이터를 기반으로 하고 있다. 이때 관측된 데이터는 어떤 것을 의미하는 것일까? 데이터를 관측한다는 것은 특정한 목적하에 이루어진다. 통계청에서 실시하는 인구 주택 총조사는 인구와 가구수를 전수조사하는 일이다. 5년마다 조사를 하며 목적은 각종 경제, 사회발전계획의 수립 및 평가와 학술연구, 민간부문의 경영 계획수립에 중요한 기초자료를 생성 및 제공하는 것이다. 일반적으로 많이 접하는 관측된 데이터는 여론조사이다.

등록번호	조사기관명	조사의뢰자	여론조사 명칭	등록일	지역	결정사항
6470	(주)한국리서치	KBS	전국 국회의원선거 비례대표국회의원선거 정당지지도 국정운영평가 및 현안	2020-01-23	전국	-
6469	(주)한국리서치	KBS	전국 국회의원선거 비례대표국회의원선거 정당지지도 국정운영평가 및 현안	2020-01-23	전국	-
6468	(주)코리아리서치인터내셔널	제주MBC, 제주CBS, 제주신보, 제주의소리	제주도 서귀포시 국회의원선거 정당지지도 기타 서귀포시선거구 제21대 총선, 사회 및 지역현안 등	2020-01-23	제주도	-
6467	(주)한국리서치	KBS	전국 국회의원선거 비례대표국회의원선거 정당지지도 국정운영평가 및 현안	2020-01-23	전국	-
6466	(주)코리아리서치인터내셔널	제주MBC, 제주CBS, 제주신보, 제주의소리	제주도 제주시 국회의원선거 정당지지도 기타 제주시을선거구 제21대 총선, 사회 및 지역현안 등	2020-01-23	제주도	-
6465	(주)코리아리서치인터내셔널	제주MBC, 제주CBS, 제주신보, 제주의소리	제주도 제주시 국회의원선거 정당지지도 기타 제주시갑선거구 제21대 총선, 사회 및 지역현안 등	2020-01-23	제주도	-
6463	(주)알앤써치	남도일보,뉴스1광주전남취재본부	전라남도 해남군 완도군 진도군 국회의원선거 정당지지도	2020-01-22	전라남도	-
6462	(주)알앤써치	남도일보,뉴스1광주전남취재본부	전라남도 여수시 국회의원선거 정당지지도	2020-01-22	전라남도	-
6461	(주)알앤써치	남도일보,뉴스1광주전남취재본부	전라남도 영암군 무안군 신안군 국회의원선거 정당지지도	2020-01-22	전라남도	-
6460	(주)알앤써치	남도일보,뉴스1광주전남취재본부	전라남도 광양시 곡성군 구례군 국회의원선거 정당지지도	2020-01-22	전라남도	-

그림 12.1 중앙선거관리위원회 여론조사결과 현황

그림 12.1을 보면 여론조사명칭에서 여론조사의 목적을 엿볼 수 있다. 트윗(tweet) 데이터는 초당 6,000개의 트윗이 발생한다고 한다. 만약 트윗 데이터를 분석해서 현재 시점에서 주요한 키워드가 무엇인지를 알고자 한다면 모든 트윗 데이터를 분석한다는 것은 많은 자원을 낭비하는 일이기도 하다. 이때 적절한 데이터를 추출하고 수집하는 절차가 필요하다.

제조업의 예를 들면 삼성전자에서 하나의 칩(chip)을 생산하는 과정은 무한히 많은 공정을 거쳐야 한다. 이때 최종적으로 칩 불량이 발생한 경우에 어느 공정에서 발생했는지를 파악하고 관련 제조방법(recipe) 중에 일부를 실험계획(experimental design)에 의하여 실험을 하고 데이터를 생성하게 된다. 이 또한 하나의 데이터를 생성하고 수집하는 과정이 되는 것이다. 앞의 예의 공통점은 하나의 관측값, 즉 데이터를 만들어내기 위해서는 효율적이고 효과적인 수집 절차가 필요하다는 것이다.

통계학의 출발점은 데이터 수집에 있으며 데이터를 수집하는 목적은 명확해야만 한다. 데이터를 수집하는 목적은 대상이 되는 한 줄의 데이터인 관측값들을 수집하였을 때 얻고자 하는 그 무엇이다. 즉, 우리가 모르는 모집단의 특성을 기술(description)하거나 추론(inference)하고자 하는 것이다. 모집단(population)은 기 존재하는 객체들의 집합이거나 경험으로부터 상상할 수 있는 무한 객체 집합, 예를 들어 동전 던지기를 무한히 반복할 때 앞면과 뒷면이 생길 수 있는 조합과 같이 정의할 수 있다. 무한 객체 집합의 예로는 삼성전자 주가의 3년 후 금액의 예상 가능한 결과 집합 등을 들 수 있다. 이러한 모집단을 전수조사하지 않는다면 일종의 특정 시점의 관측된 데이터, 즉 표본(sample)으로부터 모집단의 특성을 추론할 수밖에 없다. 예를 들어 그림 12.2와 같이 삼성전자의 주가가 미래에 어떻게 변할지는 특정 기간의 삼성전자 주가 데이터로부터 예측할 수밖에 없다. 이때 표본은 관심 대상인 모집단의 특성을 반영하도록 추출 또는 생성해야 한다. 이러한 과정을 통계적 표본추출 또는 표집(statistical sampling)이라고 한다. 표본추출의 대표적인 방법으로 임의 표본추출(random sampling) 방법을 들 수 있다.

보험사에서는 보험 사기(fraud)를 알아내기 위하여 많은 전산 자원 및 인력을 투입한다. 매년 엄청난 보험 사기로 인하여 선량한 대다수의 보험계약자들이 손해를 보기 때문이다. 이때 어떠한 방식으로 데이터를 준비하고 추출해야 할까? 보험 사기로 판정된

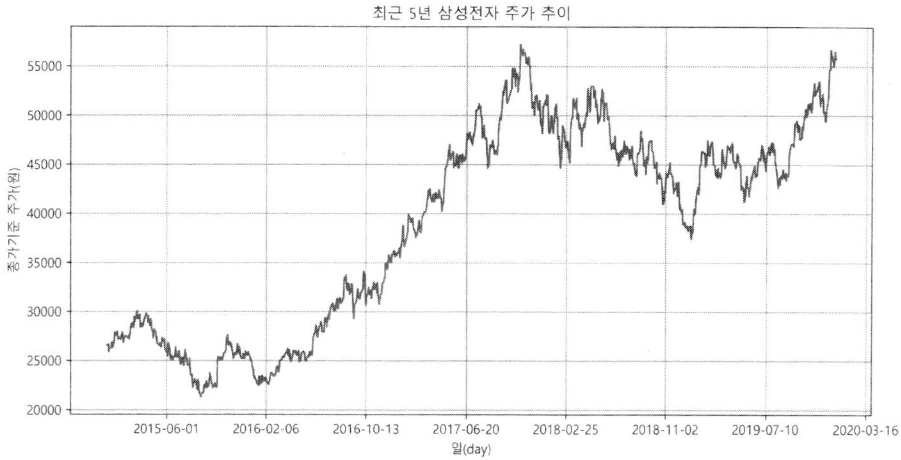

그림 12.2 삼성전자 주가

데이터는 매우 작기 때문에 이것조차도 명확하지 않은 예가 많다. 따라서 내부적으로는 보험 사기에 준하는 경우를 보험 사기라고 생각하며, 이런 경우 보험 사기 청구 건에서 거의 100% 데이터를 추출하고 나머지 선량한 보험 청구(클레임) 건에서는 일부만 추출하게 된다. 일종의 같은 성격의 집단을 정의하고 각 집단별로 표본을 추출하는 것이다. 이런 경우는 층화추출(stratified random sampling)이라고 한다. 이러한 과정을 거쳐서 통계적인 분석을 하게 된다.

12.2 데이터의 기술

데이터가 추출되고 나면 제일 먼저 데이터가 갖고 있는 기본 특성인 기술적인 정보(descriptive information)를 파악하게 된다. 이러한 과정을 기술통계분석(descriptive statistics)이라고 한다. 기술통계분석은 데이터가 표본이나 모집단 가리지 않고 할 수 있는 기본적인 방법이다. 기술통계분석은 데이터를 구성하고 있는 객체의 특성, 즉 하나의 관측값의 측정된 항목(변수 또는 특징)에 따라 중심적인 경향과 산포(dispersion)를 중점적으로 살피게 된다. 물론 개별적인 값의 의미도 파악을 하게 되고 이때 뭔지 모를 이유에 의해서 상식적으로 나올 수 없는 값이 있거나 또는 아예 값이 없는 경우에 대한 분석도 하게 된다. 이런 의미에서 기술통계분석은 데이터 프로파일 분석 또는 데이터 품질 분석이라고도 한다.

금액, 건수 등의 데이터 항목이 있는 경우에 어떤 값이 크게 벗어난 값이라고 판정할 수 있을까? 그리고 왜 그러한 비정상적인 값을 갖는 데이터에 보다 더 관심을 갖는 것일까? 이런 부분에 대한 보다 정교한 판정은 통계분포(statistical distribution)와 확률 등에서 해답을 주고 있다. 일상 생활에서도 대부분의 학생은 수학 성적 평균이 50인데 어떤 학생이 100이라면 누구라도 뛰어난 학생이라고 생각할 것이고 보다 더 관심을 갖을 수밖에 없다. 즉 일종의 좋은 의미에서 이상값(outlier)인 것이다.

분포(distribution)는 중심적인 경향인 평균(mean) 또는 중간값(median) 등과 데이터가 퍼져 있는 정도인 산포를 표현하는 것이다.

가입한 상품, 트위터의 명사(noun) 키워드, 유튜브에서 클릭한 컨텐츠 등은 일종의 범주(categorical) 데이터이다. 이런 데이터에서는 각 범주별 건수로 데이터를 기술하는 것이 일반적인 방법이다. 이때 낱개의 범주로 건수를 기술하는 측면도 있지만 주민등록번호인 경우는 111111-1111111와 같은 구성으로 표현할 수 있다. 즉, 숫자는 1로, 문자는 A(대문자인 경우), a(소문자인 경우), AA(한글인 경우) 등으로 표현하면 아주 많은 데이터, 즉 빅데이터에서는 유형(pattern) 분석이 되는 것이다.

이러한 분석을 그래프로 표현하게 되면 보다 함축적으로 기술통계분석이 가능하다. 대표적인 통계그래프(statistical graph)는 막대도표(bar chart), 파이 도표(pie chart), 선도표(line chart, line graph), 히스토그램(histogram), 산점도(scatter plot), 색깔 지도(color map, heat map), 상자그림(boxplot) 등이 있다.

12.2.1 막대도표

막대도표(bar chart)는 범주형(categorical type) 데이터를 도표로 표현한 것이다. 여기서 높이는 각 범주를 표현하는 값이 된다. 즉, 높이는 각 범주의 빈도가 되거나 또는 전체에서의 빈도의 비율 등을 의미한다.

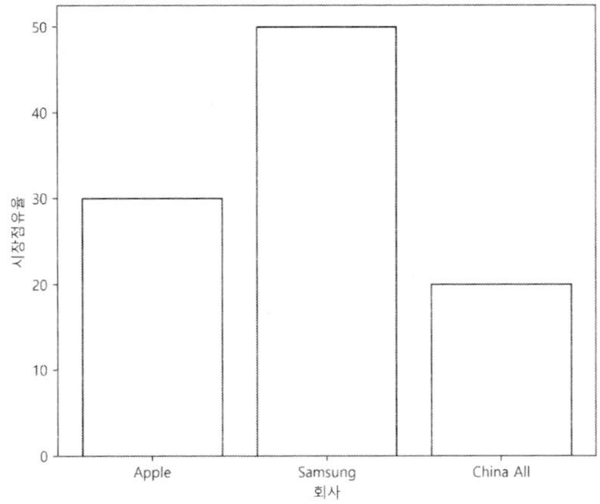

그림 12.3 단순 막대도표

In
```
# 단순 막대도표
names = ['Apple', 'Samsung', 'China All']
bar_height =np.array([30, 50, 20])

fig, ax = plt.subplots(figsize=(6, 5))
ax.bar(names, bar_height, color='white', edgecolor='black')
ax.set_xlabel('회사')
ax.set_ylabel('시장점유율')

plt.tight_layout()
fig.savefig('image/그림12.3.png', transparent=True, dpi=500)
```
Out

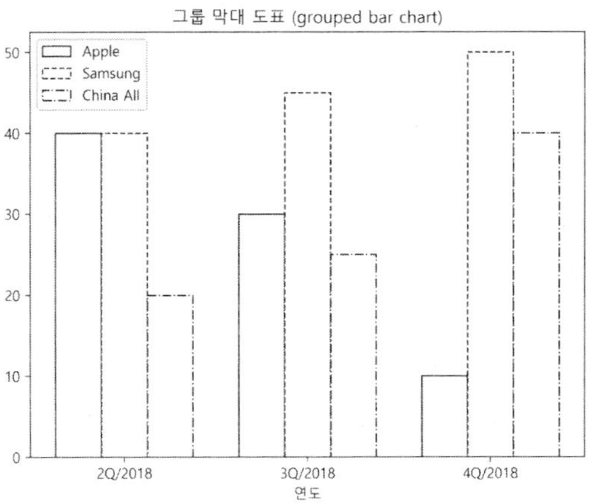

그림 12.4 그룹 막대도표

In

```
# 그룹 막대도표 (grouped bar chart)
# 막대 하나의 길이
barWidth = 0.25

# 각 하위 범주의 높이(값): 여기서 각 배열의 첫 번째 값은 같은 그룹임
bars1 = np.array([40, 30, 10])
bars2 = np.array([40, 45, 50])
bars3 = np.array([20, 25, 40])
tick_values = ['2Q/2018', '3Q/2018', '4Q/2018']

# 막대도표의 위치
r1 = np.arange(len(bars1))
r2 = [x + barWidth for x in r1]
r3 = [x + barWidth for x in r2]

fig, ax = plt.subplots(figsize=(6, 5))

# 막대도표 생성
ax.bar(r1, bars1, color='white', width=barWidth, edgecolor='black',
linestyle='-', label='Apple')
ax.bar(r2, bars2, color='white', width=barWidth, edgecolor='black',
linestyle='--', label='Samsung')
ax.bar(r3, bars3, color='white', width=barWidth, edgecolor='black',
linestyle='-.', label='China All')

# 눈금(tick) 구성하고 값 주기
ax.set_xlabel('연도')
ax.set_xticks([r + barWidth for r in np.arange(len(bars1))])
ax.set_xticklabels(tick_values)
ax.set_title('그룹 막대도표 (grouped bar chart)')
ax.legend()

plt.tight_layout()
fig.savefig('image/그림12.4.png', transparent=True, dpi=500)
```

Out

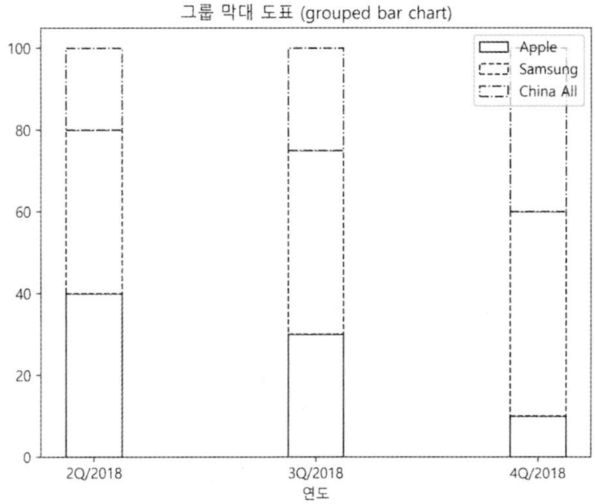

그림 12.5 적층 막대도표

In

```
# 적층 막대도표 (stacked bar chart)
fig, ax = plt.subplots(figsize=(6, 5))

# 막대도표 생성
ax.bar(r1, bars1, color='white', width=barWidth, edgecolor='black',
linestyle='-',  label='Apple')
ax.bar(r1, bars2, color='white', width=barWidth, bottom=bars1,
edgecolor='black', linestyle='--', label='Samsung')
ax.bar(r1, bars3, color='white', width=barWidth, bottom=bars1+bars2,
edgecolor='black', linestyle='-.', label='China All')

# 눈금(tick) 구성하고 값 주기
ax.set_xlabel('연도')
ax.set_xticks(r1)
ax.set_xticklabels(tick_values)
ax.set_title('그룹 막대도표 (grouped bar chart)')
ax.legend(loc='best')

plt.tight_layout()
fig.savefig('image/그림12.5.png', transparent=True, dpi=500)
```

Out

12.2.2 원도표

원도표(circle chart, pie chart)는 원 모양의 통계 그래프이며 각 조각(slice)은 전체에 대한 비율(proportion)을 의미한다.

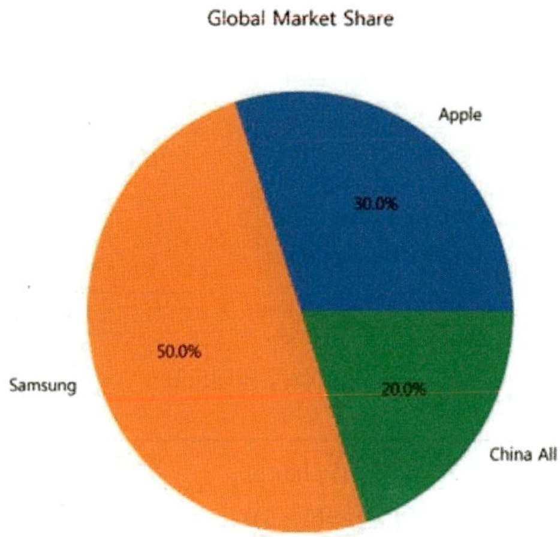

그림 12.6 단순 원도표

In

```
# 단순 원도표
labels = ['Apple', 'Samsung', 'China All']
sizes = np.array([30, 50, 20])

fig, ax = plt.subplots(figsize=(6, 5))

# 앞의 %는 포맷을 표시하기 위한 것이며 뒤의 %%는 % 표시하기 위하여 %%가 된
것임
ax.pie(sizes, labels=labels, autopct='%1.1f%%')
ax.set_title('Global Market Share')

plt.tight_layout()
fig.savefig('image/그림12.6.png', transparent=True, dpi=500)
```

Out

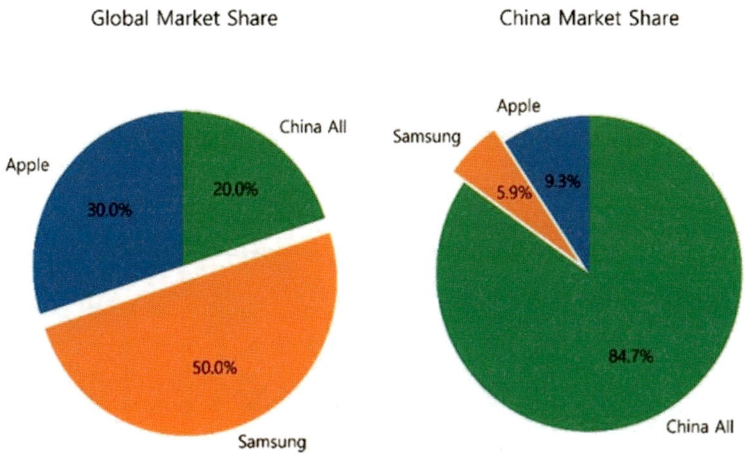

그림 12.7 그룹 원도표

In

```
# 그룹 원도표
labels = ['Apple', 'Samsung', 'China All']
sizes = np.array([30, 50, 20])
sizes_in_china = np.array([11, 7, 100])
explode = (0, 0.1, 0)

fig, ax = plt.subplots(figsize=(8, 5), ncols=2)
ax[0].pie(sizes, explode=explode, labels=labels, autopct='%1.1f%%',
startangle=90)
ax[0].axis('equal')
ax[0].set_title('Global Market Share')

ax[1].pie(sizes_in_china, explode=explode, labels=labels,
autopct='%1.1f%%', startangle=90)
ax[1].axis('equal')
ax[1].set_title('China Market Share')
plt.suptitle('Market Shares: Global vs. Chaina')

fig.savefig('image/그림12.7.png', transparent=True, dpi=500)
```

Out

12.2.3 선도표

선도표(line chart, line plot, line graph, curve chart)는 데이터 열(series, sequence)을 선으로 연결한 도표이다. 이때 각 점은 새로운 표식자(marker)로 표현할 수도 있다.

그림 12.8 선도표

In

```
# 단순 선도표

# 데이터 구성
# 데이터 시작일 지정
start_date = "2017-01-01"

# 주가 기호 지정
ss = '005930.KS'
lgchem = '051910.KS'

# 데이터 구성
df = pdr.get_data_yahoo(ss, start=start_date)
df.columns
```

Out

```
Index(['High', 'Low', 'Open', 'Close', 'Volume', 'Adj Close'], dtype='object')
```

```
In   # 단순 선도표
     fig, ax = plt.subplots(figsize=(10, 5))
     ax.plot(df.index, df['Close'])

     ax.xaxis.set_major_locator(mpl.ticker.MaxNLocator(10))
     ax.set_xlabel('일(day)')
     ax.set_ylabel('종가기준 주가(원)')
     ax.set_title('최근 5년 삼성전자 주가 추이')

     plt.tight_layout()
     fig.savefig('image/그림12.8.png', transparent=True, dpi=500)
```

Out

그림 12.9 비교 선도표

```
In   # 비교 선도표
     # twinx() 함수를 이용한 눈금이 틀린 2개의 추세를 동시에 보여주기

     # 데이터 구성
     start_date = '2014-01-01'
     end_date = '2018-12-31'

     df = pdr.get_data_yahoo(ss, start=start_date, end=end_date)
     df2 = pdr.get_data_yahoo(lgchem, start=start_date, end=end_date)
```

```
x = df.index
y1 = df.Close
y2 = df2.Close
```

Out

In

```
# 이중 축 선도표 (twin axes line chart)
fig, ax1 = plt.subplots(figsize=(10, 5))

ax1.set_title("최근 5년 삼성전자 대 LG화학 주가 비교", fontsize=14)
ax1.set_xlabel("일(day)", fontsize=12)

ax1.plot(x, y1, ls='-', lw=1, color="blue", label='삼성전자')
ax1.set_ylabel("삼성전자", fontsize=12, color="blue")
for label in ax1.get_yticklabels():
    label.set_color("blue")

formatter = mpl.ticker.ScalarFormatter(useMathText=True)
formatter.set_scientific(True)
formatter.set_powerlimits((-1,1))
ax1.yaxis.set_major_formatter(formatter)

ax2 = ax1.twinx()
ax2.plot(x, y2, ls='--', lw=1, color="red", label='LG화학')
ax2.set_ylabel("LG화학", fontsize=12, color="red")
for label in ax2.get_yticklabels():
    label.set_color("red")

ax2.yaxis.set_major_formatter(formatter)
ax1.legend(loc='upper left')
ax2.legend()

plt.tight_layout()
fig.savefig('image/그림12.9.png', transparent=True, dpi=500)
```

Out

12.2.4 히스토그램

히스토그램은 숫자형 데이터의 분포를 보여주는 그래프이다. 즉, 연속형 데이터의 확률 분포에 대한 하나의 추정값을 보여주는 그래프이다. 히스토그램은 데이터의 값들의 범위에 대한 구간이라고 할 수 있는 계급구간(class interval, bin, bucket)을 구성한 후 해당 계급구간에 속하는 데이터의 빈도 또는 상대빈도를 표현한 것이다.

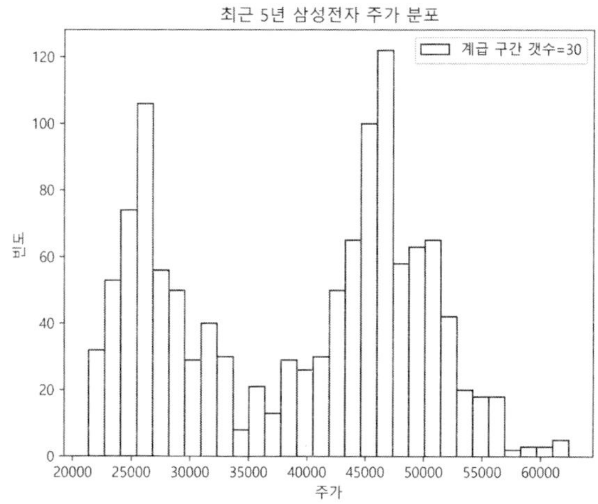

그림 12.10 단순 히스토그램

```
In      # 단순 히스토그램

        # 데이터 구성
        # 데이터 시작일 지정
        start_date = "2015-01-01"

        # 주가 기호 지정
        ss = '005930.KS'
        lgchem = '051910.KS'

        # 데이터 구성
        df = pdr.get_data_yahoo(ss, start=start_date)
        df.columns
        df.shape
Out     (1228, 6)
```

In
```
fig, ax = plt.subplots(figsize=(6, 5))
ax.hist(df['Close'], bins=30, color='white', edgecolor='black', label='계급
구간 갯수=30')

ax.xaxis.set_major_locator(mpl.ticker.MaxNLocator(10))
ax.set_xlabel('주가')
ax.set_ylabel('빈도')
ax.set_title('최근 5년 삼성전자 주가 분포')
ax.legend()

plt.tight_layout()
fig.savefig('image/그림12.10.png', transparent=True, dpi=500)
```

Out

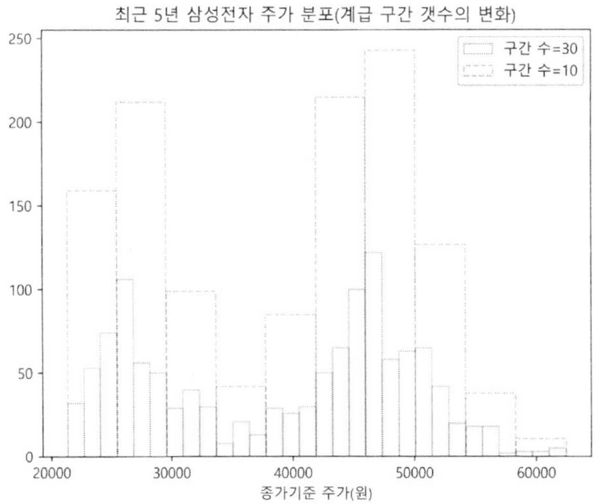

그림 12.11 그룹 히스토그램

In
```
# 그룹 히스토그램
fig, ax = plt.subplots(figsize=(6, 5))

# 투명도는 alpha로 표현: 0과 1 사이 값. 작을수록 투명
ax.hist(df['Close'], bins=30, color='white', edgecolor='black', label='구간
수=30', ls='-', alpha=0.2)
ax.hist(df['Close'], bins=10, color='white',edgecolor='black', label='구간
수=10', ls='--', alpha=0.2)
```

```
ax.set_xlabel('종가기준 주가(원)')
ax.set_title('최근 5년 삼성전자 주가 분포(계급 구간 개수의 변화)')
ax.legend()

plt.tight_layout()
fig.savefig('image/그림12.11.png', transparent=True, dpi=500)
```

Out

12.2.5 상자그림

상자그림(box plot, boxplot)은 숫자형 데이터의 사분위수(quartile)로 데이터를 요약하여 표현하는 통계 그래프이다. 이때 1사분위수와 3사분위수를 벗어난 영역은 수염(whisker)이라고 하며 이런 이유로 상자수염도(box-and-whisker plot)라고도 한다.

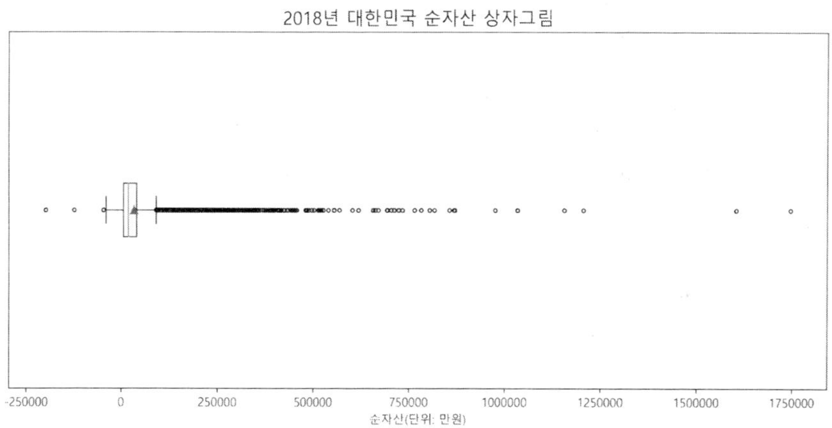

그림 12.12 단순 상자그림

In

```
# 데이터 구성
# [HFWS] 데이터: "가계금융복지조사( 2017년 이후) >
가구마스터(제공)[2018가구금융복지조사]"
url = 'https://github.com/bong-ju-kang/kmu-mba-statistics-
winter/raw/master/data/MDIS_2018_HFWS.zip'
df = pd.read_csv(url, header=None)
df.shape
```

Out

```
(18640, 161)
```

In

```
# 단순 상자그림

# 가구당 순자산액: 109번째
pure_asset = df[108]

fig, ax = plt.subplots(figsize=(10, 5))
ax.boxplot(pure_asset, vert=False, sym='.', showmeans=True)

ax.set_xlabel('순자산(단위: 만원)')
ax.set_yticks([])
ax.set_title('2018년 대한민국 순자산 상자그림', fontsize=15)

plt.tight_layout()
fig.savefig('image/그림12.12.png', transparent=True, dpi=500)
```

Out

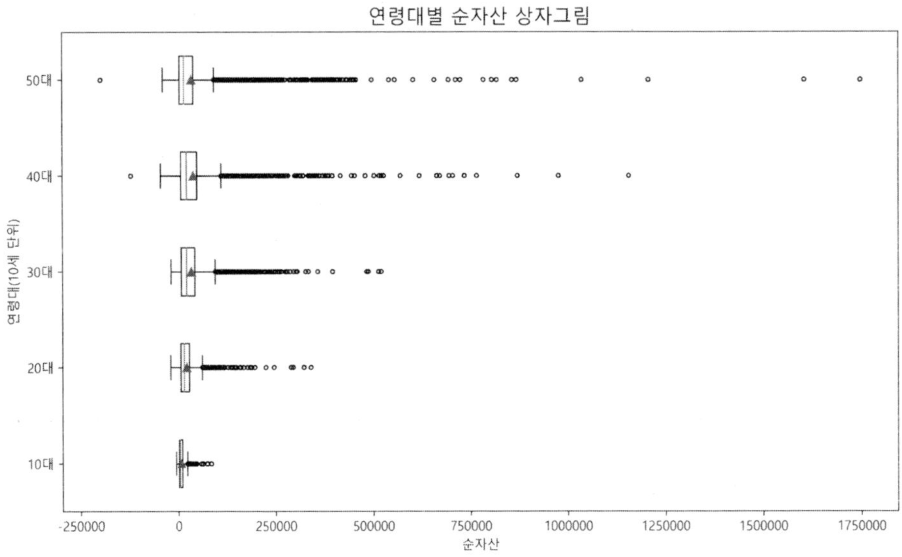

그림 12.13 비교 상자그림

```
In      # 비교 상자그림
        # 범주 변수 값별 상자그림

        # 데이터 구성
        # 가구주 연령: 10세 계층별, 21번째 데이터
        age_group = np.sort(df[21].unique())
        age_group
Out     array(['G01', 'G02', 'G03', 'G04', 'G05'], dtype=object)
```

```
In      age_group_label = [ str(c) + '대' for c in np.arange(10, 60, 10)]

        # 연령대 별 순자산 데이터 구성
        box_data = [df[df[21]==group].loc[:, 108] for group in age_group]
Out
```

```
In      # 상자그림 구성
        fig, ax = plt.subplots(figsize=(10, 6))
        ax.boxplot(box_data, vert=False, sym='.', showmeans=True)
        ax.set_yticklabels(age_group_label)

        ax.set_ylabel ('연령대(10세 단위)')
        ax.set_xlabel ('순자산')

        ax.set_title('연령대별 순자산 상자그림', fontsize=15)

        plt.tight_layout()
        fig.savefig('image/그림12.13.png', transparent=True, dpi=500)
Out
```

12.2.6 산점도

산점도(scatter plot, scatter, scatter graph, scatter diagram)는 한 줄의 데이터(관측값, observation)에서 속성값, 즉 변수 간의 관련성을 살펴보기 위한 통계 그래프이다. 일반적으로 하나의 관측값에 대응되는 2개의 변수 값을 하나의 점, 즉 표식자(marker)로 표현한다.

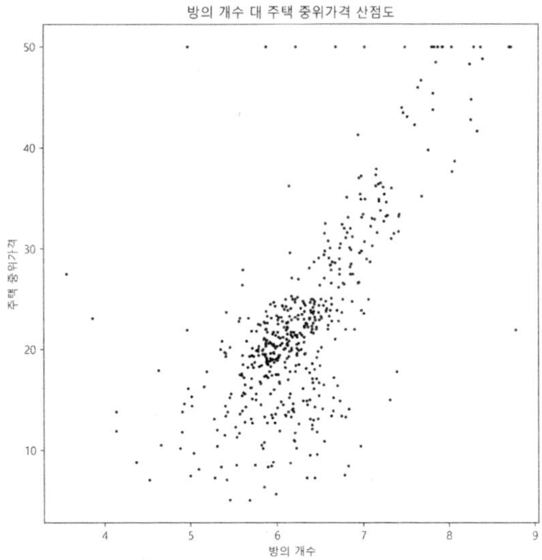

그림 12.14 단순 산점도

In
```
# 단순 산점도

# 데이터 구성
df = pd.read_table('https://archive.ics.uci.edu/ml/machine-learning-databases/housing/housing.data',
                   header=None, delimiter=r'\s+')
df.columns = ['crim', 'zn', 'indus', 'chas', 'nox', 'rm', 'age', 'dis', 'rad', 'tax', 'ptratio', 'b', 'lstat', 'medv']
df.shape
```

Out
```
(506, 14)
```

In
```
fig, ax = plt.subplots(figsize=(7, 7))
ax.scatter(df.rm, df.medv, c='black', s=3)

ax.set_xlabel('방의 개수')
ax.set_ylabel('주택 중위가격')
ax.set_title('방의 개수 대 주택 중위가격 산점도', fontsize=12)

plt.tight_layout()
fig.savefig('image/그림12.14.png', transparent=True, dpi=500)
```

Out

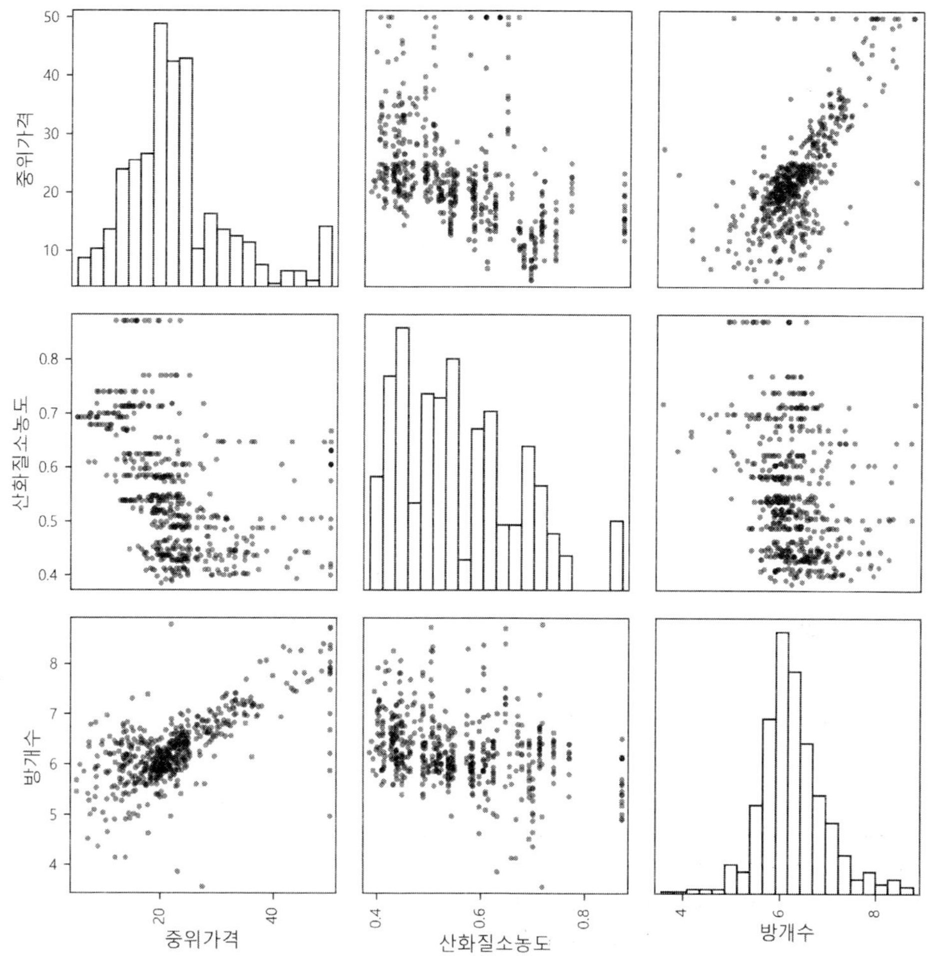

그림 12.15 산점도행렬

In

```
# 산점도행렬
scatter_matrix(df[['medv', 'nox', 'rm']].rename(columns={'medv':'중위가격',
'nox':'산화질소농도', 'rm':'방개수'}),
                    figsize=(7, 7), color='black', hist_kwds = {'bins':20,
'facecolor':'white', 'edgecolor':'black'})

plt.tight_layout()
plt.gcf().savefig('image/그림12.15.png', transparent=True, dpi=500)
```

Out

12.2.7 등고선도

등고선(contour line)은 2개의 변수가 갖을 수 있는 값에 대하여 그 반환 값이 같은(constant) 함수이다. 이러한 등고선으로 구성된 그림을 등고선도(contour plot)라고 한다.

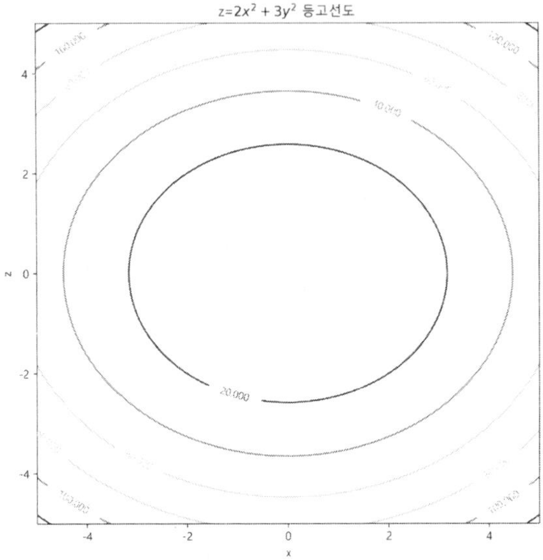

그림 12.16 단순 등고선도

In
```
# 데이터 구성
x = np.linspace(-5, 5, 100)
y = np.linspace(-5, 5, 100)

# x의 각 값(하나의 열로 구성)별로 y의 모든 값을 생성
X, Y = np.meshgrid(x, y)
X.shape
```

Out
```
(100, 100)
```

In
```
def ellipse(x, y):
    return (2*x**2 + 3*y**2)

Z = ellipse(X, Y)
```

Out

```
In      # 단순 등고선도
        fig, ax = plt.subplots(figsize=(7, 7))
        cntr  = ax.contour(X, Y, 2*X**2 + 3*Y**2, cmap='RdGy')
        ax.clabel(cntr, inline=True, fontsize=9)

        ax.set_xlabel('x')
        ax.set_ylabel('z')
        ax.set_title(r'z=$2x^2+3y^2$ 등고선도')

        plt.tight_layout()
        fig.savefig('image/그림12.16.png', transparent=True, dpi=500)
Out
```

이러한 그래프들은 데이터 분석이 끝나고 해석 및 표현(presentation)하는 과정에서도 많이 활용된다. 왜냐하면 통계적 분석이 다분히 수학적이고 통계량의 분포에 근거한 숫자들이기 때문에 이를 업무적으로 재해석하고 표현해야 하는 경우가 많기 때문이다.

12.3 통계분석 기법

데이터, 즉 표본에 대한 이해를 하고 난 후 모집단의 특성, 즉 구체적으로는 분포에 대한 추론(inference)을 하게 되는데 어떠한 통계적인 기법들이 적용될 수 있을까? 저자에 따라서 통계 방법 또는 통계 기법들을 기술통계분석, 추론통계분석 그리고 탐색적 데이터분석 등으로 구분하여 제시하기도 한다.

모집단의 분포에 대한 추론을 하기 위해서는 통계적인 용어에 대한 이해가 필수적이다. 대표적인 통계 용어로 통계량(statistics), 추정량(estimator), 가설(hypothesis), 검증(test), 유의수준(significance level), 오경보(false positive) 등이 있다. 이러한 용어는 이후 전개되는 장에서 살펴보기로 한다.

대표적인 통계적인 기법들 중에서 예를 들면, 회귀분석(regression analysis)은 바로 이러한 분포에 대한 이해를 하여야만 회귀분석의 추정(estimation) 결과에 대한 유의미한 통계적인 의사결정을 할 수 있게 된다. 회귀분석은 이후 장에서 보다 세밀하게 살펴보도록 하자. 회귀분석 중 특히 선형회귀모형(linear regression model)은 머신러닝의 한 분야인 해석가능 머신러닝(interpretable machine learning)의 핵심 툴이다. 필자가 볼 때 회귀분석에 대한 정확한 이해는 이후 AI와 빅데이터 분석에 매우 중요하다고 생각한다.

이 책에서도 통계분석의 핵심적인 용어와 기법에 초점을 맞추었다.

12.4 데이터 목록

이 책에서는 다음의 데이터를 사용하였다.

데이터 이름	데이터 원천
[BANK]	https://github.com/bong-ju-kang/kmu-mba-statistics-winter/raw/master/data/bank.zip
[HOUSING]	https://archive.ics.uci.edu/ml/machine-learning-databases/housing/housing.data
[HFWS]	통계청 마이크로 데이터: 가계금융복지조사(2017년 이후) > 가구마스터(제공) [2018가구금융복지조사]

통계청 데이터는 통계청 마이크로 데이터 서비스(https://mdis.kostat.go.kr/index.do)에 접속한 후 해당 데이터를 내려받기 해야 한다.

다음은 분석에 사용할 수 있도록 각 데이터를 가져오는 프로그램이다.

In

```
# 필요한 패키지
import pandas as pd
```

Out

12.4.1 [BANK] 데이터

In
```
# 경로 정의
url = 'https://github.com/bong-ju-kang/kmu-mba-statistics-
winter/raw/master/data/bank.zip'

# 데이터 읽기
df = pd.read_csv(url)
df.shape
```

Out
```
(4521, 17)
```

12.4.2 [HOUSING] 데이터

In
```
# 경로 정의
url = "https://archive.ics.uci.edu/ml/machine-learning-databases/
housing/housing.data"
df = pd.read_csv(url,sep='\s+', header=None)

# 컬럼 정보 주기
df.columns = ['crim', 'zn', 'indus', 'chas', 'nox', 'rm', 'age',
              'dis', 'rad', 'tax', 'ptratio', 'b', 'lstat', 'medv']

# 데이터 확인
df.shape
```

Out
```
(506, 14)
```

12.4.3 [HFWS] 데이터

In
```
# 경로 정의
url = 'https://github.com/bong-ju-kang/kmu-mba-statistics/raw/master/
Data/MDIS_2018_HFWS.txt'

# 데이터 읽기
df = pd.read_csv(url, header=None)

# 데이터 확인
df.shape
```

Out
```
(18640, 161)
```

13장

데이터 기술

이 장에서 사용되는 파이썬 패키지는 다음과 같다.

In
```
# 필요한 패키지
import numpy as np
import pandas as pd
import matplotlib.pyplot as plt

# 한글출력
plt.rcParams['font.family'] = 'Malgun Gothic'
plt.rcParams['axes.unicode_minus'] = False

pd.__version__
```

Out
```
'0.25.3'
```

13.1 변수 유형

모집단의 특성에 대한 하나의 측정을 변수(variable)라고 정의하였다. 측정된 값, 즉 변수의 값은 몇 가지 유형으로 분류할 수 있다. 이러한 분류를 측정수준(level of measurement) 또는 측정척도(scale of measurement)라고 한다. 측정척도는 아래와 같이 4개의 척도로 분류한다.

구분	내용	예	비고
명목척도 (nominal scale)	이름으로 객체를 구분할 때 즉, 주로 분류를 위하여 사용	성별, 국적, 주민번호, 인종, 언어, 장르, 품사 등	질적(qualitative) 척도. 수학연산(=, ≠) 적용 가능. 최빈값(mode) 계산 가능
순서척도 (ordinal scale)	순위(rank)를 갖고 있으며 정렬(sorting) 가능하나 객체 간의 차이의 정도를 표현하지 않음	성적(A, …, F), 설문조사 응답(완전동의, 대부분동의, …, 완전비동의) 등	최빈값, 중간값(median) 계산 가능. 수학연산(>, <) 적용 가능.
구간척도 (interval scale)	객체 간의 차이의 정도를 표현하지만, 비율은 의미가 없음	기온(섭씨), 성적(0-100), 날짜, 위치(좌표) 등	최빈값, 중간값, 평균, 범위, 표준편차 적용 가능. 수학연산(+, −) 적용 가능
비율척도 (ratio scale)	객체 간의 차이의 정도도 표현하며 비율 또한 의미가 있음. 의미 있는 유일한 0 값을 가지고 있음	질량, 길이, 경과기간, 각도, 충전량 등	기하평균 등 적용 가능. 수학연산(*, /) 적용 가능

실제 분석에서는 이를 엄밀하게 따지지 않고 오히려 범주(categorical) 또는 이산형(discrete)과 연속형(continuous) 변수로 구분한다. 여기서 구간, 비율은 연속형이며 나머지는 범주형이다.

13.2 [BANK] 데이터

데이터의 출처는 https://archive.ics.uci.edu/ml/machine-learning-databases/00222/bank.zip이며 포르투갈 은행에서 추가 판매를 위한 대상 고객을 추출하기 위하여 사용되었다.

#	변수	유형	설명	비고	한글 설명
1	age	numeric			나이
2	job	categorical	type of job	"admin.","unknown","unemployed", "management","housemaid", "entrepreneur","student","blue-collar", "self-employed","retired","technician", "services"	직업
3	marital	categorical	marital status	"married", "divorced", "single"	결혼상태
4	education	categorical		"unknown", "secondary", "primary", "tertiary"	교육수준
5	default	binary	has credit in default?		채무불이행유무
6	balance	numeric	average yearly balance, in euros		년잔액
7	housing	binary	has housing loan?		주택대출유무
8	loan	binary	has personal loan?		개인대출유무
9	contact	categorical	contact communication type	"unknown", "telephone", "cellular"	접촉채널
10	day	numeric	last contact day of the month		최근접촉일
11	month	categorical	last contact month of year	"jan", "feb", "mar", ..., "nov", "dec"	최근접촉월
12	duration	numeric	last contact duration, in seconds		최근접촉시간(초)
13	campaign	numeric	number of contacts performed during this campaign and for this client		캠페인 기간 내 접촉건수

14	pdays	numeric	number of days that passed by after the client was last contacted from a previous campaign		최근 캠페인 후 경과일수
15	previous	numeric	number of contacts performed before this campaign and for this client		과거 캠페인 접촉건수
16	poutcome	categori–cal	outcome of the previous marketing campaign	"unknown", "other", "failure", "success"	최근 캠페인 결과
17	y	binary	has the client subscribed a term deposit?		정기예금가입 여부

해당 데이터의 변수는 총 17개로 구성되어 있다. 이때 각 변수가 어떤 척도인지를 살펴보자. 직업, 결혼상태, 접촉채널 등의 변수는 순서가 없으므로 범주(명목척도), 교육수준 변수는 순서가 있으므로 범주(순서척도), 각종 유무 변수는 범주(명목척도), 최근접촉 및 경과, ... 등은 연속(구간 또는 비율척도)이다. 데이터는 다음과 같이 구성한다.

In
```
# 경로 정의
url = 'https://github.com/bong-ju-kang/kmu-mba-statistics-
winter/raw/master/data/bank.zip'

# 데이터 읽기
df = pd.read_csv(url)
df.shape
```

Out
```
(4521, 17)
```

13.3 기술통계량

통계학이 모집단에 대하여 연구하는 학문이라고 했을 때, 모집단의 특성을 몇 가지 숫자로 간단하게 표현하는 방법에 대하여 알아보자. 예를 들어 [BANK] 데이터에서는 기존 거래하고 있는 고객을 대상으로 하여 추가 판매가 가능할 것 같은 고객을 추출하는 것이 목표이다. 이때 기존 거래하고 있는 고객 전체를 하나의 모집단이라고 가정한다면 그 모집단의 다양한 특성은 나이, 직업, 결혼상태, …, 최근접촉일 등으로 정의하고 있다. 즉, 다양한 변수로 정의하고 있다. 각 변수의 측정 척도에 맞게 간략하게 정의할 수 있는 통계량은 무엇이 있을까? 즉, 어떻게 간단히 요약할 수 있을까?

13.3.1 범주형 자료의 기술

In
```
# 빈도 보기
df['marital'].value_counts()
```

Out
```
married     2797
single       1196
divorced     528
Name: marital, dtype: int64
```

In
```
# 빈도 비율 보기
cnt = df['marital'].value_counts()
np.round(cnt / cnt.sum(), 3)
```

Out
```
married     0.619
single       0.265
divorced    0.117
Name: marital, dtype: float64
```

결과를 보면, 결혼상태 변수가 범주 변수이므로 갖고 있는 모든 값에 대하여 전체 데이터에서 어느 만큼 차지하는지를 살펴볼 수 있다. 이 표에서 결혼상태 변수는 divorce, married, single이라는 값을 갖고 있으며 각각의 빈도(frequency)를 알 수 있고, 추가적으로 상대빈도(relative frequency)를 알 수 있다. 이때 가장 많은 범주(최빈값(mode))는 married이며 전체의 61.9%를 차지함을 알 수 있다.

변수가 가질 수 있는 값과 이를 빈도 또는 상대빈도로 표현한 것을 분포(distribution)라고 하며, 이와 관련된 표를 분할표(contingency table) 또는 빈도표(frequency table)라고 한다. 이를 시각화하여 표시하는 방법 중의 하나가 막대도표다.

예제

결혼상태 변수에 대한 막대도표를 생성해보자.

In

```
# 그래프 표현
fig, ax = plt.subplots(figsize=(7, 7))
ax.bar(df['marital'].value_counts().index, df['marital'].valuc_counts(),
color='white', edgecolor='black')
ax.set_xlabel('결혼상태')
ax.set_ylabel('빈도')

plt.tight_layout()
fig.savefig('image/descriptive_barplot.png', transparent=True, dpi=500)
```

Out

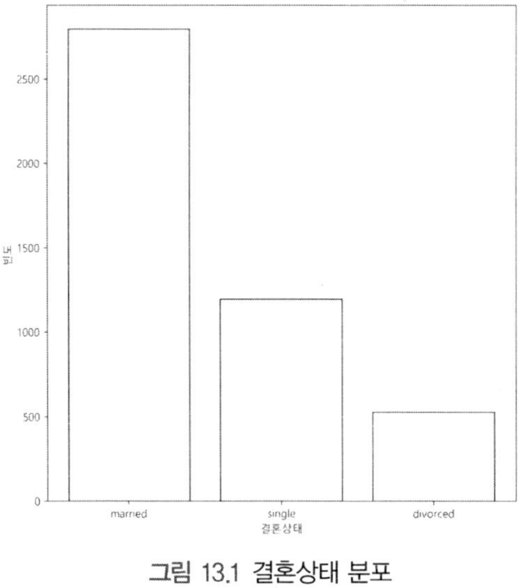

그림 13.1 결혼상태 분포

이 그래프와 동일하게 사용되는 그림 중의 하나가 다음에 설명하는 같은 원도표(pie chart)이다.

예제

결혼상태 변수에 대한 원도표를 생성해보자.

In
```
# 원도표
fig, ax = plt.subplots(figsize=(7, 7))

# 앞의 %는 포맷을 표시하기 위한 것이며 뒤의 %%는 % 표시하기 위하여 %%가 된
것임
ax.pie(df['marital'].value_counts(), labels=df['marital'].value_counts().
index, autopct='%1.1f%%')
ax.set_title('Global Market Share')

plt.tight_layout()
fig.savefig('image/descriptive_pie.png', transparent=True, dpi=500)
```

Out

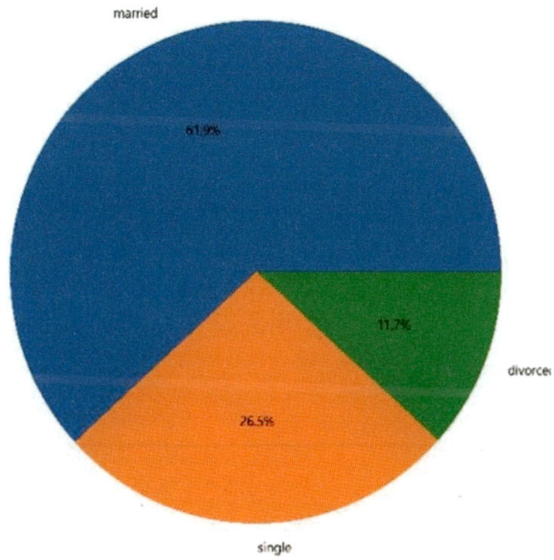

그림 13.2 결혼상태 상대빈도 분포

원도표에서는 전체를 1로 하여 각 범주의 상대빈도만큼을 비율로 표시한 것이다.

실무에서 분할표와 막대도표는 범주 중에 너무 작은 빈도를 구성하는 몇 가지 범주를 하나로 묶어서(예: 기타 등) 새롭게 분류하거나 실제 나올 수 없는 값이 있는지를 확인하는 데이터 품질 등에서 많이 활용된다.

13.3.2 연속형 자료의 기술

[BANK] 데이터의 나이(age) 변수에 대하여 살펴보자. 나이 변수는 연속형 변수이다. 범주 변수와 마찬가지로 데이터를 기술해보자.

```
In      # 갖을 수 있는  모든 값에 대한 빈도
        df['age'].value_counts(sort=False)
```

```
Out     20     3
        24    24
        28   103
        32   224
        36   188
            ...
        71     6
        75     6
        79     4
        83     4
        87     1
        Name: age, Length: 67, dtype: int64
```

결과를 보면 나이 변수가 가질 수 있는 값은 20세에서 87세까지이다. 모든 값에 대하여 빈도를 확인할 수 있지만, 서로 다른 값이 너무 많은 경우에는 간단히 빈도표로 그 분포를 확인할 수가 없다. 따라서 연속형 자료인 경우에는 값을 적절하게 묶어서, 즉 그룹화하여 그 빈도를 살펴볼 수 있다.

```
In      # 값들의 그룹화
        df['age'].value_counts(bins=10, sort=False)
```

```
Out     (18.930999999999997, 25.8]     111
        (25.8, 32.6]                             944
        (32.6, 39.4]                             1235
        (39.4, 46.2]                             869
        (46.2, 53.0]                             706
        (53.0, 59.8]                             482
        (59.8, 66.6]                             100
        (66.6, 73.4]                             36
        (73.4, 80.2]                             30
        (80.2, 87.0]                             8
        Name: age, dtype: int64
```

예제

나이에 대한 그룹화된 결과를 이용하여 막대도표를 생성해보자.

In

```
# 값들의 그룹화 도표
fig, ax = plt.subplots(figsize=(7, 7))
ax = df['age'].value_counts(bins=10, sort=False).plot.bar()
plt.tight_layout()
fig.savefig('image/descriptive_pd_barplot.png', transparent=True, dpi=500)
```

Out

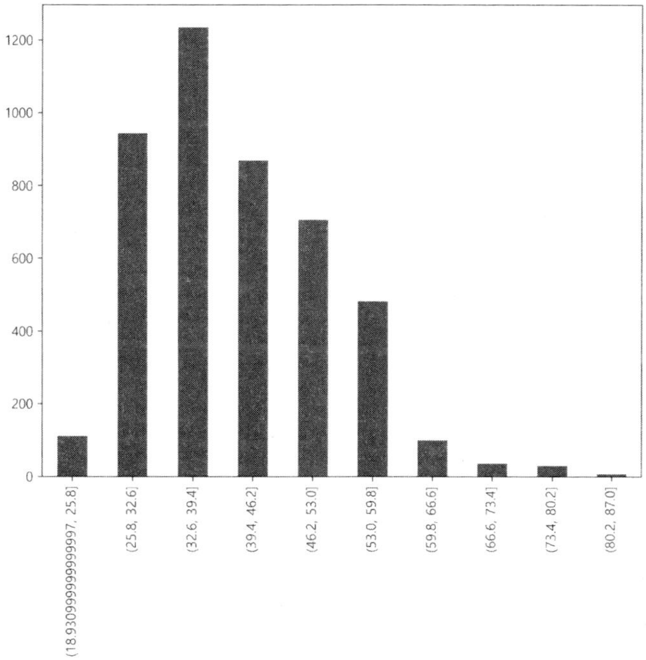

그림 13.3 단순 막대도표 시각화

결과를 보면 왼쪽으로 경사가 급한 분포임을 대략적으로 알 수 있다. 또한 연속형 변수인 경우에는 빈도에 대한 분포 이외에도 데이터의 분포를 파악할 수 있는 몇 가지 통계량 값으로도 확인할 수 있다.

In	
	``` # 요약통계량 기반의 분포 모습 확인 df['age'].describe() ```

```
# 요약통계량 기반의 분포 모습 확인
df['age'].describe()
```

Out

```
count    4521.000000
mean       41.170095
std        10.576211
min        19.000000
25%        33.000000
50%        39.000000
75%        49.000000
max        87.000000
Name: age, dtype: float64
```

결과에서 보듯이 대표적으로 최솟값(minimum), 제1사분위수(1st quartile: Q1, 25%), 중간값(median, 50%), 평균(mean), 제3사분위수(3rd quartile: Q3,. 75%), 최댓값(maximum, 100%)이다.

사분위수(quartile)는 분위수(quantile)의 일종이다. 먼저 중간값(median)을 구해보자. 데이터가 1, 2, 3, 4, 5, 6, 7, 8, 9일 때, 즉 홀수 개의 데이터가 있을 때는 정렬을 해서 가장 가운데 있는 값이 중간값이다. 여기서는 5이다. 만약 짝수 개가 있는 경우에는 가운데 있는 2개 값의 평균으로 정의한다. 가령 1, 2, 3, 4인 경우에는 2.5가 중간값이 된다. 중간값이 정의되고 나면 중간값을 기준으로 하여 만약 데이터의 개수가 홀수이면 중간값을 제외하여 2개의 데이터로 구분되고, 각각에서 중간값을 구하면 제1사분위수, 제3사분위수가 된다. 만약 데이터의 개수가 짝수이면 중간값과 관계없이 2개의 데이터로 구분되고 각각에서 중간값을 구하면 된다. 이런 의미에서 제1사분위수를 하위 사분위수(lower quartile), 제3사분위수(upper quartile)를 상위 사분위수라고 한다.

평균은 다음과 같이 정의된다.

$$\bar{x} = \frac{1}{n}(x_1 + \cdots + x_n) = \frac{1}{n}\sum_{i}^{n} x_i$$

여기서 n은 데이터 개수, x_i는 i번째 특성값이다.

연속형 변수인 경우에는 데이터의 값을 적절한 구간으로 나누어 그의 빈도를 살펴보았는데 이러한 그래프를 히스토그램이라고 한다.

예제

나이에 대한 히스토그램을 생성해보자.

In
```
# 히스토그램: 연속형 변수의 분포 확인
fig, ax = plt.subplots(figsize=(7, 7))

ax.hist(df['age'], bins=10, edgecolor='white')
ax.set_xlabel('나이')
ax.set_ylabel('빈도')

plt.tight_layout()
fig.savefig('image/descriptive_histgram.png', transparent=True, dpi=500)
```
Out

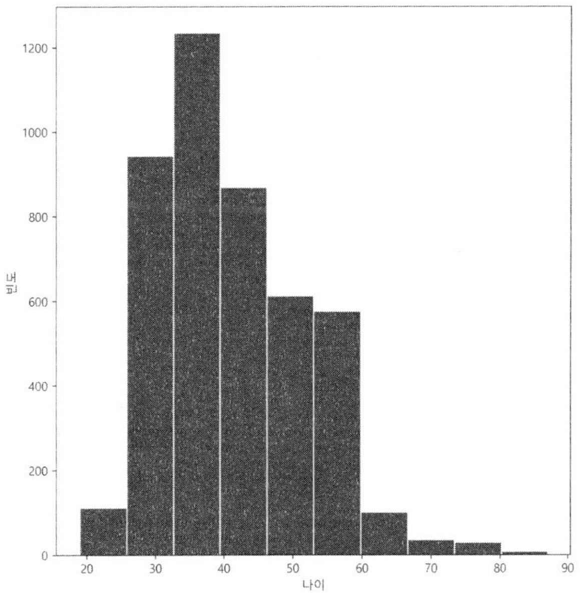

그림 13.4 나이 히스토그램

그림 13.4는 나이에 대한 히스토그램이다. 히스토그램을 살펴보면 막대기둥들로 구성되어 있다. 즉, 모든 데이터가 하나의 기둥에 들어가기 위해서는 기둥의 폭, 즉 빈(bin)

또는 버킷(bucket)의 폭이 사전에 정의되어야 한다. 빈의 폭은 전체 데이터를 등간격(equal width)으로 나눈다고 가정하고 몇 개의 기둥을 세울 것인가를 정하면 간단히 폭의 길이 $= \frac{\text{최댓값} - \text{최솟값}}{\text{기둥개수}}$와 같이 계산할 수 있다. 계산된 폭의 길이에 따라 하나의 데이터를 해당 기둥에 넣기 위하여 최솟값에서 폭의 길이만큼 데이터를 구간화(binning)하게 된다.

히스토그램을 보면 분포가 어떤 모양인지를 파악할 수 있다. 특히 왼쪽 또는 오른쪽을 치우쳐 있는지 그리고 필요하면 어떠한 변수 변환을 통해서 원하는 분포 형태를 만들 수 있는지를 알 수 있게 해준다.

In

```
# 데이터 구성
x = df.loc[df['balance']> 0, 'balance']
logx = np.log10(x)

# 그래프 표현
fig, ax = plt.subplots(figsize=(10, 6), ncols=2)

ax[0].hist(x, bins=10, edgecolor='white')
ax[0].set_xlabel('잔액(balance)')
ax[0].set_ylabel('빈도')

ax[1].hist(logx, bins=10, edgecolor='white')
ax[1].set_xlabel(r'$log_{10}(balance)$' )

plt.tight_layout()
fig.savefig('image/descriptive_histgram_transform.png', transparent=True,
dpi=500)
```

Out

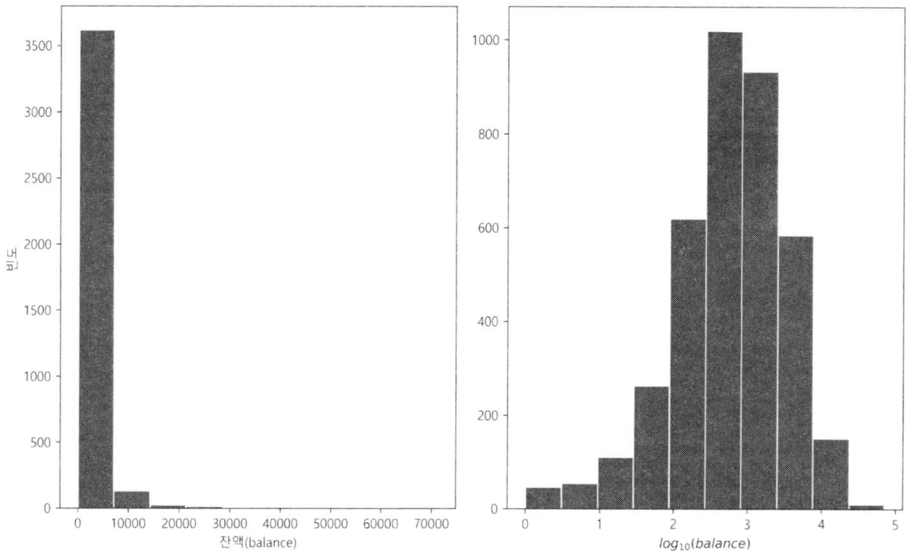

그림 13.5 원 데이터와 로그 변환 후 데이터의 히스토그램

그림 13.5를 보면, 원 데이터는 오른쪽으로 완만(skewed right)하고 왼쪽으로 치우친 분포이다. 실무에서 보면 일반적으로 금액에 대한 분포는 왼쪽 그림과 같이 분포하는 경우가 많다. 이를 로그 변환하여 보면 원 데이터 분포보다는 훨씬 정상적인 분포 모습을 띠고 있다.

연속 데이터에 대한 또 하나의 시각화 기법인 상자그림(boxplot)에 대하여 알아보자.

예제

나이에 대한 상자그림을 생성해보자.

In

```
# 상자그림
q1 = df['age'].describe()['25%']
median = df['age'].describe()['50%']
q3 = df['age'].describe()['75%']

fig, ax = plt.subplots(figsize=(7, 5))
ax.boxplot(df['age'], vert=False, sym='.', showmeans=False,
         medianprops={'lw':2,  'color':'k', 'ls':':'})
```

```
ax.annotate(r'$Q_1$', np.array([q1, 0.85]), va='center', ha='center')
ax.annotate(r'$Q_2$', np.array([median, 0.85]), va='center', ha='center')
ax.annotate(r'$Q_3$', np.array([q3, 0.85]), va='center', ha='center')

ax.set_xlabel('나이')
ax.set_yticks([])

plt.tight_layout()
fig.savefig('image/descriptive_boxplot.png', transparent=True, dpi=500)
```

Out

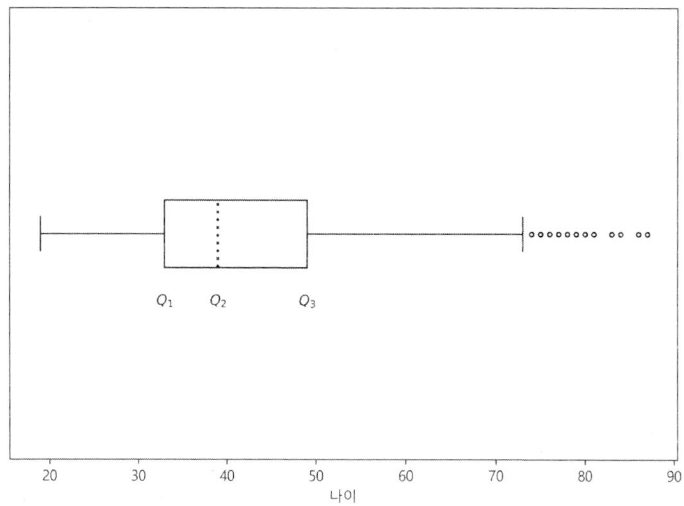

그림 13.6 상자그림

상자그림은 제1사분위수(Q1), 중간값(Q2), 제3사분위수(Q3)로 상자를 구성한다. 이때 사분위수 범위(IQR: interquartile range)를 구한 후 그 값의 1.5배를 계산한다. 이 값을 이용하여 데이터의 하한인 $Q1 - 1.5 \times IQR$과 상한인 $Q3 + 1.5 \times IQR$을 표시한다. 이 영역을 벗어나는 점을 이상값(outlier)이라고 정의한다. 사분위수 범위는 $IQR = Q3 - Q1 = 49 - 33 = 16$이다.

연속형 자료의 분포를 숫자로 요약할 때 대표적인 중심 경향을 나타내는 통계량은 평균값과 중간값이다. 데이터의 흩어진 정도를 나타내는 산포(dispersion)로는 범위,

사분위수범위, 분산이 있다. 주어진 데이터가 모집단 전체를 대표하는 경우에는 모평균, 모분산 등으로 명명하며 만약 모집단에서 임의추출한 데이터라면 표본평균, 표본분산 등으로 명명한다. 유한 모집단의 모평균은 다음과 같이 계산된다.

$$\sigma^2 = \frac{1}{N}\sum_{i=1}^{N}(x_i - \mu)^2 \quad = \left(\frac{1}{N}\sum_{i=1}^{N} x_i^2 \right) - \mu^2$$

여기서 N은 유한(finite) 모집단의 크기이며 $\mu = \frac{1}{N}\sum_{i=1}^{N} x_i$인 모평균이다. 모분산의 양의 제곱근을 모표준편차라고 한다.

분산(variance)의 의미를 살펴보면, 데이터와 데이터의 평균값과의 차이, 즉 편차(deviation) 제곱에 대한 평균이다. 분산은 통계학에서 데이터의 산포를 보는 데 중심적인 역할을 한다. 표준편차(standard deviation)는 데이터와 같은 척도(scale)로 표시된다. 즉, 데이터의 단위가 cm이며 표준편차도 cm가 된다.

표본분산은 모집단에서 임의표본을 추출하였을 때 데이터를 $x_i, \cdots, x_n$이라고 하면 다음과 같이 정의된다.

$$s^2 = \frac{1}{n-1}\sum_{i=1}^{n}(x_i - \bar{x})^2, \quad \bar{x} = \frac{1}{n}\sum_{i=1}^{n} x_i$$

예제

나이에 대한 표본분산을 계산해보자.

In
```
# 표본분산의 계산
# 분모는 데이터의 개수 - ddof 이므로
sample_variance = np.var(df['age'], ddof=1)

# 표준편차
np.sqrt(sample_variance).round(3)
```

Out
```
10.576
```

14장

통계적 추론

통계적 추론은 모집단으로부터 생성된 관측된 데이터로부터 모집단의 분포의 속성(예를 들어, 중심위치나 산포)에 대한 가설을 검증(hypothesis testing)하거나 추정(estimation)하는 등의 과정을 의미한다. 대표적인 통계적 추론 과정은 추정과 검증이므로 이에 대하여 살펴보기로 하자.

이 장에서 사용되는 파이썬 패키지는 다음과 같다.

In
```
# 필요한 패키지
import numpy as np
import matplotlib.pyplot as plt

import scipy
import scipy.stats as ss
from scipy import linalg as la

# 한글출력
plt.rcParams['font.family'] = 'Malgun Gothic'
plt.rcParams['axes.unicode_minus'] = False

scipy.__version__
```
Out
```
'1.3.2'
```

14.1 추정

$X_1, \ldots, X_n$가 확률밀도함수 $f(x;\theta)$를 갖는 임의표본이라고 하자. 가령 정규분포인 경우에 $\theta = (\mu, \sigma^2)$와 같은 모집단 모수가 된다. 이때 σ^2이 알려진 값, 예를 들어 $\sigma^2 = 1$이라고 하면 모수는 $\theta = \mu$가 된다. 하나의 통계량 $u(X_1, \ldots, X_n)$이 있어서 모수 θ를 추정(estimation)한다고 해보자. $u(X_1, \ldots, X_n) = \bar{X}$이라고 하자. 표본평균 통계량은 모집단분포로부터 추출된 표본으로부터 생성된 하나의 확률변수이다. 그 분포는 $N(\theta, \frac{1}{n}1^2)$이 된다.

모집단으로부터 무한히 많은 샘플을 뽑아서 그 분포를 구성한 후 모집단 모수에 대한 값을 추정하면 되지만 실제로는 그럴 수 없으며, 단 한 번의 표본으로부터 모집단의 모수를 추정할 수밖에 없다. 이때 통계량은 모수에 대한 하나의 추정량(estimator)이 되며, 표본으로부터 계산된 하나의 값, 즉 $\frac{x_1+\cdots+x_n}{n}=\bar{x}$는 추정값(estimate)이 된다.

모수를 추정하는 추정량 중에 좋은 추정량(good estimator)의 기준은 무엇일까? 무엇보다도 모수를 추정하기 때문에 기댓값, 즉 평균값은 모수와 일치하여야 한다. 즉, $E(\bar{X})=\theta$이어야 한다. 그런데 이러한 추정량은 무한히 많다. 예를 들어 $E(X_i)=\theta, \forall i=1,\dots,n$이다. 그럼에도 불구하고 좋은 추정량이라고 한다면 기댓값이 모수와 일치하여야 한다. 이를 비편향(unbiased)추정량이라고 한다. 또 다른 좋은 추정량의 기준을 살펴보자.

$$X_1,\dots,X_n \sim\ f(x;\theta)=\theta^x(1-\theta)^{1-x}, x=0,1$$

인 임의표본이라고 하자. 이런 경우 결합확률밀도함수는

$$f(x_1;\theta)\cdots f(x_n;\theta)=\theta^{x_1}(1-\theta)^{1-x_1}\cdots\theta^{x_n}(1-\theta)^{1-x_n}=\theta^{\Sigma x_i}(1-\theta)^{n-\Sigma x_i}$$

이다. 이때 결합확률밀도함수는 데이터 값이 관측되고 나면, 즉 알려진 값이 되면 θ에 관한 함수가 된다.

$$L(\theta)=\theta^{\Sigma x_i}(1-\theta)^{n-\Sigma x_i}$$

이 함수를 우도함수(likelihood function)라고 한다.

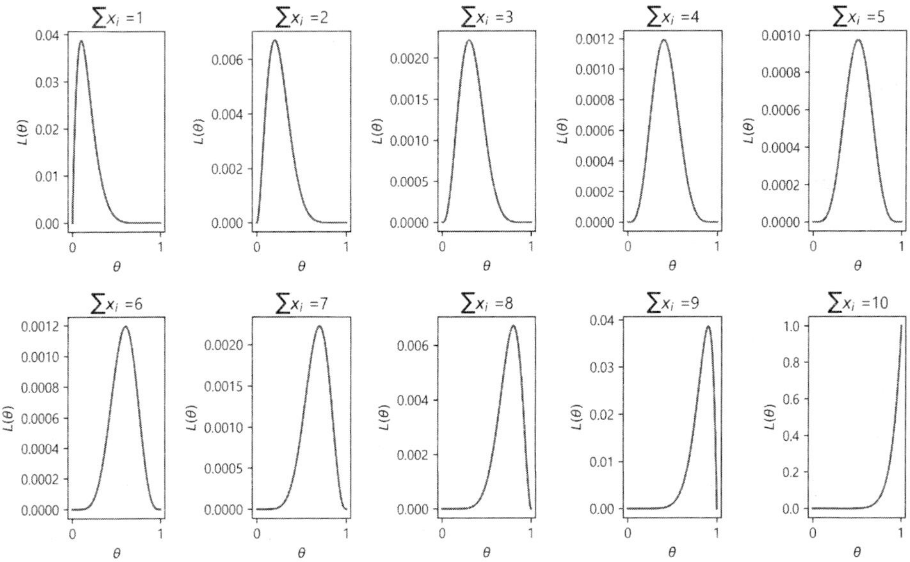

그림 14.1 Σx_i 값에 따른 우도함수의 변화

여기서 $n = 10$으로 가정한다. $\sum x_i$ 값이 1인 경우에는 모수가 $\theta = \frac{1}{10}$일 때 우도함수가 최대가 되고 $\sum x_i$ 값이 5인 경우에는 모수가 $\theta = \frac{5}{10} = \frac{1}{2}$일 때 최대가 된다. 즉, $\sum x_i = 5$, $\frac{\sum x_i}{n} = \frac{1}{2}$이 나온다면 그 값은 원래 모집단 모수가 $\theta = \frac{5}{10} = \frac{1}{2}$일 가능성이 높다는 것이다. 이처럼 우도함수를 최대로 해주는 추정량(estimator)을 최대우도추정량(maximum likelihood estimator: MLE)이라고 한다. 주어진 예에서는 $\hat{\theta}^{MLE} = \frac{\sum X_i}{n}$이 된다. 참고로 주어진 추정량은 우도함수를 θ에 대하여 미분한 후 그 값을 0으로 했을 때 계산된 값이다.

좋은 추정량이라고 한다면 위와 같이 비편향추정량임과 동시에 최대우도추정량이어야 한다. 정규분포에서 추출된 임의표본인 경우에 표본평균($\bar{X}$)도 역시 최대우도추정량이다.

또 하나의 기준을 살펴보자. 표본분산 통계량은 $S^2 = \frac{1}{n-1}\sum_i (X_i - \bar{X})^2$ 다음과 같은 분포를 따름을 앞에서 살펴보았다.

$$\frac{(n-1)S^2}{\sigma^2} \sim \chi^2(n-1)$$

따라서 $E\left(\frac{(n-1)S^2}{\sigma^2}\right) = n - 1$이므로 $E(S^2) = \sigma^2$이 된다. 즉, 비편향추정량이다. 그러나 실제 정규분포를 가정해서 σ^2에 대한 최대우도추정량을 구해보면 $\frac{n-1}{n}S^2$이 된다. 그러나 n이 충분히 크면 $E\left(\frac{n-1}{n}S^2\right) = \frac{n-1}{n}\sigma^2 \approx \sigma^2$이므로 $\frac{n-1}{n}S^2$은 일치추정량(consistent)이라고 한다.

이상에서 보듯이 모집단의 추론 중 모집단의 분포의 속성이라고 할 수 있는 모수를 추정할 때는 어떤 관점에서 추정하는지 살펴보아야 한다. 잘 알려진 표본평균, 표본분산 통계량은 각각 모평균, 모분산을 추정하는 좋은 추정량 중의 하나이다. 물론 좋은 추정량이라면 비편향추정량이면서 동시에 분산이 제일 작은 추정량이 좋은 추정량, 즉 최소분산비편향추정량(minimum variance unbiased estimator)이 좋지만 이에 대한 논의는 생략한다.

$X_1, \ldots, X_n \sim N(\theta, \sigma^2)$이고 σ^2은 알려진 임의표본이라고 하자. 이때 $\bar{X} = \frac{\sum X_i}{n}$는 θ에 대한 하나의 추정량이 된다. 실제 하나의 임의표본인 경우, 즉 $X_1, \ldots, X_n$이 추출된 경우에는 하나의 $\bar{x}$ 값을 계산할 수 있다. 이 값을 정의된 추정량에 대한 추정값(estimate)이라고 한다. 추정량은 $\bar{X} \sim N\left(\theta, \frac{\sigma^2}{n}\right)$이므로 이 분포에서 생성할 수 있는 값 중의 하나이다. 이

하나의 값으로 θ를 추정하고 있으므로 점추정값(point estimate)이라고 한다. 이 점추정값이 어느 정도 믿을 만한 값인지는 어떻게 알 수 있을까? 즉 비록 $\bar{x} = 10$이 계산되었다 하더라도 실제 θ가 10인지를 어느 정도 신뢰할 수 있을까?

$\bar{X} \sim N\left(\theta, \frac{\sigma^2}{n}\right)$이므로 $\frac{\bar{X}-\theta}{\frac{\sigma^2}{\sqrt{n}}} \sim N(0,1)$이고 다음의 확률이 성립된다.

$$\Pr\left(-2 < \frac{\bar{X} - \theta}{\frac{\sigma^2}{\sqrt{n}}} < 2\right) = 0.954$$

In

```
# 확률 계산
dif = ss.norm.cdf(2) - ss.norm.cdf(-2)
dif.round(3)
```

Out

```
0.954
```

사건 $-2 < \frac{\bar{X}-\theta}{\frac{\sigma}{\sqrt{n}}} < 2$은 $\bar{X} - \frac{2\sigma}{\sqrt{n}} < \theta < \bar{X} + \frac{2\sigma}{\sqrt{n}}$와 동일하다. 즉, 다음의 식이 성립한다.

$$\Pr\left(\bar{X} - \frac{2\sigma}{\sqrt{n}} < \theta < \bar{X} + \frac{2\sigma}{\sqrt{n}}\right) = 0.954$$

$\bar{X} - \frac{2\sigma}{\sqrt{n}}$와 $\bar{X} + \frac{2\sigma}{\sqrt{n}}$은 하나의 통계량이며 따라서 구간 $\left(\bar{X} - \frac{2\sigma}{\sqrt{n}}, \bar{X} + \frac{2\sigma}{\sqrt{n}}\right)$은 확률구간(random interval)이 된다. 따라서 이 확률구간이 모평균 θ를 품을 확률은 95.4%이지만 그렇다고 해서 하나의 표본구간인 $\left(\bar{x} - \frac{2\sigma}{\sqrt{n}}, \bar{x} + \frac{2\sigma}{\sqrt{n}}\right)$가 모평균 θ를 품을 확률은 95.4%라는 의미는 아니다. 그렇지만 확률구간의 확률이 95.4%이므로 계산된 하나의 표본구간에 대해서도 비슷한 의미로서 모평균 θ를 품을 신뢰수준 또는 신뢰계수(confidence level, confidence coefficient)가 95.4%라고 한다. 위와 같이 모수의 범위를 추정하는 것을 구간추정(interval estimation)이라고 한다. 일반적으로 모수의 추정이라고 하면 점추정과 구간추정을 합한 용어이다. 여기서 $|\bar{x} - \theta| < 2\frac{\sigma}{\sqrt{n}}$이므로 $2\frac{\sigma}{\sqrt{n}}$을 오차한계라고 한다. $\sqrt{\mathrm{Var}(\bar{X})} = \frac{\sigma}{\sqrt{n}}$이므로 이를 추정량($\bar{X}$)의 표준오차(standard error)라고 한다.

14.1.1 모평균에 대한 추정

$X_1, \ldots, X_n$이 모분산이 알려져 있는 임의표본이라고 하자. 이때 $100(1-\alpha)\%$의 신뢰수준을 갖는 모평균을 어떻게 추정할 수 있을까? 앞의 예에서는 α가 약 4.6이었다. 예를 들

어 90%, 95%, 99% 신뢰구간을 어떻게 구할 수 있을까? n이 큰 경우에는 중심극한정리에 의하여 표본평균의 분포가 정규분포이기 때문에 표준정규분포의 분위수를 계산해야 한다. 즉, 다음을 만족하는 $z_{\frac{\alpha}{2}}$ 값을 구해야 한다.

$$\Pr\left(-z_{\frac{\alpha}{2}} < Z < z_{\frac{\alpha}{2}}\right) \approx 1-\alpha$$

90%인 경우에는 $(-z_{0.05} < Z < z_{0.05}) \approx 0.9$, 95%인 경우에는 $\Pr(-z_{0.025} < Z < z_{0.025}) \approx 0.95$이다.

예제

표준 정규분포에서 90%, 95%, 99% 신뢰수준에 해당하는 분위수를 구해보자.

In
```
# 90%, 95%, 99% 신뢰수준에 해당하는 분위수
confidence_level = np.array([0.9, 0.95, 0.99])
alpha = 1 - confidence_level
z_alpha_over_2 = ss.norm.ppf(1-alpha/2)
z_alpha_over_2.round(3)
```

Out
```
array([1.645, 1.96 , 2.576])
```

분위수 계산에 의하면 90%, 95%, 99% 신뢰구간에 해당하는 분위수 값은 1.64, 1.96, 2.58이 된다. 즉, 신뢰수준이 99%인 신뢰구간은 다음과 같이 계산된다.

$$\left(\bar{x} - 2.58\frac{\sigma}{\sqrt{n}}, \qquad \bar{x} + 2.58\frac{\sigma}{\sqrt{n}}\right)$$

즉, 모평균에 대한 점추정값은 $\bar{x}$이며 이에 대한 신뢰구간은 위의 식과 같이 계산한다.

14.2 통계적 가설

통계적 추론은 앞서 이야기한 바와 같이 모집단에 대한 추정(estimation)과 통계가설(statistical hypothesis)에 대한 검증(test)이 주요한 분야이다. 여기서는 통계가설에 대하여 알아보자.

$X \sim N(\theta, 10^2)$인 확률변수라고 하자. 즉, 성적 등과 같은 확률변수이다. 이때 과거의 다양한 예(example, instance, observation)를 통해 볼 때, $\theta = 75$라고 평가되었다. 그런데 어떤 이유에서 또는 뭔가의 변화에 의하여 모평균값이 75보다는 큰 값이라고 의심이 되었다. 그러나 이에 대한 데이터 기반의 물증은 존재하지 않은 상황이다. 이때 $\theta > 75$일 것이라는 추측(conjecture) 또는 주장을 하나의 통계가설(statistical hypothesis)이라고 한다. $\theta > 75$라는 가설은 틀릴지 모르며 그 반대인 $\theta \leq 75$가 맞을지 모른다. 이런 의미에서 통계가설은 2가지가 있다. 즉, 모평균인 θ에 대한 아무런 변화가 없다는 가설인 $\theta \leq 75$와 변화가 있다는 $\theta > 75$이다. 이때 첫 번째 가설을 $H_0: \theta \leq 75$, 두 번째 가설을 H_1: $\theta > 75$와 같이 표시한다. $\theta > 75$는 $\theta \leq 75$에 대한 대안(alternative) 또는 부정하거나 대립하는 값이므로 H_1: $\theta > 75$는 대립 또는 대안가설(alternative hypothesis)이라고 한다. 마찬가지로 $H_0: \theta \leq 75$도 H_1에 대한 대립가설이다. 그러나 일반적으로 주장하는 가설을 대립가설이라고 하기 때문에 H_1을 흔히 대립가설이라고 한다. 대부분의 모집단 분포에 대한 통계적인 주장(assertion)은 기존 주장에 대한 대립가설을 증명하고자 하는 경우가 많기 때문에 원래의 가설을 없앤다(nullify)는 의미에서 H_0을 영가설(null hypothesis) 또는 귀무가설이라고 한다.

이제 통계가설을 증명하기 위한 또는 검증(test)하기 위해서는 어떠한 방법을 적용해야 할까? 일단은 주어진 분포에서 크기가 25인 임의표본을 구성한다. 임의표본의 하나의 예를 $x_1, \ldots, x_{25}$이라고 하면 다음의 영역을 정의할 수 있다.

$$C = \{(x_1, \ldots, x_{25}) | x_1 + \cdots + x_{25} > 25 \times 75\}$$

여기서 $\bar{x} > 75$이면, 즉 $(x_1, \ldots, x_{25}) \in C$이면 영가설을 기각(reject)할 수 있다. 이때 영가설을 기각하는 표본공간의 부분집합인 C를 기각역(critical region)이라고 한다. 그런데 만약 임의표본의 예가 $\bar{x} \leq 75$이면 영가설을 기각하지 못하고 채택(accept)한다. 이러한 방식으로 가설은 검증(test)하는 것이 좋은 방법인지 아니면 다른 대안이 있는지 알아보자. 대안 검증을 찾기 위하여 위의 방식으로 접근할 때 영가설을 기각할 확률은 다음과 같다.

$$\Pr\big((X_1, \ldots, X_n) \in C\big) = \Pr(\bar{X} > 75) = \Pr\left(\frac{\bar{X} - \theta}{10/\sqrt{25}} > \frac{75 - \theta}{10/\sqrt{25}}\right) = 1 - \Phi\left(\frac{75 - \theta}{2}\right)$$

이 확률은 모평균 모수인 θ에 의존하므로 이 함수를 $K_1(\theta)$라고 하자. 이때 이 함수를 검증력 함수(power function)라고 한다. 하나의 θ에 대해서는 검증력값(power)이라고 한다.

예제

$K_1(\theta) = 1 - \Phi\left(\frac{75-\theta}{2}\right)$ 검증력 함수의 θ값이 [70, 84]일 때 함수를 그래프로 살펴보자.

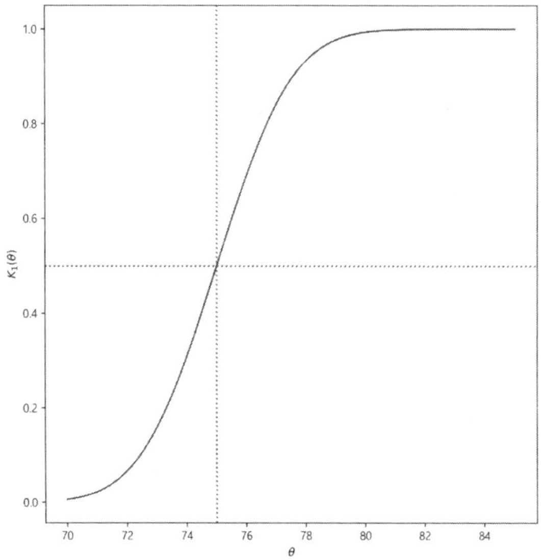

그림 14.2 θ값의 변화에 따른 검증력 함수의 변화

In

```
# 검증력 함수
theta = np.linspace(70, 85, 100)
power = 1 - ss.norm.cdf((75-theta)/2)

fig, ax = plt.subplots(figsize=(7, 7))

ax.plot(theta, power)
ax.set_xlabel(r'$\theta$')
ax.set_ylabel(r'$K_1 (\theta)$')

ax.axhline(y=1/2, ls=':')
```

```
ax.axvline(x=75, ls=':')

plt.tight_layout()
plt.savefig('image/statistical_inference_power_1', dpi=300)
```

Out

그림 14.2에서 $\theta = 75$이면 영가설을 기각할 확률이 0.5가 된다. 즉 실제 모평균이 75인데 임의표본의 예가 75일 때 이를 기각할 확률이 0.5인 것이다. 즉, 영가설이 참(true)임에도 불구하고 이를 기각할 확률이 0.5인 것이다. 예를 들어 건강한 환자에게 특정 병에 걸렸다고 잘못 얘기할 확률이 0.5인 것과 동일하다. 뭔가 이러한 검증은 문제가 있다고 볼 수 있다. 가급적 영가설이 참일 때 이를 기각할 확률을 줄이고 싶다. 그렇다면 $\bar{x} > 78$로 값을 올리면 어떻게 될까?

$$K_2(\theta) = 1 - \Phi\left(\frac{78 - \theta}{2}\right)$$

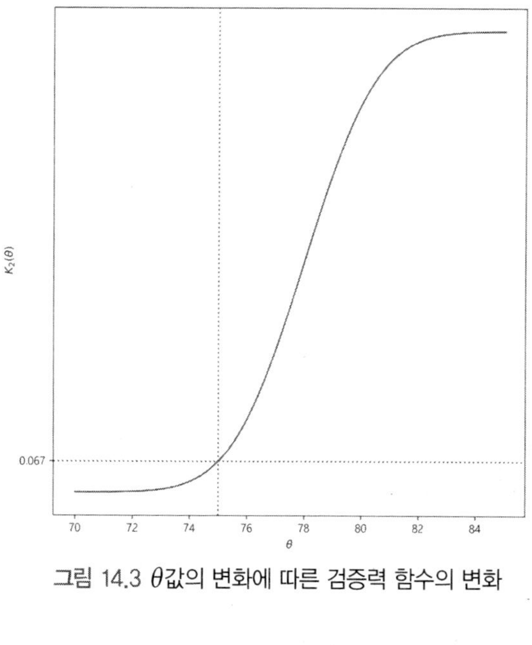

그림 14.3 θ값의 변화에 따른 검증력 함수의 변화

이때는 $\theta = 75$일 때 영가설을 기각할 확률이 0.067이 된다. 즉 이전의 검증보다는 보다 현실적으로 보인다. 그런데 만약 $\theta = 77$이면 영가설을 기각할 확률은 0.309이다.

In	

```
# 기각확률 계산
rej_prob = 1 - ss.norm.cdf((78-77)/2)
rej_prob.round(3)
```

Out

```
0.309
```

즉, 영가설이 거짓(false)일 때 이를 기각할 확률이 작은 것이다. 즉 대립가설이 참일 때 이를 채택(accept)할 확률이 작은 것이다.

이러한 2가지 문제점을 극복할 수 있는, 즉 영가설이 참일 때 이를 기각할 확률은 작게 하면서 대립가설이 참일 때 이를 채택할 확률을 크게 하는 검증을 찾아보자. 예를 들어 $K_3(75) = 0.159$ 이고 $K_3(77) = 0.841$인 성질을 만족하는 경계값을 찾아보자.

$$K_3(\theta) = \Pr(\bar{X} > c) = 1 - \Phi\left(\frac{c - \theta}{\frac{10}{\sqrt{n}}}\right)$$

$$K_3(75) = 0.159 \rightarrow \quad \Phi\left(\frac{c - 75}{\frac{10}{\sqrt{n}}}\right) = 1 - 0.159 = 0.841$$

$$K_3(77) = 0.841 \rightarrow \quad \Phi\left(\frac{c - 77}{\frac{10}{\sqrt{n}}}\right) = 1 - 0.841 = 0.159$$

In

```
# 기각확률에 대응하는 분위수 계산
rej_probs = np.array([0.159, 0.841])
rej_points = ss.norm.ppf(rej_probs)
rej_points.round(3)
```

Out

```
array([-0.999,  0.999])
```

결과를 이용하여 $\frac{c-75}{\frac{10}{\sqrt{n}}} = 1$이고 $\frac{c-77}{\frac{10}{\sqrt{n}}} = -1$이므로 대략 $n = 100, c = 76$이다. 즉 주어진 검증력값을 확보하기 위해서는 최소 100개의 임의표본이 필요하며 이때 $\bar{x} > 76$이면 주어진 가설을 원하는 성능으로 검증할 수 있다.

In	# 기각확률의 계산
	theta = np.array([73, 75, 77, 79])
	rej_probs = 1 - ss.norm.cdf(76-theta)
	rej_probs.round(3)

Out	array([0.001, 0.159, 0.841, 0.999])

결과를 보면 $K_3(73) = 0.001, K_3(75) = 0.159, K_3(77) = 0.841, K_3(79) = 0.999$ 임을 알 수 있다.

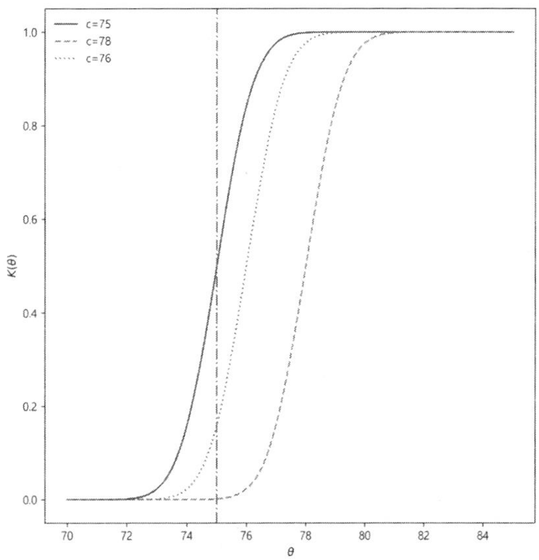

그림 14.4 검증력 함수 비교

그림 14.4는 위의 논의 대상이 되었던 3개의 검증력 함수를 비교한 것이다. 비교를 위해서 표본의 크기는 모두 100으로 하였다. $c = 76$ 곡선이 최종적으로 좋다고 판정된 검증력 함수이다. 즉, 좋은 검증력 함수는 영가설의 경계가 되는 모수값까지는 가급적 작은 값을 유지하다가 그 경계를 넘을 때 급격히 확률값을 증가시키는 경우임을 알 수 있다.

지금까지 예를 통해 설명한 몇 가지 용어를 정리해보자. 통계가설은 하나 이상의 확률변수의 분포에 대한 주장(assertion)이다. 통계가설 중에 가설 자체가 모집단 분포를 완전히 특정하면 이 가설을 단순통계가설(simple statistical hypothesis)이라고 하며 그렇지 않은 경우를 복합통계가설(composite statistical hypothesis)이라고 한다. 예를 들어 θ

= 75는 단순통계가설이며 $\theta \le 75$는 복합통계가설이다. 통계가설을 검증한다는 것은 임의표본의 예로부터 주어진 가설을 기각 또는 채택할 것인지를 결정하는 규칙을 만드는 것이다. 즉, 하나의 검증(test)은 하나의 규칙이다. 검증의 기각역(critical region)은 고려대상의 가설, 일반적으로 영가설을 기각하기 위한 표본공간의 부분집합이다. 검증의 검증력 함수(power function)는 고려하고 있는 모든 분포에서 정의된 임의표본이 기각역에 속할 확률이다. 하나의 분포에 대응하는 값을 검증값(power)이라고 한다. 검증의 유의수준(significance level) 또는 기각역의 크기(size)는 영가설이 참일 때 검증력 함수의 최댓값이다. 가령 유의수준이 0.05라는 것은 영가설이 참일 때 이를 기각할 확률의 최댓값을 의미한다. 앞의 그림의 검증력 함수 비교를 보면 각각 $\theta = 75$일 때 최댓값이 되며 $(K_1, K_2, K_3) = (0.5, 0.067, 0.159)$가 된다.

이상의 결과를 보면, 주어진 가설을 검증하기 위한 통계량(test statistics)은 일반적으로 추정을 위한 통계량임을 알 수 있고, 가설을 검증하는 과정에서의 기준이 되는 결정경계값(decision boundary value)들은 영가설이 참임에도 불구하고 이를 기각할 확률을 줄이고 영가설이 거짓인 경우에 이를 기각할 확률, 즉 대립가설이 참일 때 이를 채택할 확률은 높이는 방향으로 결정된다. 이때 유의수준에 의하여 결정경계값이 정해지게 된다. 하나의 예를 통하여 살펴보도록 하자.

예제

$X_1, \ldots, X_{100} \sim (\mu = \theta, \sigma = 9.4)$인 분포를 따르며 다음의 가설을 검증하고자 한다.

$$H_0: \theta = 75, \qquad H_1: \theta < 75$$

이때 임의샘플의 관측된 값, 즉 하나의 예의 평균은 $\bar{x} = 73.5$가 나왔다고 하자. 이 사실로부터 모평균이 75보다 작은 값이라고 얘기할 수 있는가?

$n = 100$이 충분히 크다고 가정하면 $\frac{\bar{X}-\theta}{9.4/\sqrt{100}} \sim N(0,1)$이므로 다음의 성립한다.

$$K(\theta) = \Pr(\bar{X} < c) = \Phi\left(\frac{c-\theta}{9.4/\sqrt{100}}\right)$$

만약 유의수준이 $\alpha = 0.05$이라고 하면 영가설은 모수가 1개이므로 $K(75) = 0.05$이어야 한다. 따라서 다음을 만족시켜야 한다.

$$\frac{c-75}{9.4/\sqrt{100}} = -1.64$$

In
```
# 기각역의 계산
alpha  = 0.05
ppf = ss.norm.ppf(alpha)
c = 75 + ppf * 9.4/np.sqrt(100)
c.round(3)
```
Out
```
73.454
```

따라서 $c = 73.45$ 이다. 즉, 기각역(critical region)은 다음과 같이 정의된다.

$$C = \{(x_1, \dots, x_{100}) \mid \bar{x} < 73.45\}$$

따라서 임의표본의 관측된 값인 $\bar{x} = 73.5$ 는 기각역에는 속하지 않으므로 유의수준 5%에서는 영가설을 기각할 수 없다. 그러나 이 값은 기각역에 매우 가까운 값이며 실제 $\Pr(\bar{X} < 73.5|H_0{:}\,\theta = 75) = \Phi\left(\frac{73.5-75}{9.4/\sqrt{100}}\right) = 0.055$ 이다.

In
```
# 확률 계산
ss.norm.cdf((73.5-75)/9.4*np.sqrt(100)).round(3)
```
Out
```
0.055
```

이때 확률 $\Pr(\bar{X} < 73.5|H_0)$을 유의확률(significance probability) 또는 P값(P value)이라고 한다. 유의확률은 영가설이 참이라는 가정에서 검증통계량의 관측값이 얼마나 유의한지를 보는 것이다. 이 값이 작을수록 또는 이 값이 사전 정의된 유의수준보다 작으면 작을수록 희귀한 사건이 발생한 것이므로 영가설이 기각될 가능성이 높아진다. 실제 실무에서는 통계량의 분포에 의하여 P값을 계산한 후 사전 정의된 유의수준과의 비교를 통하여 영가설의 기각여부를 판단하게 된다.

간단히 통계적 가설 검증을 다음의 표로 요약해보자.

순서	내용	비고
1	모집단 분포에 대한 가설을 세운다.	
2	가설에 적합한 검증통계량을 정의한다.	
3	검증통계량의 관측값을 계산한다.	
4	영가설이 참이라는 가정하에 검증통계량의 관측값의 P값을 계산한다.	
5	P값과 유의수준과의 비교를 통하여 영가설과 대립가설의 기각 및 채택 여부를 결정한다.	기각역을 계산하여 검증통계량의 관측값과 비교할 수 있다.

14.2.1 모평균 가설검증

$X_1, \dots, X_n \sim (\mu = \theta, \sigma = \sigma_0)$인 임의표본에 대하여 모평균에 대한 다음의 가설을 고려해보자. $\sigma = \sigma_0$로 알려져 있다고 가정한다. 모평균에 대한 좋은 추정량은 $\bar{X}$이므로 검증통계량은 다음과 같이 정의할 수 있다.

$$Z = \frac{\bar{X} - \theta}{\sigma_0/\sqrt{n}}$$

이때 $H_0: \theta = \theta_0$에 대하여 다음의 대립가설 각각에 대하여 살펴보자. 이때 영가설하에서 관측된 값을 $z = \frac{\bar{x} - \theta_0}{\sigma_0/\sqrt{n}}$이라고 하자. $H_1: \theta > \theta_0$이면 $K(\theta) = \Pr(\bar{X} > c)$이므로 P값은 $\Pr(Z > z)$, $H_1: \theta < \theta_0$이면 $\Pr(Z < z)$, $H_1: \theta \neq \theta_0$이면 $\Pr(|Z| > z)$이 된다. 이 값과 사전 정의된 유의수준과 비교하여 영가설의 기각여부를 결정한다.

예제

한 보험회사에서 고객들의 평균보험료는 200,000원이고 표준편차는 100,000원이다. 최근에 추가판매 캠페인 등을 통하여 이 보험회사는 고객들의 평균보험료가 높아졌을 것이라고 판단하였다. 이를 알아보기 위하여 총 100명의 고객을 추출하여 표본평균 값을 계산해본 결과 220,000원이 나왔다. 통계적으로 유의미한지를 알아보자.

가설은 $H_0: \theta = 200000$, $H_1: \theta > 200000$이며 영가설하에 검증통계량의 관측값은

$z = \frac{\bar{x}-\theta_0}{\sigma_0/\sqrt{n}} = \frac{220000-200000}{100000/\sqrt{100}} = 2$ 이다. 따라서 P값은 $\Pr(Z > 2) = 1 - \Phi(2) = 0.023$ 이다. 따라서 유의수준 0.05에서 통계적으로 유의하다(significant)고 할 수 있다.

15장

모집단 분포 추론

모집단의 분포는 모수만으로 정의되어 있다면 예를 들어 $N(\mu, \sigma^2)$이라면 평균과 분산만 알면 정확히 특정할 수 있다. 물론 비모수적인 접근도 가능하지만 이 장에서는 모집단의 분포가 모수로 특정 가능한 경우만 대상으로 한다. 또한 중심극한정리에 의하여 대부분의 모집단의 분포가 정규분포가 아니어도 표본의 크기가 크면 표본분포는 정규분포이므로, 정규분포라고 가정하여 모평균과 모분산에 대한 추정과 검증을 전개하도록 하자. 이 장에서 사용되는 파이썬 패키지는 다음과 같다.

In
```
# 필요한 패키지
import numpy as np
import pandas as pd
import matplotlib.pyplot as plt
from matplotlib.ticker import MultipleLocator

import scipy
from scipy import linalg as la
import scipy.stats as ss

# 한글출력
plt.rcParams['font.family'] = 'Malgun Gothic'
plt.rcParams['axes.unicode_minus'] = False

scipy.__version__
```

Out
```
'1.3.2'
```

15.1 모평균 추정

모집단이 $X \sim N(\mu, \sigma^2)$일 때 이에 대한 임의표본을 $X_1, \ldots, X_n$이라고 하자. 이때 모평균에 대한 추론, 즉 추정이나 검증은 표본평균이 좋은 추정량임을 대략적으로 살펴보았다. 모분산이 알려져 있는 경우에 $100(1-\alpha)\%$의 신뢰구간은 다음과 같이 정의하였다.

$$\left(\bar{x} - z_{\frac{\alpha}{2}} \frac{\sigma}{\sqrt{n}}, \quad \bar{x} + z_{\frac{\alpha}{2}} \frac{\sigma}{\sqrt{n}}\right)$$

여기서 $\alpha = 0.1, 0.05, 0.01$이면 $z_{\frac{\alpha}{2}} = (1.64, 1.96, 2.58)$이 된다.

```
In      # 분위수 구하기
        X = ss.norm(0, 1)
        alpha = np.array([0.1, 0.05, 0.01])
        z_alpha_half = X.ppf(1-alpha/2)
        z_alpha_half.round(3)
```

```
Out     array([1.645, 1.96 , 2.576])
```

모분산이 알려져 있지 않은 경우에는 모분산에 대한 추정량으로 표본분산을 사용한다. 또한 $\frac{\bar{X}-\mu}{S/\sqrt{n}} \sim t(n-1)$이므로 이를 이용하여 모평균에 대한 신뢰구간을 구할 수 있다.

$$\left(\bar{x} - t_{\frac{\alpha}{2}}(n-1)\frac{s}{\sqrt{n}}, \quad \bar{x} + t_{\frac{\alpha}{2}}(n-1)\frac{s}{\sqrt{n}}\right)$$

여기서 $\mathrm{n} = 10, \alpha = 0.1, 0.05, 0.01$이면 $t_{\frac{\alpha}{2}}(n-1) = (1.83, 2.26, 3.25)$가 된다.

```
In      # 모분산이 알려져 있지 않은 경우: t 분포 적용
        # 분위수 구하기
        n = 10
        X = ss.t(df=n-1)
        alpha = np.array([0.1, 0.05, 0.01])
        t_alpha_half = X.ppf(1-alpha/2)
        t_alpha_half.round(3)
```

```
Out     array([1.833, 2.262, 3.25])
```

예제

[BANK] 데이터를 이용하여 잔액(balance)에 대한 모평균을 추정해보자.

```
In      # [BANK] 데이터 읽기
        url = 'https://github.com/bong-ju-kang/kmu-mba-statistics-winter/raw/
        master/data/bank.zip'
        df = pd.read_csv(url)
        df.shape
```

```
Out     (4521, 17)
```

In
```
df.columns
```

Out
```
Index(['age', 'job', 'marital', 'education', 'default', 'balance', 'housing',
       'loan', 'contact', 'day', 'month', 'duration', 'campaign', 'pdays',
       'previous', 'poutcome', 'y'],
      dtype='object')
```

In
```
# 변수 정의
x = df['balance']

# 평균
np.mean(x).round(2)
```

Out
```
1422.66
```

In
```
# 표본 표준편차
np.std(x, ddof=1).round(2)
```

Out
```
3009.64
```

In
```
# 표본평균 표준편차 정의: np.std(x, ddof=1)/np.sqrt(len(x))
scale = ss.sem(x)
scale.round(2)
```

Out
```
44.76
```

In
```
# 신뢰수준 정의
confidence = 1 - 0.05

# 신뢰 구간
confint = ss.t.interval(alpha=confidence, df=len(x)-1, loc=np.mean(x),
scale=ss.sem(x))
np.round(confint, 2)
```

Out
```
array([1334.9 , 1510.41])
```

$\bar{x} = 1422.66,\ s = 3009.64,\ n = 4521, t_{\frac{0.05}{2}} = 1.96$ 이므로 95% 신뢰구간은 (1334.91, 1510.41)이 된다.

15.2 모평균 유의성 검증

모분산을 모르는 경우에 모평균에 대한 유의성을 검증하기 위한 검증통계량은 T 통계량이었다. 영가설 $H_0: \mu = \mu_0$에 대하여 다음과 같이 유의성을 검증한다.

$t_0 = \frac{\bar{x}-\mu_0}{s/\sqrt{n}}$이라고 하자.

대립가설	P값	영가설 기각
$H_1: \mu > \mu_0$	$p_0 = \Pr(T \geq t_0)$	$t_0 \geq \ t_\alpha(n-1)$
$H_1: \mu < \mu_0$	$p_0 = \Pr(T \leq t_0)$	$t_0 \leq \ t_\alpha(n-1)$
$H_1: \mu \neq \mu_0$	$p_0 = \Pr(\lvert T \rvert \geq t_0)$	$\lvert t_0 \rvert \geq \ t_{\frac{\alpha}{2}}(n-1)$

예제

[BANK] 데이터의 잔액에 대한 $H_0: \mu = 1300,\ H_1: \mu > 1300$ 의 통계가설을 검증해보자.

In
```
# 모평균의 유의성 검증
null_mean = 1300
res = ss.ttest_1samp(x, popmean=null_mean)
res
```
Out
```
Ttest_1sampResult(statistic=2.740300624371668, pvalue=0.006162411872873913)
```

In
```
# 양측 검정의 결과이므로 해당 p-value를 2로 나눈다.
(res.pvalue/2).round(4)
```
Out
```
0.0031
```

P값이 유의수준 0.05보다 작으므로 영가설을 기각할 수 있다.

15.2.1 모평균 유의성 검증 요약

모평균의 유의성 검증은 다음 그림과 같이 요약할 수 있다.

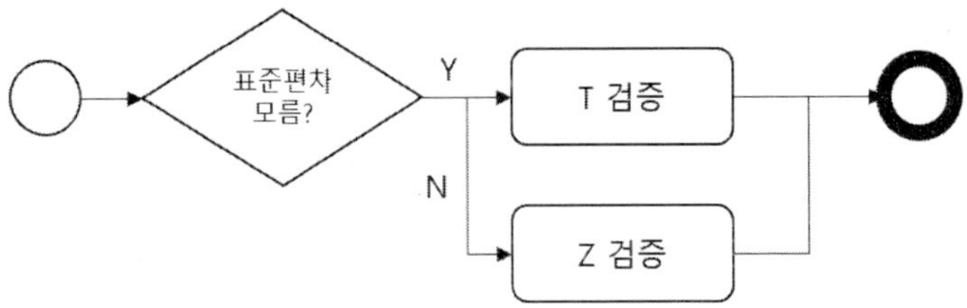

그림 15.1 모평균의 유의성 검증을 위한 흐름도

15.3 모평균 비교

15.3.1 짝 비교

다음과 같은 문제를 고려해보자. 어떤 생명보험사에서 고객 100명에게 생명보험사 상품 중 투자 목적 이외의 월납보험료와 손해보험사 상품의 상해보험의 월납보험료가 얼마인지를 질문하고 그 결과를 얻었다. 이때 두 보험료 간에는 차이가 있다고 할 수 있는가? 또 하나의 예로서 임상실험 또는 특정 약을 복용하고 난 후 전과 후의 특정 특성값, 가령 간수치를 나타내는 값들이 차이가 있는지를 보는 것이다. 이러한 예는 하나의 객체(사람)에 대하여 2개의 특성값을 본 것이다. 즉, 실험단위(experimental unit)에 대하여 처리(treatment)를 한 후 처리효과(treatment effect)를 보는 것과 유사하다. 이때 생성되는 데이터는 객체별로 데이터가 나오므로 하나의 객체에 대하여 짝별로(paired) 데이터가 나오는 것이다.

$(X_1, Y_1), \dots, (X_n, Y_n)$로부터 $D_i = X_i - Y_i, i = 1, \dots, n$에 대하여 모평균에 대한 추정과 유의성에 대한 검증을 하고자 한다. 따라서 앞과 마찬가지로 T 통계량을 이용하여 모평균에 대한 추론을 행할 수 있다. 관심있는 것은 D의 분포이므로 앞과 똑같은 방법을 적용한다. 차이에 대한 모분산을 모른다는 가정하에 모평균차에 대한 $100(1-\alpha)\%$의 신뢰구간은 다음과 같다.

$$\left(\bar{d} - t_{\frac{\alpha}{2}}(n-1)\frac{s_D}{\sqrt{n}}, \qquad \bar{d} + t_{\frac{\alpha}{2}}(n-1)\frac{s_D}{\sqrt{n}}\right)$$

모평균차에 대한 영가설 $H_0: \delta = \delta_0$에 대하여 $t_0 = \frac{\bar{d}-\delta_0}{s_D/\sqrt{n}}$을 구한 후 다음과 같이 유의성을 검증한다.

대립가설	P값	영가설 기각
$H_1: \delta > \delta_0$	$p_0 = \Pr(T \geq t_0)$	$t_0 \geq \ t_\alpha(n-1)$
$H_1: \delta < \delta_0$	$p_0 = \Pr(T \leq t_0)$	$t_0 \leq \ t_\alpha(n-1)$
$H_1: \delta \neq \delta_0$	$p_0 = \Pr(\lvert T\rvert \geq t_0)$	$\lvert t_0\rvert \geq \ t_{\frac{\alpha}{2}}(n-1)$

예제

[OATBRAN] 데이터는 다이어트 관련하여 귀리겨(oat bran)를 섭취한 경우와 콘플레이크(corn flakes)를 섭취한 경우에 혈청 콜레스테롤(serum cholesterol)을 측정한 것이다.

ID	CORFLK(X)	OATBRAN(Y)
1	4.61	3.84
2	6.42	5.57
3	5.4	5.85
4	4.54	4.8
5	3.98	3.68
6	3.82	2.96
7	5.01	4.41
8	4.34	3.72
9	3.8	3.49
10	4.56	3.84
11	5.35	5.26
12	3.89	3.73
13	2.25	1.84
14	4.24	4.14

여기서 관심은 어떤 음식을 섭취할 때 혈청 콜레스테롤이 낮은지를 보고자 하는 것이다. 모평균 차에 대한 영가설 $H_0: \delta = 0$ 이라고 정의하고 대립가설인 $H_1: \delta > 0$ 을 검증해보자.

In

```
# 데이터 구성
url = 'https://github.com/bong-ju-kang/kmu-mba-statistics-
winter/raw/master/data/oatbran.csv'
df = pd.read_csv(url)
df.head(3)
```

```
Out     ID    CORFLK   OATBRAN
        0     1        4.61     3.84
        1     2        6.42     5.57
        2     3        5.40     5.85
```

```
In      # 단일 표본의 평균 비교
        d = df['CORFLK'] - df['OATBRAN']
        res = ss.ttest_1samp(d, popmean=0)
        res
Out     Ttest_1sampResult(statistic=3.3443552467926585, pvalue=0.005277682686223332)
```

```
In      # 양측 검증이므로 해당 p-value를 2로 나눈다.
        (res.pvalue/2).round(4)
Out     0.0026
```

함수를 이용한 결과를 보면 유의수준 5%에서 p-value가 0.0026이므로 영가설을 기각할 수 있다. 즉, 혈청 콜레스테롤 차이가 있다가 할 수가 있다.

15.3.2 2개의 모집단 비교: 정규분포 근사

통계청 마이크로데이터인 [HFWS]에서 40대와 50대 간의 순자산의 차이가 있는지를 통계적으로 유의성을 검증하고자 한다. 즉, 독립적인 2개의 집단에 대하여 모평균의 차이가 있는지를 살펴보고자 한다. 이때 기본적인 가정은 각 그룹(40대와 50대)의 관측값들은 각 모집단에서의 임의표본이며 그룹 간에는 서로 독립적으로 관측되었다는 것이다.

$$X_1, \ldots, X_{n_1} \sim (\mu_1, \sigma_1^2), \qquad Y_1, \ldots, Y_{n_2} \sim (\mu_2, \sigma_2^2)$$

두 모평균의 차 $\mu_1 - \mu_2$을 추정해보자. $\bar{X} - \bar{Y}$는 좋은 추정량 중의 하나이며 이를 이용하기로 한다. $\bar{X} - \bar{Y}$의 표준오차, 즉 표본분포의 표준편차는 다음과 같다.

$$Var(\bar{X} - \bar{Y}) = Var(\bar{X}) + Var(\bar{Y}) = \frac{\sigma_1^2}{n_1} + \frac{\sigma_2^2}{n_2}$$

$$Sd(\bar{X} - \bar{Y}) = \sqrt{Var(\bar{X} - \bar{Y})} = \sqrt{\frac{\sigma_1^2}{n_1} + \frac{\sigma_2^2}{n_2}}$$

따라서 n이 충분히 크면 $\frac{(\bar{X}-\bar{Y})-(\mu_1-\mu_2)}{\sqrt{\frac{\sigma_1^2}{n_1}+\frac{\sigma_2^2}{n_2}}} \sim N(0,1)$이다. 따라서 모분산들이 알려져 있다면 이를 이용하여 모평균의 차이를 추정할 수 있다. 대부분의 실제 데이터는 모분산을 알 수 없고 또한 분산이 같은지도 모른다. 따라서 이를 표본분산으로 대체한다.

$$T = \frac{(\bar{X}-\bar{Y})-(\mu_1-\mu_2)}{\sqrt{\frac{S_1^2}{n_1}+\frac{S_2^2}{n_2}}}$$

이때 각각의 표본의 크기가 크다면 각각의 표본분산은 모분산에 수렴하며 위의 T 통계량은 정규분포에 가까워진다. 이를 이용하여 $T \sim N(0,1)$이 된다. 따라서 $\mu_1-\mu_2$에 대한 $100(1-\alpha)\%$ 신뢰구간은 다음과 같이 계산할 수 있다.

$$\left((\bar{x}-\bar{y}) - z_{\frac{\alpha}{2}}\sqrt{\frac{S_1^2}{n_1}+\frac{S_2^2}{n_2}},\qquad (\bar{x}-\bar{y}) + z_{\frac{\alpha}{2}}\sqrt{\frac{S_1^2}{n_1}+\frac{S_2^2}{n_2}}\right)$$

영가설이 $H_0{:}\mu_1-\mu_2=\delta=\delta_0$이라고 한다면 $t_0=\frac{(\bar{x}-\bar{y})-\delta_0}{\sqrt{\frac{s_1^2}{n_1}+\frac{s_2^2}{n_2}}}$을 계산한 후 다음과 같이 유의성을 검증한다.

대립가설	P값	영가설 기각
$H_1{:}\delta > \delta_0$	$p_0 = \Pr(T \ge t_0)$	$t_0 \ge z_\alpha$
$H_1{:}\delta < \delta_0$	$p_0 = \Pr(T \le t_0)$	$t_0 \le z_\alpha$
$H_1{:}\delta \ne \delta_0$	$p_0 = \Pr(\lvert T\rvert \ge t_0)$	$\lvert t_0\rvert \ge z_{\frac{\alpha}{2}}$

15.3.3 2개의 모집단 비교: t분포 근사

2개의 모집단을 비교할 때 각 모집단의 크기가 크지 않은 경우에는 정규분포보다는 t분포 근사 방법을 택한다.

$$\frac{(\bar{X}-\bar{Y})-(\mu_1-\mu_2)}{\sqrt{\frac{S_1^2}{n_1}+\frac{S_2^2}{n_2}}} \sim t(df)$$

여기서 자유도 df는 다음과 같이 정의된다.

$$df = \frac{\left(\frac{S_1^2}{n_1} + \frac{S_2^2}{n_2}\right)^2}{\frac{\left(\frac{S_1^2}{n_1}\right)^2}{n_1 - 1} + \frac{\left(\frac{S_2^2}{n_2}\right)^2}{n_2 - 1}}$$

이를 이용하여 $\mu_1 - \mu_2$에 대한 $100(1-\alpha)\%$ 신뢰구간은 다음과 같이 계산할 수 있다.

$$\left((\bar{x} - \bar{y}) - t_{\frac{\alpha}{2}}(df)\sqrt{\frac{S_1^2}{n_1} + \frac{S_2^2}{n_2}}, \qquad (\bar{x} - \bar{y}) + t_{\frac{\alpha}{2}}(df)\sqrt{\frac{S_1^2}{n_1} + \frac{S_2^2}{n_2}} \right)$$

또한 영가설이 $H_0: \mu_1 - \mu_2 = \delta = \delta_0$이라고 한다면 $t_0 = \frac{(\bar{x}-\bar{y})-\delta_0}{\sqrt{\frac{s_1^2}{n_1}+\frac{s_2^2}{n_2}}}$을 계산한 후 다음과 같이 유의성을 검증한다.

대립가설	P값	영가설 기각
$H_1: \delta > \delta_0$	$p_0 = \Pr(T \geq t_0)$	$t_0 \geq \ t_\alpha(df)$
$H_1: \delta < \delta_0$	$p_0 = \Pr(T \leq t_0)$	$t_0 \leq \ t_\alpha(df)$
$H_1: \delta \neq \delta_0$	$p_0 = \Pr(\lvert T \rvert \geq t_0)$	$\lvert t_0 \rvert \geq \ t_{\frac{\alpha}{2}}(df)$

이와 같이 2개의 모집단의 분산이 동일하다는 가정을 하지 않고 자유도를 계산하여 모평균에 대한 검증을 실시하는 것을 Welch's t-test라고도 한다.

예제

[HFWS] 데이터를 이용하여 40대와 50대의 순자산 차이가 있는지 여부를 검증해보자.

t분포 근사에 의하여 검증을 해보자.

In
```
# 데이터 구성
url = 'https://github.com/bong-ju-kang/kmu-mba-statistics-
winter/raw/master/data/MDIS_2018_HFWS.txt'
df = pd.read_csv(url, header=None)
df.head(3)
```

```
Out   0 1 2 3 4 5 6 7 8 9 ... 151   152   153 154 155 156   157
        158   159   160
      0 2018   10200261 P   1127.905175 NaN  2255.0  G2 1   2   G1  ...  NaN  NaN
        1.0   80.0  60 150   4.0   NaN  NaN  NaN
      1 2018   10200371 P   2223.797699 NaN  4515.0  G1 1   4   G2  ...  NaN  NaN
        1.0   70.0  150   200   4.0   NaN  NaN  NaN
      2 2018   10201191 P   701.129372  NaN  1424.0  G1 1   4   G2  ...  NaN  NaN
        1.0   58.0  300   500   3.0   NaN  NaN  NaN
      3 rows × 161 columns
```

```
In    # 가구주 연령대: 22번째 열
      # 순자산; 109번째 열

      # 40대 순자산 데이터
      x = df[df.iloc[:, 21] == 'G04'].iloc[:, 108]
      x.mean().round(3)
Out   39347.948
```

```
In    x.std().round(3)
Out   63218.508
```

```
In    # 50대 순자산 데이터
      y = df[df.iloc[:, 21] == 'G05'].iloc[:, 108]
      y.mean().round(3)
Out   34450.749
```

```
In    y.std().round(3)
Out   65620.641
```

```
In    # 순자산 차이에 대한 검증
      res = ss.ttest_ind(x, y, equal_var=False)
      res
Out   Ttest_indResult(statistic=4.027404466323176, pvalue=5.6837625799562505e-05)
```

In
```
# 양측 검증이므로 해당 p-value / 2
(res.pvalue/2).round(3)
```

Out
```
0.0
```

2개의 모집단이 분산이 같지 않다는 가정하에 검증을 해본 결과 p-value가 매우 유의함을 알 수 있다.

15.3.4 2개의 모집단 비교: 모분산 동일 가정

지금까지는 2개의 모집단을 비교할 때 각각의 모분산이 있고 모분산을 동일하다는 가정을 하지 않았다. 실무에서는 이것이 현실적인 가정이지만, 만약 2개의 모분산이 동일하다는 가정을 하면 보다 단순하게 분포에 대한 추론을 할 수 있다. 2개의 모집단의 공통분산을 σ^2이라고 하자.

$$X_1, \ldots, X_{n_1} \sim (\mu_1, \sigma^2), \qquad Y_1, \ldots, Y_{n_2} \sim (\mu_2, \sigma^2)$$

이때 공통분산의 추정량으로서 앞에서 정의한 합동표본분산(pooled sample variance)을 사용한다. 각각의 표본분산보다는 더 좋은 추정량이라고 생각하기 때문이다.

$$s_p^2 = \frac{1}{n_1 + n_2 - 2}\left(\sum_i (x_i - \bar{x})^2 + \sum_j \left(y_j - \bar{y}\right)^2\right) = \frac{(n_1 - 1)s_1^2 + (n_2 - 1)s_2^2}{n_1 + n_2 - 2}$$

또한 앞 장에서 다음과 같은 성질이 있음이 알려져 있다.

$$\frac{(n_1 + n_2 - 2)S_p^2}{\sigma^2} \sim \chi^2(n_1 + n_2 - 2)$$

따라서 모평균 차에 대한 추론을 위한 다음의 통계량을 생각할 수 있다.

$$T = \frac{(\bar{X} - \bar{Y}) - (\mu_1 - \mu_2)}{S_p\sqrt{\dfrac{1}{n_1} + \dfrac{1}{n_2}}} \sim t(n_1 + n_2 - 2)$$

이를 이용하면 $\mu_1 - \mu_2$에 대한 100(1−α)% 신뢰구간은 다음과 같이 계산할 수 있다.

$$\left((\bar{x}-\bar{y}) - t_{\frac{\alpha}{2}}(n_1+n_2-2)\ s_p\sqrt{\frac{1}{n_1}+\frac{1}{n_2}},\qquad (\bar{x}-\bar{y}) + t_{\frac{\alpha}{2}}(n_1+n_2-2)\ s_p\sqrt{\frac{1}{n_1}+\frac{1}{n_2}} \right)$$

또한 영가설이 $H_0: \mu_1 - \mu_2 = \delta = \delta_0$이라고 한다면 $t_0 = \frac{(\bar{x}-\bar{y})-\delta_0}{s_p\sqrt{\frac{1}{n_1}+\frac{1}{n_2}}}$을 계산한 후 다음과 같이 유의성을 검증한다.

대립가설	P값	영가설 기각
$H_1: \delta > \delta_0$	$p_0 = \Pr(T \geq t_0)$	$t_0 \geq\ t_\alpha(n_1+n_2-2)$
$H_1: \delta < \delta_0$	$p_0 = \Pr(T \leq t_0)$	$t_0 \leq\ t_\alpha(n_1+n_2-2)$
$H_1: \delta \neq \delta_0$	$p_0 = \Pr(\|T\| \geq t_0)$	$\|t_0\| \geq\ t_{\frac{\alpha}{2}}(n_1+n_2-2)$

15.3.4.1 [HFWS] 데이터 예제

예제

앞의 예제에 이어서 2개의 모집단의 분산이 서로 동일하다는 가정하에 두 집단 간의 차이 여부를 검증해보자.

In
```
# 분산이 동일하다는 가정
res = ss.ttest_ind(x, y, equal_var=True)
res
```

Out
```
Ttest_indResult(statistic=3.9875217708387836, pvalue=6.716389065729837e-05)
```

결과를 보면 동일하게 매우 유의함을 알 수 있다.

15.3.5 모평균 비교 요약

모평균의 비교에 대하여 다음 그림과 같이 요약할 수 있다.

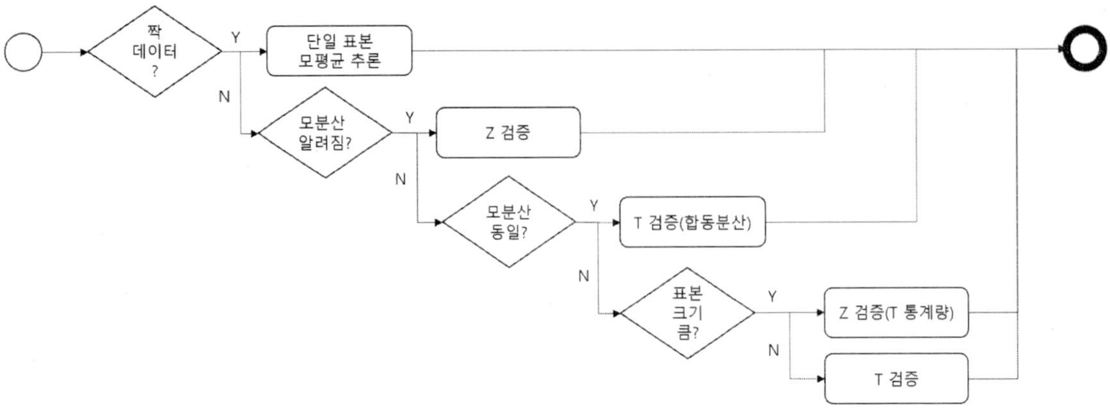

그림 15.2 모평균 비교의 유의성 검증을 위한 흐름도

15.4 모분산 추정

2개의 모집단의 분산이 같다는 가정하에 모평균을 추정하는 경우에 [HFWS] 데이터를 보면 실제 표본분산은 많이 차이가 있음에도 불구하고 가정을 하는 경우가 있다. 즉, 실제 적용 시에는 모분산의 분포에 대한 적절한 추론의 결과를 이용하여 이를 적용하는 것이 좋다.

모분산에 대한 추론으로 사용할 수 있는 통계량으로 비편향추정량(unbiased)이면서 동시에 일치통계량(consistent estimator)인 표본분산을 이용하는 것은 합리적이라고 생각할 수 있다.

$$\frac{(n-1)S^2}{\sigma^2} \sim \chi^2(n-1)$$

위와 같은 표본분산의 성질을 이용하여 다음을 만족하는 a, b를 구할 수 있다.

$$\Pr\left(a \le \frac{(n-1)S^2}{\sigma^2} \le b\right) = 1 - \alpha$$

만약 양쪽의 확률을 동일하게 준다면, $a = \chi^2_{1-\frac{\alpha}{2}}(n-1), b = \chi^2_{\frac{\alpha}{2}}(n-1)$가 된다.

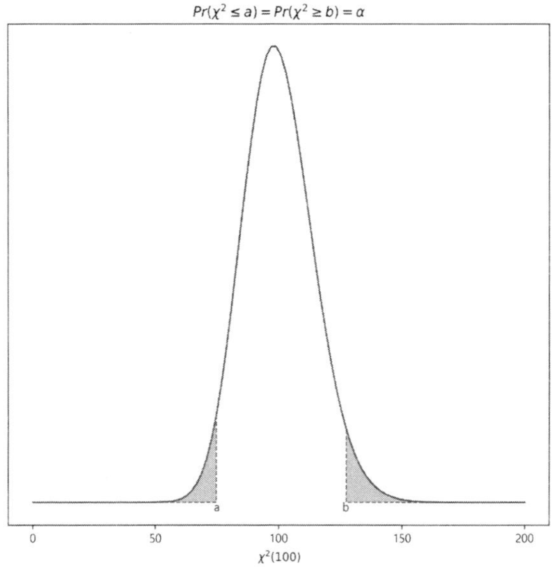

그림 15.3 양쪽 동일 확률 예시

$$\Pr\left(a \le \frac{(n-1)S^2}{\sigma^2} \le b\right) = \Pr\left(\frac{(n-1)S^2}{b} \le \sigma^2 \le \frac{(n-1)S^2}{a}\right) = 1-\alpha$$

따라서 모분산에 대한 100(1−α)% 신뢰구간은 다음과 같이 계산된다.

$$\left(\frac{(n-1)s^2}{\chi^2_{\frac{\alpha}{2}}(n-1)}, \frac{(n-1)s^2}{\chi^2_{1-\frac{\alpha}{2}}(n-1)}\right)$$

예제

[HFWS] 데이터를 이용하여 순자산에 대한 모분산을 추정해보자

In

```
# [HWSF] 데이터의 순자산
x = df.iloc[:, 108]

np.var(x).round(3)
```

Out

```
3205003390.167
```

In	

```
# 모분산 신뢰구간

# 유의수준 정의
alpha = 0.05

# 표본 크기 정의
n = len(x)

# 표본분산 정의
s2 = np.var(x, ddof=1)

upper = (n - 1) * s2 / ss.chi2.ppf(alpha / 2, n-1)
lower = (n - 1) * s2 / ss.chi2.ppf(1 - alpha / 2, n-1)
# (lower, upper)
np.round([lower, upper], 3)
```

Out

```
array([3.14108451e+09, 3.27125730e+09])
```

모분산에 대한 신뢰구간은 (3.14108451e + 09, 3.27125730e + 09)이다.

15.5 모분산 유의성 검증

모분산 추정에 사용되는 통계량을 이용하여 모분산의 유의성을 검증한다. 모분산에 대한 영가설이 $H_0: \sigma^2 = \sigma_0^2$이고 검증통계량은 $\chi^2 = \frac{(n-1)S^2}{\sigma_0^2}$이고 표본으로부터의 값이 $\chi_0^2 = \frac{(n-1)s^2}{\sigma_0^2}$이라고 하자. 이때 모분산에 대한 유의성 검증을 다음과 같이 진행한다.

대립가설	P값	영가설 기각
$H_1: \sigma^2 > \sigma_0^2$	$p_0 = \Pr(\chi^2 \geq \chi_0^2)$	$\chi_0^2 \geq \chi_\alpha^2(n-1)$
$H_1: \sigma^2 < \sigma_0^2$	$p_0 = \Pr(\chi^2 \leq \chi_0^2)$	$\chi_0^2 \leq \chi_\alpha^2(n-1)$
$H_1: \sigma^2 \neq \sigma_0^2$	$p_0 = 2\Pr(\chi^2 \leq \chi_0^2)$ or $p_0 = 2\Pr(\chi^2 \geq \chi_0^2)$	$\chi_0^2 \leq \chi_{1-\frac{\alpha}{2}}^2(n-1)$ or $\chi_0^2 \geq \chi_{\frac{\alpha}{2}}^2(n-1)$

15.6 모분산 비교

앞 절에서 모평균을 비교할 때 분산이 같거나 틀리다는 가정을 하였다. 이 절에서는 이를 검증하는 과정을 살펴본다.

15.6.1 모분산비 추정

$X_1, \ldots, X_{n_1} \sim (\mu_1, \sigma_1^2)$, $Y_1, \ldots, Y_{n_2} \sim (\mu_2, \sigma_2^2)$인 임의표본이라고 하자. 이때 다음의 성질이 성립함을 살펴보았다.

$$\frac{S_1^2/\sigma_1^2}{S_2^2/\sigma_2^2} = \frac{\sigma_2^2}{\sigma_1^2}\frac{S_1^2}{S_2^2} \sim F(n_1-1, n_2-1)$$

이를 이용하면 다음의 확률식이 성립한다.

$$\begin{aligned}
&\Pr\left(F_{1-\frac{\alpha}{2}}(n_1-1, n_2-1) \le \frac{\sigma_2^2}{\sigma_1^2}\frac{S_1^2}{S_2^2} \le F_{\frac{\alpha}{2}}(n_1-1, n_2-1)\right) \\
&= \Pr\left(\frac{1}{F_{\frac{\alpha}{2}}(n_1-1, n_2-1)}\frac{S_1^2}{S_2^2} \le \frac{\sigma_1^2}{\sigma_2^2} \le \frac{1}{F_{1-\frac{\alpha}{2}}(n_1-1, n_2-1)}\frac{S_1^2}{S_2^2}\right) \\
&= 1-\alpha
\end{aligned}$$

따라서 모분산비에 대한 $100(1-\alpha)\%$ 신뢰구간은 다음과 같이 계산된다.

$$\left(\frac{1}{F_{\frac{\alpha}{2}}(n_1-1, n_2-1)}\frac{s_1^2}{s_2^2},\quad \frac{1}{F_{1-\frac{\alpha}{2}}(n_1-1, n_2-1)}\frac{s_1^2}{s_2^2}\right)$$

예제

[HFWS] 데이터를 이용하여 40대와 50대의 순자산에 대한 모분산비를 추정해보자.

In
```
# 데이터 구성
# 가구주 연령대: 22번째 열
# 순자산; 109번째 열

# 40대 순자산 데이터
x = df[df.iloc[:, 21] == 'G04'].iloc[:, 108]
```

```
# 50대 순자산 데이터
y = df[df.iloc[:, 21] == 'G05'].iloc[:, 108]
```

Out

In
```
# 유의수준 정의
alpha = 0.05

# 표본분산비 정의
ratio = np.var(x, ddof=1)/np.var(y, ddof=2)
ratio.round(3)
```

Out
```
0.928
```

In
```
# F 분위수 정의
Falpha = ss.f.ppf(alpha/2, len(x)-1, len(y)-1)
F1minusAlpha= ss.f.ppf(1-alpha/2, len(x)-1, len(y)-1)

# 100(1-alpha)% 신뢰구간
np.round([1/F1minusAlpha*ratio, 1/Falpha*ratio], 3)
```

Out
```
array([0.881, 0.978])
```

결과를 보면 $\frac{s_1^2}{s_2^2} = 0.928$이며 모분산비 $\frac{\sigma_1^2}{\sigma_2^2}$의 95% 신뢰구간은 $(0.881, 0.978)$이다.

15.6.2 모분산비 유의성 검증

모분산비의 검증통계량은 $F = \frac{S_1^2}{S_2^2}$을 사용한다. 이 통계량의 임의표본의 값을 $f_0 = \frac{s_1^2}{s_2^2}$이라고 하자. 이때 영가설 $\mathrm{H}_0: \sigma_1^2 = \sigma_2^2$에 대하여 모분산비에 대한 검증은 다음과 같다.

대립가설	P값	영가설 기각
$H_1: \sigma_1^2 > \sigma_2^2$	$p_0 = \Pr(F \ge f_0)$	$f_0 \ge F_\alpha(n_1-1, n_2-1)$
$H_1: \sigma_1^2 < \sigma_2^2$	$p_0 = \Pr(F \le f_0)$	$f_0 \le F_{1-\alpha}(n_1-1, n_2-1)$
$H_1: \sigma_1^2 \ne \sigma_2^2$	$p_0 = 2\Pr(F \ge f_0)$ or $p_0 = 2\Pr(F \le f_0)$	$f_0 \ge F_{\frac{\alpha}{2}}(n_1-1, n_2-1)$ or $f_0 \le F_{1-\frac{\alpha}{2}}(n_1-1, n_2-1)$

참고로 위의 식이 나오는 배경을 살펴보자. 대립가설은 $H_1: \sigma_1^2 > \sigma_2^2$이라고 가정하자.

$$\begin{aligned} &\Pr\left(\frac{S_1^2}{S_2^2} \geq c\right) \\ &\Rightarrow \Pr\left(\frac{S_1^2}{S_2^2}\frac{\sigma_2^2}{\sigma_1^2} \geq c\frac{\sigma_2^2}{\sigma_1^2}\right) = \alpha \\ &\Rightarrow \quad c\frac{\sigma_2^2}{\sigma_1^2} = F_\alpha(n_1 - 1, n_2 - 1) \end{aligned}$$

따라서 영가설이 참이라고 한다면 $\frac{\sigma_2^2}{\sigma_1^2} = 1$이 되므로 기각경계값은 $F_\alpha(n_1 - 1, n_2 - 1)$가 된다.

예제

[HFWS] 데이터를 이용하여 40대와 50대의 순자산에 대한 각각의 분산이 동일한지 여부를 검증해보자.

In
```
# 유의수준 정의
alpha = 0.05

# p-value 계산: 양측 검증
pvalue = ss.f.cdf(ratio, len(x)-1, len(y)-1)/2
pvalue.round(4)
```

Out
```
0.0014
```

결과를 보면, p-value가 주어진 유의수준보다 작으므로 모분산비의 차이가 있음을 알 수 있다.

16장

범주형 자료분석

이 장에서 사용되는 파이썬 패키지는 다음과 같다.

In
```
# 필요한 패키지
import numpy as np
from scipy import linalg as la
import matplotlib.pyplot as plt
import pandas as pd

import scipy.stats as ss
import statsmodels.formula.api as smf

pd.__version__
```

Out
```
'0.25.3'
```

16.1 개요

지금까지의 자료 유형을 보면 주로 연속형 변수만을 대상으로 하여 분석하였다. 예를 들어 소득, 잔액 등이다. 그러나 통계청 마이크로데이터 서비스의 [HFWS] 자료에서도 보듯이 가구주교육정도, 입주형태, 성별 등은 범주형 또는 이산형 자료이다.

이 장에서는 범주형 자료에 대한 기본적인 추론에 대하여 알아보자. 이 장에서의 데이터 구성은 다음과 같이 공통으로 적용한다.

In
```
# [HFWS] 통계청 마이크로데이터 2018년 가계금융조사 데이터
url = 'https://github.com/bong-ju-kang/kmu-mba-statistics-
winter/raw/master/data/MDIS_2018_HFWS.txt'
df = pd.read_csv(url, header=None)
df.head(2)
```

Out
```
0  1  2  3  4  5  6  7  8  9  ...  151  152  153  154  155  156  157
   158   159   160
0  2018   10200261 P   1127.905175 NaN   2255.0   G2 1 2   G1 ... NaN   NaN
   1.0   80.0   60 150     4.0NaN     NaN   NaN
1  2018   10200371P   2223.797699 NaN   4515.0   G1 1 4   G2 ... NaN   NaN
   1.0   70.0   150    200   4.0    NaN   NaN    NaN
2 rows × 161 columns
```

In
```
# 가구주 성별
gender = df.iloc[:, 7]
gender.value_counts()
```

Out
```
1    14061
2     4579
Name: 7, dtype: int64
```

In
```
# 가구원수
num_members = df.iloc[:, 8]
np.round(num_members.mean(), 3)
```

Out
```
3.0
```

In
```
# 교육 수준
edulevel = df.iloc[:, 14]
edulevel.value_counts()
# 1 안 받음(미취학 포함)
# 2 초등학교
# 3 중학교
# 4 고등학교
# 5 대학(3년제 이하)
# 6 대학교(4년제 이상)
# 7 대학원 이상
```

Out
```
4    5883
6    4427
2    2362
3    2033
5    1836
7    1068
1    1031
Name: 14, dtype: int64
```

In
```
# 가구주 만나이
hhage = df.iloc[:, 20]
np.round(hhage.mean())
```

Out
```
56.0
```

In

```
# 가구주 혼인상태
maritalstatus = df.iloc[:, 24]
maritalstatus.value_counts()
# 1 미혼
# 2 배우자 있음
# 3 사별
# 4 이혼
```

Out

```
2    12429
3     2682
4     1913
1     1616
Name: 24, dtype: int64
```

In

```
# 입주형태
housetype = df.iloc[:, 26]
housetype.value_counts()
# G1 자기집
# G2 전세
# G3 월세
# G4 기타
```

Out

```
G1    11573
G2     2963
G3     2800
G4     1304
Name: 26, dtype: int64
```

In

```
# 부채 보유 여부
debtflag = df.iloc[:, 29]
debtflag.value_counts()
# G1 부채 보유
# G2 부채 미보유
```

Out

```
G1    11185
G2     7455
Name: 29, dtype: int64
```

```
In      # 자산
        asset = df.iloc[:, 40]
        np.round(asset.mean(), 3)
Out     40053.221
```

```
In      # 금융 자산
        fasset = df.iloc[:, 41]
        np.round(fasset.mean(), 3)
Out     9805.399
```

```
In      # 실물자산
        tasset = df.iloc[:, 46]
        np.round(tasset.mean(), 3)
Out     30247.821
```

```
In      # 담보대출
        mloan =  df.iloc[:, 56]
        np.round(mloan.mean(), 3)
Out     3964.482
```

```
In      # 신용 대출
        cloan = df.iloc[:, 80]
        np.round(cloan.mean(), 3)
Out     688.78
```

```
In      # 순자산액
        netasset = df.iloc[:, 108]
        np.round(netasset.mean(), 3)
Out     33245.647
```

In
```
# 가구소득(경상소득)
income = df.iloc[:, 109]
np.round(income.mean(), 3)
```
Out
```
5363.971
```

In
```
# 지출
expense = df.iloc[:, 117]
np.round(expense.mean(), 3)
```
Out
```
2183.234
```

In
```
# 가구주 은퇴여부
retireflag = df.iloc[:, 153]
retireflag.value_counts()
```
Out
```
1.0    7412
2.0    1849
Name: 153, dtype: int64
```

16.2 모비율 추정

임의표본을 추출한 후 이를 바탕으로 하여 모비율(population proportion)의 추정에 대하여 알아보자. 모비율에 대한 자연스러운 추정량은 표본비율이며 비편향추정량이다. 이를 이용하여 모비율에 대한 추정을 할 수 있으며 일반적으로 추정은 점추정과 관련된 신뢰구간을 포함한다.

예제

[HFWS] 자료에서 임의로 100개의 표본을 구성한 후 원 모집단의 가구주의 학력이 4년제 대졸 이상의 비율을 추정해보자.

In	```# 모비율 확인```
	```pratio = edulevel[edulevel > 4].shape[0] / len(edulevel)```
	```np.round(pratio, 3)```

Out	0.393

```
In      # 모비율 확인
        pratio = edulevel[edulevel > 4].shape[0] / len(edulevel)
        np.round(pratio, 3)
```

```
Out     0.393
```

```
In      # 표본추출
        np.random.seed(123)
        index = np.random.choice(len(df), 100, replace=False)
        sample = edulevel[index]

        # 표본비율
        sratio = sample[sample > 4].shape[0] / len(sample)
        np.round(sratio, 3)
```

```
Out     0.38
```

자료를 보면 모비율은 0.393이지만 단 1번의 표본을 추출한 경우에 표본비율은 0.38이다. 표본의 합의 분포는 $\sum_{i=1}^{n} X_i \sim B(n,p)$이므로 표본비율 $\hat{p} = \frac{\sum_{i=1}^{n} x_i}{n}$을 이용하여 추론한다.

$$E(\hat{p}) = \frac{np}{n} = p, \qquad Var(\hat{p}) = \frac{(Var(X_1\ ) + \cdots + Var(X_n))}{n^2} = \frac{p(1-p)}{n}$$

따라서 $\hat{p}$의 표준오차는 $\sqrt{Var(\hat{p})} = \sqrt{\frac{p(1-p)}{n}}$이 되므로 p대신 $\hat{p}$로 치환하면 표준오차의 추정량이 된다. 따라서 n이 충분히 크면 다음이 성립한다.

$$\frac{\hat{p}-p}{\sqrt{\frac{\hat{p}(1-\hat{p})}{n}}} \sim N(0,1)$$

따라서 다음의 확률식이 성립한다.

$$\Pr\left(-z_{\frac{\alpha}{2}} \le \frac{\hat{p}-p}{\sqrt{\frac{\hat{p}(1-\hat{p})}{n}}} \le z_{\frac{\alpha}{2}}\right) = 1-\alpha$$

그러므로 100(1−α)%신뢰구간은 다음과 같다. $\hat{p}_0 = \frac{\sum_{i=1}^{n} x_i}{n}$ 이라고 하자.

$$\left(\hat{p}_0 - z_{\frac{\alpha}{2}}\sqrt{\frac{\hat{p}(1-\hat{p})}{n}},\quad \hat{p}_0 + z_{\frac{\alpha}{2}}\sqrt{\frac{\hat{p}(1-\hat{p})}{n}}\right)$$

여기서 $z_{\frac{\alpha}{2}}$는 $\Pr\left(Z \geq z_{\frac{\alpha}{2}}\right) = \frac{\alpha}{2}$이다. 즉, $\Phi\left(z_{\frac{\alpha}{2}}\right) = 1 - \frac{\alpha}{2}$이다.

In
```
# 신뢰구간
# 유의수준
alpha = 0.05

# 표본크기
n = len(sample)

# 분위수
z_alpha_2 = ss.norm.ppf(1-alpha/2)

# 신뢰구간
lower = sratio - z_alpha_2 * np.sqrt(sratio*(1-sratio)/n)
upper = sratio + z_alpha_2 * np.sqrt(sratio*(1-sratio)/n)
np.round([lower, upper], 3)
```

Out
```
array([0.285, 0.475])
```

따라서 모비율에 대한 추정값은 0.4이며 95% 신뢰수준에서 신뢰구간은 (0.285, 0.475)이다.

16.3 모비율 유의성 검증

16.3.1 소표본인 경우의 모비율 유의성 검증

[HFWS] 자료에서 임의로 크기가 100개의 표본을 구성한 후 모집단의 가구주의 학력이 4년제 대졸 이상의 비율에 대한 추론을 고려해보자.

H_0: $p = p_0$인 영가설에 대하여 크기가 $n = 100$인 표본의 해당 속성에 해당하는 건수가 np_0보다 많을수록 영가설을 기각할 가능성이 많아진다. 예를 들어 표본비율이

0.4라고 한다면 표본에서 해당 속성에 대한 건수가 40개 이상보다 클수록 영가설을 기각할 가능성이 많다는 것이다. 이런 의미에서 검증통계량은 특정 속성의 건수로 정의할 수 있다.

$$n_p = \sum_i X_i \sim B(n, p)$$

따라서 만약 대립가설이 $H_0:\ p > p_0$이라면 다음의 조건을 만족하면 영가설을 기각할 것이다.

$$\Pr(n_p \geq c) = \sum_{j=c}^{n} \binom{n}{j} p^j (1-p)^{n-j}$$

이때 주어진 식은 영가설이 사실이라는 가정하에 구해야 하므로 다음과 같이 계산된다.

$$\Pr(n_p \geq c) = \sum_{j=c}^{n} \binom{n}{j} p_0^j (1-p_0)^{n-j}$$

따라서 표본의 값을 $\widehat{n_p}$이라고 한다면 $\Pr(n_p \geq \widehat{n_p}\ |H_0)$의 값이 P값이 되며 기각역의 기각경계값은 $B_\alpha(n, p_0)$가 된다. 각 대립가설에 대한 검증은 다음과 같다.

대립가설	P값	영가설 기각
$H_1: p > p_0$	$\Pr(n_p \geq \widehat{n_p})$	$\widehat{n_p} \geq B_\alpha(n, p_0)$
$H_1: p < p_0$	$\Pr(n_p \leq \widehat{n_p})$	$\widehat{n_p} \leq B_{1-\alpha}(n, p_0)$
$H_1: p \neq p_0$	$2\Pr(n_p \geq \widehat{n_p})$ or $2\Pr(n_p \leq \widehat{n_p})$	$\widehat{n_p} \geq B_{\frac{\alpha}{2}}(n, p_0)$ or $\widehat{n_p} \leq B_{1-\frac{\alpha}{2}}(n, p_0)$

예제

[HFWS] 자료에서 원 모집단의 가구주의 학력이 4년제 대졸 이상의 비율을 p라고 한다면 다음의 가설을 임의로 100개의 표본을 구성한 후 검증해보자.

$$H_0: p = 0.39, \qquad H_1: p > 0.39$$

```
In      # 표본이 작은 경우: 모비율 검증
        # p-value 계산

        # 표본크기
        n = len(sample)

        # 모비율
        p = 0.39

        # 표본 이벤트 건수
        nphat = sample[sample > 4].shape[0]

        # p-value 계산
        pvalue = 2*(1 - ss.binom.cdf(nphat, n=n, p=p))
        np.round(pvalue, 3)
```

```
Out     1.076
```

예에서는 $H_0: p = 0.39$, $H_1: p > 0.39$이다. 결과를 보면 영가설이 참이라는 가정하에 유의확률은 1.076이어서 유의수준 5% 기준으로는 영가설을 기각할 수 없다.

16.3.2 대표본인 경우의 모비율 유의성 검증

앞의 예는 소표본인 경우에 일반적으로 사용되는 방법이다. 그러나 실무의 대부분의 문제는 대표본이므로 정규근사 방법에 의하여 모비율에 대한 유의성을 검증한다. 정규근사에 의한 과정을 살펴보자.

$$\Pr(n_p > c) = \Pr\left(\frac{n_p - np}{\sqrt{np(1-p)}} > \frac{c - np}{\sqrt{np(1-p)}}\right) = \Pr(Z > z_0) = 1 - \Phi(z_0)$$

따라서 검증통계량을 $Z = \frac{n_p - np}{\sqrt{np(1-p)}}$이라고 정의하고 영가설하에서 표본의 값을 $z_0 = \frac{\widehat{n_p} - np_0}{\sqrt{np_0(1-p_0)}}$ 계산한 후 다음과 같은 방법으로 검증한다.

대립가설	P값	영가설 기각
$H_1: p > p_0$	$\Pr(Z \geq z_0)$	$z_0 \geq z_\alpha$
$H_1: p < p_0$	$\Pr(Z \leq z_0)$	$z_0 < z_{1-\alpha}$
$H_1: p \neq p_0$	$\Pr(\lvert Z \rvert \geq \lvert z_0 \rvert)$	$z_0 \geq z_{\frac{\alpha}{2}} \quad or$ $z_0 < z_{1-\frac{\alpha}{2}}$

계산 과정을 살펴보자.

In
```
# 표본이 큰 경우
# 검증통계량
z0 = (nphat - n*p)/np.sqrt(n*p*(1-p))

# p-value 계산
pvalue = (1 - ss.norm.cdf(z0))*2
np.round(pvalue, 3)
```

Out
```
1.162
```

검증통계량에 대한 유의확률은 유의수준 0.05보다 크기 때문에 영가설을 기각할 수 없다.

16.3.3 모비율 유의성 검증 요약

모비율의 유의성 검증은 다음 그림과 같이 요약할 수 있다.

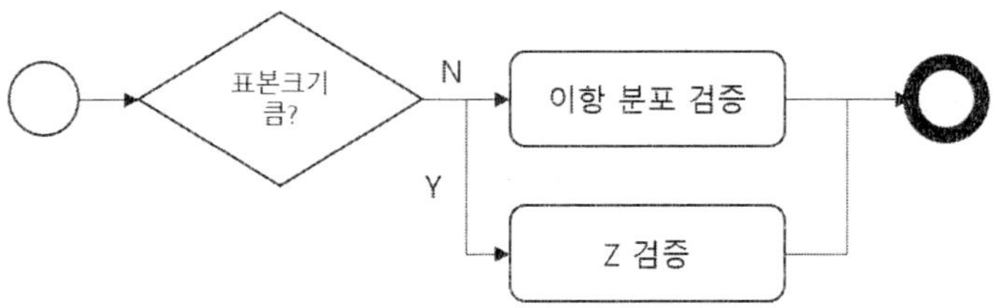

그림 16.1 모비율 유의성 검증 흐름도

16.4 모비율 비교

16.4.1 모비율차 추정

[HFWS] 자료에서 은퇴자 그룹과 비은퇴자 그룹으로 구분한 후 과연 부채보유 비율의 차이가 있는지를 살펴보는 문제가 있다고 하자.

In
```
# 관심 대상 변수로 구성된 데이터 구성
df1 = pd.DataFrame({'debtflag':debtflag, 'retireflag':retireflag})

# 결측값 제거
df1.dropna(inplace=True)

# 결측값 제거 확인
df1.isna().sum()
```

Out
```
debtflag      0
retireflag    0
dtype: int64
```

In
```
# 교차표 생성
freq = pd.crosstab(index=df1["retireflag"], columns=df1["debtflag"],
margins=True)
freq.columns = ["Y","N", 'RowTotal']
freq.index= ["retire_Y","retire_N", "ColTotal"]
print(freq)
```

Out
```
             Y     N  RowTotal
retire_Y  4869  2543      7412
retire_N   643  1206      1849
ColTotal  5512  3749      9261
```

In
```
# 행 합에 대한 비율: 은퇴 여부에 따른 부채 보유 비율
sratio = np.round(freq['Y'] / freq['RowTotal'], 3)
sratio
```

```
Out     retire_Y     0.657
        retire_N     0.348
        ColTotal     0.595
        dtype: float64
```

실제 주어진 데이터에서의 비율을 보면 은퇴자의 부채보유 비율이 0.657이고 비은퇴자 부채보유 비율은 0.348이다. 비율에 많은 차이가 있음을 알 수 있다.

2개의 임의표본의 크기가 n_1, n_2이고, 각 속성의 건수를 f_1, f_2라고 한다면 표본비율은 다음과 같다.

$$\hat{p}_1 = \frac{f_1}{n_1}, \hat{p}_2 = \frac{f_2}{n_2}$$

따라서 모비율의 차에 대한 좋은 추정량으로써 표본비율의 차 $\widehat{p_1 - p_2} = \hat{p}_1 - \hat{p}_2$을 사용한다. 여기서 $f_1 \sim B(n_1, p_1)$, $f_2 \sim B(n_2, p_2)$이므로 $E(\hat{p}_1 - \hat{p}_2) = \frac{n_1 p_1}{n_1} - \frac{n_2 p_2}{n_2} = p_1 - p_2$이고 $Var(\hat{p}_1 - \hat{p}_2) = Var(\hat{p}_1) + Var(\hat{p}_2) = \frac{n_1 p_1(1-p_1)}{n_1^2} + \frac{n_2 p_2(1-p_2)}{n_2^2} = \frac{p_1(1-p_1)}{n_1} + \frac{p_2(1-p_2)}{n_2}$가 된다. 따라서 중심극한정리에 의하여 각 표본의 크기가 충분히 크면 다음이 성립한다.

$$\hat{p}_1 - \hat{p}_2 \sim N\left(p_1 - p_2, \quad \frac{p_1(1-p_1)}{n_1} + \frac{p_2(1-p_2)}{n_2}\right)$$

이때 분산에 대하여 모비율 대신에 표본비율로 대체를 하면 근사적으로 다음이 성립한다.

$$\frac{(\hat{p}_1 - \hat{p}_2) - (p_1 - p_2)}{\sqrt{\frac{\hat{p}_1(1-\hat{p}_1)}{n_1} + \frac{\hat{p}_2(1-\hat{p}_2)}{n_2}}} \approx N(0,1)$$

이를 이용하여 표본비율의 관측값$(\hat{p}_{10} - \hat{p}_{20})$에 대하여 $100(1-\alpha)\%$ 모비율차에 대한 신뢰구간은 다음과 같다. 여기서 $SE_0 = \sqrt{\frac{\hat{p}_{10}(1-\hat{p}_{10})}{n_1} + \frac{\hat{p}_{20}(1-\hat{p}_{20})}{n_2}}$로 정의한다. $\left(\hat{p}_{10} - \hat{p}_{20} - z_{\frac{\alpha}{2}}\ SE_0,\ \hat{p}_{10} - \hat{p}_{20} + z_{\frac{\alpha}{2}}\ SE_0\right)$

예제

[HFWS] 자료를 이용하여 은퇴여부에 따른 부채보유 비율의 차에 대한 추정을 해보자.

In
```
# 은퇴 여부 그룹의 크기
n = freq['RowTotal']
n
```
Out
```
retire_Y       7412
retire_N       1849
ColTotal       9261
Name: RowTotal, dtype: int64
```

In
```
# 표본비율 차
dratio = sratio[0] - sratio[1]
dratio.round(3)
```
Out
```
0.309
```

In
```
# 표준오차 계산
se = np.sqrt(sratio[0]*(1-sratio[0])/n[0] + sratio[1]*(1-sratio[1])/n[1] )
se.round(5)
```
Out
```
0.01237
```

In
```
# 정규 분위수 계산
alpha = 0.05
z_alpha_2 = ss.norm.ppf(1-alpha/2)
z_alpha_2.round(3)
```
Out
```
1.96
```

In
```
# 신뢰구간 계산
lower = dratio - z_alpha_2 * se
upper =  dratio + z_alpha_2 * se
np.round([lower, upper], 4)
```
Out
```
array([0.2847, 0.3333])
```

결과를 보면 은퇴여부에 따른 추정된 모비율차는 0.309이며 모비율차에 대한 95% 신뢰구간은 (0.2847, 0.3333)이다.

16.4.2 모비율차 유의성 검증

모비율차의 추정에서 사용되었던 결론은 이용하여 모비율차의 유의성을 검증해보자.

$$\frac{(\hat{p}_1 - \hat{p}_2) - (p_1 - p_2)}{\sqrt{\frac{\hat{p}_1(1-\hat{p}_1)}{n_1} + \frac{\hat{p}_2(1-\hat{p}_2)}{n_2}}} \approx \ N(0,1)$$

영가설 $H_0: p_1 = p_2$에 대하여 검증통계량은 다음과 같이 정의한다.

$$Z = \frac{(\hat{p}_1 - \hat{p}_2) - (p_1 - p_2)}{\sqrt{\frac{\hat{p}_1(1-\hat{p}_1)}{n_1} + \frac{\hat{p}_2(1-\hat{p}_2)}{n_2}}}$$

이때 표본으로부터 계산된 값을 $z_0 = \frac{(\hat{p}_{10} - \hat{p}_{20}) - (0)}{\sqrt{\frac{\hat{p}_{10}(1-\hat{p}_{10})}{n_1} + \frac{\hat{p}_{20}(1-\hat{p}_{20})}{n_2}}}$이라고 하자. 참고로 영가설 하에서는 $p_1 - p_2 = 0$이다. 이를 이용하여 다음과 같이 대립가설에 대한 검증을 한다.

대립가설	P값	영가설 기각
$H_1: p_1 > p_2$	$\Pr(Z \geq z_0)$	$z_0 \geq z_\alpha$
$H_1: p_1 < p_2$	$\Pr(Z \leq z_0)$	$z_0 < z_{1-\alpha}$
$H_1: p_1 \neq p_2$	$\Pr(\lvert Z \rvert \geq \lvert z_0 \rvert)$	$z_0 \geq z_{\frac{\alpha}{2}}\ or$ $z_0 < z_{1-\frac{\alpha}{2}}$

예를 통하여 $H_1: p_1 \neq p_2$에 대한 추론을 검증해보자.

In
```
# 모비율 차의 유의성 검증
# 검증통계량
z0 = dratio / se
z0.round(3)
```

Out
```
24.972
```

In
```
# p-value 계산
pvalue = (1 - ss.norm.cdf(z0))*2
pvalue
```

Out
```
0.0
```

결과를 보면 P값이 거의 0이어서 유의수준 5%의 양측검증(two sided)에서 유의하다.

16.5 동질성 검증

흔히 자주 접하는 자료 중에는 다음과 같은 분할표(contingency table) 또는 교차표(cross tabulation) 형식의 자료가 있다.

	과거 6개월 이내 이탈여부	
변액상품 가입여부	Y	N
Y	100	900
N	200	4,500

위 표의 값은 건수이다. 이탈 건수는 변액상품에 가입하지 않은 고객이 많으나 비율로는 오히려 더 작다. 통계적으로 볼 때 변액상품의 가입여부는 이탈과는 무관하지 않다는 결론을 어떻게 낼 수 있을까? 이 문제는 앞서 정의한 모비율차의 검증으로 행할 수 있으나 변액상품 가입여부와 같은 속성의 개수가 많은 경우, 예를 들어 변액, 종신, 어린이, 건강 등 여러가지 범주를 갖는 속성인 경우에는 앞의 방법을 적용할 수 없다. 이때 사용하는 방법 중의 하나가 동질성 검증(homogeneity test)이다. 동질성 검증에서는 일종의 이벤트 확률이 정의되어야 하므로 위의 표의 열의 개수가 많다 하더라도 반드시 이벤트에 대한 부분이 명시되어야 한다. 위의 표에서 이벤트는 이탈여부이므로 "이탈"이 이벤트인 것이다. 동질성은 "이탈" 이벤트의 확률이 모든 그룹, 즉 행의 속성값에 따라 분류된 모든 그룹에 대하여 동질하다는 것을 의미한다.

예의 분할표에서 전체 이탈비율은 0.053이다. 따라서 변액상품과 무관하게 이탈한다면 변액상품에 가입한 고객의 이탈률도 $1000 \times 0.053 = 53$이어야 하고 가입하지 않은 고객도 $4700 \times 0.053 \approx 247$이어야 한다. 그런데 실제 건수는 각각 100, 200이므로 그 차이는 $(53-100, 247-200)$이다. 만약 영가설이 $H_0: p_1 = p_2 = p$이라면 일종의 영가설 하에서 오차가 되는 것이다. 즉 오차가 0에 가까우면 동질한 비율이며 0에서 멀어질수록 동질하지 않다고 얘기할 수 있다. 이를 고려한 검증통계량은 다음과 같다.

$$\sum_{ij} \frac{(O_{ij} - E_{ij})^2}{E_{ij}}$$

여기서 O_{ij}는 (i, j) 셀의 관측값, 즉 관측빈도(observed frequency)이며 E_{ij}는 기대빈도(expected frequency)이다.

	변수 Y의 범주		
변수 X의 범주	1	…	c
1	O_{11}	…	O_{1C}
…	…	…	…
r	O_{r1}	…	O_{rC}

변수 X의 범주	이벤트 그룹	비이벤트 그룹
1	O_{11}	O_{12}
…	…	…
r	O_{r1}	O_{r12}

여기서 기대빈도는 모집단의 비율을 모르기 때문에 관측된 표본의 비율로 결정한다.

$$\hat{E}_{ij} = n_{i}.\times \frac{n_{.j}}{n}$$

의미를 살펴보자. $\frac{n_{.j}}{n}$는 표본의 크기 중에서 열 j의 범주의 비율이다. 즉, $\hat{p}_{.j}$이라고 할 수 있다. $n_{i}.$는 행 i의 범주의 빈도이다. 따라서 $\hat{E}_{ij} = n_{i}.\hat{p}_{,j}$가 되어 기대빈도의 추정량이 되는 것이다. 예를 통하여 기대빈도의 추정량 값의 계산 과정을 살펴보자.

In
```
# 데이터 구성
ins = np.array([[100, 900],
                [200, 4500]])
ins
```

Out
```
array([[ 100,  900],
       [ 200, 4500]])
```

In
```
# 열별 합
colSum = ins.sum(axis=0)
colSum
```

Out
```
array([ 300, 5400])
```

In
```
# 전체 건수에 대한 이탈과 비이탈 비율
attratio = colSum / ins.sum()
attratio.round(3)
```
Out
```
array([0.053, 0.947])
```

In
```
# 행별 합
rowSum = ins.sum(axis=1)
rowSum
```
Out
```
array([1000, 4700])
```

In
```
# 기대 빈도 계산
expected = rowSum.reshape(-1, 1) @ colSum.reshape(1, -1) / ins.sum()
expected.round(3)
```
Out
```
array([[  52.632,  947.368],
       [ 247.368, 4452.632]])
```

즉, 각각의 행과 열의 합을 구한 후 행렬연산을 통하여 마진의 곱을 구한다. 마진의 곱에 전체 빈도로 나누어 주면 기대빈도의 추정량이 된다. 이어서 주어진 검증통계량의 값을 실제 구해보자.

In
```
# 검증통계량 계산
ts = np.sum((ins-expected)**2 / expected)
ts.round(3)
```
Out
```
54.574
```

이 값이 의미를 살펴보기 위해서는 검증통계량의 분포를 알아야 한다. 검증통계량의 분포는 다음과 같이 카이제곱분포를 따르는 것으로 알려져 있다.

$$\chi^2 = \sum_{ij} \frac{\left(O_{ij} - \hat{E}_{ij}\right)^2}{\hat{E}_{ij}} \sim \chi^2\left((r-1)(c-1)\right)$$

여기서 r은 행 변수의 범주의 개수, c는 열 변수의 범주의 개수이다. 특히 동질성 검증에서는 $c = 2$이다.

2개 이상의 행 범주를 갖는 교차표에서 영가설이 $H_0: p_1 = \cdots = p_r = p$이고 대립가설은 "$H_0$가 아니다" 이라고 할 때 검증통계량은 $\chi^2 = \sum_{ij} \frac{(O_{ij}-\hat{E}_{ij})^2}{\hat{E}_{ij}}$이며 추출된 표본으로부터 계산된 값을 χ_0^2이라고 하자. 검증과정은 다음과 같다.

대립가설	P값	영가설 기각
$H_1: H_0$가 아니다	$\Pr(\chi^2 \geq \chi_0^2)$	$\chi_0^2 \geq \chi_{1-\alpha}^2(r-1)$

In
```
# 동질성 검증
# 유의수준 정의
alpha = 0.05

# 자유도 정의
df = (ins.shape[0]-1) * 1

# 카이제곱 분위수 계산
ss.chi2.ppf(1-alpha, df=df)

# p-value 계산
pvalue = 1 - ss.chi2.cdf(ts, df=df)
pvalue.round(3)
```
Out
```
0.0
```

결과를 보면 유의확률이 유의수준보다 작으므로 영가설을 기각할 수 있다. 즉, 변액 상품 가입 여부에 따라 이탈률이 차이가 있다고 할 수가 있다.

16.6 독립성 검증

2개의 값 만을 갖는 열 변수에 대한 동질성에 대한 유의성 검증에 대하여 앞 절에서 살펴보았다. 이때 동질성 검증이 유의한 경우는 행변수와 열변수 간의 일종의 종속성이 있는 것이다. 이를 일반적으로 확장하여 보기로 하자. 즉, 행변수와 열변수의 범주의 개수가 2보다 클 때 일반적으로 2변수 간의 상관여부를 검증해보자. [HFWS] 데이터에서 가구주의 혼인상태와 입주형태의 교차표이다.

	입주형태			
혼인상태	G1	G2	G3	G4
1	479	385	599	153
2	8930	1864	1066	569
3	1529	317	393	443
4	635	397	742	139

In

```
# 데이터 구성
# 관심 대상 변수로 구성된 데이터 구성
df2 = pd.DataFrame({'maritalstatus': maritalstatus, 'housetype':housetype})

# 결측값 여부 확인
df2.isna().sum()
```

Out

```
maritalstatus 0
housetype        0
dtype: int64
```

In

```
# 교차표 구성
freq = pd.crosstab(index=df2["maritalstatus"], columns=df2["housetype"],
margins=False)
freq.columns = ["자기집", "전세", "월세", "기타"]
# G1 자기집
# G2 전세
# G3 월세
# G4 기타
freq.index= ["미혼", "배우자있음", "사별", "이혼"]
# 1 미혼
# 2 배우자있음
# 3 사별
# 4 이혼
freq
```

Out

```
            자기집   전세   월세   기타
미혼        479     385    599    153
배우자있음  8930    1864   1066   569
사별        1529    317    393    443
이혼        635     397    742    139
```

교차표를 보면 미혼인 경우는 월세가 많고 배우자가 있는 경우는 자가, 사별한 경우에도 자가 그리고 이혼한 경우에는 월세가 많다. 얼핏 보기에도 행과 열변수 간에는 상관관계가 있음을 알 수 있다. 이를 통계적으로 유의한지를 검증해보도록 하자. 만약 행과 열이 서로 독립이라면 2변수의 결합확률분포가 각각의 주변확률분포의 곱으로 나타나야 한다.

$$p_{ij} = p_{i\cdot} \times p_{\cdot j}$$

따라서 각 셀의 빈도는 이 확률을 추정 후 교차표의 총 빈도를 n이라고 하면 다음과 같이 계산한다.

$$E_{ij} = np_{ij}$$

이때 기대빈도의 추정값으로 추출된 표본의 표본비율을 이용한다.

$$\hat{p}_{ij} = \hat{p}_{i\cdot} \times \hat{p}_{\cdot j} = \frac{n_{i\cdot}}{n} \times \frac{n_{\cdot j}}{n}$$
$$\Rightarrow \ \hat{E}_{ij} = n \times \frac{n_{i\cdot}}{n} \times \frac{n_{\cdot j}}{n} = \frac{n_{i\cdot} n_{\cdot j}}{n}$$

또한 $\chi^2 = \sum_{ij} \frac{(O_{ij}-\hat{E}_{ij})^2}{\hat{E}_{ij}} \sim \chi^2\big((r-1)(c-1)\big)$이므로 이를 이용하여 독립성에 대한 검증을 한다.

영가설이 H_0: $p_{ij} = p_{i\cdot} \times p_{\cdot j}, i = 1, \ldots, r, j = 1, \ldots, c$이고 대립가설이 "영가설이 아니다" 라고 하면 이를 검증하기 위한 검증통계량은 $\chi^2 = \sum_{ij} \frac{(O_{ij}-\hat{E}_{ij})^2}{\hat{E}_{ij}}$이며 이의 계산된 임의표본값을 χ_0^2이라고 하자.

대립가설	P값	영가설 기각
$H_1: H_0$가 아니다	$\Pr(\chi^2 \geq \chi_0^2)$	$\chi_0^2 \geq \chi_\alpha^2((r-1)(c-1))$

예제

[HFWS] 자료에서 가구주의 혼인상태와 입주형태의 독립성 여부를 검증해보자.

In
```
# 카이제곱 검증
chi2, p, dof, expected = ss.chi2_contingency(freq.values, correction=False)

# 검증통계량
chi2.round(3)
```

Out
```
2911.535
```

In
```
# p-value
p
```

Out
```
0.0
```

In
```
# 자유도
dof
```

Out
```
9
```

In
```
# 기대 빈도
expected.round(0)
```

Out
```
array([[1003.,  257.,  243.,  113.],
       [7717., 1976., 1867.,  869.],
       [1665.,  426.,  403.,  188.],
       [1188.,  304.,  287.,  134.]])
```

In
```
# 실제 빈도와의 차이
np.round(freq - expected, 0)
```

Out

	자기집	전세	월세	기타
미혼	-524.0	128.0	356.0	40.0
배우자있음	1213.0	-112.0	-801.0	-300.0
사별	-136.0	-109.0	-10.0	255.0
이혼	-553.0	93.0	455.0	5.0

결과를 보면 P값이 0, 즉 매우 유의미하게 나왔다. 결론적으로 혼인상태와 입주형태는 밀접한 관련이 있다고 주장할 수 있다.

16.7 범주형 자료분석 요약

모비율차, 동질성 및 독립성에 대한 검증은 다음 그림과 같이 요약할 수 있다.

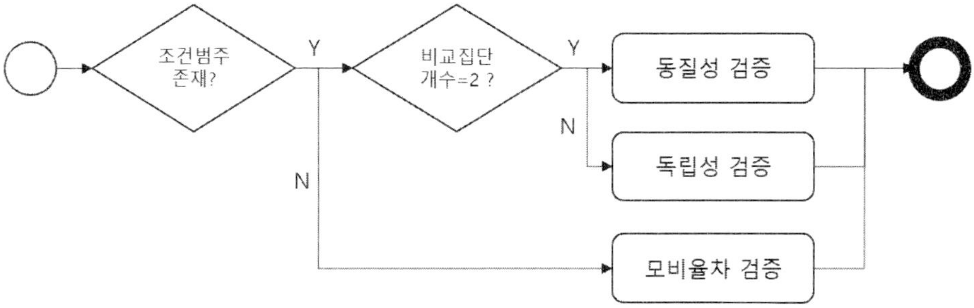

그림 16.2 범주형 자료분석 흐름도

16.8 범주 변수의 처리

회귀분석에서 입력 변수, 즉 독립변수는 범주(categorical) 변수가 아니다. 실무에서는 대부분의 데이터가 범주 변수인 경우가 많으므로 이를 연속 변수를 변환하는 법은 데이터 사전처리(preprocessing)에서 매우 중요하다. 예를 들어 "가구주 혼인상태" 변수는 비록 숫자로 1, 2, 3, 4로 되어 있지만 실제 그 의미는 숫자가 아님을 알 수 있다. 즉, 2가 1보다 크고 그 절대적인 차이가 1임을 나타내지 않는다. 이런 경우에 어떻게 범주 변수를 데이터의 변수로 구성할 수 있을까?

16.8.1 가변수 구성

예를 들어 어떤 가구주가 미혼이라고 하자. 여기서 미혼여부는 미혼이 "예" 이고 다른 상태는 "아니오" 이다. 즉, 이혼은 "아니오"가 되는 것이다. 이때 "예"를 1로 표시하고 "아니오"를 0으로 표시하면 일종의 숫자화가 되는 것이다. 이런 식으로 표시하게 되면 가구주 혼인상태가 총 4개의 범주로 구성되어 있기 때문에 4개의 변수가 필요하게 되는 것이다.

데이터 값	미혼여부	배우자있음 여부	사별여부	이혼여부
미혼	1	0	0	0
배우자있음	0	1	0	0
사별	0	0	1	0
이혼	0	0	0	1

위의 표처럼 구성하는 것이다. 이를 원 핫 인코딩(one hot encoding)이라고 한다. 또는 가변수(dummy variable) 변환이라고도 한다. 이때 가구주 혼인상태가 늘 4개의 범주만 있는 경우에 다음과 같이 코딩을 해도 된다.

데이터 값	미혼여부	배우자있음 여부	사별여부
미혼	1	0	0
배우자있음	0	1	0
사별	0	0	1
이혼	0	0	0

즉, 이혼여부는 앞의 모든 변수값이 0인 것으로 상정해도 되는 것이다. 이는 앞의 처음 표에서 모든 행의 각 열의 합은 항상 1이므로 각 열 중에 3개의 값을 알면 하나가 자동으로 알 수 있기 때문에 열 간에 종속성이 있다고 할 수 있다. 이를 방지한 것이 위의 표이다. 일반적으로 합이 1인 경우는 위의 표와 같이 정성적인 변수를 정량적인 변수로 변환하는 것이다. 이와 같이 변환하는 프로그램을 생성해보기로 하자.

In

```
# 변수 정의
allvars = ['netasset', 'gender', 'num_members',
           'edulevel', 'hhage', 'maritalstatus', 'housetype']

# 문자열에 해당하는 객체 가져오기
allseries = [eval(var) for var in allvars]
```

Out

In

```
# 데이터 구성
sdf = pd.concat(allseries, axis=1)
sdf.columns = allvars
sdf.columns
```

Out

```
Index(['netasset', 'gender', 'num_members', 'edulevel', 'hhage',
       'maritalstatus', 'housetype'],
      dtype='object')
```

In

```
# 기본적인 형태
print(pd.get_dummies(sdf[['netasset', 'maritalstatus']],
columns=['maritalstatus']))
```

Out

```
netasset  maritalstatus_1  maritalstatus_2  maritalstatus_3  \
0        2                0                1                0
1    58522                0                1                0
2   101350                0                1                0

   maritalstatus_4
0                0
1                0
2                0ㄴ
```

혼인상태에 대하여 가변수 변환을 보면, 해당 변수의 각 범주값별로 가변수가 생성됨을 알 수 있다. 또한 원래 변수 이름에 '_'가 붙고 범주값이 붙어 있음을 알 수 있다. 만약 하나의 범주 값을 빼고자 한다면 다음과 같이 옵션을 지정하면 된다.

In

```
# 범주값 1개 제거
print(pd.get_dummies(sdf[['netasset', 'maritalstatus']],
columns=['maritalstatus'], drop_first=True).head(3))
```

Out

```
netasset  maritalstatus_2  maritalstatus_3  maritalstatus_4
0        2                1                0                0
1    58522                1                0                0
2   101350                1                0                0
```

모든 범주변수에 대한 가변수 변환을 실시해보자.

```
In      # 모든 범주 변수의 가변수 변환
        # 범주 변수 정의
        cat_vars = ['gender', 'edulevel', 'maritalstatus', 'housetype']

        # 가변수 변환
        new_sdf = pd.get_dummies(sdf, columns=cat_vars, drop_first=True)
        new_sdf.columns
```

```
Out     Index(['netasset', 'num_members', 'hhage', 'gender_2', 'edulevel_2',
               'edulevel_3', 'edulevel_4', 'edulevel_5', 'edulevel_6', 'edulevel_7',
                     'maritalstatus_2', 'maritalstatus_3', 'maritalstatus_4',
        'housetype_G2',
               'housetype_G3', 'housetype_G4'],
              dtype='object')
```

이렇게 구성된 가변수에 대하여 실제 회귀직선을 적합해 보자.

```
In      # 선형회귀 적합
        # 기호식 정의
        fmla = 'netasset~' + '+'.join(list(set(new_sdf.columns) - {'netasset'}))
        fmla
```

```
Out     'netasset~maritalstatus_2+maritalstatus_3+edulevel_5+housetype_G2+hhage+
        gender_2+edulevel_3+maritalstatus_4+edulevel_2+edulevel_6+num_members+ed
        ulevel_4+edulevel_7+housetype_G4+housetype_G3'
```

```
In      # 선형회귀 적합
        fit = smf.ols(fmla, data=new_sdf).fit()
        print(fit.summary())
```

```
Out     OLS Regression Results
        ==============================================================================
        Dep. Variable:               netasset   R-squared:                       0.177
        Model:                            OLS   Adj. R-squared:                  0.177
        Method:                 Least Squares   F-statistic:                     267.9
        Date:                Tue, 14 Jan 2020   Prob (F-statistic):               0.00
        Time:                        17:47:46   Log-Likelihood:            -2.2862e+05
        No. Observations:               18640   AIC:                         4.573e+05
        Df Residuals:                   18624   BIC:                         4.574e+05
        Df Model:                          15
        Covariance Type:            nonrobust
```

```
==============================================================================
                      coef    std err          t      P>|t|      [0.025      0.975]
------------------------------------------------------------------------------
Intercept          -4.18e+04   3426.440    -12.199      0.000   -4.85e+04   -3.51e+04
maritalstatus_2    3513.8776   1765.945      1.990      0.047      52.465    6975.291
maritalstatus_3   -4884.5964   2044.473     -2.389      0.017   -8891.950    -877.242
edulevel_5         3.304e+04   2331.003     14.175      0.000    2.85e+04    3.76e+04
housetype_G2      -1.474e+04   1098.290    -13.420      0.000   -1.69e+04   -1.26e+04
hhage               846.5788     38.143     22.195      0.000     771.815     921.343
gender_2           -661.1984   1210.291     -0.546      0.585   -3033.479    1711.082
edulevel_3         1.313e+04   2083.620      6.303      0.000    9049.393    1.72e+04
maritalstatus_4   -4948.7833   1865.480     -2.653      0.008   -8605.295   -1292.272
edulevel_2         3885.1900   1955.738      1.987      0.047      51.765    7718.615
edulevel_6         4.771e+04   2122.126     22.484      0.000    4.36e+04    5.19e+04
num_members        2423.1006    430.855      5.624      0.000    1578.585    3267.616
edulevel_4         2.477e+04   1984.118     12.485      0.000    2.09e+04    2.87e+04
edulevel_7         7.424e+04   2513.512     29.537      0.000    6.93e+04    7.92e+04
housetype_G4       -2.74e+04   1534.858    -17.854      0.000   -3.04e+04   -2.44e+04
housetype_G3      -2.672e+04   1171.423    -22.808      0.000    -2.9e+04   -2.44e+04
==============================================================================
Omnibus:                    28439.161   Durbin-Watson:                   1.863
Prob(Omnibus):                  0.000   Jarque-Bera (JB):         25373316.445
Skew:                           9.335   Prob(JB):                         0.00
Kurtosis:                     182.780   Cond. No.                         829.
==============================================================================
```

적합된 회귀직선의 결과를 보면 모든 가변수에 대하여 적합됨을 알 수 있다. 이때 가변수로 구성되지 않은 변수의 효과는 어떻게 구할 수 있을까? 예를 들어 다른 모든 변수의 값이 고정되어 있다고 한다면 가구주 혼인상태의 “미혼”은 maritalstatus_2, maritalstatus_3, maritalstatus_4의 모수값이 다 0일 때의 값이 추정되는 효과이다.

17장

상관분석

통계학에서 의존성(dependence) 또는 연관성(association)은 2개의 확률변수에 대한 통계적인 관련성을 의미한다. 때로는 인과관계(causal)일 수도 있다. 상관관계(correlation)는 일종의 연관성을 나타내는 척도이며, 2개의 확률변수의 일차 관계 또는 선형 관계(linear relationship)를 나타낸다. 상관관계를 표현하는 척도 중의 대표적인 것이 피어슨 상관계수(Pearson correlation coefficient)이며 이에 대하여 알아보도록 하자.

이 장에서 사용되는 파이썬 패키지는 다음과 같다.

In
```
# 필요한 패키지
import numpy as np
import matplotlib.pyplot as plt
import pandas as pd

import scipy.stats as ss

import seaborn as sns

# 한글출력
plt.rcParams['font.family'] = 'Malgun Gothic'
plt.rcParams['axes.unicode_minus'] = False

sns.__version__
```

Out
```
'0.9.0'
```

17.1 정의

일반적으로 2개의 확률변수에 대한 피어슨 상관계수는 다음과 같이 정의한다.

$$\rho_{XY} = \frac{\sigma_{XY}}{\sigma_X \sigma_Y}$$

여기서 $\sigma_{XY} = E(X - \mu_X)(Y - \mu_Y)$는 공분산이며 σ_X, σ_Y는 모표준편차이다. 만약 X와 Y가 독립이면 $\rho_{XY} = 0$이지만 $\rho_{XY} = 0$는 X와 Y가 독립임을 보장하지 않는다. 예를 들어 X가 0을 중심으로 한 대칭 분포이고 $Y = X^2$이라면 2개의 확률변수는 독립이 아니다. 그럼에도 불구하고 $\sigma_{XY} = E(XX^2) - \mu_X\mu_Y = E(X^3) - E(X)E(X^2) = 0 - 0 = 0$이다. 주

어진 상관계수는 모상관계수(population correlation coefficient)이므로 이에 대한 표본 상관계수는 다음과 같이 정의된다.

$$\hat{\rho} = r = \frac{\sum_i (x_i - \bar{x})(y_i - \bar{y})}{\sqrt{\sum_i (x_i - \bar{x})^2 \sum_i (y_i - \bar{y})^2}} = \frac{\sum_i (x_i - \bar{x})(y_i - \bar{y})}{(n-1)s_x s_y}$$

여기서 n은 표본의 크기, s_x, s_y는 표본 표준편차이다. 표본 상관계수는 항상 -1과 1 사이의 값을 갖는다. 왜냐하면 기하학적으로 표본 상관계수는 2개의 벡터 $(x_1 - \bar{x}, \dots, x_n - \bar{x}), (y_1 - \bar{y}, \dots, y_n - \bar{y})$에 의하여 생성되는 사잇각에 대한 코사인(cosine) 값이다. 코사인 값은 -1과 1 사이에 있으므로 표본 상관계수도 마찬가지로 해당 값을 갖는다.

17.2 산점도

대부분은 모집단 분포를 알 수 없으므로 표본 상관계수를 통하여 대략적으로 모집단에서의 변수 간의 상관관계를 파악할 수가 있다. 그러나 실무에서는 대부분의 상관관계는 산점도(scatterplot)를 통하여 파악한다.

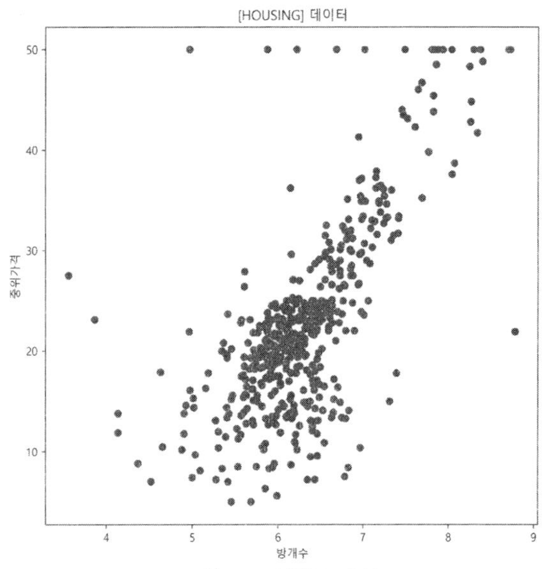

그림 17.1 산점도 예시

그림 17.1을 보면 방개수가 증가하면 대체적으로 주택중위가격이 증가함을 알 수 있다. 즉, 양의 상관관계가 있다고 말할 수 있다.

In
```
# 데이터 구성: [HOUSING]

# 경로 정의
url = "https://archive.ics.uci.edu/ml/machine-learning-databases/housing/
housing.data"
df = pd.read_csv(url, sep=r'\s+', header=None)

# 컬럼 정보 주기
df.columns = ['CRIM', 'ZN', 'INDUS', 'CHAS', 'NOX',
              'RM', 'AGE', 'DIS', 'RAD', 'TAX', 'PTRATIO', 'B', 'LSTAT', 'MEDV']
df.columns = df.columns.str.lower()

# 데이터 확인
df.shape
```

Out
```
(506, 14)
```

In
```
# 표본 상관계수의 계산
xvars = ['rm', 'medv']
df[xvars].corr().round(3)
```

Out
```
         rm   medv
rm    1.000  0.695
medv  0.695  1.000
```

계산 결과 0.695이다.

그림 15.2는 다양한 산점도 모습과 표본 상관계수값이다.

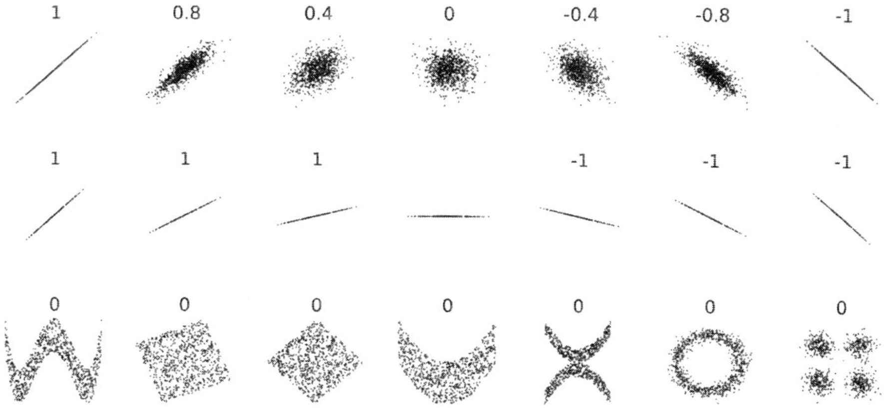

그림 17.2 산점도와 피어슨 상관계수 예시

그림 17.2의 3번째 행을 보면 다양한 연관성이 있음에도 불구하고 표본 상관계수는 이를 감지하지 못한다. 즉, 표본 상관계수는 선형관계만을 표현하고 있음을 알 수 있다. 따라서 연속변수들의 연관성은 반드시 산점도를 통하여 이를 확인해야 한다.

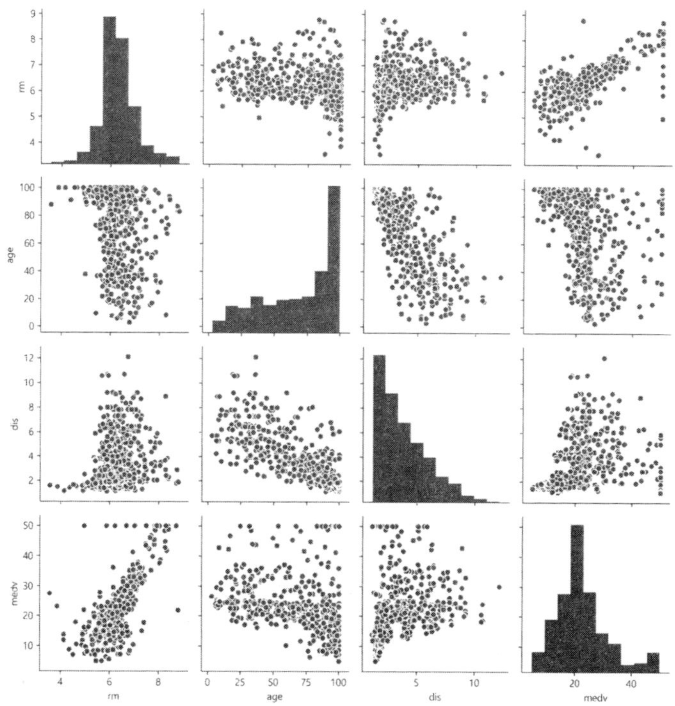

그림 17.3 산점도행렬 예시

그림 17.3은 [HOUSING] 데이터의 관심 있는 변수에 대한 산점도행렬이다. 중위가격에 방개수와 고용센터거리는 양의 상관관계가 있음을 알 수 있다.

예제

[HOUSING] 자료에서 ['rm', 'age', 'dis', 'medv'] 변수에 대한 상관계수를 구해보자.

In
```
# 표본 상관계수의 계산
vars = ['rm', 'age', 'dis', 'medv']
print(df[vars].corr().round(3))
```

Out
```
         rm    age    dis   medv
rm    1.000 -0.240  0.205  0.695
age  -0.240  1.000 -0.748 -0.377
dis   0.205 -0.748  1.000  0.250
medv  0.695 -0.377  0.250  1.000
```

17.3 표본 상관계수 분포

표본 상관계수의 값이 계산되고 난 후 모상관계수에 대한 추론을 하기 위해서, 즉 어느 정도 유의미한지를 판단하기 위한 기준을 잡기 위해서는 표본분포가 필요하다.

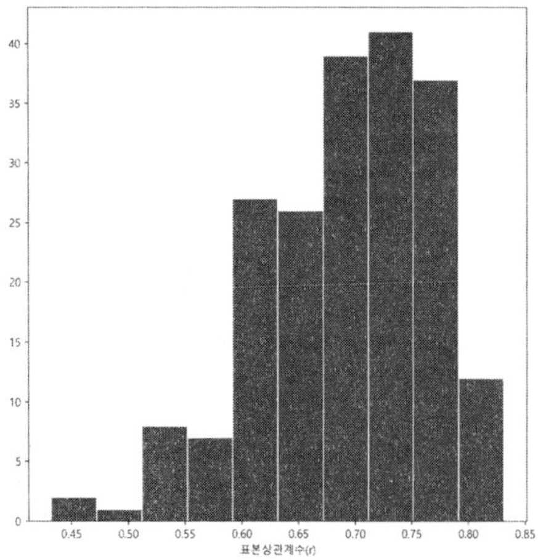

그림 17.4 표본상관계수의 분포 예시

그림 17.4는 [HOUSING] 데이터의 방개수와 중위가격과의 상관계수를 크기가 100인 표본을 200번 추출하여 분포를 그린 것이다. 대략적으로 정규분포와 유사한 모습이다. 실제는 이러한 경험분포를 만든 후 점검할 수 없으므로 이론적으로 표본 상관계수의 추정량의 분포를 확인한 후 이를 통하여 신뢰구간을 구해보도록 하자. 표본 상관계수의 추정량은 다음과 같다.

$$R = \frac{\sum_i (X_i - \bar{X})(Y_i - \bar{Y})}{\sqrt{\sum_i (X - \bar{X})^2 \sum_i (Y_i - \bar{Y})^2}}$$

이때 R의 분포는 다음과 같다.

$$T = \frac{\sqrt{n-2}\ R}{\sqrt{1-R^2}} \sim\ t(n-2)$$

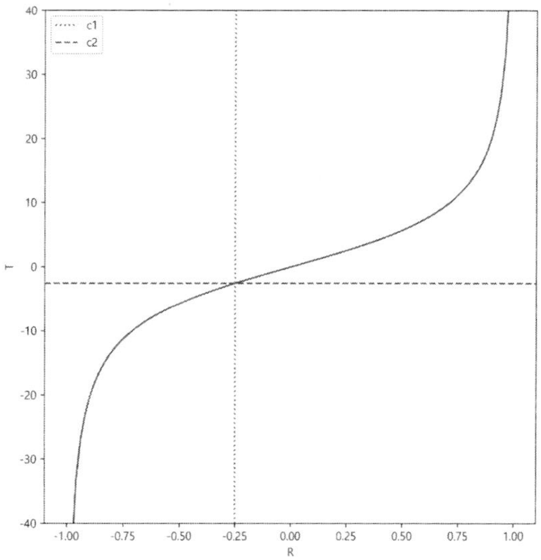

그림 17.5 T 곡선의 모양 예시

T 추정량은 R에 대하여 순증가 함수이므로 $\Pr(R > c_1) = \Pr(T > c_2)$가 된다.

17.4 상관계수 유의성 검증

영가설 $H_0 : \rho = 0$에 대한 유의성 검증은 다음과 같이 한다. $r_0 = \frac{\sum_i (x_i - \bar{x})(y_i - \bar{y})}{\sqrt{\sum_i (x_i - \bar{x})^2 \sum_i (y_i - \bar{y})^2}}$는 추출된 표본으로부터 계산된 표본 상관계수값이며 이를 이용하여 $t_0 = \frac{\sqrt{n-2}\ r_0}{\sqrt{1-r_0^2}}$을 계산한다.

대립가설	P값	영가설 기각
$H_1 : \rho > 0$	$p_0 = \Pr(T \geq t_0)$	$t_0 \geq t_\alpha(n-2)$
$H_1 : \rho < 0$	$p_0 = \Pr(T \leq t_0)$	$t_0 \geq t_{1-\alpha}(n-2)$
$H_1 : \rho \neq 0$	$p_0 = \Pr(\lvert T \rvert \geq \lvert t_0 \rvert)$	$\lvert t_0 \rvert \geq t_{\frac{\alpha}{2}}(n-2)$

예제

[HOUSING] 자료에서 ['rm', 'medv'] 변수에 대한 대립가설인 $H_1 : \rho \neq 0$에 대한 검증을 해보자.

In
```
# 표본 상관계수의 추론
# 대상 변수 정의
vars = ['rm', 'medv']

# 표본 상관계수 계산
r = df[vars].corr().iloc[0, 1]
r.round(3)
```
Out
```
0.695
```

In
```
# t 변환
n = len(df)
t = np.sqrt(n-2) * r / np.sqrt(1 - r**2)
t.round(3)
```
Out
```
21.722
```

```
In    # p-value 계산
      pvalue = 2 * (1-ss.t.cdf(t, df= n-2))
      pvalue.round(5)
Out   0.0
```

```
In    # 결과 확인
      np.round(ss.pearsonr(df['rm'], df['medv']), 3)
Out   array([0.695, 0.   ])
```

결과를 보면 유의수준 5%에서 P값이 매우 유의하여 방개수와 주택중위가격 사이에는 강한 상관관계가 있다고 할 수 있다.

17.5 상관계수 신뢰구간

모집단 상관계수에 대한 신뢰 구간은 피셔 변환(Fisher transformation)에 의한 근사 방법으로 추정한다. 표본 상관계수의 분포는 왼쪽으로 완만한(skewed left) 분포이므로 이를 대칭으로 만들어주는 변환을 한다.

$$z = 0.5\log\left(\frac{1+r}{1-r}\right)$$

위와 같은 변환을 하게 되면 대략적으로 z의 분산은 $\frac{1}{n-3}$이 된다. 이를 이용하면 $100(1-\alpha)\%$ 신뢰구간은 $\left(z - z_{\frac{\alpha}{2}}\sqrt{\frac{1}{n-3}}\ , z + z_{\frac{\alpha}{2}}\sqrt{\frac{1}{n-3}}\right)$가 된다. 이름 다음과 같이 역 변환을 하면 모집단 상관계수에 대한 신뢰구간이 된다.

$$r = \frac{e^{2z}-1}{e^{2z}+1} = \tanh(z)$$

즉, $\left(\tanh\left(z - z_{\frac{\alpha}{2}}\sqrt{\frac{1}{n-3}}\right)\ ,\ \tanh\left(z + z_{\frac{\alpha}{2}}\sqrt{\frac{1}{n-3}}\right)\right)$이다.

예제

[HOUSING] 자료에서 ['rm', 'medv'] 변수에 대한 모상관계수의 신뢰구간을 구해보자.

In

```
# 상관계수의 신뢰구간 계산
alpha = 0.05
n = len(df)

# z 변환
z = 1/2*np.log((1+r)/(1-r))
z_lower = z - ss.norm.ppf(1-alpha/2)*np.sqrt(1/(n-3))
z_upper = z + ss.norm.ppf(1-alpha/2)*np.sqrt(1/(n-3))

# z의 역변환
np.round([np.tanh(z_lower), np.tanh(z_upper)], 3)
```

Out

```
array([0.647, 0.738])
```

18장

단순선형회귀분석

18.1 모수추정
18.2 회귀직선 가정
18.3 오차분산 추정
18.4 변동 분해
18.5 모수 추론
18.6 회귀직선 추론
18.7 오차 가정 검증

선형회귀분석(linear regression analysis)은 1개의 종속변수(dependent variable, response variable, target variable)에 대하여 여러 개의 독립변수(independent variable, explanatory variable, predictor variable, input variable)와의 관련성을 선형으로 모형화하는 기법이다. 단 1개의 독립변수만 있는 경우를 단순선형회귀(simple linear regression)라고 한다.

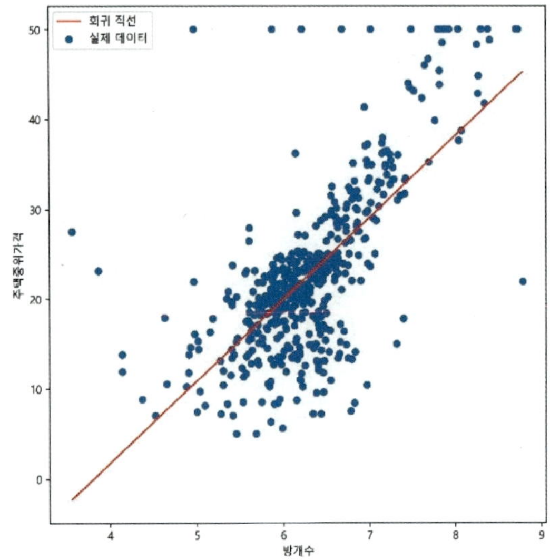

그림 18.1 단순선형회귀모형

그림 18.1은 단순선형회귀모형으로 적합한 예이다. 그림에서 직선이 하나의 모형이다. 단순선형회귀모형은 다음과 같이 정의한다.

$$Y = \beta_0 + \beta_1 x + \epsilon$$

여기서 모형은 $\beta_0 + \beta_1 x$이며 β_0는 절편(intercept), β_1는 기울기이다. 이를 데이터로부터 추정해야 하는 모수(parameter)라고 한다. ϵ는 오차(error)이며 $\beta_0 + \beta_1 x$에 의하여 설명되지 않는 모든 오차를 의미한다. 선형의 의미는 x에 대한 선형, 즉 1차식이 아니라 모수에 대한 1차식을 말한다. 이 장에서 사용되는 파이썬 패키지는 다음과 같다.

In
```
# 필요한 패키지
import numpy as np
import matplotlib.pyplot as plt
import pandas as pd
```

```
import warnings

warnings.filterwarnings('ignore')

import scipy
from scipy import linalg as la
import scipy.stats as ss
import scipy.special

# 한글출력
plt.rcParams['font.family'] = 'Malgun Gothic'
plt.rcParams['axes.unicode_minus'] = False

# 필요한 패키지 2
import statsmodels.api as sm
import statsmodels.formula.api as smf
sm.__version__
```

```
Out  0.10.1
```

18.1 모수추정

크기가 n인 표본이 있을 때 모수를 어떻게 추정하는지 살펴보자. 즉, 주어진 표본이 $\{(x_i, y_i)|i = 1, \dots, n\}$이라고 하자. 가장 자연스러운 생각은 $y_i \approx \beta_0 + \beta_1 x_i$가 되도록 모수를 추정해야 한다. 이때 $\epsilon_i = y_i - (\beta_0 + \beta_1 x_i)$이라고 정의한다면 이 값의 제곱합 $\sum_i \epsilon_i^2$ 을 가장 작게 되도록 모수를 추정하는 것이다.

$$\min_{\beta_0, \beta_1} \sum_i \epsilon_i^2 = \min_{\beta_0, \beta_1} \sum_i \left(y_i - (\beta_0 + \beta_1 x_i)\right)^2$$

위와 같은 방식으로 모수를 추정하는 것을 최소제곱법(least squares method)에 의한 모수추정이라고 한다. 모수추정값을 구하기 위하여 $\sum_i \left(y_i - (\beta_0 + \beta_1 x_i)\right)^2$ 식을 β_0, β_1에 대하여 미분한 후 정리하면 다음과 같다.

$$\begin{cases} n\beta_0 + \sum_i x_i\beta_1 = \sum_i y_i \\ \sum_i x_i\beta_0 + \sum_i x_i^2\beta_1 = \sum_i x_i y_i \end{cases}$$

위 식을 정규방정식(normal equation)이라고도 한다. 이 식을 만족하는 모수의 추정값을 $\hat{\beta}_0, \hat{\beta}_1$이라고 하면 계산 결과는 다음과 같다.

$$\hat{\beta}_0 = \bar{y} - \hat{\beta}_1\bar{x}, \qquad \hat{\beta}_1 = \frac{\sum_i (x_i - \bar{x})(y_i - \bar{y})}{\sum_i (x_i - \bar{x})^2}$$

추정하는 과정을 살펴보기로 하자.

In

```
# [HOUSING]

# 경로 정의
url = "https://archive.ics.uci.edu/ml/machine-learning-databases/housing/
housing.data"
df = pd.read_csv(url,sep='\s+',  header=None)

# 컬럼 정보 주기
df.columns = ['CRIM', 'ZN', 'INDUS', 'CHAS', 'NOX',
              'RM', 'AGE', 'DIS', 'RAD', 'TAX', 'PTRATIO', 'B', 'LSTAT', 'MEDV']
df.columns = df.columns.str.lower()

# 데이터 확인
df.head(2)
```

Out

	rm	medv
0	6.575	24.0
1	6.421	21.6

In

```
# 단순 회귀 적합
# 데이터 정의
X = df["rm"]
y = df["medv"]
X = sm.add_constant(X)
```

```
# 모델 정의
model = sm.OLS(y, X)
# 모델 적합
fit = model.fit()
# 모델 요약
print(fit.summary())
```

```
Out
OLS Regression Results
==============================================================================
Dep. Variable:                   medv   R-squared:                       0.484
Model:                            OLS   Adj. R-squared:                  0.483
Method:                 Least Squares   F-statistic:                     471.8
Date:                Fri, 10 Jan 2020   Prob (F-statistic):           2.49e-74
Time:                        16:04:12   Log-Likelihood:                -1673.1
No. Observations:                 506   AIC:                             3350.
Df Residuals:                     504   BIC:                             3359.
Df Model:                           1
Covariance Type:            nonrobust
==============================================================================
                 coef    std err          t      P>|t|      [0.025      0.975]
------------------------------------------------------------------------------
const        -34.6706      2.650    -13.084      0.000     -39.877     -29.465
rm             9.1021      0.419     21.722      0.000       8.279       9.925
==============================================================================
Omnibus:                      102.585   Durbin-Watson:                   0.684
Prob(Omnibus):                  0.000   Jarque-Bera (JB):              612.449
Skew:                           0.726   Prob(JB):                    1.02e-133
Kurtosis:                       8.190   Cond. No.                         58.4
==============================================================================
```

모수를 추정한다는 것은 추정된 모수를 이용하여 독립변수의 변화에 따른 종속변수의 값을 예측하고자 하는 것이다. 이때 예측된 값을 $\hat{y}_i$이라고 하자.

$$\hat{y}_i = \hat{\beta}_0 + \hat{\beta}_1 x_i, \qquad \forall i = 1, \dots, n$$

그런데 $\hat{\beta}_0 = \bar{y} - \hat{\beta}_1 \bar{x}$이므로 $\hat{y}_i = \bar{y} + \hat{\beta}_1(x_i - \bar{x}) \Rightarrow \hat{y}_i - \bar{y} = \hat{\beta}_1(x_i - \bar{x})$이다. 즉, 추정된 직선은 반드시 $(\bar{x}, \bar{y})$를 통과하는 기울기가 $\hat{\beta}_1$인 직선이다. 회귀분석에서 회귀한다는 의미는 이 중심점(center of mass)으로 다시 돌아온다는 의미를 담고 있다.

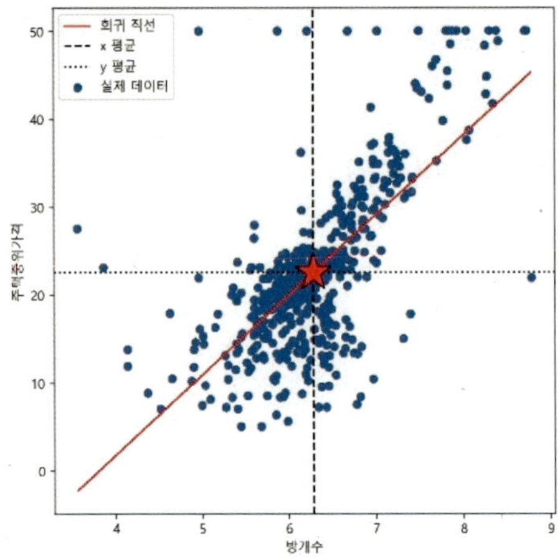

그림 18.2 회귀 중심점 예시

그림 18.2에서 별표 모양의 점이 회귀 중심점이다. 오차에 대한 추정값을 r_i 이라고 하면 $r_i = y_i - \hat{y}_i = y_i - (\hat{\beta}_0 + \hat{\beta}_1 x_i)$이다. 그런데 $\sum_i r_i = \sum_i \left(y_i - (\hat{\beta}_0 + \hat{\beta}_1 x_i)\right) = \sum_i \left(y_i - (\bar{y} - \hat{\beta}_1 \bar{x} + \hat{\beta}_1 x_i)\right) = 0$ 이 된다. 이때 r_i 을 잔차(residul)라고 하며 잔차 추정값의 합은 0이다.

그림 18.3은 하나의 표본에 대한 추정이며 만약 표본의 변화가 발생한 경우에 회귀선이 어떻게 변하는지를 살펴보자. 표본의 크기는 100으로 하고 10번의 표본을 추출하여 각 표본마다 단순회귀모형을 적합하여 보자.

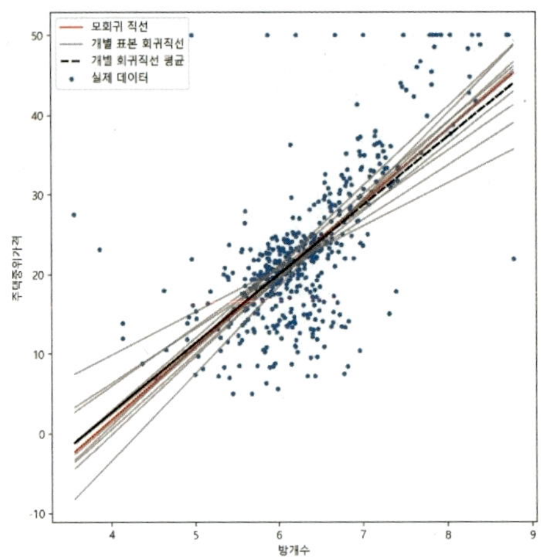

그림 18.3 표본에 따른 회귀직선의 변화

단 한 번의 표본으로 추정한 회귀직선은 그림에서 보듯이 많은 직선 중의 하나이며 점선은 10개의 회귀직선의 평균이다. 즉, 아주 많은 회귀직선을 적합하고 그 직선들의 평균을 구하면 대략적으로 모회귀직선에 근접할 것이다.

18.2 회귀직선 가정

회귀직선의 추정까지는 독립변수, 종속변수 또는 오차에 대한 확률적인 가정을 하지 않았다. 그러나 예에서 보듯이 주택중위가격이 어떠한 확률분포로부터 정의된 확률변수라고 가정을 한다면 어떻게 될까? 또는 주택중위가격이 방개수로 설명되지 않는 부분, 즉 오차가 어떠한 확률분포를 따른다면 어떻게 될까? 앞에서도 보았듯이 어떠한 확률적인 가정을 한다는 것은 추정값에 대한 신뢰구간을 주거나 영가설에 대한 유의성 검증을 위하여 필요하였다. 여기서도 마찬가지로 추정된 회귀직선에 대한 신뢰구간과 회귀직선의 유의미한 검증을 위하여 필요하다.

독립변수 x는 이름에서도 나타났듯이 확률변수가 아니다. 즉, 독립적으로 관측된 값, 즉 확률적 오차가 없는 값이라고 가정을 한다. 아래는 단순회귀모형의 가정이다.

순번	가정	비고
1	$Y_i = \beta_0 + \beta_1 x_i + \epsilon_i$	모형식
2	$E(\epsilon_i) = 0$	따라서 $E(Y_i \mid x_i) = \beta_0 + \beta_1 x_i$이므로 모형식의 선형성 가정
3	$Var(\epsilon_i) = \sigma^2$	오차분산의 등분산성 가정
4	$\epsilon_1, \dots, \epsilon_n$은 서로 독립	오차의 독립성 가정

여기서 모형에서 추정하고 하는 것은 $E(Y_i|x_i)$이다. 즉, Y_i을 추정하는 것이 아니다. $\hat{Y}_i = E\widehat{(Y_i|x_i)}$이다. 오차분산이 등분산성이므로 $Var(Y_i) = \sigma^2$이다. 또한 오차들이 서로 독립이므로 마찬가지로 종속 확률변수들도 서로 독립이다.

18.3 오차분산 추정

선형모형의 가정에 나타나는 오차분산에 대한 추정을 해보자. 가정들 중 모집단의 모수에 해당하는 값 중에서 아직 추정되지 않은 값이 오차분산이다. 오차분산에 대한 자연스런 추정량은 표본 오차분산이다. 표본잔차를 $r_i = Y_i - \hat{Y}_i$이라고 하자. 이때 표본 오차분산을 다음과 같이 정의한다.

$$\hat{\sigma}^2 = \frac{\sum_i (Y_i - \hat{Y}_i)^2}{n-2} = \frac{SSE}{n-2}$$

여기서 분모의 $n-2$는 SSE의 자유도이다. 즉, 모수를 2개 추정하므로 해당 값만큼 자유도가 감해진다. SSE(sum of squared errors)는 잔차제곱합(RSS: residual sum of squares) 또는 오차제곱합이라고 한다. $MSE = \frac{SSE}{n-2}$이고 평균제곱오차(MSE: mean squared errors)이라고 한다. 이때 $\hat{\sigma} = \sqrt{MSE}$을 잔차 표준편차 또는 잔차 표준오차(Residual standard error)라고 한다. 오차분산이 하나의 표본으로부터 계산되는 과정은 다음과 같이 정리할 수 있다.

$$\frac{\sum_i (Y_i - \hat{Y}_i)^2}{n-2} = \frac{\sum_i \left(Y_i - (\hat{\beta}_0 + \hat{\beta}_1 x_i)\right)^2}{n-2} = \frac{\sum_i \left(Y_i - (\bar{Y} - \hat{\beta}_1 \bar{x} + \hat{\beta}_1 x_i)\right)^2}{n-2}$$
$$= \frac{1}{n-2}\left(\sum_i (Y_i - \bar{Y})^2 - \frac{(\sum_i (x_i - \bar{x})(Y_i - \bar{Y}))^2}{\sum_i (x_i - \bar{x})^2}\right)$$

예제

[HOUSING] 자료에서 크기가 100인 표본을 추출하여 종속변수를 주택중위가격(medv), 독립변수를 방의 개수(rm)로 하여 선형회귀모형을 적합시킬 때 잔차의 표준오차를 구해보자.

In

```
# 데이터 구성
sample_size = 100

np.random.seed(123)
# 중복 허용
index = np.random.choice(np.arange(len(df)), size=sample_size)
```

```
X = df.loc[index, "rm"]
y = df.loc[index, "medv"]
X = sm.add_constant(X)
```

Out

In
```
# 중복 추출된 관측값 번호 확인
dups = X.index.value_counts()
dups[dups > 1]
```

Out
```
47     2
208    2
322    2
411    2
180    2
253    2
305    2
96     2
365    2
106    2
dtype: int64
```

In
```
#  모델 적합
fit = sm.OLS(y, X).fit()
pred = fit.predict(sm.add_constant(df.loc[index, "rm"]))

# RMSE 계산
MSE = np.sum((y-pred)**2) / (sample_size-2)
RMSE = np.sqrt(MSE)
RMSE.round(3)
```

Out
```
7.022
```

In
```
# 함수 결과와 확인
np.sqrt(fit.mse_resid).round(3)
```

Out
```
7.022
```

함수의 결과와 동일함을 알 수 있다.

18.4 변동 분해

확률변수 Y에 대하여 단지 절편만으로 추정하는 경우를 생각해보자. 즉, 독립변수에 의한 모형구성을 하지 않는다는 것이다.

$$Y_i = \beta_0 + \epsilon_i$$

이 모형을 최소제곱법으로 추정을 하면 $\hat{\beta}_0 = \bar{Y}$가 된다. 따라서 이때의 잔차제곱합은 $\sum_i (Y_i - \bar{Y})^2$이 된다. 이 값은 독립변수가 없는 경우에 자연스럽게 발생하는 변동, 즉 총변동(total variation)이라고 볼 수 있다.

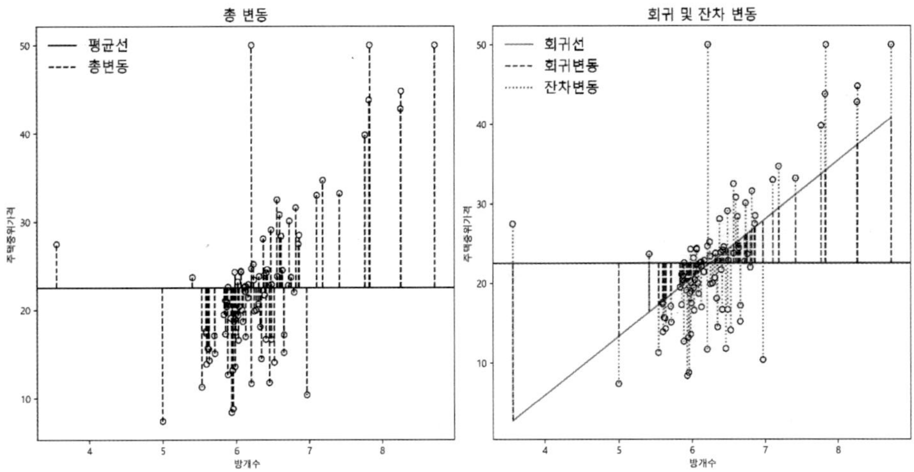

그림 18.4 총변동, 회귀변동, 잔차변동 예시

그림 18.4의 좌측의 점선은 총변동을 계산할 수 있는 총편차를 예시한 것이다. 그림의 우측은 총편차가 어떻게 분해되는지를 보여준다. 즉 회귀직선과 평균과의 편차, 회귀직선과 실제값과의 편차로 나누어져 있다. 즉, 다음과 같이 편차가 분해됨을 알 수 있다.

$$Y_i - \bar{Y} = \left(Y_i - \hat{Y}_i\right) + \left(\hat{Y}_i - \bar{Y}\right)$$

이 식은 총편차가 잔차와 회귀직선에 의하여 설명되는 편차로 구분되어 있다. 만약 모든 점이 회귀직선 위에 있다면 잔차는 0이 되고 회귀직선 편차로 총편차가 모두 설명될 수 있다. 따라서 좋은 회귀직선, 즉 적합이 잘 된 회귀직선이라면 회귀직선 편차가 잔차에 비하여 절댓값이 커야 한다.

총편차의 분해식으로부터 변동은 각각의 제곱합이라고 정의한다면 다음과 같이 계산될 수 있다.

$$\sum_i (Y_i - \bar{Y})^2 = \sum_i \left(Y_i - \hat{Y}_i\right)^2 + \sum_i \left(\hat{Y}_i - \bar{Y}\right)^2$$

이 식을 간단히 증명해보자. 앞에서 보았듯이 $r_i = Y_i - \hat{Y}_i$일 때 $\sum_i r_i = 0$이고 $\sum_i r_i x_i = \sum_i r_i (x_i - \bar{x}) = \sum_i \left(Y_i - \bar{Y} - \hat{\beta}_1 (x_i - \bar{x})\right)(x_i - \bar{x}) = 0$이다. 따라서 $2\sum_i (Y_i - \hat{Y}_i)(\hat{Y}_i - \bar{Y}) = -2\sum_i r_i \hat{\beta}_1 (x_i - \bar{x}) = -2\hat{\beta}_1 \sum_i r_i (x_i - \bar{x}) = 0$이다.

위의 식의 각각의 변동을 총제곱합(SST: total sum of squares), 잔차제곱합(SSE: sum of squared errors) 그리고 회귀제곱합(SSR: regression sum of squares)이라고 한다.

$$SST = SSE + SSR$$

각 변동의 자유도는 $n-1, n-2, 1$이 된다.

잘 적합된 회귀직선이라면 앞에서도 언급했듯이 SST에서 SSR이 차지하는 비율이 커야 한다.

$$R^2 = \frac{SSR}{SST} = 1 - \frac{SSE}{SST}$$

이때 R^2을 결정계수(coefficient of determination)이라고 하고 $1 - \frac{(1-R^2)(n-1)}{n-p}$을 $Adj.R^2$으로 표기하며 수정된 결정계수라고 한다. 여기서 p는 추정되는 모수의 개수를 의미한다. $Adj.R^2$는 반드시 추정되는 모수의 개수가 작을수록, R^2값이 클수록 값이 커지므로 둘 간의 적절한 균형에서 최댓값이 된다. 그리고 $SSR = \sum_i \left(\hat{Y}_i - \bar{Y}\right)^2 = \hat{\beta}_1^2 \sum_i (x_i - \bar{x})^2$이므로 $R^2 = \frac{\frac{\left(\sum_i (x_i-\bar{x})(Y_i-\bar{Y})\right)^2}{\sum_i (x_i-\bar{x})^2}}{\sum_i (Y_i-\bar{Y})^2} = \frac{(\sum_i (x_i-\bar{x})(Y_i-\bar{Y}))^2}{\sum_i (x_i-\bar{x})^2 \sum_i (Y_i-\bar{Y})^2} = (R)^2$이다. 즉, 표본 상관계수의 제곱이다. 따라서 2개의 변수 간에 상관관계가 높으면 높을수록 잘 적합된다고 볼 수 있다.

예제

[HOUSING] 자료에서 크기가 100인 표본을 추출하여 종속변수를 주택중위가격(medv), 독립변수를 방의 개수(rm)로 하여 선형회귀모형을 적합시킬 때 결정계수와 수정된 결정계수 값을 구해보자.

크기가 100인 표본을 선택하여 계산과정을 살펴보도록 하자.

In
```
# 데이터 구성
sample_size = 100

np.random.seed(123)
# 중복 허용
index = np.random.choice(np.arange(len(df)), size=sample_size)

X = df.loc[index, "rm"]
y = df.loc[index, "medv"]
X = sm.add_constant(X)
```
Out

In
```
#  모델 적합
fit = sm.OLS(y, X).fit()
pred = fit.predict(sm.add_constant(df.loc[index, "rm"]))

# R^2 계산
SST = np.sum((y-np.mean(y))**2)
SSE = np.sum((y-pred)**2)
SSR = SST - SSE
R2 = SSR/SST
R2.round(3)
```
Out
```
0.394
```

In
```
# adj R^2 계산
adjR2 = 1 - (1-R2)*(sample_size-1) / (sample_size - 2)
adjR2.round(3)
```
Out
```
0.388
```

In
```
# 결과값 확인
res = np.array([fit.rsquared, fit.rsquared_adj])
res.round(3)
```
Out
```
array([0.394, 0.388])
```

결과를 보면 계산된 값과 함수를 이용한 값이 일치함을 알 수 있다.

18.5 모수 추론

18.5.1 모수 신뢰구간

모집단의 회귀직선에 대한 기본적인 분포 가정을 앞에서 다뤘지만 어떤 분포인지는 특정하지 않았다. 만약 오차에 대하여 익히 알고 있는 정규분포 가정을 한다면 통계적인 추론을 할 수 있다. 추가적인 가정은 다음과 같다.

$$\epsilon_i \sim N(0, \sigma^2), i = 1, \ldots, n$$

회귀계수 중 관심이 있는 회귀계수는 β_1, 즉 기울기이다. 절편은 독립변수와 아무 상관이 없기 때문에 독립변수와 연관된 회귀분석을 한다면 독립변수와 종속변수를 연결해주는 회귀계수에 관심이 있을 수밖에 없다. 앞과 마찬가지로 추정을 위해서 추정량 $\hat{\beta}_1 = \frac{\sum_i (x_i - \bar{x})(Y_i - \bar{Y})}{\sum_i (x_i - \bar{x})^2}$의 표본분포가 어떻게 되는지 확인해보자. $\sum_i (x_i - \bar{x})^2 = c$라고 하자.

$$E(\hat{\beta}_1) = \frac{1}{c} \ E\left(\sum_i (x_i - \bar{x}) Y_i\right) = \frac{1}{c} \sum_i (x_i - \bar{x}) \ E(Y_i) = \frac{1}{c} \sum_i (x_i - \bar{x}) \ (\beta_0 + \beta_1 x_i) = \frac{1}{c} \beta_1 c = \beta_1$$

$$Var(\hat{\beta}_1) = \frac{1}{c^2} \sum_i (x_i - \bar{x})^2 Var(Y_i) = \frac{1}{c^2} c\sigma^2 = \frac{\sigma^2}{c} = \frac{\sigma^2}{\sum_i (x_i - \bar{x})^2}$$

간단히 분산의 의미를 살펴보면, 회귀직선의 기울기의 분산은 독립변수의 데이터의 분산이 클수록, 즉 넓게 분포되어 있을수록 분산이 작아진다. 독립변수의 값들이 모여 있을수록 기울기는 변하기가 쉽다는 뜻이다. 위의 결과를 이용하여 다음과 같은 통계량을 구성하면 표준정규분포를 따른다고 할 수 있다.

$$Z = \frac{\hat{\beta}_1 - \ E(\hat{\beta}_1)}{\sqrt{Var(\hat{\beta}_1)}} = \frac{\hat{\beta}_1 - \beta_1}{\sigma \sqrt{\frac{1}{\sum_i (x_i - \bar{x})^2}}} \ \sim \ N(0, 1)$$

그런데 오차에 대한 모분산을 모르기 때문에 이에 대한 대체로 오차분산의 추정량을 사용한다.

$$T = \frac{\hat{\beta}_1 - \beta_1}{\frac{\hat{\sigma}}{\sqrt{\sum_i (x_i - \bar{x})^2}}} \sim t(n-2)$$

따라서 모회귀직선의 기울기 회귀계수의 100(1−α)% 신뢰구간은 다음과 같이 계산할 수 있다.

$$\left(\hat{\beta}_1 - t_{\frac{\alpha}{2}}(n-2)\frac{\hat{\sigma}}{\sqrt{\sum_i (x_i - \bar{x})^2}}, \quad \bar{x} + t_{\frac{\alpha}{2}}(n-2)\frac{\hat{\sigma}}{\sqrt{\sum_i (x_i - \bar{x})^2}}\right)$$

예제

[HOUSING] 자료에서 크기가 100인 표본을 추출하여 종속변수를 주택중위가격(medv), 독립변수를 방의 개수(rm)로 하여 선형회귀모형을 적합시킬 때 모수에 대한 신뢰구간을 구해보자. 단, 신뢰수준은 95%로 한다.

In

```
# 적합된 모델 정보로부터
# 추정된 회귀직선의 기울기
beta = fit.params[1]

# t 분포의 분위수 계산
alpha = 0.05
t = ss.t.ppf(1-alpha/2, df=sample_size-2)

# 오차표준오차 계산
sigma = np.sqrt(fit.mse_resid)

# 데이터 제곱합 계산
x = X.iloc[:,1]
c = np.sum((x-np.mean(x))**2)

# 신뢰구간 계산
bse = sigma / np.sqrt(c)
conf = np.array([beta - t*bse, beta + t*bse])
conf.round(3)
```

Out

```
array([5.542, 9.211])
```

In	# 결과 확인
	fit.conf_int(alpha=0.05).loc['rm', :].round(3)

Out	0 5.542 1 9.211 Name: rm, dtype: float64

결과의 값을 보면 함수에 의한 결과와 일치함을 알 수 있다. 신뢰구간은 95% 신뢰수준에서 (5.542, 9.211)이다.

18.5.2 모수 유의성 검증

영가설이 H_0: $\beta_1 = 0$인 경우, 즉 회귀직선의 기울기가 0인 경우이므로 독립변수의 설명력이 하나도 없다는 경우에 $T = \frac{\frac{\hat{\beta}_1-\beta_1}{\hat{\sigma}}}{\sqrt{\sum_i(x_i-\bar{x})^2}}$을 이용하여 다음과 같은 대립가설에 대한 검증을 할 수 있다. 표본으로부터의 값은 t_0이고 H_1: $\beta_1 \neq 0$이라고 하자.

대립가설	P값	영가설 기각
H_1: $\beta_1 > 0$	$p_0 = \Pr(T \geq t_0)$	$t_0 \geq t_\alpha(n-2)$
H_1: $\beta_1 < 0$	$p_0 = \Pr(T \leq t_0)$	$t_0 \geq t_{1-\alpha}(n-2)$
H_1: $\beta_1 \neq 0$	$p_0 = \Pr(\lvert T\rvert \geq \lvert t_0\rvert)$	$\lvert t_0\rvert \geq t_{\frac{\alpha}{2}}(n-2)$

예제

[HOUSING] 자료에서 크기가 100인 표본을 추출하여 종속변수를 주택중위가격(medv), 독립변수를 방의 개수(rm)로 하여 선형회귀모형을 적합시킬 때 모수에 대한 유의성을 검증해보자. 단, 유의수준은 5%로 한다.

In
```
# 검증통계량: t0 값 계산
tvalue = beta / (sigma / np.sqrt(c))

# p-value 계산: tvalue > 0 이므로
pvalue = 2*(1 - ss.t.cdf(tvalue, df=sample_size-2))

np.array([tvalue, pvalue]).round(3)
```

Out
```
array([7.98, 0.  ])
```

```
In      # 결과 확인
        np.array([fit.tvalues['rm'], fit.pvalues['rm']]).round(3)
Out     array([7.98, 0.  ])
```

결과를 보면 5%의 유의수준에서 매우 유의미하다고 할 수 있다. 즉, 기울기가 0이라고 할 수 없다. 마찬가지 방법으로 절편인 β_0에 대한 추론을 할 수 있다. 위와 유사하므로 추정량에 대한 평균과 분산이 어떻게 되는지 살펴보고 나머지는 생략한다.

$$
\begin{aligned}
E(\hat{\beta}_0) &= E(\bar{Y} - \hat{\beta}_1\bar{x}) = \beta_0 + \beta_1\bar{x} - \beta_1\bar{x} = \beta_0 \\
Var(\hat{\beta}_0) &= Var(\bar{Y} - \hat{\beta}_1\bar{x}) = Var(\bar{Y}) + Var(\hat{\beta}_1\bar{x}) - 2Cov(\bar{Y}, \hat{\beta}_1\bar{x}) \\
&= \frac{\sigma^2}{n} + \bar{x}^2\frac{\sigma^2}{c} + 0 = \sigma^2\left(\frac{1}{n} + \frac{\bar{x}^2}{c}\right)
\end{aligned}
$$

이를 이용하여 앞과 유사하게 추론을 한다.

18.6 회귀직선 추론

18.6.1 회귀직선 유의성 검증

회귀직선 자체가 의미가 있는지의 여부는 앞에서 기울기에 대한 검증을 통하여 일부 알아보았다. 여기서는 일반적으로 단순회귀, 즉 독립변수가 1개만 있는 것이 아닌 경우에 사용할 수 있는 방법을 알아보자. 앞에서 총변동은 다음과 같이 분해되었다.

$$
\sum_i (Y_i - \bar{Y})^2 = \sum_i \left(Y_i - \hat{Y}_i\right)^2 + \sum_i \left(\hat{Y}_i - \bar{Y}\right)^2
$$
$$
SST = SSE + SSR
$$

즉, 총변동은 잔차제곱합과 회귀제곱합으로 분해되었다. 회귀직선이 유의미하다면 잔차에 비하여 회귀직선이 총변동에 차지하는 비중이 커야 할 것이다. 그런데 관측값이 주어지면 SST는 항상 일정한 값이므로 SSE에 대한 상대적인 비로 SSR값이 커야 한다. 여기서 영가설이 H_0: $\beta_1 = 0$일 때 다음이 성립한다.

$$F = \frac{\frac{SSR}{1}}{\frac{SSE}{n-2}} = \frac{MSR}{MSE} \sim F(1, n-2)$$

즉, 각 변동에 대하여 자유도로 나누어 주어 평균의 의미가 된 것이다. 즉 평균의 비로서 회귀직선의 유의성을 검증한다. 만약 F통계량의 관측값이 예를 들어 f_0일 때 주어진 유의수준에 해당하는 기각경계값보다 큰 값을 준다면 회귀직선은 유의미하다고 할 수 있다.

요인	제곱합	자유도	평균제곱	F값	P값
회귀	SSR	1	$MSR = \frac{SSR}{1}$	$f_0 = \frac{MSR}{MSE}$	$\Pr(F \geq f_0)$
잔차	SSE	$n-2$	$MSE = \frac{SSE}{n-2}$		
계	SST	$n-1$			

위와 같은 표를 분산분석표(analysis of variance table)라고 한다.

예제

[HOUSING] 자료에서 크기가 100인 표본을 추출하여 종속변수를 주택중위가격(medv), 독립변수를 방의 개수(rm)로 하여 선형회귀모형을 적합시킬 때 분산분석에 의한 회귀직선의 유의성을 검증해보자. 단, 유의수준은 5%로 한다.

In
```
# f 통계량의 계산
fvalue = fit.mse_model / fit.mse_resid

# p-value의 계산
pvalue = 1 - ss.f.cdf(fvalue, dfn=fit.df_model, dfd= fit.df_resid)

np.array([fvalue, pvalue]).round(3)
```

Out
```
array([63.674,  0.   ])
```

In
```
# 결과 확인
np.array([fit.fvalue, fit.f_pvalue]).round(3)
```

Out
```
array([63.674,  0.   ])
```

결과를 보면 F통계량이 값이 일치함을 알 수 있다. 따라서 결과는 매우 유의함, 즉 회귀직선이 의미가 있음을 알 수 있다.

18.6.2 회귀직선 신뢰구간

독립변수 x에 의하여 추정된 값인 $\hat{y}$은 모집단의 회귀직선 $\mathrm{E}(Y|x) = \beta_0 + \beta_1 x$를 추정하고자 한 것이다. 모수에 대한 추론과 마찬가지로 추정된 값에 대한 신뢰구간을 어떻게 구하는지 살펴보자.

$$\mathrm{E}(\hat{Y}_i) = \mathrm{E}(\hat{\beta}_0 + \hat{\beta}_1 x_i) = \beta_0 + \beta_1 x_i$$

$$\mathrm{var}(\hat{Y}_i) = \mathrm{var}(\hat{\beta}_0 + \hat{\beta}_1 x_i) = \mathrm{var}\left(\bar{\mathrm{Y}} - \hat{\beta}_1(x_i - \bar{x})\right) = var(\bar{\mathrm{Y}}) + var\left(\hat{\beta}_1(x_i - \bar{x})\right) - 2cov\left(\bar{\mathrm{Y}}, \hat{\beta}_1(x_i - \bar{x})\right)$$

$$= \sigma^2\left(\frac{1}{n} + \frac{(x_i - \bar{x})^2}{c}\right)$$

여기서 $c = \sum_i (x_i - \bar{x})^2$ 이며 계산식에서 $cov\left(\bar{\mathrm{Y}}, \hat{\beta}_1(x_i - \bar{x})\right) = 0$이다. 왜냐하면

$$cov\left(\bar{\mathrm{Y}}, \hat{\beta}_1(x_i - \bar{x})\right) = \frac{1}{n}\frac{(x_i - \bar{x})}{c}\sum_j (x_j - \bar{x})cov\left(\sum_k Y_k, Y_j\right) = \frac{1}{n}\frac{(x_i - \bar{x})}{c}\sum_j (x_j - \bar{x})\sigma^2 = 0$$

이기 때문이다. 따라서 다음이 성립한다.

$$\frac{\hat{\beta}_0 + \hat{\beta}_1 x_i - (\beta_0 + \beta_1 x_i)}{\hat{\sigma}\sqrt{\left(\frac{1}{n} + \frac{(x_i - \bar{x})^2}{c}\right)}} \sim\ t(n-2)$$

따라서 모회귀직선의 $100(1-\alpha)\%$ 신뢰구간은 다음과 같이 계산할 수 있다.

$$\left(\hat{\beta}_0 + \hat{\beta}_1 x_i - t_{\frac{\alpha}{2}}(n-2)\hat{\sigma}\sqrt{\left(\frac{1}{n} + \frac{(x_i - \bar{x})^2}{c}\right)},\quad \hat{\beta}_0 + \hat{\beta}_1 x_i + t_{\frac{\alpha}{2}}(n-2)\hat{\sigma}\sqrt{\left(\frac{1}{n} + \frac{(x_i - \bar{x})^2}{c}\right)}\right)$$

예제

[HOUSING] 자료에서 크기가 100인 표본을 추출하여 종속변수를 주택중위가격(medv), 독립변수를 방의 개수(rm)로 하여 선형회귀모형을 적합시킬 때 모회귀직선의 신뢰구간을 구해보자.

```
In      # 적합된 회귀직선
        yhat = X @ fit.params

        # t 분위수 계산
        alpha = 0.05
        t = ss.t.ppf(1-alpha/2, fit.df_resid)

        # RMSE 계산
        sigma =  np.sqrt(fit.mse_resid)

        # 회귀직선 표준오차 계산
        c = np.sum((X.iloc[:, 1]-np.mean(X.iloc[:, 1]))**2)
        yhat_se = sigma * np.sqrt(1/fit.nobs + (X.iloc[:, 1]-np.mean(X.iloc[:,
        1]))**2/c)

        # 회귀직선의 신뢰구간
        lower = yhat-t*yhat_se
        upper = yhat+t*yhat_se
        np.array([lower, yhat, upper]).round(3).T[:2, : ]
```

```
Out     array([[-2.505,  2.717,  7.938],
               [15.304, 17.286, 19.267]])
```

```
In      # 결과 확인
        res  = fit.get_prediction(X)
        print(res.summary_frame().head(2))
```

```
Out           mean   mean_se  mean_ci_lower  mean_ci_upper  obs_ci_lower  \
        365   2.716666  2.631080      -2.504627       7.937960    -12.164543
        382  17.285652  0.998497      15.304167      19.267137      3.210327

             obs_ci_upper
        365     17.597876
        382     31.360977
```

결과의 예를 보면 (하한값, 예측값, 상한값) = (mean_ci_lower, mean, mean_ci_upper) 값이 (−2.505, 2.717, 7.938) 임을 알 수 있다.

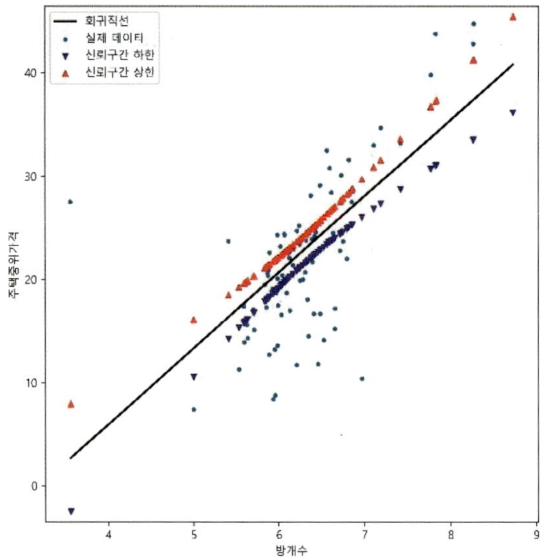

그림 18.5 모회귀직선의 신뢰구간

그림 18.5는 모회귀직선에 대한 신뢰구간을 예시한 것이다. 즉, 모회귀직선은 그림의 구간에 있을 근사 확률이 대략 95%라는 것이다. 참고로 회귀직선에 대한 신뢰구간은 평균값에서 멀어질수록 더 넓어진다. 이는 신뢰구간의 폭인 $t_{\frac{\alpha}{2}}(n-2)\hat{\sigma}\sqrt{\left(\frac{1}{n}+\frac{(x_i-\bar{x})^2}{c}\right)}$에서 보듯이 x_i값이 $\bar{x}$일 때 값이 가장 작다.

18.7 오차 가정 검증

단순선형회귀모형에서 다음과 같은 가정을 하였다.

$$
\begin{aligned}
Y_i &= \beta_0 + \beta_1 x_i + \epsilon_i, \qquad i = 1, \dots, n \\
\epsilon_i &\sim N(0, \sigma^2), \qquad i = 1, \dots, n
\end{aligned}
$$

즉 오차에 대하여 평균이 0이고 분산이 일정하며 서로 독립인 정규분포를 따른다고 하였다. 이러한 가정이 맞는지를 살펴보는 것을 일반적으로 잔차분석(residual analysis)이라고 한다. 오차에 대한 추론을 하는 자연스런 추정량으로써 잔차라는 통계량을 사용하게 된다.

$$r_i = Y_i - (\hat{\beta}_0 + \hat{\beta}_1 x_i) = Y_i - \hat{Y}_i$$

잔차의 표본분포에서 평균과 분산을 살펴보자.

$$\begin{aligned}
E(r_i) &= E(Y_i - \hat{Y}_i) = \beta_0 + \beta_1 x_i - (\beta_0 + \beta_1 x_i) = 0 \\
Var(r_i) &= Var(Y_i - \hat{Y}_i) = Var(Y_i - \hat{\beta}_0 - \hat{\beta}_1 x_i) = Var\left(Y_i - \bar{Y} - \hat{\beta}_1 (x_i - \bar{x})\right) \\
&= Var(Y_i) + Var(\bar{Y}) + Var\left(\hat{\beta}_1 (x_i - \bar{x})\right) - 2Cov(Y_i, \bar{Y}) - 2Cov\left(Y_i, \hat{\beta}_1 (x_i - \bar{x})\right) \\
&\quad + 2Cov\left(\bar{Y}, \hat{\beta}_1 (x_i - \bar{x})\right)
\end{aligned}$$

$$= \sigma^2 + \frac{\sigma^2}{n} + \frac{(x_i - \bar{x})^2 \sigma^2}{c} - 2\frac{\sigma^2}{n} - 2\frac{(x_i - \bar{x})^2 \sigma^2}{c} + 0 = \sigma^2 \left(1 - \frac{1}{n} - \frac{(x_i - \bar{x})^2}{c}\right) = \sigma^2 \left(\frac{n-1}{n} - \frac{(x_i - \bar{x})^2}{c}\right)$$

따라서 오차의 모분산보다 항상 작다. 즉, 과적합(overfitting)된다는 의미이다. 또한 데이터가 평균에서 멀어질수록 식에서 보듯이 $\frac{(x_i - \bar{x})^2}{c}$의 값이 커지게 되어 잔차의 분산은 매우 작아진다. 즉, 잔차의 위치에 따라 분산의 일정하지 않게 된다. 이를 해결하는 방법을 알아보자. 오차에 대한 추론을 하기 위해서 앞서 장에서 설명했듯이 다음과 같은 통계량을 고려한다.

$$Z_i = \frac{\epsilon_i - E(\epsilon_i)}{\sqrt{Var(\epsilon_i)}} = \frac{\epsilon_i}{\sigma} = \frac{Y_i - (\beta_0 + \beta_1 x_i)}{\sigma} \sim N(0, 1)$$

그런데 실제 관측하는 것은 (x_i, Y_i)이고 이로부터 추정된 $\hat{\beta}_0$, $\hat{\beta}_1, \hat{\sigma}^2$을 사용하므로 주어진 식을 사용할 수 없다. 따라서 다음과 같이 모집단 오차의 대안으로 잔차를 생각하고 다음과 같은 통계량을 사용한다.

$$T_i = \frac{Y_i - (\hat{\beta}_0 + \hat{\beta}_1 x_i)}{\sqrt{\widehat{Var(r_i)}}} = \frac{r_i}{\hat{\sigma}_i}$$

이를 (내부) 스튜던트화 잔차(internally Studentized residual) 또는 표준화잔차(standardized residual)라고 한다. 여기서 $\hat{\sigma}_i = \sqrt{\hat{\sigma}^2 \left(1 - \left(\frac{1}{n} + \frac{(x_i - \bar{x})^2}{c}\right)\right)}$이다.

스튜던트화 잔차에서 $\frac{r_i}{\sqrt{Var(r_i)}}$의 평균과 분산은 각각 0과 1이다. 즉, 잔차의 위치에 무관하게 분산이 일정함을 알 수 있다. 이런 이유에서 스튜던트와 잔차를 이용하여 분산을 일정하게 유지한다.

예제

[HOUSING] 자료에서 크기가 100인 표본을 추출하여 종속변수를 주택중위가격(medv), 독립변수를 방의 개수(rm)로 하여 선형회귀모형을 적합시킬 때 표준화잔차, 즉 내부 스튜던트화 잔차를 구해보자.

In

```
# 표준화잔차(내부 스튜던트화 잔차) 계산
import statsmodels.formula.api as smf

#  데이터 구성
sample_size = 100

np.random.seed(123)
index = np.random.choice(np.arange(len(df)), size=sample_size, replace=False)
sdf = df.loc[index]

# 회귀직선 적합
res = smf.ols('medv ~ rm', data=sdf).fit()

# 결과 확인
print(res.summary())
```

Out

```
OLS Regression Results
==============================================================================
Dep. Variable:                   medv   R-squared:                       0.368
Model:                            OLS   Adj. R-squared:                  0.361
Method:                 Least Squares   F-statistic:                     57.04
Date:                Tue, 28 Jan 2020   Prob (F-statistic):           2.25e-11
Time:                        17:24:33   Log-Likelihood:                -340.44
No. Observations:                 100   AIC:                             684.9
Df Residuals:                      98   BIC:                             690.1
Df Model:                           1
Covariance Type:            nonrobust
==============================================================================
```

```
                 coef    std err          t      P>|t|      [0.025      0.975]
------------------------------------------------------------------------------
Intercept    -26.8206      6.671     -4.020      0.000     -40.059     -13.582
rm             7.9460      1.052      7.553      0.000       5.858      10.034
==============================================================================
Omnibus:                       17.839   Durbin-Watson:                   1.966
Prob(Omnibus):                  0.000   Jarque-Bera (JB):               50.024
Skew:                           0.518   Prob(JB):                     1.37e-11
Kurtosis:                       6.307   Cond. No.                         58.9
==============================================================================
```

In
```
# 표준화잔차 또는 내부 스튜던트화 잔차 계산
x = sdf['rm']
x_centered = np.array(x - x.mean())**2
c = np.sum(x_centered)
ti = res.resid / np.sqrt((res.mse_resid)*(1-(1/res.nobs+x_centered/c)))
ti.head(3).round(3)
```

Out
```
410   -0.538
85     0.101
280    1.412
dtype: float64
```

In
```
# 결과 확인
infl = res.get_influence()
r_standard = infl.resid_studentized
r_standard[:3].round(3)
```

Out
```
array([-0.538,  0.101,  1.412])
```

18.7.1 독립성에 대한 검증

오차의 독립성은 일반적으로 관측된 순서에 따라 서로 상관관계가 있는지 여부를 판단하는 경우가 많다. 오차의 독립성을 하나의 값으로 검증할 수 있는 정의된 통계량은 없다. 또한 오차의 추정량이라고 할 수 있는 잔차는 기본적으로 독립이 아니다. 왜냐하면 $\sum_i r_i = 0$이기 때문이다. 따라서 그림상으로 독립임을 직접적으로 확인하는 방법이 제일 중요하다. 물론 오차의 독립성은 일반적으로 관측된 순서에 따라 서로 상관관계가 있는지 여부를 판단하는 경우가 많으므로 바로 직전 데이터와의 자기상관(autocorrelation)을 검증하는 더빈-왓슨(Durbin-Watson) 통계량이 있다.

$$r_i = \rho r_{i-1} + \nu_i$$

여기서 ρ는 자기상관(autocorrelation) 계수이며 ν_i는 오차항이다.

위 식에서 독립성이 없다면 $\rho = 0$이어야 한다. 이를 검증하는 통계량은 다음과 같이 정의한다.

$$d = \frac{\sum_{i=2}(r_i - r_{i-1})^2}{\sum_{i=1} r_i^2}$$

더빈-왓슨 통계량의 값이 1보다 작으면 양의 상관관계가 있다고 하면 2보다 크면 음의 상관관계가 있다고 한다. 즉, 이 값이 1보다 크고 2보다 작으면 독립성에 큰 문제가 없다고 판단한다.

In

```
# 독립성 검정
# 더빈-왓슨 통계량 계산
dw = np.nansum((res.resid - res.resid.shift(1))**2)/np.sum(res.resid**2)
dw.round(3)
```

Out

```
1.966
```

결과 값이 1과 2 사이에 있으므로 독립성 검정에 문제가 없다고 판단한다. 그림상으로는 관측된 순서에 따라 잔차가 아무런 유형(pattern)이 없어야 한다.

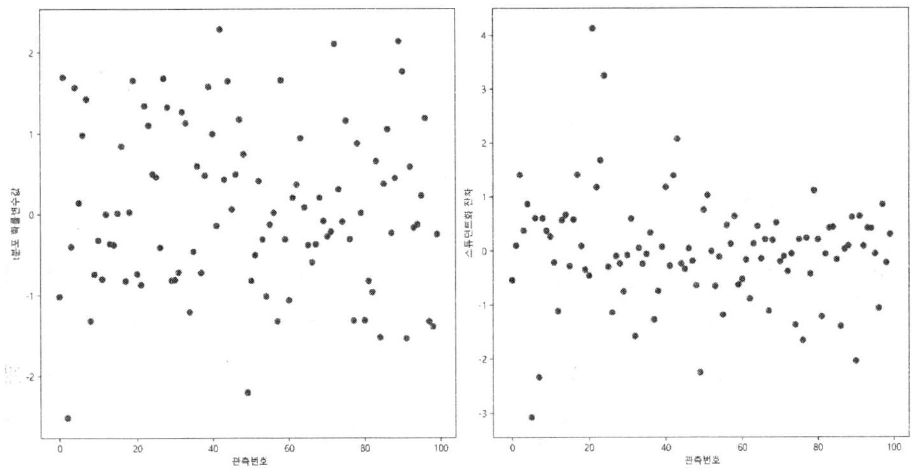

그림 18.6 독립성 검증 예시

그림 18.6은 자유도가 98인 t분포에서 임의로 크기가 100인 표본과 실 데이터에서의 스튜던트화 잔차를 관측번호에 따라 그린 것이다. 만약 관측 순서(여기서는 관측번호)에 따라 어떠한 경향이 보이지 않는다면 임의표본과 큰 차이가 없어야 한다. 그림에서 보듯이 정형화된 유형이 없다. 이런 경우 독립성이 어느 정도 충족되었다고 판단한다. 경우에 따라 매우 특별한 유형이 다양하게 발생할 수 있다.

18.7.2 등분산성에 대한 검증

오차에 대한 주요한 가정 중의 하나는 등분산성(homoscedasticity, homogeneity of variance)이다. 즉, 오차들은 분산이 같은 분포에서 추출된 일종의 표본이라는 가정이다. 이를 어떻게 검증할 수 있을까?

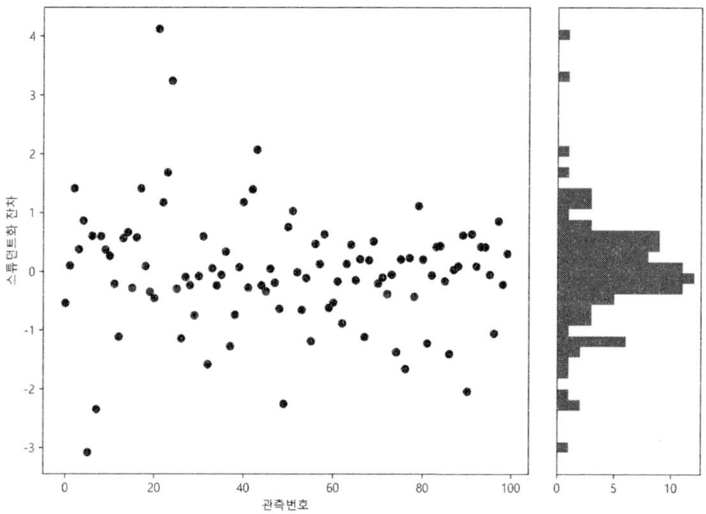

그림 18.7 등분산성 예시

그림 18.7과 같이 각 데이터의 관측번호에 따라 표준화잔차가 일정한 분포, 즉 오른쪽의 히스토그램에서 표현된 일정한 분산을 갖는 분포에서 나왔다고 생각할 수 있다. 즉 이런 경우에 한해서 등분산성의 가정을 만족한다고 할 수 있다. 만약 오른쪽의 히스토그램이 일정한 분산을 갖는 분포의 모습이 나타나지 않는다면 등분산성을 만족한다고 볼 수 없다.

18.7.3 정규성에 대한 검증

오차에 대하여 최종적으로 정규성에 대한 가정을 하였다. 마찬가지로 오차에 대한 하나의 추정량으로써 잔차를 생각하고 스튜던트화 잔차에 대하여 정규성 여부를 판단한다. 이에 대한 검증으로 시각적 방법인 분위수-분위수 그림(Q-Q plot: quantile-quantile plot)과 통계량에 의한 검증으로 샤피로-윌크 검증(Shapiro-Wilk test), 콜모고로프-스미르노프 검증(Kolmogorov-Smirnov test)이 있다.

18.7.3.1 분위수-분위수 그림

분위수-분위수 그림(이하 QQplot)은 2개의 확률분포를 비교하는 시각화 방법으로서 확률그림이다. 예를 들어 정규분포의 검증을 위하여 x축은 이론적인 정규분포의 분위수를 계산하고 y축은 실제 데이터에 대한 분위수를 계산하여 그린다. 이때 실제 데이터가 정규분포라면 분위수 값들이 서로 일치해야 하므로 $y=x$ 직선 위에 대부분의 점들이 있어야 한다. 먼저 표본으로부터 생성되는 경험분포(empirical distribution) 함수를 생성한다.

$$F_n(x) = \frac{x\text{보다 작은 데이터 개수}}{n} = \frac{1}{n}\sum_i 1_{x_i \le x}$$

여기서 $1_{X_i \le x} = \begin{cases} 1 & if \;\; x_i \le x \\ 0 & otherwise \end{cases}$이다.

경험분포의 함수의 결과 값은 0과 1 사이가 된다. 이때 하나의 경험분포 함수값 α에 대한 분위수는 $F_n^{-1}(\alpha)$가 된다. 이런 의미에서 F_n^{-1}을 분위수함수(quantile function)라고 한다.

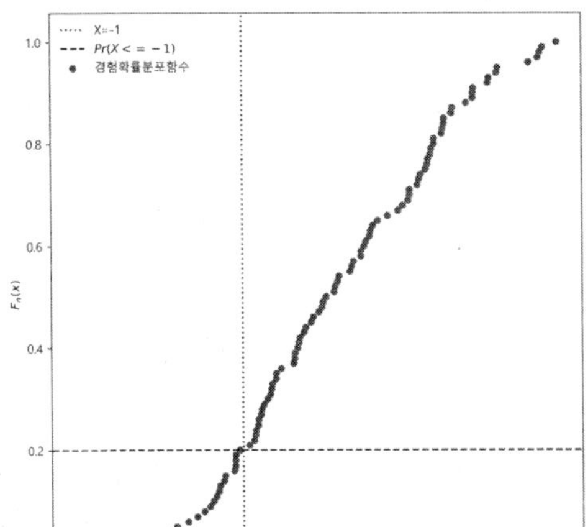

그림 18.8 경험분포함수 예시

그림 18.8은 표준정규분포에서 크기가 100인 임의표본을 구성한 후 경험분포함수를 구한 것이다. 확률이 0.2일 때 이에 대응하는 x의 값, 즉 분위수는 -1이다. 이때 $-1 = F_n^{-1}(0.2)$와 같이 표현한다. 즉, 주어진 데이터에 대하여 $F_n^{-1}\left(\frac{1}{m+1}\right), F_n^{-1}\left(\frac{2}{m+1}\right)$, $\dots, F_n^{-1}(\frac{m}{m+1})$ 값을 계산하면 이 값이 바로 경험분포함수의 값이 되는 것이다. 여기서 m은 생성하고자 하는 분위수 개수이다. 이를 이용하여 스튜던트화 잔차에 대한 QQplot을 그려보자.

In

```
# 데이터 구성
x_values = r_standard

# 확률 정의
m = 100
prob = np.arange(1, m+1)/100

# 이론적인 분위수 값
norm_ppf = ss.norm.ppf(prob)

# 경험분포에 의한 확률 값
empirical_ppf = np.quantile(x_values, q=prob)

# 최솟값, 최댓값 지정
min = -3
max = 3

# 그래프로 확인
fig, ax = plt.subplots(figsize=(7, 7))

ax.scatter(norm_ppf, empirical_ppf, s=5**2, label='경험 대 이론 분위수값')
ax.plot([min, max],[min, max], color='k', ls=':', label='참조선')

ax.set_xlabel('표준정규분포 분위수')
ax.set_ylabel('경험분포 분위수')

plt.legend(loc='best', frameon=False)

plt.tight_layout()
```

Out

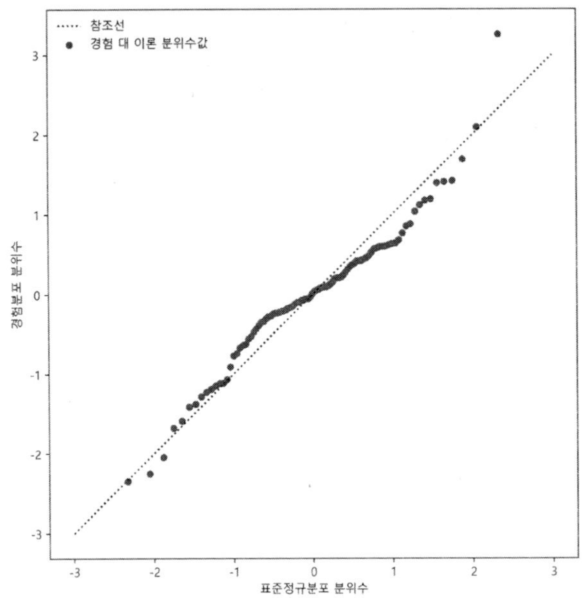

그림 18.9 QQplot, 히스토그램, 내장함수 이용 QQplot

그림 18.9를 보면 직선과 대부분 일치하나 오른쪽 끝부분이 직선에서 많이 벗어나 있다.

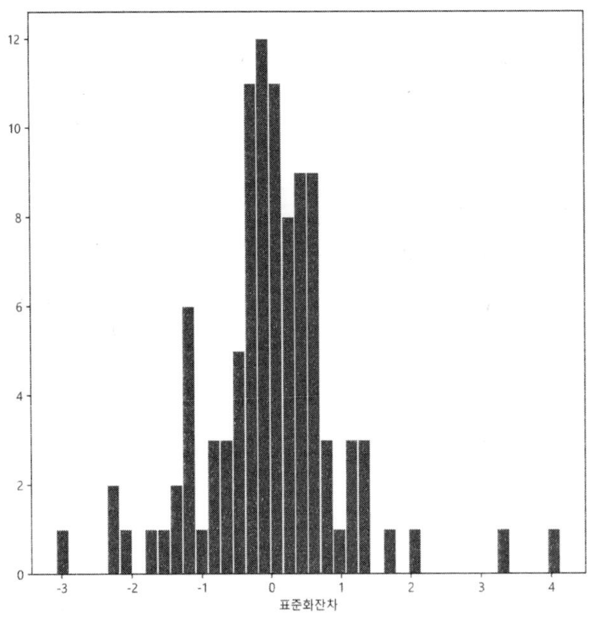

그림 18.10 표준화잔차의 히스토그램

그림 18.9를의 히스토그램을 보면 오른쪽으로 긴 꼬리를 하고 있다. 대략적으로 정규분포를 따르지만 꼬리부분이 길게 있으므로 사실은 t분포에 가깝다고 볼 수 있다. 이는 스튜던트화 잔차가 T 통계량과 동일하게 구성된 것과 무관하지 않다.

18.7.3.2 통계량에 의한 검증

통계량에 의한 정규성 검증 중에 가장 잘 알려진 검증 방법은 샤피로-윌크 검증(Shapiro-Wilk test)과 콜모고로프-스미르노프(Kolmogorov-Smirnov) 검증이다. 이 검증방법의 영가설은 "주어진 분포는 정규분포"이다. 따라서 유의확률값이 주어진 유의수준보다 작다면 영가설은 기각된다.

In	# 검정통계량에 의한 검증
	# 사피로-윌크 검증(Shapiro-Wilk test)
	np.round(ss.shapiro(x_values), 3)

Out	array([0.936, 0.])

결과를 보면 검증통계량의 값은 0.936이고 유의확률은 거의 0이므로 정규분포라고 할 수 없다.

In	# 콜모고로프-스미르노프(Kolmogorov-Smirnov) 검증
	np.round(ss.kstest(x_values, cdf='norm'), 3)

Out	array([0.112, 0.15])

결과를 보면 유의확률값이 0.112이므로 유의수준 0.05에서는 영가설을 기각할 수 없다. 즉, 정규분포라고 할 수 있다.

통계량에 의한 검증은 상반되게 나오고 있다. 따라서 여러 가지 검증통계량에 의한 검증과 그래프에 의한 방법 등이 병행되어야 한다.

18.7.4 오차 가정에 대한 검증 요약

오차 가정에 대한 검증을 하나의 표로 요약해보자.

검증 항목	그림 검증	통계량 검증
독립성	관측번호 대 표준화잔차 그림	더비-왓슨 통계량
등분산성	표준화잔차의 히스토그램과 관측번호 대 표준화잔차 그림	
정규성	표준화잔차의 분위수-분위수 그림 또는 표준화잔차의 히스토그램	샤피로-윌크 검증 콜모고로프-스미르노프 검증

등분산성에 대한 통계량 검증 방법은 여러가지 방법이 있으나 이를 생략한다.

19장

다중선형회귀분석

앞 장에서는 독립변수가 1개인 단순선형회귀를 살펴보았다. 이 장에서는 독립변수가 2개 이상인 다중선형회귀(multiple linear regression)에 대하여 알아보자. 모형은 다음과 같다.

$$Y_i = \beta_0 + \beta_1 x_{i1} + \cdots + \beta_k x_{ik} + \epsilon_i, \qquad i = 1, \ldots, n$$

여기서 오차항은 $\epsilon_i \overset{iid}{\sim} N(0, \sigma^2)$이다. 모형이 선형(linear)이라는 의미는 모수에 대한 1차식이기 때문이다. 따라서 $Y_i = \beta_0 + \beta_1 x_{i1}^2 + \cdots + \beta_k x_{ik}^2 + \epsilon_i$도 선형모형이다.
이 장에서는 벡터와 행렬 연산, 벡터 미분 등에 대한 이해가 필요하며 해당 장을 참조한다.

이 장에서 사용되는 파이썬 패키지는 다음과 같다.

In
```
# 필요한 패키지
import numpy as np
import matplotlib.pyplot as plt
import pandas as pd

import scipy
from scipy import linalg as la
import scipy.stats as ss
import scipy.special

# 한글출력
plt.rcParams['font.family'] = 'Malgun Gothic'
plt.rcParams['axes.unicode_minus'] = False

# 필요한 패키지 2
import statsmodels.formula.api as smf
import statsmodels.api as sm

sm.__version__
```

Out
```
'0.10.1'
```

19.1 모수추정

다중선형회귀모형에서는 추정해야 할 모수가 $k+1$개이다. 이를 추정하기 위해서는 단순선형회귀와 마찬가지로 최소제곱법에 의하여 추정한다. 표본의 크기가 n개인 경우에 선형회귀모형을 관측값 형식으로 표현하면 다음과 같다.

$$y_1 = \beta_0 + \beta_1 x_{11} + \cdots + \beta_k x_{1k} + \epsilon_1$$
$$\cdots$$
$$y_n = \beta_0 + \beta_1 x_{n1} + \cdots + \beta_k x_{nk} + \epsilon_n$$

이를 행렬로 표현하면 다음과 같다.

$$y = X\beta + \epsilon$$

$$y = (y_1, \ldots, y_n)^T, X = \begin{pmatrix} 1 & x_{11} & \ldots & x_{1k} \\ . & . & . & . \\ 1 & x_{n1} & \ldots & x_{nk} \end{pmatrix}, \beta = (\beta_0, \beta_1, \ldots, \beta_k)^T, \epsilon = (\epsilon_1, \ldots, \epsilon_n)^T$$

최소제곱법은 다음의 식을 만족해야 한다.

$$\min_{\beta}\left((y - X\beta)^T(y - X\beta)\right)$$

주어진 식을 벡터 β에 대하여 미분하여 정리하면 다음과 같다.

$$\begin{aligned}
&\epsilon^T\epsilon = (y - X\beta)^T(y - X\beta) = y^T y - 2y^T X\beta + \beta^T X^T X\beta \\
&\Rightarrow \frac{\partial \epsilon^T \epsilon}{\partial \beta} = -2y^T X + 2\beta^T X^T X = 0 \\
&\Rightarrow \beta^T X^T X = y^T X \\
&\Rightarrow X^T X\beta = X^T y
\end{aligned}$$

이때, $X^T X\beta = X^T y$을 정규방정식(normal equation)이라고 한다. 벡터의 미분에 대한 사항은 행렬 미분 장을 참조한다.

$X^T X$ 역행렬이 존재하면 다음과 같이 최소제곱법에 의한 추정값을 계산할 수 있다.

$$\hat{\beta} = (X^T X)^{-1} X^T y$$

데이터를 이용하여 계산과정을 살펴보기로 하자. 데이터는 [HOUSING] 데이터를 사용하였으며 그림 19.1의 독립변수와 종속변수를 사용하였다.

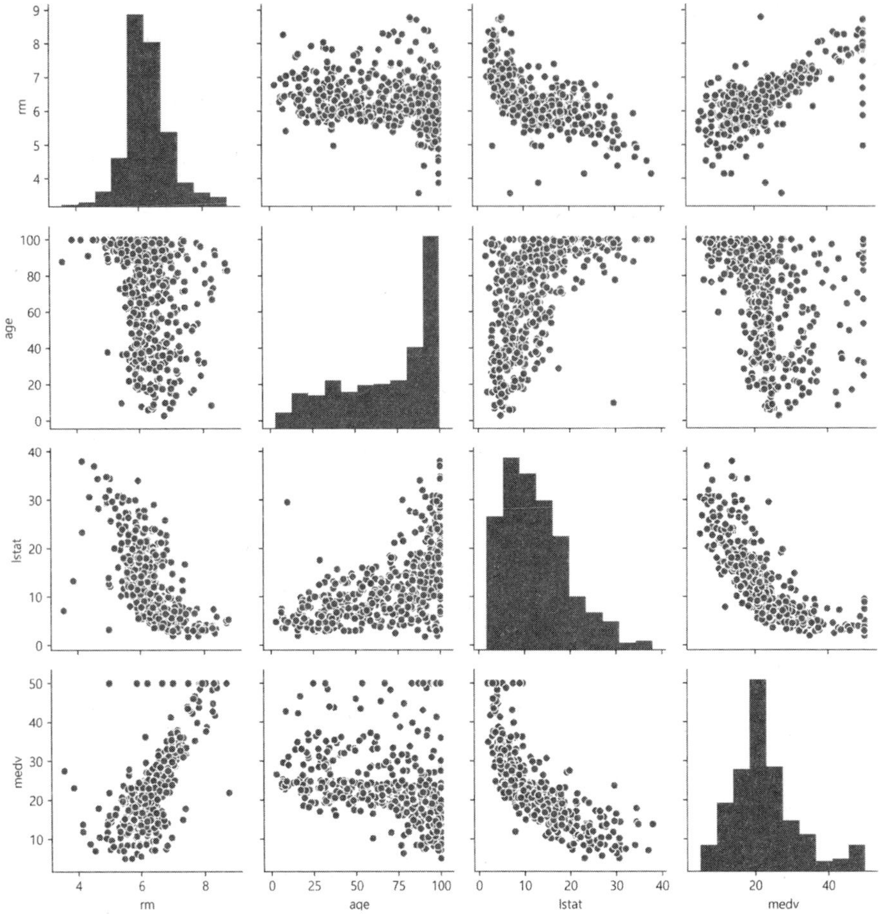

그림 19.1 산점도행렬

예제

[HOUSING] 자료에서 크기가 100인 표본을 추출하여 종속변수를 주택중위가격(medv), 독립변수를 ['rm', 'age', 'lstat'] 으로 하여 선형회귀모형을 적합시킬 때 모수의 추정값을 구해보자.

In

```
# 데이터 구성: [HOUSING]
# 경로 정의
url = "https://archive.ics.uci.edu/ml/machine-learning-databases/
housing/housing.data"
df = pd.read_csv(url,sep='₩s+',  header=None)
```

```
# 컬럼 정보 주기
df.columns = ['CRIM', 'ZN', 'INDUS', 'CHAS', 'NOX',
              'RM', 'AGE', 'DIS', 'RAD', 'TAX', 'PTRATIO', 'B', 'LSTAT', 'MEDV']
df.columns = df.columns.str.lower()

# 데이터 확인
df.shape
```

Out

```
(506, 14)
```

In

```
# 표본 크기
size = 100

# 씨앗값 정의
np.random.seed(123)
index = np.random.choice(np.arange(len(df)), size=size, replace=False)

# 표본 구성
xvars = ['rm', 'age', 'lstat']
target ='medv'
sdf = df.loc[index, xvars+[target]]
sdf.shape
```

Out

```
(100, 4)
```

In

```
## QR 분해를 통한 모수의 추정
X = sdf[xvars]
X = sm.add_constant(X).values
y = sdf[target].values
Q, R = la.qr(X.T@X)

beta = la.inv(R) @ Q.T @ X.T @ y
beta.round(3)
```

Out

```
array([[ 1.3063e+01],
       [ 2.9310e+00],
       [ 3.0000e-03],
       [-7.1100e-01]])
```

```
In   ## statsmodels 에 의한 모수의 추정
     # 기호식 구성
     fmla = target + '~' + '+'.join(xvars)
     fmla
```

```
Out  'medv~rm+age+lstat'
```

```
In   # 적합
     fit = smf.ols(fmla, data=sdf).fit()
     fit.params.round(3)
```

```
Out  Intercept    13.063
     rm            2.931
     age           0.003
     lstat        -0.711
     dtype: float64dtype: float64
```

결과를 보면, QR 분해에 의한 결과와 statsmodels의 함수를 이용한 결과와 동일함을 알 수 있다. 추정된 회귀모수는 $\begin{bmatrix} \text{Intercept} \\ \text{rm} \\ \text{age} \\ \text{lstat} \end{bmatrix} = \begin{bmatrix} 13.06 \\ 2.93 \\ 0 \\ -0.71 \end{bmatrix}$이다. 여기서 모수의 추정에 사용된 방법은 행렬의 QR 분해를 사용한다. 이 방법을 사용하면 $X^T X$ 행렬의 역행렬을 구하지 않아도 된다. 벡터와 행렬 장을 참조한다.

추정된 모수를 이용하여 추정된 예측값은 다음과 같다.

$$\hat{y} = X\hat{\beta} = X(X^T X)^{-1} X^T y = Hy$$

여기서 H 행렬은 y를 $\hat{y}$로 보내주는 하나의 변환이라고 생각할 수 있으며, 모자(hat) 행렬이라고 한다. 모자행렬은 다음과 같은 몇 가지 성질을 가지고 있다.

1) $HX = X$
2) $HH = H^2 = H$
3) $(I - H)(I - H) = (I - H)^2 = I - H$

첫 번째는 H의 열로 구성된 공간과 X의 열로 구성된 공간이 같다는 의미이며 두 번째는 멱등행렬(idempotent matrix)임을 의미한다. 즉, 일종의 정사영 행렬이다. 이를 해석

해보면 데이터 행렬인 X의 열로 구성된 공간에 정사영을 내렸을 때의 벡터가 $\mathrm{H}y = \hat{y}$가 되는 것이다.

19.2 오차분산 추정

단순선형회귀와 마찬가지로 다중선형회귀에서도 오차분산을 행렬을 이용하여 추정할 수 있다. 잔차를 $r_i = y_i - \hat{y}_i$이라고 하며, 이때 표본 오차분산을 다음과 같이 정의하였다.

$$\hat{\sigma}^2 = \frac{\sum_i (y_i - \hat{y}_i)^2}{n-p} = \frac{SSE}{n-p}$$

여기서 p는 절편을 포함한 추정해야 할 모수의 개수이다. 이를 정리하면 다음과 같다.

$$\frac{1}{n-p}\left(y - \mathrm{X}\hat{\beta}\right)^{\mathrm{T}}\left(y - \mathrm{X}\hat{\beta}\right) = \frac{1}{n-p}(y^{\mathrm{T}}y - y^{\mathrm{T}}\mathrm{X}(\mathrm{X}^{\mathrm{T}}\mathrm{X})^{-1}\mathrm{X}^{\mathrm{T}}y) = \frac{1}{n-p}y^{\mathrm{T}}(\mathrm{I}-\mathrm{H})y$$

결과를 보면 $\mathrm{H}y$는 예측값이 되며 데이터 행렬인 X의 열로 설명이 안 되는 부분이 $(\mathrm{I}-\mathrm{H})y$이며 이의 제곱합이라고 할 수 있다. 즉, $\left((\mathrm{I}-\mathrm{H})y\right)^{\mathrm{T}}(\mathrm{I}-\mathrm{H})y = y^{\mathrm{T}}(\mathrm{I}-\mathrm{H})^{\mathrm{T}}(\mathrm{I}-\mathrm{H})y = y^{\mathrm{T}}(\mathrm{I}-\mathrm{H})y$이다. 이를 자유도로 나눈 값이 오차분산에 대한 추정값이다.

예제

[HOUSING] 자료에서 크기가 100인 표본을 추출하여 종속변수를 주택중위가격(medv), 독립변수를 ['rm', 'age', 'lstat']으로 하여 선형회귀모형을 적합시킬 때 오차분산의 추정값을 구해보자.

In
```
# 직접 계산
H = X @ la.inv(X.T @ X) @ X.T
n = H.shape[0]
p = 1 + 3
I = np.identity(n)
MSE = 1/(n - p) * y.T @ (I-H) @ y
MSE.round(3)
```

Out
```
array([[41.496]])
```

In	# 결과 확인
	fit.mse_resid.round(3)

Out	41.496

오차분산이 실제 모분산을 추정하는 비편향 추정량인지를 살펴보자. 이때 다음의 성질을 이용하자.

$$y\sim\ (\mu,\Sigma)\Rightarrow \mathrm{E}(y^{\mathrm{T}}\mathrm{A}y)=\mathrm{tr}(\mathrm{A}\Sigma)+\mu^{\mathrm{T}}\mathrm{A}\mu$$

여기서 $\mathrm{tr}(\mathrm{A}\Sigma)$는 $\mathrm{A}\Sigma$ 행렬의 대각원소들의 합(trace)이다. 따라서 다음의 성질을 만족한다.

$$\begin{aligned}\mathrm{E}(\mathrm{SSE})&=\mathrm{E}(Y^{\mathrm{T}}(\mathrm{I}-\mathrm{H})Y)=\mathrm{tr}\big((\mathrm{I}-\mathrm{H})\mathrm{I}\sigma^2\big)+\beta^{\mathrm{T}}\mathrm{X}^{\mathrm{T}}(\mathrm{I}-\mathrm{H})\mathrm{X}\beta=\sigma^2\big(n-\mathrm{tr}(\mathrm{H})\big)\\&=\sigma^2\big(n-\mathrm{tr}(\mathrm{X}(\mathrm{X}^{\mathrm{T}}\mathrm{X})^{-1}\mathrm{X}^{\mathrm{T}})\big)\ =\ \sigma^2\big(n-\mathrm{tr}((\mathrm{X}^{\mathrm{T}}\mathrm{X})^{-1}\mathrm{X}^{\mathrm{T}}\mathrm{X})\big)=\sigma^2(n-p)\end{aligned}$$

즉, $\mathrm{E}\left(\frac{\mathrm{SSE}}{n-p}\right)=\sigma^2$이다.

19.3 모수 유의성 검증

다중선형회귀모형에서의 모수는 $\beta_0,\dots,\beta_k$이다. 각각의 모수에 대한 추론을 해보기로 하자. 선형회귀모형에 대한 추론을 하기 위해서는 앞 장과 같이 오차에 대한 정규분포를 가정하였다. 즉, $Y\sim\ N(\mathrm{X}\beta,\mathrm{I}\sigma^2)$이다. 그런데 $\mathrm{E}(\hat{\beta})=\mathrm{E}((\mathrm{X}^{\mathrm{T}}\mathrm{X})^{-1}\mathrm{X}^{\mathrm{T}}Y)=(\mathrm{X}^{\mathrm{T}}\mathrm{X})^{-1}\mathrm{X}^{\mathrm{T}}\mathrm{E}(Y)=\beta$이고, $\mathrm{Cov}(\hat{\beta})=\mathrm{Cov}((\mathrm{X}^{\mathrm{T}}\mathrm{X})^{-1}\mathrm{X}^{\mathrm{T}}Y)=(\mathrm{X}^{\mathrm{T}}\mathrm{X})^{-1}\mathrm{X}^{\mathrm{T}}\mathrm{Cov}(y)((\mathrm{X}^{\mathrm{T}}\mathrm{X})^{-1}\mathrm{X}^{\mathrm{T}})^{\mathrm{T}}=(\mathrm{X}^{\mathrm{T}}\mathrm{X})^{-1}\mathrm{X}^{\mathrm{T}}\{\mathrm{I}\sigma^2\}\mathrm{X}(\mathrm{X}^{\mathrm{T}}\mathrm{X})^{-1}=(\mathrm{X}^{\mathrm{T}}\mathrm{X})^{-1}\sigma$이다. 여기서 $\mathrm{Cov}(\hat{\beta})=\mathrm{E}\left(\left(\hat{\beta}-E(\hat{\beta})\right)\left(\hat{\beta}-E(\hat{\beta})\right)^{\mathrm{T}}\right)$이고 $\mathrm{E}(\hat{\beta})=\mathrm{E}((\mathrm{X}^{\mathrm{T}}\mathrm{X})^{-1}\mathrm{X}^{\mathrm{T}}Y)=\ (\mathrm{X}^{\mathrm{T}}\mathrm{X})^{-1}(\mathrm{X}^{\mathrm{T}}\mathrm{X})^{-1}\mathrm{X}^{\mathrm{T}}\mathrm{E}(Y)$를 이용하여 구한다. 따라서 $\hat{\beta}\ \sim\ \mathrm{N}(\beta,(\mathrm{X}^{\mathrm{T}}\mathrm{X})^{-1}\sigma^2)$이다. 또한 $\frac{(n-p)\hat{\sigma}^2}{\sigma^2}\sim\ \chi^2(n-p)$이고 $\hat{\beta},\hat{\sigma}^2$이 서로 독립인 성질을 이용하면 다음과 같은 성질이 성립한다. $\sqrt{(\mathrm{X}^{\mathrm{T}}\mathrm{X})^{-1}}=\mathrm{D}$이라고 하자.

$$\frac{\hat{\beta}_k-\beta_k}{\mathrm{D}_{kk}\hat{\sigma}}\sim\ t(n-p)$$

따라서 영가설 $\mathrm{H}_0:\beta_k=0$에 대한 검정통계량 값을 t_{k0}이라고 하면 이 값의 절댓값이 $t_{\frac{\alpha}{2}}(n-p)$보다 크면 영가설을 기각할 수 있다. 여기서 α는 유의수준이다. 즉, 검증통계량에 대한 $2(1-\Pr(T\geq|t_{k0}|))$ 확률값이 유의수준보다 작으면 유의하다고 볼 수 있다.

예제

[HOUSING] 자료에서 크기가 100인 표본을 추출하여 종속변수를 주택중위가격(medv), 독립변수를 ['rm', 'age', 'lstat'] 으로 하여 선형회귀모형을 적합시킬 때 회귀계수에 대한 유의성을 검증해보자.

In
```
# 검증통계량 계산
beta_hat = la.inv(X.T @ X) @ X.T @ y
D = np.sqrt(la.inv(X.T @ X))

t_zero = beta_hat[:, np.newaxis] / (np.diag(D).reshape(-1, 1)
* np.sqrt(MSE))
t_zero
```

Out
```
array([[ 1.40846797],
       [ 2.20709057],
       [ 0.08976109],
       [-4.61866789]])
```

In
```
# 결과 확인
fit.tvalues
```

Out
```
Intercept    1.408468
rm           2.207091
age          0.089761
lstat       -4.618668
dtype: float64
```

In
```
# p-values 계산
pvalue = 2*(1 - ss.t.cdf(np.abs(t_zero), df=n-p))
pvalue
```

Out
```
array([[1.62223028e-01],
       [2.96907987e-02],
       [9.28664075e-01],
       [1.19892794e-05]])
```

```
In    # 결과 확인
      fit.pvalues
```

```
Out   Intercept    0.162223
      rm           0.029691
      age          0.928664
      lstat        0.000012
      dtype: float64
```

결과적으로 각 회귀계수에 대한 유의확률 값은 $\begin{bmatrix} \text{Intercept} \\ \text{rm} \\ \text{age} \\ \text{lstat} \end{bmatrix} = \begin{bmatrix} 0.16 \\ 0.03 \\ 0.93 \\ 0 \end{bmatrix}$이므로 rm, lstat 계수가 매우 유의함을 알 수 있다.

19.4 회귀직선 유의성 검증

회귀직선에 대한 유의성 검증은 "모든 회귀계수가 0이다." 라는 영가설을 검증하는 것과 일부 회귀계수의 집합의 유의성을 검증하는 것으로 나눌 수 있다. 이 책에서는 전자의 영가설을 검증하는 것을 살펴보기로 하자. 여기서 말하는 회귀계수는 절편을 제외한 회귀계수를 의미한다. 앞 장에서 변동이 어떻게 분해되는지를 설명하였다.

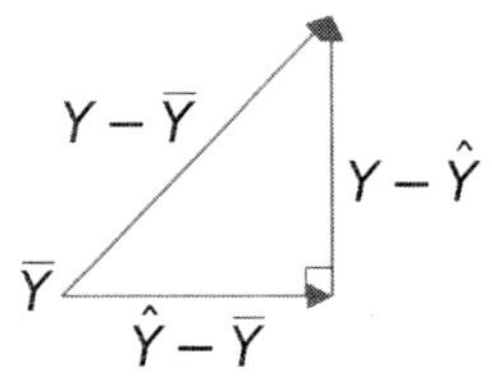

그림 19.2 변동의 분해

그림 19.2와 같이 변동, 즉 $\sum(Y_i - \bar{Y})^2$은 회귀직선에 의한 변동과 회귀직선에 의하여 설명되지 않는 잔차변동으로 나눌 수 있다. 여기서 $\hat{Y}, Y - \hat{Y}$는 서로 직교한다. 즉, $\mathrm{H}Y, (\mathrm{I} - \mathrm{H})Y$의 내적은 0이다. 그림은 단지 2개의 벡터의 중심을 $\bar{Y}$로 이동한 것이다. 변동의 분해 결과 다음의 식이 성립한다.

$$\left(Y - \frac{1}{n}1^T Y\right)^T \left(Y - \frac{1}{n}1^T Y\right) = \left(\hat{Y} - \frac{1}{n}1^T Y\right)^T \left(\hat{Y} - \frac{1}{n}1^T Y\right) + \left(Y - \hat{Y}\right)^T\left(Y - \hat{Y}\right)$$

즉, SST = SSR + SSE가 된다. 따라서 "모든 회귀계수가 0이다" 라는 영가설하에서는 다음이 성립한다.

$$F = \frac{SSR/k\sigma^2}{SSE/(n-k-1)\sigma^2} \sim F(k, n-k-1)$$

여기서 k는 절편을 제외한 모수의 개수이다. 따라서 다음과 같은 추론을 할 수 있다.

요인	제곱합	자유도	평균제곱	F값	P값
회귀	SSR	k	$MSR = \frac{SSR}{k}$	$f_0 = \frac{MSR}{MSE}$	$\Pr(F \geq f_0)$
잔차	SSE	$n-k-1$	$MSE = \frac{SSE}{n-k-1}$		
계	SST	$n-1$			

예제

[HOUSING] 자료에서 크기가 100인 표본을 추출하여 종속변수를 주택중위가격(medv), 독립변수를 ['rm', 'age', 'lstat'] 으로 하여 선형회귀모형을 적합시킬 때 분산분석방법에 의한 회귀직선의 유의성을 검증해보자.

In
```
# 변수 정의
xvars = ['rm', 'age', 'lstat']
target ='medv'

# 자유도 정의
n = len(sdf)
p = len(xvars) +1
[n, p]
```

Out
```
array([[100.4]])
```

In
```
# 제곱합 계산
y = sdf[target]
SSE = np.sum((y - fit.fittedvalues)**2)
SST = np.sum((y - np.mean(y))**2)
SSR = SST - SSE
```

```
MSE = SSE / (n-p)
MSR = SSR / (p-1)
np.round([MSE, MSR], 3)
```

Out
```
array([  41.496, 1468.649])
```

In
```
# F 값 계산
f_zero = MSR/MSE

# p-value 계산
pvalue = 1 - ss.f.cdf(f_zero, dfn=p-1, dfd=n-p)

np.round([f_zero, pvalue], 3)
```

Out
```
array([35.392,  0.   ])
```

In
```
# 결과 확인
np.round([fit.fvalue, fit.f_pvalue], 3)
```

Out
```
array([35.392,  0.   ])
```

결과를 보면 F 통계량의 유의확률 값이 매우 유의미하여 주어진 회귀직선이 유의미함을 알 수 있다.

19.5 오차 가정 검증

잔차 벡터를 다음과 같이 표현하자.

$$r = y - \hat{y} = (\mathrm{I} - \mathrm{H})y$$

오차 벡터와는 다음이 성립한다.

$$r = (\mathrm{I} - \mathrm{H})y = (\mathrm{I} - \mathrm{H})(\mathrm{X}\beta + \epsilon) = (\mathrm{I} - \mathrm{H})\epsilon$$

즉, $r_i = \epsilon_i - \sum_j H_{ij}\epsilon_j, j = 1, \ldots, n$이므로 H_{ij}가 작아지면 원래 오차와 같아지게 된다. 잔차 벡터의 몇 가지 성질을 알아보자.

1) $\mathrm{E}(r) = 0$

2) $\mathrm{Cov}(r) = \sigma^2(\mathrm{I} - \mathrm{H})$

3) $\mathrm{Cov}(r, \mathrm{y}) = \sigma^2(\mathrm{I} - \mathrm{H})$

4) $\mathrm{Cov}(r, \hat{y}) = 0$

5) $\bar{r} = \frac{r^{\mathrm{T}}1}{n} = \frac{y^{\mathrm{T}}(\mathrm{I}-\mathrm{H})1}{n} = \frac{y^{\mathrm{T}}(1-\mathrm{H}1)}{n} = 0 \quad (\because \mathrm{HX} = \mathrm{X} \Rightarrow \mathrm{H}1 = 1, \mathrm{HX}_{:,\mathrm{j}} = \mathrm{X}_{:,\mathrm{j}})$

6) $r^{\mathrm{T}}\hat{Y} = 0$

위의 성질로부터 잔차와 오차는 평균은 같지만 분산은 다르다. 그럼에도 불구하고 데이터가 크면 H_{ij}가 작아지는 성질이 있으므로 오차에 대한 각종 검증은 데이터로부터 계산되는 잔차를 통하여 검증하여도 무방하다. 또한 이론적으로 잔차와 예측값은 서로 독립이다. 따라서 독립성에 대한 검증은 잔차 대 예측값 산점도를 통하여 아무런 유형이 나타나지 않는 것으로 검증한다. 물론 이론적으로 잔차와 데이터 행렬의 모든 열과는 서로 독립이다. 즉, 다음이 성립한다.

$$\big((\mathrm{I} - \mathrm{H})Y\big)^{\mathrm{T}}\mathrm{X}_{:,j} = Y^{\mathrm{T}}(\mathrm{I} - \mathrm{H})\mathrm{X}_{:,j} = 0, (\because \quad (\mathrm{I} - \mathrm{H})\mathrm{X} = 0)$$

19.5.1 모자행렬

대칭이며 멱등행렬인 모자행렬(hat matrix) H는 다음의 성질을 갖는 것으로 알려져 있다. 이에 대한 자세한 증명은 [RENCHER] 문헌을 참조한다.

1) $\frac{1}{n} \leq \ \mathrm{H}_{ii} \leq 1, \forall i$

2) $-0.5 \leq \ \mathrm{H}_{ij} \leq 0.5, \forall j \neq i$

3) $\mathrm{tr}(\mathrm{H}) = \sum_i \mathrm{H}_{ii} = k + 1$

예제

[HOUSING] 자료에서 크기가 100인 표본을 추출하여 종속변수를 주택중위가격(medv), 독립변수를 ['rm', 'age', 'lstat'] 으로 하여 선형회귀모형을 적합시킬 때 모자행렬의 성질들이 성립함을 알아보자.

In
```
# 모자행렬의 생성
H = X @ la.inv(X.T@X) @ X.T
H.shape
```
Out
```
(100, 100)
```

In
```
# 성질 확인
n  = len(H)

# 모두 1/n 보다 크거나 같고 1보다 작거나 같은가?
np.sum((np.diag(H) >= 1/n) & (np.diag(H)<= 1) )
```
Out
```
100
```

In
```
# 대각원소를 제외한 모든 원소가 -0.5와 0.5 사이에 있는가?
diag_zero_H = H.copy()
np.fill_diagonal(diag_zero_H, 0)

# 전체 원소가 참
np.sum((diag_zero_H >= -0.5) & (diag_zero_H <= 0.5))
```
Out
```
10000
```

In
```
# 대각합은 변수의 개수 +1 인가?
np.trace(H).round()
```
Out
```
4.0
```

19.5.2 스튜던트화 잔차

모자행렬의 원소를 이용하여 잔차분석을 해보자. 잔차의 분산은 $\sigma^2(\mathrm{I}-\mathrm{H})$이므로 이의 스튜던트화 잔차는 다음과 같이 정의할 수 있다.

$$t_i = \frac{r_i}{\hat{\sigma}\sqrt{1-\mathrm{H}_{ii}}}$$

스튜던트화 잔차는 앞 장에서 서술한대로 잔차의 위치에 관계없이 분산이 일정함을 설명하였다.

예제

[HOUSING] 자료에서 크기가 100인 표본을 추출하여 종속변수를 주택중위가격(medv), 독립변수를 ['rm', 'age', 'lstat'] 으로 하여 선형회귀모형을 적합시킬 때 모자행렬을 이용하여 표준화잔차를 구해보자.

In
```
# n, p 정의
n = H.shape[0]
p = 4

# 잔차, MSE 계산
I = np.identity(n)
resid = (I - H) @ y
mse = resid.T @ resid / (n-p)
h_diag = np.diag(H)

# 표준화잔차 계산
t = resid / (np.sqrt(mse) * np.sqrt(1 - h_diag))
t[:2].round(3)
```

Out
```
array([-1.289, -0.219])
```

In
```
# 적합 모델에서 영향점, 이상점 분석을 위한 인스턴스 정의
rdg = fit.get_influence()

# 표준화잔차 결과 확인
rdg.resid_studentized[:2].round(3)
```

Out
```
array([-1.289, -0.219])
```

19.6 이상점 판정

이상값(outlier)은 평균으로부터 멀리 떨어진(outlying) 값을 의미한다. 선형회귀분석에서는 오차 값이 매우 큰 값을 의미한다. 즉, 오차는 평균이 0인 정규분포를 따르므로

$\pm3\sigma$을 벗어날 확률은 매우 작다. 따라서 매우 큰 값을 주는 경우를 이상값이라고 정의할 수 있다. 오차는 알 수 없는 값이기 때문에 이의 추정량으로서 잔차를 사용하여 이상값을 주는 관측값을 판정할 수 있다.

가장 기본적인 방법은 잔차 대 예측값 산점도를 통하여 파악하는 것이다. 그러나 잔차는 다음과 같은 성질을 갖고 있다.

$$\mathrm{var}(r_i) = \sigma^2(1 - \mathrm{H}_{ii})$$

이때 x_i가 $\bar{x}$로부터 멀어지면 H_{ii}는 커지고 따라서 분산이 작아진다. 즉, 데이터가 중심으로부터 멀어지면 분산이 작아지므로 잔차가 작아지게 되고 따라서 이상값이 될 가능성이 상대적으로 적어진다. 이런 위치 문제를 제거해주는 것이 표준화잔차 또는 (내부) 스튜던트화 잔차이다.

$$t_i = \frac{r_i}{\hat{\sigma}\sqrt{1 - \mathrm{H}_{ii}}}$$

따라서 표준화잔차 값을 크게 주는 관측값이 있다면 이상값일 가능성이 크다고 할 수 있다. 이러한 위치 문제를 해결해주는 또 다른 통계량이 있다.

$$t_{(i)} = \frac{r_i}{\hat{\sigma}_{(i)}\sqrt{1 - \mathrm{H}_{ii}}}$$

여기서 $\hat{\sigma}_{(i)}$는 (y_i, x_i) 관측값을 제거한 후 계산한 표준오차이다. 제거 표준오차는 다음과 같이 계산된다.

$$\hat{\sigma}^2_{(i)} = \frac{SSE_{(i)}}{n - k - 2} = \frac{SSE - \frac{r_i^2}{1 - \mathrm{H}_{ii}}}{n - k - 2}$$

이 통계량을 (외부)스튜던튜화 잔차(externally studentized residual, studentized deleted residual, R student)라고 한다.

일반적으로 표준화잔차라고 하면 (내부)스튜던트화 잔차를 의미한다. 외부 스튜던트화 잔차는 만약 해당 관측값이 이상값이라고 한다면 그 값을 빼고 표준오차를 구했기 때문에 표준화잔차보다 큰 값으로 나타난다. 즉, 쉽게 식별할 수 있다. 예를 들어 다음과 같은 데이터가 생성되었다고 하자.

In
```
# 데이터 구성
np.random.seed(0)
x = np.random.normal(scale=2, size=8)
x = np.concatenate([x, [-2]])
y = 2 + 0.2*x + np.random.normal(size=9)
```
Out

데이터에 대한 적합된 회귀직선과 산점도는 다음과 같다.

In
```
# 적합
sfit = sm.OLS(y, sm.add_constant(x)).fit()

# 그래프 표현
fig, ax = plt.subplots(figsize=(7, 7))
ax.scatter(x, y, color='none')
ax.set_xlabel('x')
ax.set_ylabel('y')
miny = sfit.predict([1, np.min(x)])
maxy = sfit.predict([1, np.max(x)])
ax.plot([np.min(x),np.max(x)], [miny, maxy], ls='dotted', label='적합된
회귀직선')
for i, (x1, y1) in enumerate(zip(x, y)):
    ax.annotate(str(i), (x1, y1), ha='center', va='center', fontsize=20)

plt.legend(frameon=False)

plt.tight_layout()
fig.savefig('image/multiple_reg_outlier.png', dpi=300)
```
Out

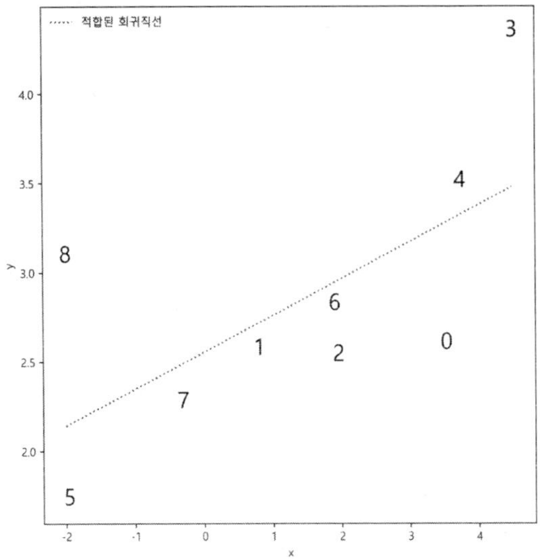

그림 19.3 산점도와 적합된 회귀직선

그림 19.3을 보면 3, 8번 관측값이 상대적으로 잔차가 크다는 것을 알 수 있다. 이에 대한 표준화잔차와 스튜던트화 잔차를 구해보자.

In
```
# 이상점 파악
print(sfit.get_influence().summary_frame()[['standard_resid','student_resid']])
```

Out
```
standard_resid  student_resid
0     -1.256752     -1.322216
1     -0.258594     -0.240563
2     -0.737492     -0.710964
3      1.739347      2.137032
4      0.344098      0.321302
5     -0.851857     -0.833026
6     -0.212793     -0.197648
7     -0.392486     -0.367437
8      1.945842      2.658769
```

결과를 보면 3, 8번의 값이 높게 나타남을 알 수 있고 특히 스튜던트화 잔차에서 그 값들이 더 높게 나타남을 알 수 있다.

실무에서는 이러한 이상값이 발견되고 나면 우선은 데이터 값이 유효하고 정확한지를 판단하고 그 이유를 반드시 규명해야 한다. 이때 이 값을 조정하고 갈 것인지 아니며 제거하고 분석할 것인지에 대한 판단도 해야 한다.

예제

[HOUSING] 자료에서 크기가 100인 표본을 추출하여 종속변수를 주택중위가격(medv), 독립변수를 ['rm', 'age', 'lstat'] 으로 하여 선형회귀모형을 적합시킬 때 표준화잔차의 절댓값이 상위 5%에 속하는 이상점을 찾아보자.

In

```
# 표준화잔차
rdg = fit.get_influence()
t = rdg.resid_studentized

# 조건 충족하는 경계값 찾기
alpha = 0.05
cutoff = np.quantile(np.abs(t), q=1-alpha)

# 해당 관측값 찾기
sig_index = np.where(t >= cutoff)
# sig_index
sdf.iloc[sig_index]
```

Out

	rm	age	lstat	medv
372	5.875	89.6	8.88	50.0
369	6.683	96.8	3.73	50.0
162	7.802	98.2	1.92	50.0
374	4.138	100.0	37.97	13.8

19.7 영향점 판정

영향점은 회귀계수의 추정값($\hat{\beta}$)과 예측값($X\hat{\beta}$)에 영향을 주는 관측값을 의미한다. 따라서 하나의 관측값이 이상점이라면 잠재적으로 영향점이 될 수 있는 가능성이 있다. 예측값에 영향을 주는 관측값을 알아보기 위하여 다음의 식을 고찰해보자.

$$\hat{y}_i = \sum_j \mathrm{H}_{ij} y_j = \mathrm{H}_{ii} y_i + \sum_{j \neq i} \mathrm{H}_{ij} y_j$$

만약 H_{ii}가 매우 크면, 예를 들어 1에 가까우면 다른 H_{ij} 는 모두 매우 작아진다. 즉, $\hat{y}_i$의 값에 y_i가 지배적으로 영향을 끼친다. 여기서 H_{ii}를 y_i의 지렛대(leverage)라고 한다. 결국 H_{ii}가 1에 가까우면 추정된 회귀직선은 y_i에 가까워진다. 즉, $y_i - \hat{y}_i$는 매우 작아진다. 그래서 일반적으로 $\mathrm{H}_{ii} > \frac{2(k+1)}{n}$인 점을 고 지렛대점이라고 한다. 즉, 지렛대 값이 커지면 $y_i - \hat{y}_i$ 값에 지배적인 영향을 끼치기 때문에 영향점이라고 한다. 주의할 점은 지렛대 값이 크다고 해서 잔차값이 작다는 의미는 아니다. 참고로 H_{ii}의 평균은 $\frac{(k+1)}{n}$이다. ($\because \mathrm{tr(H)} = \sum_i \mathrm{H}_{ii} = \mathrm{tr}(\mathrm{X}(\mathrm{X}^\mathrm{T}\mathrm{X})^{-1}\mathrm{X}^\mathrm{T}) = \mathrm{tr}((\mathrm{X}^\mathrm{T}\mathrm{X})^{-1}\mathrm{X}^\mathrm{T}\mathrm{X}) = \mathrm{tr}(\mathrm{I}_{k+1}) = k+1$)

In
```
# 지렛대 경계값 구하기
k = 1
n = 9
lvg_cut = 2*(k+1)/n
np.round(lvg_cut, 3)
```

Out
```
0.444
```

In
```
# 지렛대 값 계산
lvg = sfit.get_influence().summary_frame()['hat_diag']
lvg.round(3)
```

Out
```
0    0.214
1    0.118
2    0.119
3    0.324
4    0.235
5    0.348
6    0.118
7    0.170
8    0.355
Name: hat_diag, dtype: float64
```

결과를 그림으로 살펴보자.

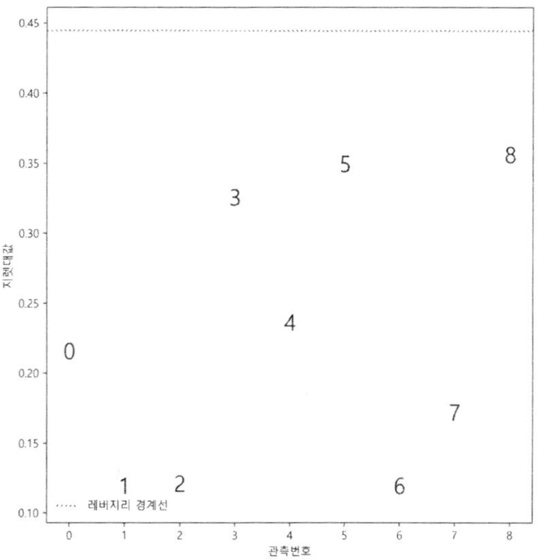

그림 19.4 레버리지 산점도

그림 19.4를 보면 8번 관측값이 제일 높은 레버리지를 갖고 있음을 알 수 있고 그 다음 그룹이 3, 5번 관측값이다. 결과를 보면 독립변수의 양 끝단의 값과 목표변수의 양 끝단의 값들이 영향력이 크다고 할 수 있다.

영향점을 알아보는 또 하나의 방법은 해당 관측값을 제거한 후 추정값($\hat{\beta}$)과 예측값 ($\mathrm{X}\hat{\beta}$)의 변화를 살펴보는 것이다.

i 관측값을 제거한 후 추정된 값을 $\hat{\beta}_{(i)}$, $\hat{y}_{(i)}$이라고 하자. 이때 쿡의 거리(Cook's distance)는 다음과 같이 정의된다.

$$D_i = \frac{\left(\hat{\beta}_{(i)} - \hat{\beta}\right)^{\mathrm{T}} \mathrm{X}^{\mathrm{T}} \mathrm{X} \left(\hat{\beta}_{(i)} - \hat{\beta}\right)}{(k+1)\hat{\sigma}^2}$$

쿡의 거리는 다음과 같이 표현할 수도 있다.

$$D_i = \frac{\left(\hat{\beta}_{(i)} - \hat{\beta}\right)^{\mathrm{T}} \mathrm{X}^{\mathrm{T}} \mathrm{X} \left(\hat{\beta}_{(i)} - \hat{\beta}\right)}{(k+1)\hat{\sigma}^2} = \frac{\left(\mathrm{X}\hat{\beta}_{(i)} - \mathrm{X}\hat{\beta}\right)^{\mathrm{T}} \left(\mathrm{X}\hat{\beta}_{(i)} - \mathrm{X}\hat{\beta}\right)}{(k+1)\hat{\sigma}^2} = \frac{\left(\hat{y}_{(i)} - \hat{y}\right)^{\mathrm{T}} \left(\hat{y}_{(i)} - \hat{y}\right)}{(k+1)\hat{\sigma}^2}$$

위 식을 보면 $\hat{y}_{(i)}$와 $\hat{y}$ 간의 (유클리디안)거리와 비례함을 알 수 있다. 따라서 만약에 쿡의 거리가 크다면 영향점이라고 판단할 수 있다. 실제 계산은 다음의 계산식을 사용한다.

$$D_i = \frac{r_i^2}{k+1}\left(\frac{\mathrm{H}_{ii}}{1-\mathrm{H}_{ii}}\right)$$

실무에서는 데이터 건수가 크므로 쿡의 거리가 1보다 크면 영향점이라고 할 수 있다.

In

```
# 쿡의 거리
cooks_d = sfit.get_influence().summary_frame()['cooks_d']
cooks_d.round(3)
```

Out

```
0    0.215
1    0.004
2    0.037
3    0.725
4    0.018
5    0.194
6    0.003
7    0.016
8    1.040
Name: cooks_d, dtype: float64
```

위의 결과를 그림으로 확인해보자.

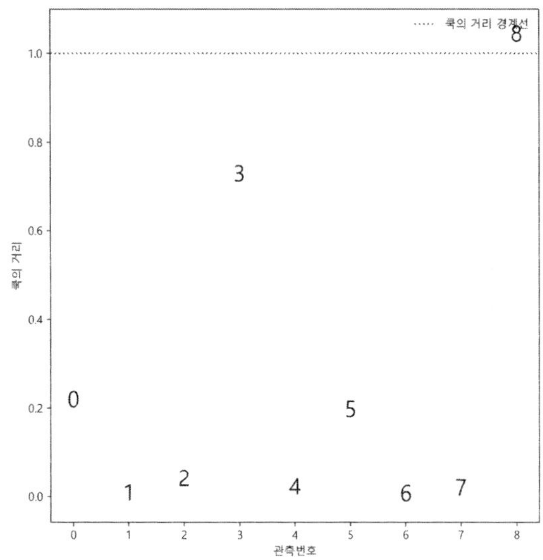

그림 19.5 쿡의 거리 산점도

결과를 보면 8, 3번 순서대로 영향이 있음을 알 수 있고 8번 데이터는 쿡의 거리 관점에서 보면 영향점이라고 할 수가 있다.

8번과 3번의 회귀직선에 얼마나 영향을 주는지를 그림 19.6을 통하여 살펴보도록 하자.

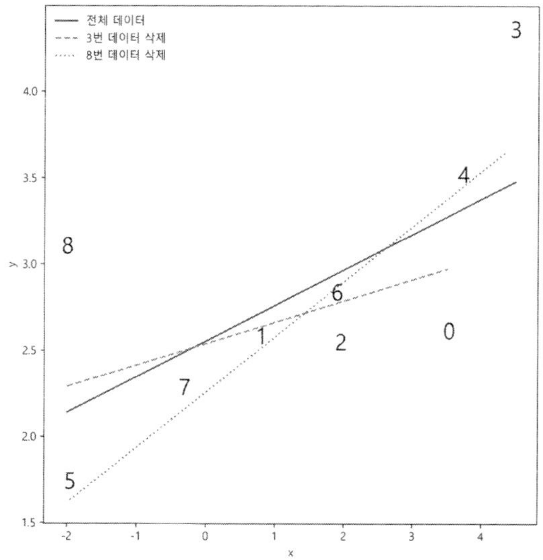

그림 19.6 회귀직선의 영향도 예시

그림 19.6을 보면 전체 데이터를 기준으로 한 회귀직선 대비 8번을 삭제한 경우가 영향을 많이 주고 있음을 알 수 있다.

예제

[HOUSING] 자료에서 크기가 100인 표본을 추출하여 종속변수를 주택중위가격(medv), 독립변수를 ['rm', 'age', 'lstat']으로 하여 선형회귀모형을 적합시킬 때 쿡의 거리 기준으로 하여 이상점을 찾아보자.

In
```
# 쿡의 거리 계산

# n, p 정의
n = sdf.shape[0]
p = sdf.shape[1]

# X, y 행렬 정의
X = sdf[xvars]
X = sm.add_constant(X).values
y = sdf[target].values

# 모자행렬의 생성
H = X @ la.inv(X.T@X) @ X.T
H.shape

# 잔차, MSE 계산
I = np.identity(n)
resid = (I - H) @ y
mse = resid.T @ resid / (n-p)
h_diag = np.diag(H)

# 표준화잔차 계산
t = resid / (np.sqrt(mse) * np.sqrt(1 - h_diag))

# 쿡의 거리 계산
D = (t**2 / (p)) * (h_diag / (1-h_diag))
D[:3].round(3)
```

Out
```
array([0.031, 0.   , 0.058])
```

In
```
# 쿡의 거리 확인
rdg = fit.get_influence()
cookd, _ = rdg.cooks_distance
cookd[:3].round(3)
```

Out
```
array([0.031, 0.   , 0.058])
```

In	

```
# 영향점 찾기
sig_index = np.where(cookd  > 1)
print(sdf.iloc[sig_index])
```

Out

```
Empty DataFrame
Columns: [rm, age, lstat, medv]
Index: []
```

결과를 보면 영향점 기준을 충족하는 관측값은 없음을 알 수 있다.

19.8 다중공선성 판정

공선성(collinearity)은 2개의 독립변수 또는 설명변수 간의 선형적인 관계를 의미한다. 따라서 완벽한 선형적인 관계를 갖고 있다면 결정계수 값은 1이 된다. 즉, 상관계수 값이 1 또는 −1이 되기 때문이다.

다중공선성(multicollinearity)은 2개 이상의 설명변수들 간의 선형적인 관계를 의미한다. 즉 하나의 설명변수가 다른 설명변수들의 선형 결합으로 표현된다는 것을 의미한다. 이런 경우에 데이터 행렬의 행렬 계수(rank)가 완전 계수(full rank)가 되지 않으므로 X^TX의 역행렬이 존재하지 않게 된다. 역행렬이 존재하지 않더라도 해를 구할 수는 있지만 데이터의 변화에 역행렬 계산은 매우 민감하게 되어 결과를 신뢰할 수 없게 된다. 이런 이유로 다중공선성이 있는 경우에 이를 탐지하고 관련 중복 변수를 제거하는 노력이 필요하게 된다.

다중공선성을 탐지하는 방법 중에 가장 많이 알려진 것은 분산팽창계수(VIF: variance inflation factor)에 의한 방법이다. 이 방법은 공차(tolerance)를 $1 - R_j^2$로 정의한다. 여기서 R_j^2는 설명변수 j를 종속변수로 하고 나머지 설명변수들을 설명변수로 하여 회귀분석을 실시한 경우의 결정계수를 의미한다. 만약 이 값이 0.9보다 크다면 j변수를 나머지 설명변수들로 너무 잘 설명하고 있다는 것을 의미한다. 즉, 나머지 변수들의 선형 결합으로 해당 변수가 표현될 수 있다는 것을 의미한다. 이때 분산 팽창계수는 다음과 같이 정의한다.

$$VIF_j = \frac{1}{1 - R_j^2}$$

$R_j^2 = 0.9$보다 크게 되면 VIF_j는 10보다 크게 된다. 따라서 VIF_j가 10보다 크면 일반적으로 해당 변수가 나머지 변수들로 설명이 되는, 즉 제거 대상 변수가 된다.

예제

[HOUSING] 자료에서 크기가 100인 표본을 추출하여 종속변수를 주택중위가격(medv), 독립변수를 ['rm', 'age', 'lstat']으로 하여 선형회귀모형을 적합시킬 때 독립변수 간의 다중공선성을 확인해 보자.

In

```
# 필요한 패키지
from statsmodels.stats.outliers_influence import variance_inflation_factor

# 다중 공선성 계산
xvars = ['rm', 'age', 'lstat']

# 절편 추가
X = np.concatenate((np.ones(len(sdf))[:, np.newaxis], sdf[xvars].values), axis=1)

# vif 계산
vif = [(var, variance_inflation_factor(X, i+1).round(3)) for i, var in
enumerate(sdf[xvars].columns)]
vif
```

Out

```
[('rm', 2.078), ('age', 1.613), ('lstat', 2.927)]
```

[HOUSING] 데이터의 크기가 100인 표본에 적용해본 결과 다중공선성은 크게 없다고 할 수 있다.

20장

변수 선택

잘 정의된 입력변수와 종속변수로 구성된 데이터가 있다고 하자. 이때 모든 변수를 입력변수로 하여 구성된 모형이 좋은 것인지 아니면 일부 유의미한 변수만을 선택하여 만든 모형이 좋은지에 대하여 살펴보기로 하자.

이 장에서 사용되는 파이썬 패키지는 다음과 같다.

In
```
# 필요한 패키지
import numpy as np
import matplotlib.pyplot as plt
import pandas as pd

import scipy
from scipy import linalg as la
import scipy.stats as ss
import scipy.special

# 한글출력
plt.rcParams['font.family'] = 'Malgun Gothic'
plt.rcParams['axes.unicode_minus'] = False

# 필요한 패키지 2
import statsmodels.formula.api as smf
import statsmodels.api as sm

# 필요한 패키지 3
import sklearn
from matplotlib.ticker import FuncFormatter

from sklearn.linear_model import Ridge
from sklearn.linear_model import Lasso
from sklearn.model_selection import cross_val_score

sklearn.__version__
```

Out
```
'0.22.1'
```

20.1 [HOUSING] 데이터

이 장에서 사용한 데이터는 다음과 같다.

데이터의 출처는 https://archive.ics.uci.edu/ml/machine-learning-databases/housing/housing.data이며 보스턴 주의 각 지역의 주택중위가격을 예측하기 위한 제반 설명변수로 구성되었다.

#	변수	유형	설명	한글 설명
1	CRIM	numeric	per capita crime rate by town	도시별 1인당 범죄율
2	ZN	numeric	proportion of residential land zoned for lots over 25,000 sq.ft.	25,000 sq.ft. 이상의 로트용 구역토지 비율
3	INDUS	numeric	proportion of non-retail business acres per town	도시별 비 소매 사업 땅의 비율
4	CHAS	categorical	Charles River dummy variable (= 1 if tract bounds river; 0 otherwise)	Charles River 경계여부
5	NOX	numeric	nitric oxides concentration parts per 10 million	천만당 산화질소 농도
6	RM	numeric	average number of rooms per dwelling	주거당 평균 방수
7	AGE	numeric	proportion of owner-occupied units built prior to 1940	1940년 이전에 건설된 소유주 차지 비율
8	DIS	numeric	weighted distances to five Boston employment centres	보스턴 고용 센터 5곳까지의 가중치 거리
9	RAD	numeric	index of accessibility to radial highways	방사형 고속도로 접근성 지수
10	TAX	numeric	full-value property-tax rate per $10,000	$ 10,000 당 완전 가치 재산세 세율
11	PTRATIO	numeric	pupil-teacher ratio by town	도시별 학생 - 교사 비율
12	B	numeric	1000(Bk - 0.63)^2 where Bk is the proportion of blacks by town	100(도시별 흑인 비율-0.63)^2
13	LSTAT	numeric	% lower status of the population	인구 감소 % 상태
14	MEDV	numeric	Median value of owner-occupied homes in $1000's	1000 달러 단위 주택 소유 주택의 중간 값

In
```
# 데이터 구성: [HOUSING]

# 경로 정의
url = "https://archive.ics.uci.edu/ml/machine-learning-databases/housing/housing.data"
df = pd.read_csv(url,sep='\s+',  header=None)

# 컬럼 정보 주기
df.columns = ['CRIM', 'ZN', 'INDUS', 'CHAS', 'NOX',
              'RM', 'AGE', 'DIS', 'RAD', 'TAX', 'PTRATIO', 'B', 'LSTAT', 'MEDV']
df.columns = df.columns.str.lower()

# 데이터 확인
df.shape
# (506, 14)
```
Out
```
(506, 14)
```

20.2 모형의 선택과 기준

모형의 적합도(goodness of fit)가 비슷하다면 가급적 변수의 수를 줄이는 이유는 무엇일까? 주요한 이유는 차원의 저주를 피할 수 있고 해석하기가 용이하며 모델적합 시간을 줄일 수 있다는 것이다. 그러나 무엇보다도 중요한 것은 목표변수, 즉 종속변수를 설명하는 데 불필요하거나(redundant) 관련 없는(irrelevant) 변수를 제거하는 것이다. 즉, 일종의 잡음(noise)까지 모형화하는 과적합을 피하고자 하는 것이다.

모형을 적합하는 것은 단지 현재의 데이터에만 잘 맞도록 하는 것이 아니다. 미래의 데이터가 주어졌을 때 얼마나 더 잘 적합되는, 즉 더 잘 예측되는 것이 중요하다. 이를 미래의 데이터에 대한 모형의 일반화 성능(generalization performance)이라고 한다. 일반화 성능을 높이기 위해서는 모형을 적합시키는 데이터와 모형을 검증하는 데이터가 분리되어 있어야 한다. 각각을 훈련 데이터와 검증 데이터라고 한다. 이를 통하여 선정된 모형을 최종적으로 평가 데이터를 통하여 모델의 성능을 최종적으로 평가받게 된다. 따라서 변수의 일부를 선택한다는 것은 여러가지 모형을 만들어내는 것이며 이 중에 가장 적합한 모형을 선택하기 위해서는 데이터 분리를 통하여 모형들을 검증해야 한다. 데이터를 구성한 후 변수들에 대한 간단한 탐색을 해보자.

In
```
# 산점도행렬
import seaborn as sns

plt.figure(figsize=(7, 7))
sns.pairplot(df[['rm', 'age', 'lstat', 'medv']])

plt.tight_layout()
```

Out
```
(506, 14)
```

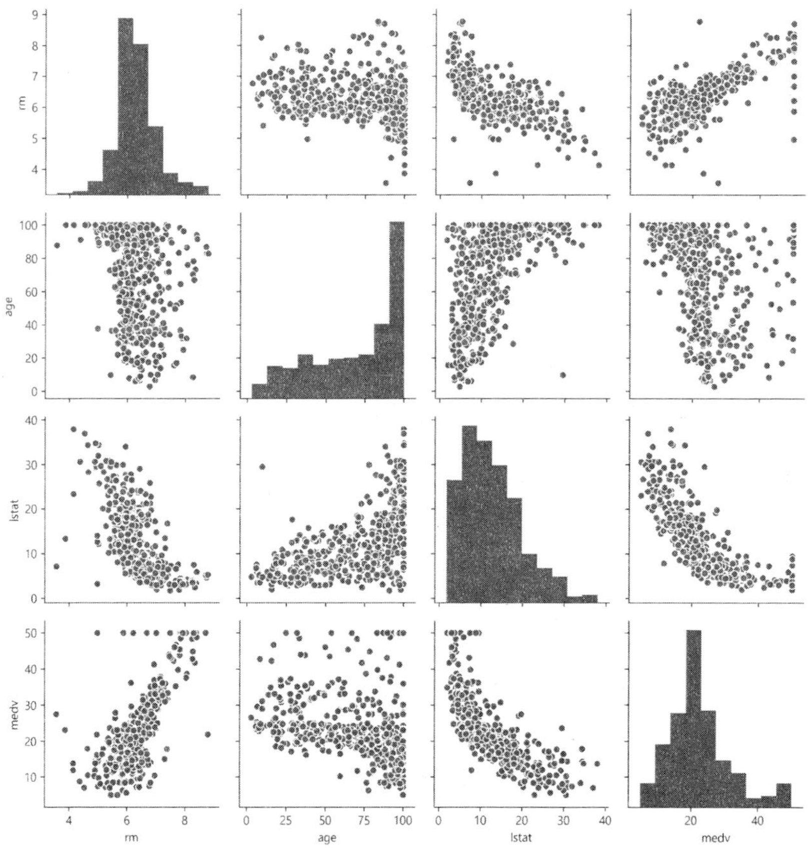

그림 20.1 산점도행렬 예시

산점도행렬을 통하여 어떤 변수들이 유의미한지를 일차적으로 살펴본다. 이를 상관계수 값으로 확인하는 과정도 거친다.

In
```
# 상관계수 구하기: 일부만 보기
print(df.corr().iloc[:3, :3])
```

Out
```
crim         zn      indus
crim    1.000000 -0.200469  0.406583
zn     -0.200469  1.000000 -0.533828
indus   0.406583 -0.533828  1.000000
```

모든 변수에 대하여 열지도(heatmap)을 통하여 주요 유의미한 변수들을 확인한다.

In
```
# 그래프 표현: 열지도
fig, ax = plt.subplots(figsize=(7, 7))
sns.heatmap(df.corr(), cmap='binary' , ax=ax)
plt.tight_layout()
```

Out

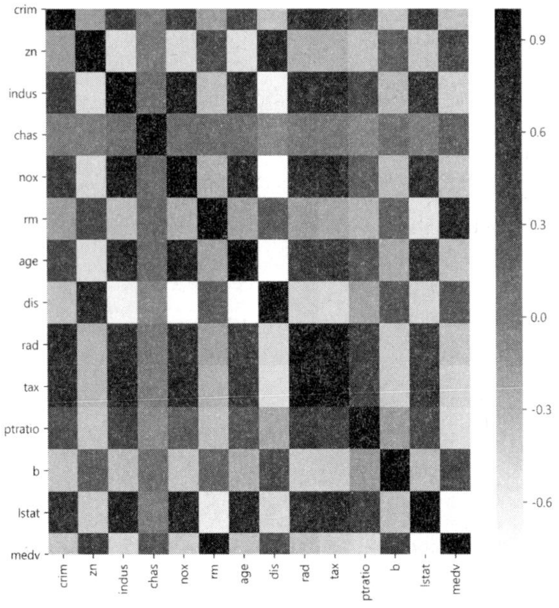

그림 20.2 상관계수 열지도

상관계수를 통하여 의미가 있다고 생각하는 변수들, 예를 들어 상관계수가 0.5 이상인 변수들은 indus, rm, tax, pratio, lstat이며 가장 의미가 없다고 생각하는 변수는 chas, dis이다. 상관계수 열지도에서는 하얀색과 검은색에 가까울수록 유의미하도록 색을 정하였다. 이때, 유의미한 변수와 유의미하지 않은 변수를 다 넣은 모델과 유의미하지 않은 변수를 빼고 적합시킨 모델을 비교해보자.

20.2.1 분산분석 기법에 의한 모델 비교

모든 변수를 넣었을 경우에 설명되지 않은 잔차의 변동을 $SSE(full)$이라 하고 유의미한 변수만 넣은 경우에 설명되지 않은 잔차의 변동을 $SSE(reduced)$라고 한다면 다음이 성립한다.

$$F = \frac{\big(SSE(reduced) - SSE(full)\big)/d}{SSE(full)/(n-k-1)} \sim F(d, n-k-1)$$

여기서 d는 2개의 모델 간에 적합된 모수의 개수의 차이이다. 만약에 분자 값이 크다면 축소 모형의 잔자제곱합이 크다는 것이므로 유의미한 변수가 빠졌다는 것을 의미한다. 즉, 2개의 모델 간에는 유의미한 차이가 있다고 할 수 있다.

In

```
# 기호 정의
xvars = ['indus', 'rm', 'tax', 'ptratio', 'lstat', 'chas', 'dis' ]
fmla = 'medv~' + '+'.join(xvars)
reduced_fmla = 'medv~' + '+'.join(list(set(xvars) - {'tax'}))

# 완전 모델(full model) 적합
full_model = smf.ols(fmla, data=df).fit()
print(full_model.summary())
```

Out

```
OLS Regression Results
==============================================================================
Dep. Variable:                   medv   R-squared:                       0.705
Model:                            OLS   Adj. R-squared:                  0.701
Method:                 Least Squares   F-statistic:                     169.8
Date:                Tue, 14 Jan 2020   Prob (F-statistic):          1.55e-127
Time:                        19:28:27   Log-Likelihood:                -1531.6
No. Observations:                 506   AIC:                             3079.
Df Residuals:                     498   BIC:                             3113.
Df Model:                           7
Covariance Type:            nonrobust
==============================================================================
```

```
                coef    std err          t      P>|t|      [0.025      0.975]
------------------------------------------------------------------------------
Intercept    24.6898      4.100      6.023      0.000      16.635      32.744
indus        -0.1311      0.060     -2.197      0.029      -0.248      -0.014
rm            4.1171      0.423      9.734      0.000       3.286       4.948
tax          -0.0033      0.002     -1.582      0.114      -0.007       0.001
ptratio      -0.7983      0.122     -6.568      0.000      -1.037      -0.559
lstat        -0.6055      0.048    -12.576      0.000      -0.700      -0.511
chas          3.0448      0.905      3.366      0.001       1.268       4.822
dis          -0.8066      0.156     -5.179      0.000      -1.113      -0.501
==============================================================================
Omnibus:                      177.454   Durbin-Watson:                   1.019
Prob(Omnibus):                  0.000   Jarque-Bera (JB):              822.658
Skew:                           1.495   Prob(JB):                    2.30e-179
Kurtosis:                       8.485   Cond. No.                     8.14e+03
==============================================================================
```

In

```
# 축소 모델 적합
reduced_model = smf.ols(reduced_fmla, data=df).fit()
reduced_model.rsquared.round(3)
```

Out

```
0.703
```

In

```
# 모델 비교
print(sm.stats.anova_lm(reduced_model, full_model))
```

Out

```
   df_resid           ssr  df_diff   ss_diff         F    Pr(>F)
0     499.0  12677.025717      0.0       NaN       NaN       NaN
1     498.0  12613.667328      1.0  63.35839  2.501452  0.114376
```

첫 번째 모델 적합 결과 tax가 유의미하지 않다는 것을 알았고 이를 제거한 후 두 번째 모델을 적합하였다. 첫 번째 모델의 R 제곱값은 0.705, 두 번째 모델의 값은 0.703이다. 아주 작게 감소하였다. 이를 비교해본 결과, SSE의 차이가 크게 나타나지 않았다. 즉, F값이 유의미하지 않았다. 즉, P값이 0.1144이므로 유의수준 5%에서는 해당 변수를 입력변수로 하지 않아도 큰 문제가 없다. 최종 결과는 산점도로 확인한다.

위와 같이 변수 각각에 대하여 의미를 살피고 넣고 빼는 작업은 실무에서 반드시 필요하다. 그러나 이를 보다 효율적으로 처리하는 방법이 있다. 즉, 모든 변수에 대하여 모든 가능한 조합을 만들어서 모형을 비교하는 것은 경우의 수를 따지는 방법이므로 매우 비효율적이다. 보다 발견적 방법(heuristic method)을 찾아보도록 하자.

20.3 교차 검증

하나의 모형을 적합시킨다는 것은 주어진 표본만을 잘 적합시키는 것을 의미하지 않는다. 즉, 모집단 전체를 잘 적합시키는 모형이 필요한 것이다. 이를 일반화 성능이 좋은 모형이라고 한다. 이를 달성하기 위해서는 표본 데이터를 모형을 적합시키기 위한 데이터와 이를 검증하는 데이터로 구분하는 방법이 있다. 이를 최근에는 훈련데이터(training data)와 검증데이터(validation data)라고 한다.

일반화 성능이 좋은 모형이 되기 위해서는 검증데이터에서의 모델적합도가 좋아야 한다. 회귀분석에서의 모델적합도는 평균제곱오차(MSE) 또는 잔차제곱합(RSS)을 통하여 확인할 수 있다. 이와 같이 검증데이터를 통하여 모형을 선택하는 것을 교차검증(cross validation)에 의한 모형선택이라고 한다. 교차검증에는 표본 데이터를 2개로만 나누어 검증하는 방법을 단순 교차검증방법(simple cross validation)이라 하며, 일반적으로 K개로 나누어 검증하는 방법을 K-겹 교차검증방법(K-fold cross validation)이라고 한다. 단순 교차검증은 다음과 같다.

순서	내용	비고
1	데이터를 무작위로 분할한다. 분할한 데이터를 각각 S_{train}, S_{valid}로 한다.	일반적으로 훈련 데이터를 70%, 검증 데이터를 30%로 함.
2	모든 후보 모형에 대하여 훈련 데이터인 S_{train}로 학습시킨 후 모형 $\hat{f}_i$을 얻는다.	각 모형에서 추정되어야 할 모수들을 추정
3	모든 모형을 검증 데이터인 S_{valid} 에 적용하여 가장 작은 오차를 주는 모형을 선택한다.	

단순 교차검증 방법을 이용하여 가장 중요한 변수 한 개를 선정해보자.

In
```
# 데이터 분할
# 훈련 데이터
np.random.seed(123)
index = np.random.choice(np.arange(len(df)), size=np.int(len(df)*0.7),
replace=False)
train = df.iloc[index]
train.shape
```
Out
```
(354, 14)
```

In
```
# 검증 데이터
non_index = list(set(np.arange(len(df)))-set(index))
valid = df.iloc[non_index]
valid.shape
```
Out
```
(152, 14)
```

In
```
# 입력 변수 구성
xvars = list(set(df.columns) - {'medv'})
xvars.sort()

# 각 변수를 하나씩 적합하기
rss = []
for j in np.arange(len(xvars)):
    varname = xvars[j]
    fit = smf.ols('medv~'+varname, data=train).fit()
    pred = fit.predict(sm.add_constant(valid[varname]))
    tmp_rss = np.sum((valid['medv'].values-pred)**2)
    rss.append(tmp_rss)

# 최솟값을 주는 변수
xvars[np.nanargmin(rss)]
```
Out
```
'rm'
```

그래프로 이를 확인해보자.

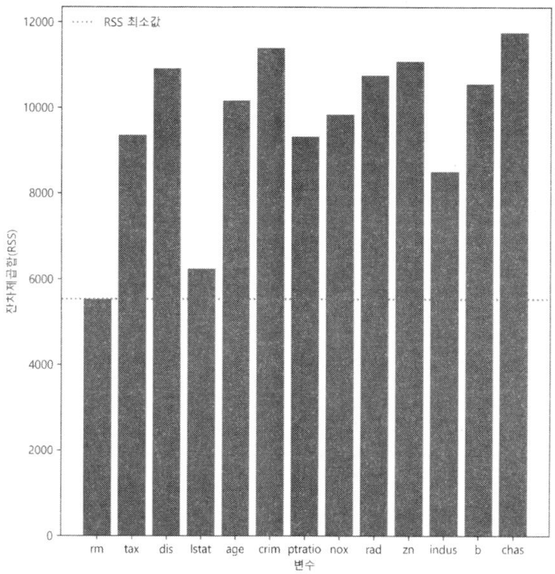

그림 20.3 변수별 잔차제곱합

독립변수가 1개인 경우를 전부 적합시키고 난 후 해당 모형으로 검증 데이터의 잔차를 구한 후 잔차제곱합을 구하였다. 그 결과 rm 독립변수가 검증 데이터에서 가장 작은 값을 주었다.

K-겹 교차검증의 알고리즘은 다음과 같다.

순서	내용	비고
1	데이터를 무작위로 균등하게 K개로 분할한다. 단, 서로 데이터가 겹치지 않도록 하여 $S_1, \ldots, S_K$을 구성한다.	데이터 개수가 100개이고 5등분 한다면, 각 표본의 개수는 20개
2	모든 후보 모형에 대하여 S_j을 제외한 나머지 표본의 합을 이용하여 모형 $\hat{f}_{ij}$을 얻고 일반화 오차를 얻는다. 이 과정을 모든 분할된 표본에 적용하고 난 후 각 일반화 오차의 평균을 구한다.	여기서 i는 후보모형 색인번호, j는 검증 데이터 색인번호
3	일반화 오차의 평균 중에 가장 낮은 값을 주는 모형을 선택한다.	

K-겹 교차검증 방법을 이용하여 가장 중요한 변수 한 개를 선정해보자.

In

```
# 필요한 패키지
from sklearn.model_selection import KFold

# 폴더 정의
num_folds = 5
kf = KFold(n_splits=num_folds, shuffle=True,
random_state=123)
X = df[xvars]
y = df['medv']
kf.get_n_splits(X, y)
```

Out

```
5
```

In

```
# 결과 배열 정의
mm = np.zeros(shape=(num_folds, len(xvars)))

# 각 폴더에 대하여
for i, (train_index, valid_index) in enumerate(kf.split(X)):
    X_train, X_valid = X.iloc[train_index], X.iloc[valid_index]
    y_train, y_valid = y.iloc[train_index], y.iloc[valid_index]
    # 각 변수에 대하여
    for j in np.arange(len(xvars)):
        varname = xvars[j]
        fit = smf.ols('medv~' + varname, data=pd.concat([X_train, y_train],
axis=1)).fit()
        pred = fit.predict(sm.add_constant(X_valid[varname]))
        tmp_rss = np.sum((y_valid.values - pred) ** 2)
        mm[i, j] = tmp_rss

# 각 변수별로 잔차 제곱합 평균 구하기
rss_mean = np.mean(mm, axis=0)
np.round(rss_mean, 3)
```

Out

```
array([7346.338, 7616.267, 8350.58, 7449.084, 8030.554, 6566.661,
       3918.69, 7003.566, 6391.593, 7342.039, 4438.803, 6707.85,
       7498.508])
```

In

```
# 최솟값을 주는 변수
xvars[np.argmin(rss_mean)]
```

Out

```
'lstat'
```

결과를 그래프로 표현하면 다음과 같다.

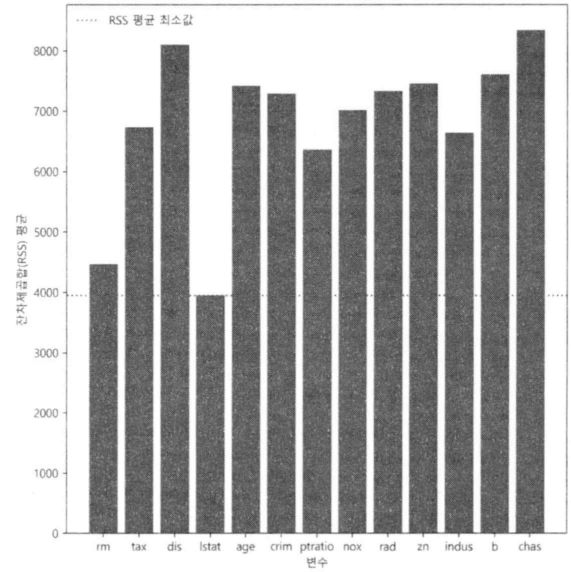

그림 20.4 변수별 잔차제곱합 평균

K-겹 교차 검증의 결과는 단순 교차 검증의 결과와는 상이하게 lstat 변수가 선정되었으며 그 값도 작다.

20.4 단계적 모형 선택

교차검증 방법은 모형이 주어진 경우에 그중에서 가장 좋은 모형을 선택하는 방법 중의 하나이다. 따라서 훈련 데이터를 이용하여 일련의 좋은 모형이라고 생각하는 후보 모형을 우선 만드는 것이 중요하다. 이러한 방법 중의 하나가 단계적 모형 선택(stepwise model selection) 방법이다. 이 방법은 전진 선택(forward stepwise selection), 후진 제거(backward stepwise elimination), 그리고 혼성(hybrid) 방법이 있다.

20.4.1 전진 선택

전진 선택(forward search, forward stepwise selection)은 유의미한 변수를 1개씩 단계별

로 선택하는 또는 추가하는 방법이다. 구체적인 알고리즘을 살펴보기로 하자. 변수 선택 집합을 $\mathcal{M}_0, \mathcal{M}_1, \cdots$으로 표기하며, 변수의 개수는 절편을 포함하여 p이다.

순서	내용	비고
1	초기화를 한다. 즉, $\mathcal{M}_0 = \emptyset$..	변수를 1개도 사용하지 않은 경우를 일반적으로 널 모형(null model)이라 한다.
2	모든 $k = 0, \ldots, p-1$에 대하여 아래 과정을 반복한다. 1) 기존 모형인 $\mathcal{M}_k$에 변수를 1개씩 추가하여 $p-k$개의 모형을 구성한다. 2) 모형 중에서 훈련 데이터에서 가장 좋은 적합도를 주는 모형을 $\mathcal{M}_{k+1}$로 정의한다.	모형을 선택하는 기준(일종의 적합도)이 필요하다. 적합도는 RSS이나 R^2을 사용한다.
3	$\mathcal{M}_k$ 중에 교차 검증 결과 가장 좋은 적합도를 나타내는 모형을 최적 모형으로 선택하며, 그 모형에 포함된 변수를 유의미한 변수로 선정한다.	교차검증 방법을 사용하지 않은 경우에는 2의 결과 모형에 대하여 AIC, BIC 등을 적용하여 모형을 선택한다.

알고리즘의 기본 구조 중에서 교차검증을 사용하지 않는 경우는 AIC, BIC 등을 모형 선택의 기준으로 사용한다. 이러한 모형 적합의 기준에 대하여 알아보자. 각각의 기준에 대한 공식은 다음과 같다.

기준 통계량	내용 또는 계산식
$\hat{\sigma}^2$	완전(full) 모형을 적합한 후의 평균제곱오차(MSE)
SST (total sum of squaures)	$\sum_i (y_i - \bar{y})^2$
SSE, RSS (residual sum of squares)	$\sum_i (y_i - \hat{y}_i)^2$, 여기서 $\hat{y}_i$는 모형에 의하여 추정된 값
ASE (average squared errors)	$\frac{\mathrm{SSE}}{n}$
MSE (mean squared errors)	$\frac{\mathrm{SSE}}{n-p}$
R^2	$1 - \frac{\mathrm{SSE}}{\mathrm{SST}}$
$\mathrm{Adj.R}^2$ (adjusted R square)	$1 - \frac{(n-1)(1-\mathrm{R}^2)}{n-p}$

AIC (Akaike information criterion)	$n\log\left(\frac{\text{SSE}}{n}\right)+2p+n+2$
AICC (corrected Akaike information criterion)	$n\log\left(\frac{\text{SSE}}{n}\right)+\frac{n(n+p)}{n-p-2}$
C_P	$\frac{\text{SSE}}{\hat{\sigma}^2}+2p-n$
RMSE	$\sqrt{\text{MSE}}$
BIC, SBC (Bayesian information criterion, Schwarz criterion)	$n\log\left(\frac{\text{SSE}}{n}\right)+p\log(n)$

여기서 AIC, 즉 아카이케 정보기준(Akaike information criterion)의 식을 보면 모형에 사용하는 독립변수의 수가 많으면 많을수록 $n\log\left(\frac{\text{SSE}}{n}\right)$ 값은 작아진다. 그러나 반대로 $2p+n+2$ 값은 커지게 된다. 따라서 적절한 독립변수의 개수, 즉 모수의 개수에서 AIC 값은 최솟값이 되면 그 값을 주는 모형이 최적의 모형이 되는 것이다.

이와 같이 모수의 개수가 많아지면 서로 상충되는 항을 가지고 있는 측도들은 AdjR^2, AIC, AICC, C_P, BIC가 있다.

예제

[HOUSING] 자료에서 종속변수를 주택중위가격(medv), 독립변수를 남아 있는 모든 변수로 정의할 때, 전진 선택에 의한 선택변수 리스트를 생성하여 보자.

In

```
# 필요한 패키지
import itertools

from sklearn.model_selection import KFold
from sklearn import linear_model
from sklearn.metrics import mean_squared_error
from sklearn.model_selection import train_test_split

# 데이터 구성
xvars = list(set(df.columns) - {'medv'})
xvars.sort()
X = df[xvars]
```

```
y = df['medv']

# 변수의 개수
k = len(xvars)
k
```

Out 13

In

```
#
# 전진 선택 알고리즘: 후보 모형 구성하기 (statsmodels 이용)
#

# 남아있는 변수 리스트 및 선정된 변수 리스트 정의하기
remaining_features = list(X.columns.values)
features = []

# 색인이 0 부터 시작하므로 처음 값을 무한대로 정의
RSS_list, R_squared_list = [np.inf], [np.inf]

# 특징 리스트는 사전으로 정의: 키는 변수의 개수
features_list = dict()

# 알고리즘

# 변수의 개수 별로
for i in np.arange(1, k + 1):
    best_RSS = np.inf

    # 남아 있는 변수 1개씩 추가
    for combi in itertools.combinations(remaining_features, 1):

        # 회귀 모형 적합
        testing_features = list(combi) + features
        fit = sm.OLS(y, sm.add_constant(X[testing_features])).fit()
        RSS = fit.ssr
        R_squared = fit.rsquared
         if RSS < best_RSS:
             best_RSS = RSS
             best_R_squared = R_squared
```

```
                # 튜플이므로 앞의 1개
                best_feature = combi[0]

        # 결과 갱신
        features.append(best_feature)
        remaining_features.remove(best_feature)

        # 결과 저장
        RSS_list.append(best_RSS)
        R_squared_list.append(best_R_squared)
        features_list[i] = features.copy()

# 결과 보기
[(features_list[i], RSS_list[i].round(1)) for i in np.arange(1, 5)]
```

Out

```
[(['lstat'], 19472.4),
 (['lstat', 'rm'], 15439.3),
 (['lstat', 'rm', 'ptratio'], 13728.0),
 (['lstat', 'rm', 'ptratio', 'dis'], 13228.9)]
```

In

```
# 결과 데이터 구성
rdf = pd.concat([pd.DataFrame({'features':features_list}),
                 pd.DataFrame({'RSS':RSS_list, 'R_squared': R_squared_list})],
                axis=1, join='inner')
rdf['num_features'] = rdf.index
print(rdf.head(3))
```

Out

```
               features           RSS  R_squared  num_features
1               [lstat]  19472.381418   0.544146             1
2           [lstat, rm]  15439.309201   0.638562             2
3  [lstat, rm, ptratio]  13727.985314   0.678624             3
```

결과 데이터는 변수의 개수 별로 변수(features), 잔차제곱합(RSS), R 제곱으로 구성되었다.

예제

[HOUSING] 자료에서 종속변수를 주택중위가격(medv), 독립변수를 남아 있는 모든 변수로 정의할 때, 전진 선택에 의한 선택변수 리스트가 생성된 후 이 결과를 이용하여 벌점화된 통계량(AIC, BIC, R-square adjusted)을 이용하여 변수 선택을 해보자.

In
```
# 벌점화된 통계량에 의한 변수 선택

#  결과 데이터로부터 AIC, BIC and R-square adjusted 계산
p = len(xvars) + 1
n = len(y)

rdf['AIC'] = n * np.log(rdf['RSS']/n) + 2*p + n + 2
rdf['BIC'] = n * np.log(rdf['RSS']/n) +p*np.log(n)
rdf['adj_R_squared'] = 1 - (n-1)*(1-rdf['R_squared'])/(n-p)
print(rdf.head(3))
```

Out
```
               features           RSS  R_squared  num_features          AIC  \
1               [lstat]  19472.381418   0.544146             1  2383.009161
2           [lstat, rm]  15439.309201   0.638562             2  2265.576519
3  [lstat, rm, ptratio]  13727.985314   0.678624             3  2206.131472

           BIC  adj_R_squared
1  1934.180675       0.532101
2  1816.748032       0.629011
3  1757.302985       0.670133
```

In
```
# 그림으로 표현
vars = ['AIC','BIC','adj_R_squared']
fig = plt.figure(figsize = (18,6))

fig, ax = plt.subplots(figsize=(15, 7), ncols=3)

for i, v in enumerate(vars):
    ax[i].plot(rdf['num_features'], rdf[v], color = 'lightblue')
    ax[i].scatter(rdf['num_features'], rdf[v], color = 'darkblue')
    if v == 'adj_R_squared':
        ax[i].plot(rdf[v].idxmax(),rdf[v].max(), marker = 'x', markersize = 20,
color='red')
    else:
        ax[i].plot(rdf[v].idxmin(),rdf[v].min(), marker = 'x', markersize = 20,
color='red')
    ax[i].set_xlabel('설명변수 개수')
```

```
    ax[i].set_ylabel(v)
plt.suptitle(r'$AIC, BIC, Adjusted-R^2$', fontsize = 16)
# plt.tight_layout()
```

Out

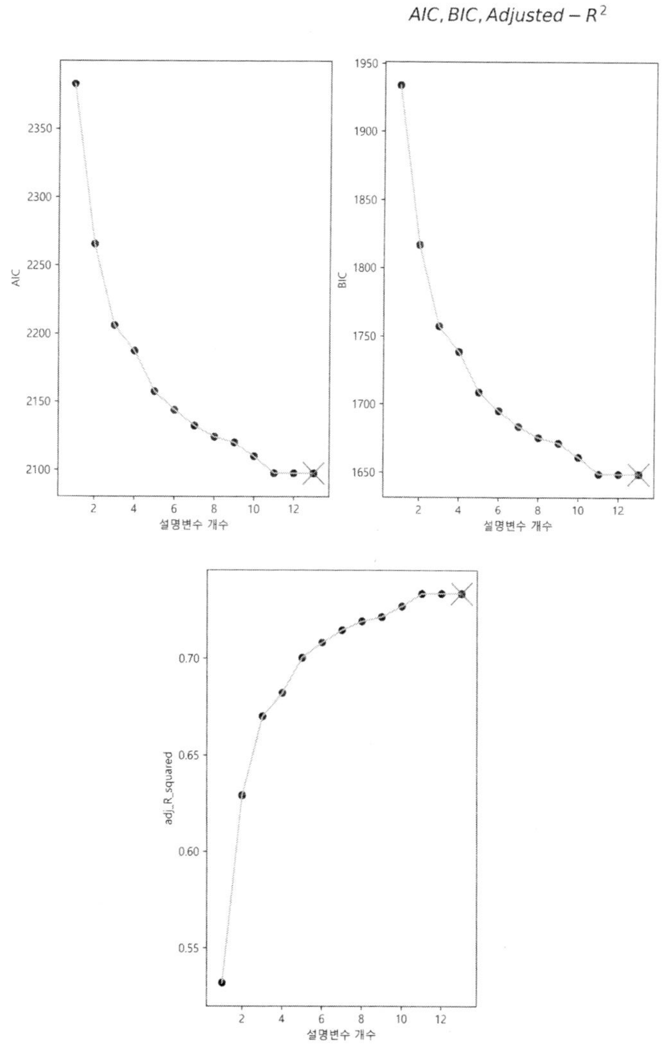

그림 20.5 AIC, BIC, Adjusted-R^2 통계량에 의한 변수 선택

벌점 통계량에 의한 기법으로는 모든 변수가 선택되었다.

K-겹 교차검증 방법에 의한 변수 선택을 해보자.

예제

[HOUSING] 자료에서 종속변수를 주택중위가격(medv), 독립변수를 남아 있는 모든 변수로 정의할 때, 전진 선택에 의한 선택변수 리스트가 생성된 후 이 결과를 이용하여 5-겹 교차검증 방법을 이용하여 변수 선택을 해보자.

In

```
# 교차 검증

# 폴더 정의
num_folds = 5
kf = KFold(n_splits=num_folds, shuffle=True)
X = df[xvars]
y = df['medv']

# 폴더 갯수
kf.get_n_splits(X, y)
```

Out

```
5
```

In

```
# 교차 검증 알고리즘

# 결과 행렬 정의
result_list = []

# 각 폴더에 대하여
for i, (train_index, valid_index) in enumerate(kf.split(X)):
    X_train, X_valid = X.iloc[train_index], X.iloc[valid_index]
    y_train, y_valid = y.iloc[train_index], y.iloc[valid_index]
    tmp_list = []

    # 각 변수 그룹에 대하여
    for j in np.arange(len(rdf)):
        vars = rdf.iloc[j]['features']
        fit = sm.OLS(y_train, sm.add_constant(X_train[vars])).fit()
        RSS = np.sum((y_valid - fit.predict(sm.add_constant(X_valid[vars])))**2)
```

```
        R_squared = 1 - RSS / np.sum((y_valid - np.mean(y_valid))**2)
        tmp_list.append(RSS)
    result_list.append(tmp_list)

result_list = np.array(result_list)

# 각 변수별로 잔차제곱합 평균 구하기
rss_mean = np.nanmean(result_list, axis=0)

# 최솟값을 주는 변수 목록
min_index = np.nanargmin(rss_mean)
rdf.iloc[min_index]['features']
```

Out

```
['lstat',
 'rm',
 'ptratio',
 'dis',
 'nox',
 'chas',
 'b',
 'zn',
 'crim',
 'rad',
 'tax']
```

In

```
# 그림으로 표현
fig, ax = plt.subplots(figsize=(7, 7))
ax.plot(rdf.num_features, rss_mean)
ax.scatter(rdf.num_features, rss_mean, marker='o')
ax.plot(rdf.iloc[min_index]['num_features'], rss_mean[min_index], marker = 'x',
markersize = 20, color='red')
ax.set_xlabel('변수의 개수')
ax.set_ylabel('잔차제곱합(RSS)')

plt.tight_layout()
```

Out

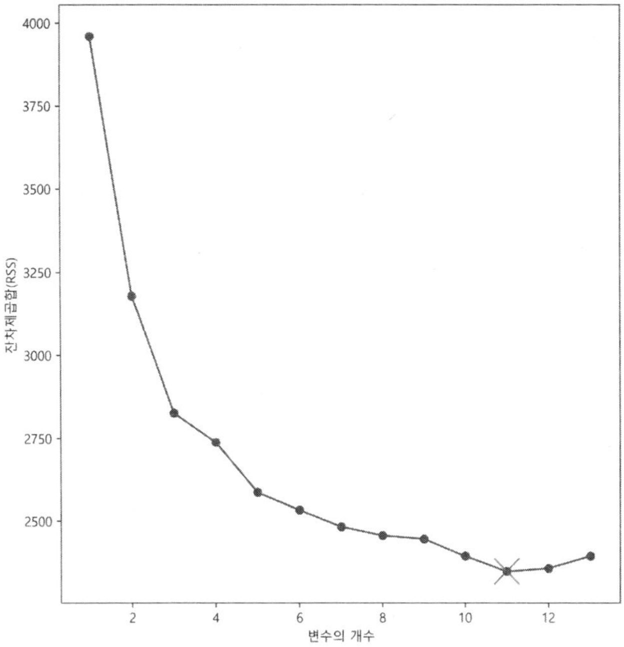

그림 20.6 교차 검증에 의한 변수 선택

결과를 보면 교차 검증에 의한 변수 선택은 변수의 개수가 11개일 때 선택되었지만, AIC, BIC, Adj.R^2에 의한 변수 선택은 변수의 개수가 13개일 때이다. 각각의 결과는 항상 일치하지 않는 경우가 많으므로 이후 추가적인 분석을 통하여 모형, 즉 변수 선택을 확정한다.

20.4.2 후진 제거

후진 제거(backward search, backward stepwise elimination)는 모든 변수가 들어간 전체 모형에서 변수를 하나씩 제거하면서 가장 모형 적합도가 좋은 모형을 선택하는 과정이다.

순서	내용	비고
1	초기화를 한다. 즉, $\mathcal{M}_p$을 모든 변수를 이용한 모형으로 정의한다.	$\mathcal{M}_p$을 완전 모형(full model) 이라 한다.
2	모든 $k = p, p-1, \dots, 0$에 대하여 아래 과정을 반복한다. 1) 기존 모형인 $\mathcal{M}_k$에 변수를 1개씩 제거하여 k개의 모형을 구성한다. 2) 모형 중에서 훈련 데이터에서 가장 좋은 적합도를 주는 모형을 $\mathcal{M}_{k-1}$로 정의한다.	모형을 선택하는 기준(일종의 적합도)이 필요하다. 적합도는 RSS이나 R^2을 사용한다.
3	$\mathcal{M}_k$ 중에 교차 검증 결과 가장 좋은 적합도를 나타내는 모형을 최고의 모형으로 선택하며, 그 모형에 포함된 변수를 유의미한 변수로 선정한다.	교차검증 방법을 사용하지 않은 경우에는 2의 결과 모형에 대하여 AIC, AICC, BIC 등을 적용하여 모형을 선택한다.

예제

[HOUSING] 자료에서 종속변수를 주택중위가격(medv), 독립변수를 남아 있는 모든 변수로 정의할 때, 후진 제거에 의한 선택변수 리스트를 생성하여 보자.

In
```
# 데이터 구성
X = df[xvars]
y = df['medv']
k = len(xvars)

# 변수 리스트
remaining_features = list(X.columns.values)

# 사용될 리스트
RSS_list, R_squared_list, features_list = [], [], []
```

Out

In

```
# 후보 변수 구성 알고리즘
# 변수의 개수별로
for i in np.arange(k, 0, -1):
    best_RSS = np.inf

    # 남아 있는 변수 1개씩 추가
    for combi in itertools.combinations(remaining_features, i):

        # 회귀 모형 적합
        testing_features = list(combi)
        fit = sm.OLS(y, sm.add_constant(X[testing_features])).fit()
        RSS = fit.ssr
        R_squared = fit.rsquared

        if RSS < best_RSS:
            best_RSS = RSS
            best_R_squared = R_squared
            best_feature = list(combi)

    # 결과 갱신
    remaining_features = best_feature

    # 결과 저장
    RSS_list.append(best_RSS)
    R_squared_list.append(best_R_squared)
    features_list.append(best_feature)

    # 결과 데이터 구성
rdf = pd.DataFrame({'features':features_list, 'RSS':RSS_list, 'R_squared':
R_squared_list})
rdf['num_features'] = rdf['features'].str.len()
print(rdf.head(3))
```

Out

```
features              RSS  R_squared  \
0  [nox, age, indus, rm, lstat, crim, dis, zn, ch...  11078.784578   0.740643
1  [nox, indus, rm, lstat, crim, dis, zn, chas, t...  11078.846412   0.740641
2  [nox, rm, lstat, crim, dis, zn, chas, tax, ptr...  11081.363952   0.740582
```

```
   num_features
0            13
1            12
2            11
```

후진 제거 방법에 의하여 모든 변수가 들어간 모형에서부터 1개의 변수가 들어간 모형 순으로 변수들이 선택되었다.

예제

[HOUSING] 자료에서 종속변수를 주택중위가격(medv), 독립변수를 남아 있는 모든 변수로 정의할 때, 후진 제거에 의한 선택변수 리스트가 생성된 후 이 결과를 이용하여 벌점화된 통계량(AIC, BIC, Adj.R^2)을 이용하여 변수 선택을 해보자.

In
```
# 적합 통계량 계산
# AIC, BIC and R-square adjusted 계산
p = len(xvars) + 1
n = len(y)

rdf['AIC'] = n * np.log(rdf['RSS']/n) + 2*p + n + 2
rdf['BIC'] = n * np.log(rdf['RSS']/n) +p*np.log(n)
rdf['adj_R_squared'] = 1 - (n-1)*(1-rdf['R_squared'])/(n-p)
print(rdf.head(3))
```

Out
```
features                                              RSS  R_squared  \
0 [nox, age, indus, rm, lstat, crim, dis, zn, ch...  11078.784578   0.740643
1 [nox, indus, rm, lstat, crim, dis, zn, chas, t...  11078.846412   0.740641
2 [nox, rm, lstat, crim, dis, zn, chas, tax, ptr...  11081.363952   0.740582

   num_features          AIC          BIC  adj_R_squared
0            13  2097.642798  1648.814312       0.733790
1            12  2097.645623  1648.817136       0.733788
2            11  2097.760592  1648.932106       0.733728
```

In

```
# 그림으로 표현
vars = ['AIC','BIC','adj_R_squared']

fig, ax = plt.subplots(figsize=(15, 5), ncols=3)
for i, v in enumerate(vars):
    ax[i].plot(rdf['num_features'], rdf[v], color = 'lightblue')
    ax[i].scatter(rdf['num_features'], rdf[v], color = 'darkblue')
    if v == 'adj_R_squared':
        ax[i].plot(rdf.iloc[rdf[v].idxmax()]['num_features'],rdf[v].max(), marker
= 'x', markersize = 20, color='red')
    else:
        ax[i].plot(rdf.iloc[rdf[v].idxmin()]['num_features'],rdf[v].min(), marker
= 'x', markersize = 20, color='red')
    ax[i].set_xlabel('설명변수 개수')
    ax[i].set_ylabel(v)

plt.suptitle(r'$AIC, BIC, Adjusted-R^2$', fontsize = 16)
# plt.tight_layout()
```

Out

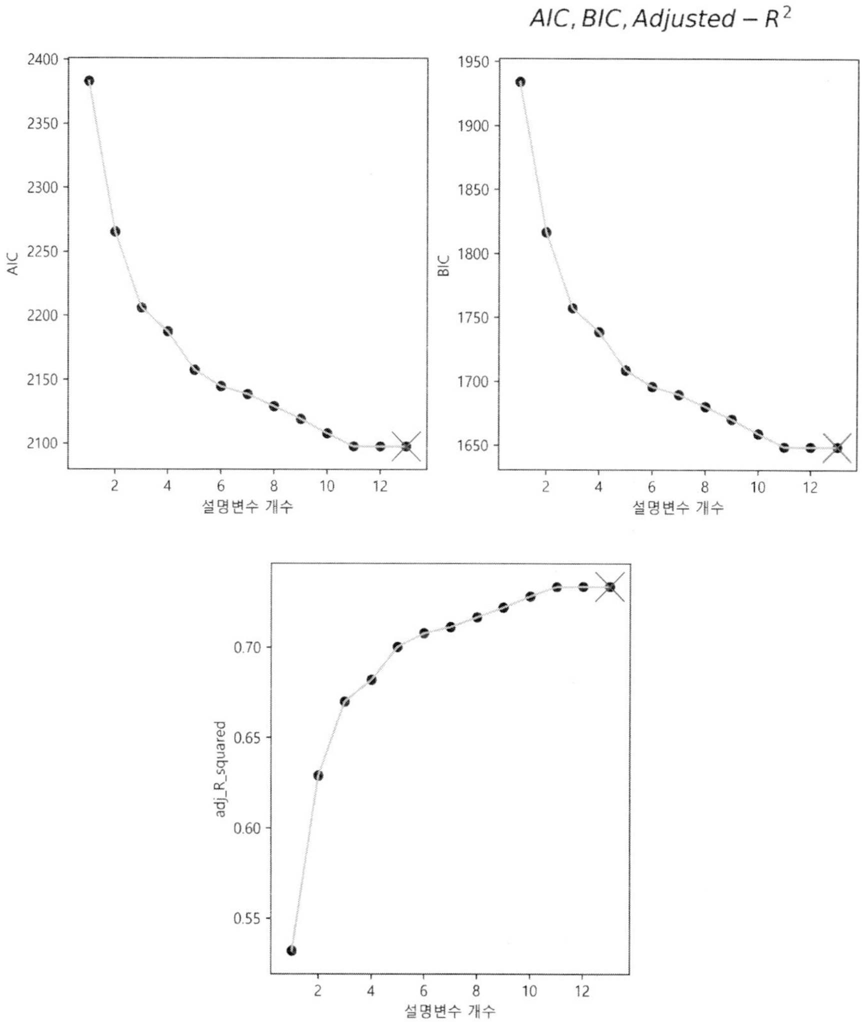

그림 20.7 *AIC, BIC, Adjusted-*R^2 통계량에 의한 변수 선택

AIC, BIC, Adjusted-R^2에 의하여 선택된 변수는 변수 전체가 들어간 모형이다.

예제

[HOUSING] 자료에서 종속변수를 주택중위가격(medv), 독립변수를 남아 있는 모든 변수로 정의할 때, 후진 제거에 의한 선택변수 리스트가 생성된 후 이 결과를 이용하여 5-겹 교차검증 방법을 이용하여 변수 선택을 해보자.

In
```
# 교차 검증 알고리즘
# 폴더 정의
num_folds = 5
np.random.seed(123)
kf = KFold(n_splits=num_folds, shuffle=True)
X = scaled_df[xvars]
y = scaled_df['medv']

# 폴더 갯수
kf.get_n_splits(X, y)
```

Out
```
5
```

In
```
# 결과 행렬 정의
result_list = []

# 알고리즘
for i, (train_index, valid_index) in enumerate(kf.split(X)):
    X_train, X_valid = X.iloc[train_index], X.iloc[valid_index]
    y_train, y_valid = y.iloc[train_index], y.iloc[valid_index]
    tmp_list = []

    # 각 변수 리스트에 대하여
    for j in np.arange(len(rdf)):
        vars = rdf.iloc[j]['features']
        fit = sm.OLS(y_train, sm.add_constant(X_train[vars])).fit()
        RSS = np.sum((y_valid - fit.predict(sm.add_constant(X_valid[vars])))**2)
        R_squared = 1 - RSS / np.sum((y_valid - np.mean(y_valid))**2)
        tmp_list.append(RSS)
    result_list.append(tmp_list)
```

```
        result_list.append(tmp_list)

    result_list = np.array(result_list)

    # 각 변수리스트 별로 잔차 제곱합 평균 구하기
    rss_mean = np.nanmean(result_list, axis=0)
```

Out

In
```
# 최솟값을 주는 변수 목록
min_index = np.nanargmin(rss_mean)
rdf.iloc[min_index]['features']
```

Out
```
['nox',
 'rm',
 'lstat',
 'crim',
 'dis',
 'zn',
 'chas',
 'tax',
 'ptratio',
 'rad',
 'b']
```

In
```
# 최솟값을 주는 변수 개수
min_num_vars = rdf.iloc[min_index]['num_features']
min_num_vars
```

Out
```
11
```

In
```
# 그림으로 표현
fig, ax = plt.subplots(figsize=(7, 7))
ax.plot(rdf['num_features'], rss_mean)
ax.scatter(rdf['num_features'], rss_mean, marker='o')
ax.plot(min_num_vars, rss_mean[min_index], marker = 'x', markersize = 20,
color='red')
ax.set_xlabel('변수의 개수')
```

```
ax.set_ylabel('잔차제곱합(RSS)')

plt.tight_layout()
```

Out

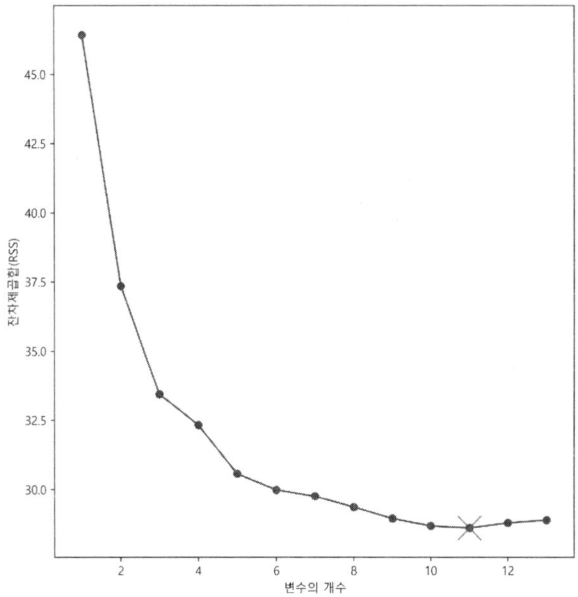

그림 20.8 교차 검증에 의한 변수 선택

교차 검증에 의한 변수 선택에서는 그림과 같이 11개의 변수가 선택되었다. 통계량에 의한 선택과는 차이를 보인다.

20.4.3 혼성 방법

혼성(hybrid) 방법은 전진 선택 방법과 후진 제거 방법을 혼성한 방법이다. 기본 구조는 전진 선택이지만 단계마다 후진 제거 방식에 의한 변수 제거를 하는 것이다. 예를 들어, 전진 선택에 의하여 한 번에 하나의 변수가 추가되고, 들어온 변수들에 대하여 후진제거 방식에 의하여 제거할 변수가 있으면 제거하는 것이다. 이러한 과정을 순차 대체(sequential replacement)라고 한다. 이 과정에 대한 자세한 예는 생략하기로 한다.

20.4.4 요약

전진 선택 및 후진 제거에 의한 후보 변수를 구성한 후 교차 검증 방법에 의하여 제거된 변수는 'age', 'indus'이다. 이 변수들의 종속 변수에 대한 유의미 여부는 간단히 산점도행렬로 파악할 수 있다.

In
```
# 선택되지 않은 변수 목록
del_vars = list(set(xvars) - set(rdf.iloc[min_index]['features']))
del_vars
```

Out
```
['age', 'indus']
```

In
```
# 산점도로 확인
import seaborn as sns

plt.figure(figsize=(7, 7))

sns.pairplot(df[del_vars + ['medv']])

plt.tight_layout()
```

Out

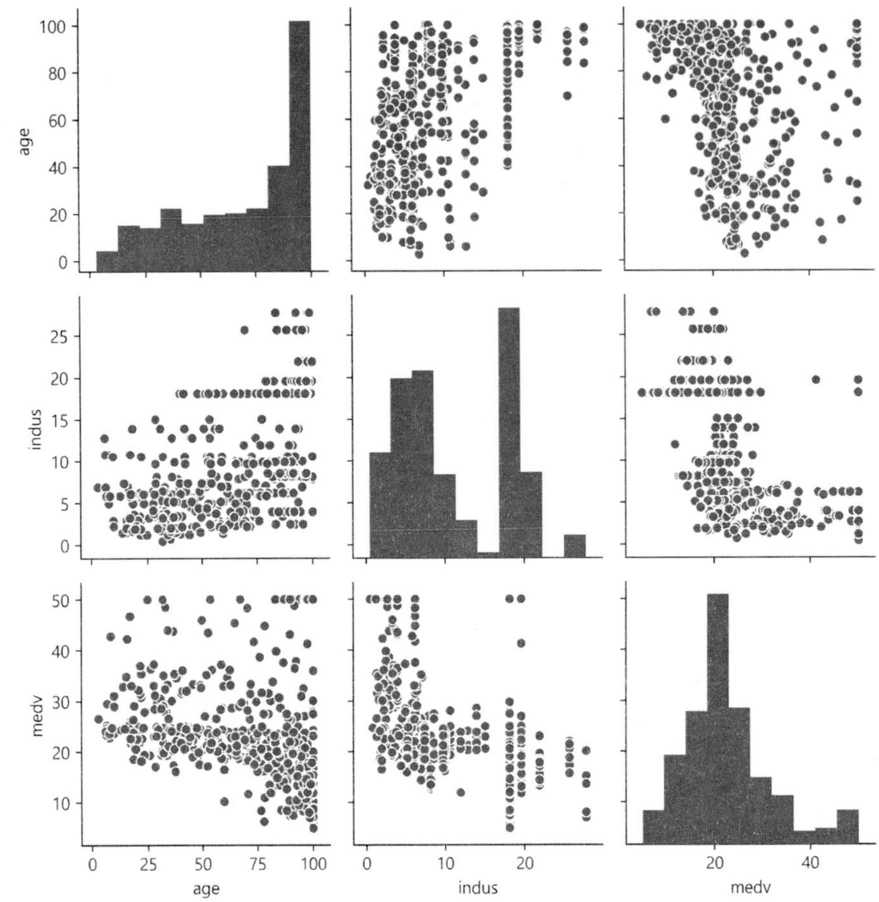

그림 20.9 제거변수와 목표변수 산점도

결과를 보면 종속변수에 대하여 특별한 유형이 있다고 볼 수 없다.

20.5 능형과 라쏘 회귀

단계적 모형 선택 방법은 선형회귀 모형을 적합하고 난 후 추가적인 과정을 거쳐서 모형을 선택하는 방법이다. 이에 반해 모형을 적합하는 과정에서 변수가 자동적으로 선택되는 방법이 있다. 즉, 모형 선택이 내장된 방법이다. 이러한 방법 중에 대표적인 방법이 능형과 라쏘 회귀 적합 방법이다.

능형 회귀와 라쏘 회귀를 적합하기 위해서는 반드시 모든 변수에 대한 표준화가 데이터 전처리 과정에서 필요하다.

예제

[HOUSING] 자료에서 모든 변수에 대하여 다음과 같은 표준화를 해보자.

$$\frac{x_i - \bar{x}}{\sqrt{\frac{\sum_i (x_i - \bar{x})^2}{n-1}}}$$

In

```
# 능형 회귀, 라쏘 회귀 적합을 위한 데이터 전처리
# 변수 리스트 구성하기
target_var = "medv"
input_vars = list(df.columns)
input_vars.remove(target_var)

# 표준화: 표준편차로 나누기
sdf = (df - np.mean(df, axis=0)) / np.std(df, ddof=1, axis=0)

# X, y 분리
X = sdf[input_vars].values
y = sdf[target_var].values
```

Out

20.5.1 능형 회귀

능형 회귀(ridge regression)는 선형회귀모형에서 사용되는 손실함수 또는 비용함수에 다음과 같은 축소 벌점이 추가된 경우이다.

$$J(\beta) = \sum_{i=1}^{n}\left(y_i - \beta_0 - \sum_{j=1}^{p}\beta_j x_{ij}\right)^2 + \lambda\sum_{j=1}^{p}\beta_j^2 = \text{RSS} + \lambda\sum_{j=1}^{p}\beta_j^2 = \text{RSS} + \text{축소 벌점}$$

여기서 $\lambda \geq 0$는 조율모수(tuning parameter)라고 한다.

축소 벌점(shrinkage penalty)의 의미는 각 β_j들이 0에 가까워진다는 의미이며 이는

0으로 축소되는 효과를 의미한다. 회귀계수가 0에 가깝다는 의미는 해당 모수의 변수가 유의미하지 않다는 의미이다. 비용함수와 람다(λ)의 관계를 살펴보자. 비용함수를 최소화하기 위해서 만약 람다가 0이면 일반적인 선형회귀모형이 되며, 만약 람다가 무한대에 가까운 큰 값이면 $\sum_{j=1}^{p}\beta_j^2$은 0에 가까워야 하고 따라서 모든 회귀계수 값은 0에 가까운 값이어야 한다. 즉, 완전모형(full model)을 적합하면 비용함수의 RSS는 작아지지만 반대로 모수가 많기 때문에 축소 벌점이 커진다. 따라서 적절한 모수를 갖는, 즉 적절한 변수를 갖는 모형이 비용함수를 최소화할 수 있다.

능형 회귀의 모수추정은 람다 값이 범위를 임의로 설정한 후 선형회귀분석과 동일한 방법으로 모수를 추정한다. 즉, 람다 값에 따른 모수의 추정값이 다르게 되고 이에 따른 후보 모형들이 생성된다.

예제

[HOUSING] 자료에서 주택중위가격(medv)를 종속변수, 나머지 모든 변수를 독립변수로 하여 능형 회귀를 적합 시킬 때 람다(λ) 값에 따른 평균제곱오차의 변화를 5-겹 교차검증 방법에 의해 살펴보자.

In

```
# 추정해야 할 모수 (절편 제외)
nparams = len(input_vars)

# 람다 값의 범위
lambdas = np.logspace(-7, 12, 100, base=np.e)

# 모수 값을 넣기 위한 행렬 생성: 하나의 열이 동일한 람다 값
coefficients = np.zeros(shape=(nparams, len(lambdas)))

# 평균제곱오차 값을 넣기 위한 벡터 생성
costs = np.zeros_like(lambdas, float)

# 교차 검증에 의한 평균제곱오차 계산
num_folders = 5

for i, l in enumerate(lambdas):
```

```
        # 람다 값에 따른 모형의 구성
        ridge = Ridge(alpha=l, fit_intercept=False)
        ridge.fit(X, y)
        coefficients[:, i] = ridge.coef_

        # 각 람다 값에 따른 교차 검증에 의한 평균제곱오차의 계산
        fold_costs = []
        kf = KFold(n_splits=num_folds, shuffle=True, random_state=123)
        for train_index, valid_index in kf.split(X):
            X_train, X_valid = X[train_index], X[valid_index]
            y_train, y_valid = y[train_index], y[valid_index]

            # 각 폴더에 대한 모형 적합
            ridge = Ridge(alpha=l, fit_intercept=False)
            ridge.fit(X_train, y_train)

            # 평균제곱오차 계산
            pred = ridge.predict(X_valid)
            cost = np.sum((pred - y_valid)**2) / len(y_valid)
            fold_costs.append(cost)

        # 평균제곱오차 평균계산
        costs[i] = np.mean(fold_costs)

    # 평균제곱오차를 최소화하는 인덱스
    min_index = np.argmin(costs)
    min_index
```

Out
```
47
```

In
```
# 람다 값
lambdas[min_index].round(5)
```

Out
```
7.53985
```

In
```
# 로그 람다 값
np.log(lambdas[min_index]).round(3)
```

Out
```
2.02
```

In
```
# 최솟값을 줄 때의 표준화된 회귀계수 값들
res = pd.DataFrame({'Variable':input_vars, 'Coefficient':coefficients[:,
min_index]})
print(res.round(3))
```

Out
```
   Variable  Coefficient
12    lstat       -0.397
7       dis       -0.317
10  ptratio       -0.218
4       nox       -0.203
9       tax       -0.181
0      crim       -0.095
6       age       -0.002
2     indus       -0.001
3      chas        0.076
11        b        0.092
1        zn        0.107
8       rad        0.241
5        rm        0.297
```

5-겹 교차검증 방법에 의하여 가장 작은 평균제곱오차 값을 주는 람다 값은 7.53985(로그 단위로는 2.02)이며 그 때의 회귀계수 값들을 계산하였다. 회귀계수 값을 보면 age, indus, chas 등이 매우 작음을 알 수 있다. 즉, 상대적으로 덜 유의미함을 알 수 있다. 평균제곱오차가 람다 값에 따라 어떻게 변하는지 그림으로 확인해보자.

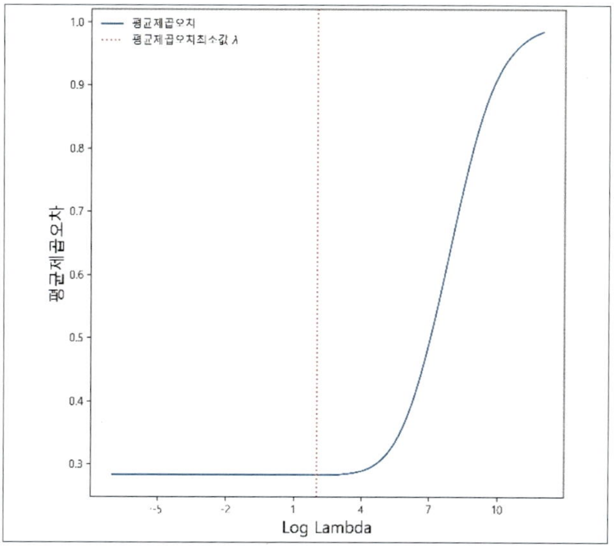

그림 20.10 람다 값의 변화에 따른 평균제곱오차 값의 변화

실제 람다 값에 따른 회귀계수의 변화는 다음의 그림 20.11로 확인할 수 있다.

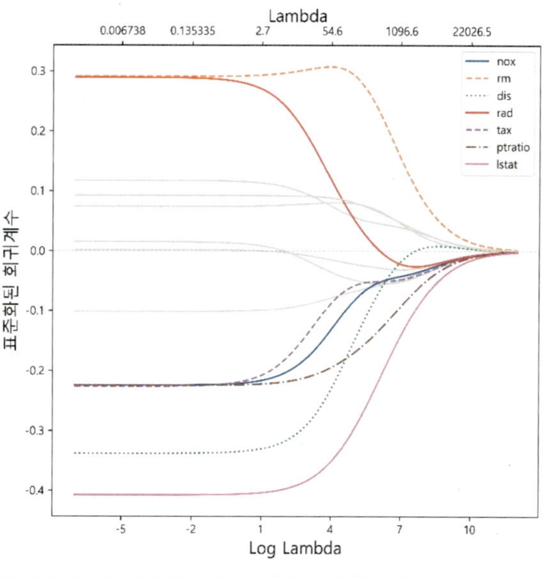

그림 20.11 람다 값의 변화에 따른 표준화된 회귀계수 값의 변화

그림 20.11을 보면 람다 값이 큰 경우는 회귀계수 값들이 0으로 축소됨을 알 수 있다.

람다 값이 최솟값이 될 때 그때의 회귀계수 값을 그래프로 확인하면 그림 20.12와 같다.

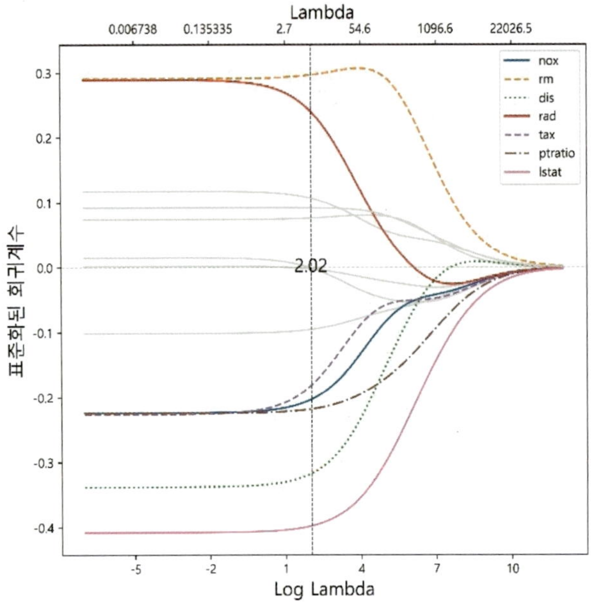

그림 20.12 최소 MSE 값을 주는 로그 람다 값과 회귀계수 값

20.5.2 라쏘 회귀

능형 회귀에서는 비용함수에 $\lambda\sum_{j=1}^{p}\beta_j^2$의 벌점을 주고 있다. 이때 람다를 제외한 $\sum_{j=1}^{p}\beta_j^2$의 벌점을 주는 것을 L_2 정칙화(regularization)라고 한다. 이에 반해 라쏘(LASSO: least absolute shrinkage and selection operator) 회귀는 $\sum_{j=1}^{p}|\beta_j|$와 같은 회귀계수에 대한 절댓값으로 벌점을 준다. 이런 의미에서 L_1 벌점함수를 주고 있다.

라쏘의 영문명을 보면 선택 연산자(selection operator)라는 이름을 갖고 있다. 즉 자동으로 변수를 선택한다는 것이다. 앞서 능형 회귀에서는 최솟값을 주는 람다에서 회귀계수가 0에는 가깝지만 0은 아니어서 해당 변수의 선택 여부를 판단하기가 어려웠다. 라쏘 회귀의 비용함수는 다음과 같다.

$$J(\beta)=\sum_{i=1}^{n}\left(y_i-\beta_0-\sum_{j=1}^{p}\beta_j x_{ij}\right)^2+\lambda\sum_{j=1}^{p}|\beta_j|=\text{RSS}+\lambda\sum_{j=1}^{p}|\beta_j|=\text{RSS}+\text{축소 벌점}$$

능형 회귀와 마찬가지로 적절한 람다 값에 대하여 비용함수가 최소화된다. 라쏘 회귀의 비용함수는 다음과 같이 정의되기도 한다.

$$J_1(\beta) = \frac{1}{n}\sum_{i=1}^{n}\left(y_i - \beta_0 - \sum_{j=1}^{p}\beta_j x_{ij}\right)^2 + \lambda\sum_{j=1}^{p}|\beta_j|$$

비용함수의 앞부분에 적절한 상수($\frac{1}{n}$) 만큼의 곱을 한다는 것은 람다 값이 $n\lambda$ 만큼 변하는 것과 같은 효과이므로 사전에 값을 정의하는 람다 값의 범위에 속하기만 하면 아무런 효과가 없다.

사전에 람다 값의 범위를 지정하고 난 후 각 람다 값에 대하여 좌표 하강(coordinate descent) 방법에 의해 모수를 추정한다.

예제

[HOUSING] 자료에서 주택중위가격(medv)를 종속변수, 나머지 모든 변수를 독립변수로 하여 라쏘 회귀를 적합시킬 때 람다(λ) 값에 따른 평균제곱오차의 변화를 5-겹 교차검증 방법에 의해 살펴보자.

In
```
# 추정해야 할 모수 (절편 제외)
nparams = len(input_vars)

# 람다 값의 범위
lambdas = np.logspace(-10, 5, 100, base=np.exp(1))

# 모수 값을 넣기 위한 행렬 생성: 하나의 열이 동일한 람다 값
coefficients = np.zeros(shape=(nparams, len(lambdas)))

# 평균제곱오차 값을 넣기 위한 벡터 생성
costs = np.zeros_like(lambdas, float)

# 교차 검증에 의한 평균제곱오차 계산
num_folders = 5
```

```
# lasso 회귀 적합 및 평균제곱오차 계산
for i, l in enumerate(lambdas):
    lasso = Lasso(alpha=l, fit_intercept=False)
    lasso.fit(X, y)
    coefficients[:, i] = lasso.coef_

    # 각 람다 값에 따른 교차 검증에 의한 평균제곱오차 계산
    fold_costs = []
    kf = KFold(n_splits=num_folds, shuffle=True, random_state=123)
    for train_index, valid_index in kf.split(X):
        X_train, X_valid = X[train_index], X[valid_index]
        y_train, y_valid = y[train_index], y[valid_index]

        # 각 폴더에 대한 모형 적합
        lasso = Lasso(alpha=l, fit_intercept=False)
        lasso.fit(X_train, y_train)

        # 평균제곱오차 계산
        pred = lasso.predict(X_valid)
        cost = np.sum((pred - y_valid)**2) / len(y_valid)
        fold_costs.append(cost)

    # 평균제곱오차의 평균 계산
    costs[i] = np.mean(fold_costs)

# 평균제곱오차를  최소화 하는 인덱스
min_index = np.argmin(costs)
min_index
```

```
Out    26
```

```
In      # 람다 값
        min_lambda = lambdas[min_index]
        min_lambda

        # 로그 단위로 변환
        min_log_lambda = np.log(min_lambda)

        np.round([min_lambda,min_log_lambda], 5)
```

```
Out     array([ 2.33000e-03, -6.06061e+00])
```

교차 검증에 의하여 선택된 람다 값은 1.2000e-04이며 이를 자연로그 값으로 변환하면 -6.21이 된다.

람다 값에 의한 평균제곱오차의 변화는 그림 20.13과 같다.

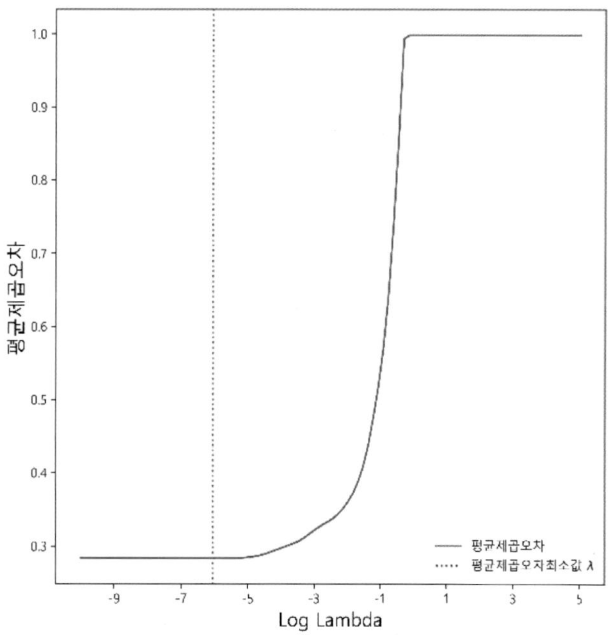

그림 20.13 람다 값의 변화에 따른 평균제곱오차의 변화

최솟값을 주는 람다 값에 대하여 선택된 회귀계수 값은 다음과 같이 구할 수 있다.

```
In    # 최솟값을 줄 때의 표준화된 회귀계수 값들
      res = pd.DataFrame({'Variable':input_vars, 'Coefficient':coefficients[:,
      min_index]}).sort_values(by='Coefficient')
      print(res)
```

```
Out      Variable  Coefficient
      12    lstat    -0.405697
      7       dis    -0.324987
      10  ptratio    -0.219876
      4       nox    -0.208698
      9       tax    -0.189174
      0      crim    -0.094369
      2     indus     0.000000
      6       age    -0.000000
      3      chas     0.074332
      11        b     0.090229
      1        zn     0.107855
      8       rad     0.250554
      5        rm     0.294126
```

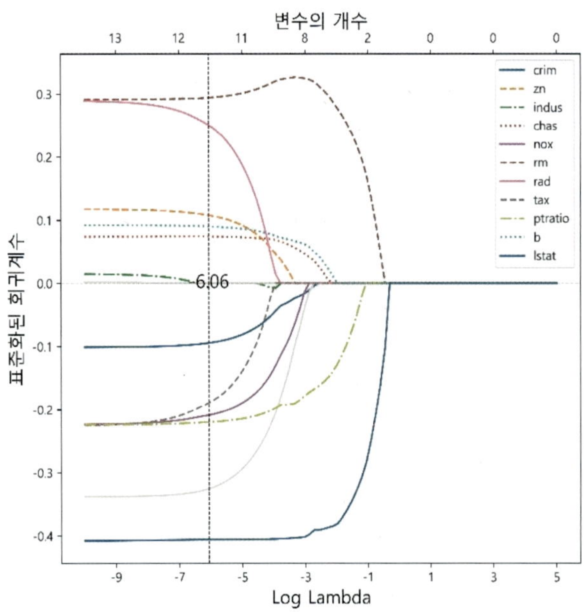

그림 20.14 람다 값의 변화에 따른 회귀계수 값의 변화

결과 값을 보면 indus, age의 표준화된 회귀계수 값은 정확히 0이다. 이런 의미에서 라쏘 회귀가 선택 연산자로 명명되는 이유가 있는 것이다.

평균제곱오차의 변화에 따른 회귀계수의 변화와 최적의 람다 값은 그림 20.14와 같이 나타낼 수 있다.

그림 20.14를 보면 람다 값이 커지면 정확히 0으로 축소되는 변수들을 볼 수 있다.

정칙화 과정을 거친 능형 회귀와 라쏘 회귀는 일반적으로 일반 선형회귀모형보다는 일반화 성능이 좋은 것으로 알려져 있다. 즉, 과적합을 방지하기 위한 벌점 항이 추가되어 있으므로 미래의 새로운 데이터에 대한 평균제곱오차가 작게 나타나는 것이다.

참고 문헌

순번	인용어	참고 문헌
1		Robert V. Hog and Allen T. Craig. (1978). Introduction to Mathematical Statistics. Fourth Edition. Macmillan Publishing Co., Inc.
3		Rao, C. R. (1992). "R. A. Fisher: The founder of modern statistics". Statistical Science. 7: 34–48. doi:10.1214/ss/1177011442.
4	FISHER	Fisher, R.A. (1925). Statistical Methods for Research Workers. Oliver and Boyd (Edinburgh). ISBN 978-0-05-002170-5.
5		Aldrich, John (1997). "R.A. Fisher and the making of maximum likelihood 1912–1922". Statistical Science. 12 (3): 162–176. doi:10.1214/ss/1030037906.
6		김우철, 김재주, 박병욱, 박성현, 송문섭, 이영조, 전종우, 조신섭 공저. (1997). 일반통계학. 영지문화사
7		Shapiro, S. S.; Wilk, M. B. (1965). "An analysis of variance test for normality (complete samples)". Biometrika. 52 (3–4): 591–611. doi:10.1093/biomet/52.3-4.591. JSTOR 2333709. MR 0205384. p. 593
8		Gareth James, Daniela Witten, Trevor Hastie and Robert Tibshirani. (2017). An Introduction to Statistical Learning: with Applications in R (Springer Texts in Statistics). Springer
9		Jerome Friedman, Trevor Hastie and Rob Tibshirani. (2010). Regularization Paths for Generalized Linear Models via Coordinate Descent. Journal of Statistical Software
10		Robert Johansson (2019). Numerical Python: Scientific Computing and Data Science Applications with Numpy, SciPy and Matplotlib. Apress
11		Stephen Boyd (2018). Introduction to Applied Linear Algebra Vectors, Matrices, and Least Squares. Cambridge University Press
12	RENCHER	ALVIN C. RENCHER; G. BRUCE SCHAALJE (2008). LINEAR MODELS IN STATISTICS. Second Edition. John Wiley & Sons, Inc.
13		강봉주. (2019). 파이썬으로 실무에 바로 적용하는 머신러닝. 에이콘 출판사
14		강봉주. (2019). SAS Viya 기반의 실무에 바로 적용하는 머신러닝. 자유아카데미
15		강봉주 (2019). R 기반의 통계분석: 기초부터 활용까지. 자유아카데미

찾아보기

ㅇ

파이썬 기반의 **AI**를 위한 **기초수학, 확률 및 통계**

저　　자　강봉주
발 행 인　김지영
발 행 처　자유아카데미
주　　소　경기도 파주시 회동길 37-42
　　　　　파주출판도시
전　　화　031-955-1321
팩　　스　031-955-1322
홈페이지　www.freeaca.com
전자우편　main@freeaca.com (대표)
　　　　　editor@freeaca.com (편집)
　　　　　crm@freeaca.com (영업)
등　　록　제406-2003-017호, 1980. 7. 12
제1판1쇄　2020년 3월 16일 발행
제1판5쇄　2024년 7월 5일 발행

ISBN 979-11-5808-260-4　93310